臺灣歷史與文化研究輯刊

七　編

第1冊

龍渡滄海：清代臺灣社會的風水習俗（上）

洪健榮 著

花木蘭文化出版社

國家圖書館出版品預行編目資料

龍渡滄海：清代臺灣社會的風水習俗（上）／洪健榮 著 -- 初版 -- 新北市：花木蘭文化出版社，2015〔民 104〕

序 4+ 目 2+298 面；19×26 公分

（臺灣歷史與文化研究輯刊 七編；第 1 冊）

ISBN 978-986-404-171-8（精裝）

1. 堪輿 2. 民俗學 3. 清代 4. 臺灣

733.08 103027813

臺灣歷史與文化研究輯刊

七 編 第 一 冊 ISBN：978-986-404-171-8

龍渡滄海：清代臺灣社會的風水習俗（上）

作 者 洪健榮

總 編 輯 杜潔祥

副總編輯 楊嘉樂

編 輯 許郁翎

出 版 花木蘭文化出版社

社 長 高小娟

聯絡地址 235 新北市中和區中安街七二號十三樓

電話：02-2923-1455／傳真：02-2923-1452

網 址 http://www.huamulan.tw 信箱 hml 810518@gmail.com

印 刷 普羅文化出版廣告事業

初 版 2015 年 3 月

定 價 七編 10 冊（精裝）台幣 20,000 元

龍渡滄海：
清代臺灣社會的風水習俗（上）

洪健榮　著

作者簡介

洪健榮，1971年生於臺灣省臺南市，籍貫澎湖縣。私立輔仁大學大學歷史學系學士、國立清華大學歷史研究所碩士、國立臺灣師範大學歷史學系博士。曾任國立僑生大學先修班、國立臺灣師範大學歷史學系、私立明志科技大學通識教育中心、國立中央大學歷史研究所、國立臺北科技大學通識教育中心、私立輔仁大學歷史學系兼任教師、國立故宮博物院圖書文獻處助理研究員，現職國立臺北大學歷史學系副教授。主要研究領域為臺灣社會文化史、臺灣方志學、臺灣區域史、近代西學東漸史，已發表相關論文四十餘篇，另曾主編《五股志》、《延平鄉志》、《新屋鄉志》、《續修五股鄉志》。

提　　要

本書主要以清代臺灣的社會時空為背景，陳述傳統風水觀念的傳佈情形及其與社會文化變遷的互動關係，並探究風水習俗在清代臺灣開發史上的角色。全書的章次安排除了第一章緒論與第八章結論之外，第二章依序從閩粵原鄉風水習俗的普遍化、明鄭治臺與風水文化的蔓延、「龍渡滄海」說的意識建構等三個層面，追溯清代臺灣移墾社會的風水源流；第三至六章分別說明風水習俗在清代臺灣本土的日常實踐與社會互動，藉以明瞭社會大眾接受風水觀念進而落實在日常生活的行為樣態，以及這些共通的行為樣態所呈現的民俗現象和社會功能；第七章則將焦點放在十九世紀後期西力東漸的時代環境中，論述臺灣本土進行洋務運動前後的風水糾葛。

研究發現，在清代臺灣漢人社會，「風水」不僅是一項趨吉避凶的術數法則，也是一套世人判斷吉凶禍福的價值觀念，更是一種民間習以為常的生活方式。通觀風水文化在清代臺灣本土的日常實踐及其社會影響，主要包括下列幾個層面：

（一）日常居葬的行為常規：表現在地方紳民仰賴堪輿地師擇建宅居庭園，並為先人相度風水佳地進行營葬事宜，以追求佳穴靈氣的庇蔭，作為其安身立命及未來發展的根基。

（二）聚落形成的參照座標：表現在村落空間的選址闢建與形式佈局的區位規劃，概有依循背山面水、山環水繞之風水觀念的傾向。

（三）公共建設的指導原則：表現在地方官紳援引風水原則從事官署城垣、祠寺廟宇、學宮書院與水利設施等各項公共建設，以利於地方行政、產業經濟與文教事業的發展。

（四）地域開拓的考慮要點：表現在閩粵移民憑藉著風水觀念新闢適當的活動領域，使原本陌生的空間轉化為似曾相識的環境，來獲取心理上對於未知領域的安全感，並藉以號召群眾從事實際的拓墾工作。

（五）社會衝突的利害成因：表現在民間人士控爭墳地與侵毀風水的利益糾紛，不肖之徒侵佔墳地與據墳勒索的圖利行為，社會上各族群、語群與官民之間的對立衝突中牽連到風水的成分，以及十九世紀後期民教雙方因宅居形制與墳墓風水的沖煞問題，所引發的多起激烈紛爭。

（六）主政官員的操弄工具：表現在清朝統治者透過「龍渡滄海」說的意識建構以安定臺灣移墾社會的民心，藉由風水祖墳的毀壞以銷弱民變起事者的氣燄，或是在晚清西力東漸的時刻，作為其遏止外國勢力予取予求的籌碼。

清代中後期，臺灣南北各地逐漸趨向於「內地化」的漢人定居社會，在這個社會轉型的過程中，富有功利性色彩且深具可操作性質的風水習俗，無疑是其中主要的「催化劑」之一。經由科舉制度的運作，使得風水之說成為地方官紳與平民百姓之間共同的對話主題；如此一來，既深化了風水觀念的影響力，也增添了風水文化的能見度。另一方面，遷臺漢人居於斯且葬於斯，風水墳地的存在，成了移民們落實「在地化」的具體方式之一。閩粵移民透過日常的卜居營建與相地營葬行為，以尋求生樂死安的居葬空間，與此同時，也逐漸凝聚出一股認同臺灣這塊海外「新故土」的集體意識。就此層面而言，風水習俗既是漢人墾殖臺灣本土的助力之一，也可以作為我們考察清代臺灣漢人社會形成的一項指標。

王　序

門人洪健榮博士即將刊布其所著《龍渡滄海：清代臺灣社會的風水習俗》，深信健榮之潛沉致志、篤實精勤，而能開拓學術進境，頗覺佩慰。同其時，健榮相告，昔年有攻研博士學位，列於門牆受教得以完成論文，終須求鄙人略爲申敘中國風水文化之創始淵源，以提示中國社會文化中之一項特色。其民間信持恒久，自有一些因素固結其中，非易言也。

中國文化悠久，人文創制甚早。人類生存活動之宅宇宮室，遠古應有其粗簡形制，石器時代考古遺址，多有發現。惟史書文字記載，城邑規模形式俱能詳見歷史文獻。所謂唯王建國，體國經野，載於《周禮》，營建格局俱入《考工記》。匠人營造，城取方型，四面城門，各有三門。城內布局，則爲前朝（施政號令之所）、後市（物品交易之所）、左立宗廟、右建社稷，而宮殿掖庭，別擇勝地。夏商周三代，自是壯麗宏大，眞乃史上之盛世也。雖然古有營建宅宇之前規，而實與風水觀念無關，上古三代至於秦朝，並未創生風水思想，不可視之爲淵源。設如略而不論，又必爲後世以爲遺漏，今止點到此僅備參考而已。

至論後世風水觀念之創生，其淵源應始自於紀元前一世紀之西漢時代。此處純就漢史記載，有實例之成書，有學理之宣述。鄙人守史家之責，告之世人，當有所本據也。

閱讀班固《漢書》，中有《藝文志》專卷。此志爲班固所編，而非班固所作。蓋在西漢成帝之時，搜求天下遺書，由劉向、劉歆父子領學者校閱群書，劉歆編次爲《七略》一書，班固則傳寫《七略》原書而編入《漢書》成《藝文志》。實際《七略》之文出於四人所校閱。劉向校《六藝略》、《諸子略》及

《詩賦略》。而由步兵校尉任宏校《兵書略》，太史令尹咸校《數術略》，侍醫李杜國校《方技略》，而將劉歆原有之《輯略》分載之其他六略，而成《藝文志》部勒形式，就中國上古學術演變而言，此《藝文志》即是中國古代學術史大宗，十分重要。歷代至今有專門研究《漢書・藝文志》之書多種，專書名家有王應麟、姚振宗、章學誠、孫德謙、顧實等。（鄙人手中有三種）於此一志，而傾動天下名家，實亦世無其匹。

我人翻閱《藝文志》，可取尹咸所校之《數術略》一讀，尹咸將《數術略》分列六大門類，分為天文、曆譜、五行、蓍龜、雜占、形法等。其中之「形法」一門收有《山海經》一書，而值得注意者收有《宮宅地形》二十卷。自是當時可據實有之書籍。此外又有《相人》二十四卷，《相寶劍刀》二十卷，《相六畜》三十八卷，最重要之點，在於在學理上「形法」之學有《數術略》中之明確申解。必須直引原文：

> 形法者，大舉九州之勢，以立城郭室舍，形人及六畜骨法之度數，器物之形容，以求其聲氣、貴賤、吉凶，猶律有長短，而各徵其聲。非有鬼神，數自然也。然形與氣相首尾，亦有有其形而無其氣，有其氣而無其形，此精微之獨異也。（《漢書・卷三十・藝文志》）

鄙人對於漢志所表述之「形法」義旨略作進解。所謂「形」者，在指形狀形勢；所謂「法」者，在指法度理趣。其原文中已明言考見「貴賤吉凶」，是即後世發展而成風水觀念之信持重心。拙見於此即定之為民間風水信仰之源流。

健榮學棣早先追隨尹章義、徐光台兩位教授學得輿地學廣泛知識，特別是健榮在新竹清華大學受教徐光台教授選定明季熊人霖所著之《地緯》一書，而撰寫碩士論文，早已取得學位。由於鄙人承徐光台教授邀約任校外委員，亦因而閱讀《地緯》，得見明季天啓年間，寫此書介紹新大陸之美洲，得見其中提到加拿大（加納達）地名，使余亦能增長見識。後來我來加拿大定居，也就草撰短文說明中國人何時知道有加拿大這一地方。此文收入拙著雜文《隱居放言草》頁 41-43（臺北廣文書局出版）。想來健榮之研究，亦並使我增長新知。

吾是在退休之前先後在臺北師範大學兼課教博士生及碩士生，主要為博士班開講「中國古代典籍」及「掌故學」兩門隔年輪開，俱是全年四學分。洪健榮弟考上師大，即讀此兩課，此類課皆鄙人開創，前無因襲。我之用心，以爲但凡任何大學開辦歷史研究所，所開之課不可與大學部之課重複。特別必要者要一定傳授歷史典制，勢須必修三通（即《通典》、《通志二十略》及《文獻通考》）。蓋因典制之作最難，而教學亦不易，可見《史記》中之八書，《漢書》中之十志，俱是史書精華所在，歷代正史亦特重書志，若最近之《清史稿》，其天文志是出於大史家柯劭忞之手，而柯氏並爲全書之總纂，可知其對書志之重視。而今在我尚未退休之時，史界早已看不到有人開掌故之課，乃決由本人做起創始此兩門課，健榮弟即選修此兩課。在我個人言，只是盡一點責任而已。

洪健榮學棣雖具地理學良好基礎，而在治學用心，則選擇勘輿術作研究宗旨。想想我在大學是史地系出身，無論自然地理、人文地理課程全經選讀，新開之地質學、地形學、氣象學、氣候學、海洋學我俱選讀，出於名師教導。人文地理亦是大師級如沙學浚老師。我非外行，怎會相信掛地理學大師招牌之風水先生是來自地理學一門？在學問立場言，我帶洪君治學，指示門徑，不會誤判，在此說明，向上推至《漢書・藝文志》，我引領健榮弟從太史令尹咸所定「形法」一門學問，看待當年之《宮宅地形》成書。自此即能得見，古來之貴賤吉凶觀念，使健榮能在學理上站上最先源頭。此即健榮弟看家本領之所在也。

現在若論洪健榮之撰著《龍渡滄海》大著，我二人俱將風水觀念定之爲社會文化史，並不當作地理學研治。若看勘輿師之擅用「羅經」（即羅盤），決不是兵家立軍砲兵使用之西洋羅盤，西洋羅盤是十六方位，中國羅盤是二十四方位，西方羅盤只須度數，如 66 度、90 度、180 度。中國之二十四方位早成於紀元前三世紀，當時尚未發明羅盤，但二十四方位已成。是用十干之甲乙丙丁庚辛壬癸八方，再加地支子丑寅卯辰巳午未申酉戌亥十二方，再加上四角之四維乾、坤、艮、巽共四方位，三者合成二十四方位。風水師即是用中國羅盤。可以作各樣推理解說。

洪健榮博士據《龍渡滄海》以展論臺灣地區移民社會之信仰根基。蓋自閩南移民新地，首重居舍之安全安定，更要注意身後安葬之久遠未來，希求地脈龍穴之依恃，而能子孫繁庶，家業興隆。故是渡海龍頭能永久根植於斯土。由是代代累積，演成庶民社會習俗，是即一種文化之深入豐盛。

健榮弟投身學術，潛沉精進，勤謹篤實，多年用心，長於方志學及歷史地理，最後受鄙人調教而能在社會文化史方面完成新書，甚是佩慰。但書早寫成，甚盼其早日問世，今承其告知，特致祝賀。

健榮所著《龍渡滄海：清代臺灣社會的風水習俗》一書，分別八章論述，於移民先驅之開建基業於個人之家庭，村里鄰右之聚落，寺廟書院之經營，城邑市鎮之布局，等等爲深植居處，永保繁富之想望，俱可見出長久形成風俗之成果。本書俱作深入分析，詳加申敘。此則健榮學問識見之所在也。

河南周家口市王爾敏

寫於多倫多之柳谷草堂

中華民國一〇三年十二月四日

目次

下　冊

圖次

第一章　緒　論

常言道：「一命二運三風水，四積陰德五讀書」，這段話反映傳統漢文化社會對於人生在世如何功成名就的一種價值判斷。其中，風水次於先天性的命、運之後，排名在後天性的陰德、讀書之前，如此的位階排列，彷彿透露出風水兼具先天庇蔭與後天改造的雙重性質，似乎也象徵著採用這種方式以謀取現世的利益，在古代某些中國人的心目中，佔有一定程度的份量。自古迄今，漢人在日常生活中對於風水觀念及其應用法則的奉行，經過歷史文化的長期累積，逐漸衍生而成傳統社會中廣泛流傳的風水習俗。時序進入到二十一世紀，姑不論現今知識份子心目中的「風水」本身迷信與否，風水畢竟是中國歷史文化的一環，也是漢文化圈普遍存在的人民意識與社會現象。上至達官貴人，下至平民百姓，士農工商，各行各業，多奉行不已；並且影響至今，既深且廣。〔註 1〕

反觀當前的臺灣社會，我們猶不時透過大眾傳媒或道聽途說的管道，接觸到各種充斥在現實社會中關於陰宅風水、陽宅地理的訊息，例如：某達官政要近況稍不順遂，某商業人士為圖事業騰達，某影視明星期能星運亨通，即紛紛求助於「明師」指點陰陽宅風水的佈置。長久以來，公家機關或私人機構「改風水」以謀行政上的諸事無礙與商務上的一帆風順，早已是公開的秘密。關心臺灣社會脈動的人多能察覺：每逢中央首長的選舉，各候選人的

〔註 1〕 劉沛林，《風水——中國人的環境觀》，第 10 章，〈從本土到海外：中國風水文化的幅散與外播〉，頁 289～317。另參閱渡邊欣雄、三浦國雄編《風水論集》以及渡邊欣雄著《風水の社會人類學——中國とその周邊比較》二書中有關東亞地區風水習俗的探討。

祖墳風水是否具備「眞命天子」的王氣，經常成爲喧騰一時的熱門話題。世紀末的臺灣總統大選期間，一度傳聞某候選人的祖墳龍脈遭到競爭對手延請高人加以毀斷；而當另一候選人在大選中脫穎而出，輿論或將勝選的結果，歸因於這位當選人南部家鄉的風水龍氣，應驗出「九五至尊」。對於社會大眾而言，如果有幸金榜題名，有人會說是祖墳風水庇蔭或居家風水保佑；如果不愼遭遇災劫，祖墳風水與居家格局的吉凶與否，似乎又會浮現在當事人與局外人的言談之中。至於延請堪輿地師爲先人相地擇葬或調整居家風水的普遍程度，更是不在話下。除此之外，電視媒體與各類報刊雜誌爲了吸引觀眾的目光，競相推出一些所謂的堪輿明師、星象學家公開教導世人如何趨吉避凶、消災納福的節目或專欄，業已蔚爲一股流行的風尚。風水之說彷彿已於潛移默化之中，形成臺灣民眾判斷人事關係與社會現象的一套價值觀。

西哲有云：凡存在自有其合理性，毋庸置疑的，風水現象的存在亦是如此。至於要如何詮釋這種社會文化現象其來有自的合理性，歷史研究者自有其因應時空差異且針對客體特性而設計的方法。如果我們接受「現狀是歷史演變的結果」的這項前提，要想深入瞭解當前臺灣各種風水現象的來龍去脈，回歸到清代時期臺灣逐漸形成漢人社會的歷史脈絡，進行一場穿越時空的風水探索之旅，也許是一種值得嘗試的途徑。

一、問題背景

孕育於中國傳統民間習俗與術數文化的「風水」，又名堪輿、地理、形法、向法、卜宅、相宅、相墓、相地、青烏、青囊、陰陽之術，自古以來爲漢文化社會詮釋人地關係的一套概念體系，也是上自帝王將相、下及庶民百姓普遍信仰的行爲法則。〔註2〕風水術的整體內涵，不外乎「人們確定陰陽宅布局、朝向、營建，探討人與自然、人與居葬環境之間關係的一種技巧和術數」。〔註3〕基於人們置身自然天地之間的生死差異，導致風水學在理論與應用上，具有陰宅（亡者墓穴）與陽宅（生人住所）的分別。臺灣民間習慣稱呼陰宅風水爲「風水」，稱呼陽宅風水爲「地理」，但兩者之間亦不乏相互混用的情形。〔註4〕本書所使用的「風水」一詞，如未特別註明，概兼指

〔註2〕史箴，〈風水典故考略〉，收入王其亨主編，《風水理論研究》，頁11～25。
〔註3〕卞利，〈明清時期徽州地區堪輿風行及其對社會經濟的影響〉，頁64。
〔註4〕林美容，《鄉土史與村庄史——人類學者看地方》，頁246～247。

陰、陽宅而言，舉凡有關生人擇居、亡者營葬的行為所衍生而成的社會現象及其影響，皆在本書的探討範圍內。

傳統風水術的演變過程中，縱然其歷史淵源和門戶派別存在著某些地域性的差異，然而在操作原理方面，迄唐宋以降，已逐漸發展出一套對於山川分佈與地理形勢的共通預設。理想的風水著重於得水、藏風、聚氣等有機因素，〔註5〕並講究龍眞、穴的、砂秀、水抱、向吉的整體格局。〔註6〕風水的組成要件反映在自然環境的象徵意涵上，「龍」指穴後綿延而來的青翠山脈，為大地「生氣」傳達的憑藉；「穴」指龍脈終止前的平地或山坡，係「生氣」凝聚的地點；「砂」指座落在穴前及兩側的小山脈或丘陵地，「水」指穴前與砂間環繞的河川、溪流或湖泊，「向」則指對應八卦宜忌與五行生剋的適宜方位，通常以羅盤作為定向的依據。只要是符合或接近前述的地理分佈，即構成理想化的風水格局。〔註7〕清代學者汪志伊（1743～1818）在其刪定的《地學簡明》卷十二〈聚散定穴〉中，提到如何擇定適當居葬地點的區位原則，其中強調「氣聚者吉，氣散者凶。故立穴之法，當察其氣之聚處扦之」；舉凡「眾山團聚，眾水相匯，羅城周密，風氣融結，補缺障空，不陷不跌。有此大聚之勢，則當於此審受穴之山」。〔註8〕也就是說，眞龍吉穴、風水寶地的勘定，必需符合山環水抱、鍾靈毓秀的形勢條件。

大致說來，這套從兩漢之際逐漸蔓延、唐宋以降趨於普及、明清時期廣被奉行的術數規範，源起於中國人日常生活的體認或生命經驗的累積，體現出蔭佑子孫的功利意識與趨吉避凶的現實需求，也反映了傳統天人感應、陰陽五行的天地宇宙觀以及愼終追遠、事死如生的儒家孝道觀。由於歷代某些知識份子的重視和推闡，豐富了風水的理論系統與操作原則，也增添了風水

〔註5〕此係根據託名晉朝郭璞的《葬書》（實際上約成書於唐宋時期）中的說法：「葬者，乘生氣也，……氣乘風則散，界水則止。古人聚之使不散，行之使有止，故謂之風水。風水之法，得水為上，藏風次之」。引見《景印文淵閣四庫全書》第808冊，頁12～15。《葬書》對於風水的詮釋及界定，大抵為後世形家奉為圭臬。如丘延翰著、吳景鸞解〈理氣心印〉中提到：「晉郭氏《葬書》三篇，始言葬乘生氣，而地理之說始詳」。引見黃愼編，《地理人天共寶》，卷1，頁49a。至於《葬書》託名郭璞著作的考證，可參閱王玉德編著，《古代風水術注評》，頁56～62。

〔註6〕趙九峰，《地理五訣》，卷1，〈地理總論・五常〉，頁24b～26a。

〔註7〕渡邊欣雄，《風水思想と東アジア》，頁24～31。另參見王爾敏，《明清時代庶民文化生活》，頁127～135。

〔註8〕汪志伊，《地學簡明》，卷12，頁246。

的神聖色彩；而其雜揉於佛教儀式、道教方術與民間宗教的傳播途徑，更普及了風水可供發揮的實質作用。這套術數於是透過信仰落實到政治運作及社會事務上，對於中國歷史文化的演進，具有相當不容忽視的影響力。〔註 9〕

從文化學的角度，共通的行為規範及其實踐的結果，具體呈現為普遍的社會現象；這些社會現象所形塑的價值取向，也不斷地導引人們的觀念和選擇。觀念的落實與否，則經常涉及權力的運作。〔註 10〕就此層面而言，風水觀念的建構過程與施行程序，往往也決定了人對他人以及人對外在環境的意識支配與權力宰制。人們賦予自然地理空間一項可供操作的風水理論，透過風水知識的掌握者——堪輿師、地理師、青烏先生來論斷某處風水的有無與好壞，反過來在對待生、老、病、死與吉、凶、禍、福的得失態度上，或多或少也受到此種術數法則的制約。由於風水術數富有推往測來的實用性與經天緯地的神秘性，得以深入滾滾紅塵的人情世故，消解芸芸眾生對於自我生命與外在變遷的不確定感，正呼應其所具備的權威性和支配性。〔註 11〕堪輿文化為傳統士紳所側目或關注的原因，亦在於這項社會習俗的運作過程中所附帶的功利特質。這項功利特質，也是促成風水之說深入傳統社會的主要催化劑，並使其成為古往今來的漢文化圈人士所共同享有的一套趨避法則。

風水觀念在傳統漢文化社會流傳之久遠，已是眾所周知的常識；風水習俗影響之深廣，也是毋庸置疑的事實。對於明清之際以來位居中國地理、文化邊陲而逐漸趨向「內地化」的臺灣本土而言，〔註 12〕來自閩粵地區的漢人移民如何在這塊海外新天地裡延續傳統的風水觀念，逐漸建立起移墾社會的

〔註 9〕有關「風水」的源流發展、理論內涵、日常實踐與社會影響，參見 Stephan D. R. Feuchtwang, *An Anthropological Analysis of Chinese Geomancy*, pp. 96～111, 175～217；Sang Hae Lee, "Feng-Shui: Its Context and Meaning," pp. 49～369；Ole Bruun, *An Introduction to Fengshui*, pp. 11～83；漢寶德，〈風水——中國人的環境觀念架構〉，頁 123～150；李城志、賈慧如，《中國古代堪輿》，頁 25～78。

〔註 10〕關於這方面的討論乃至於本書的基本分析概念，筆者主要受到西方學者傅柯之「知識／權力」說、孔恩之「典範論」以及拉卡托斯之「研究綱領方法論」的影響。參見 Michel Foucault, *Power/Knowledge: Selected Interviews and Other Writings 1972～1977*; Thomas S. Kuhn, *The Structure of Scientific Revolutions*; Imre Lakatos, "Falsification and the Methodology of Scientific Research Programme," in Imre Lakatos and Alan Musgrave eds., *Criticism and the Growth of Knowledge*, pp. 91～196.

〔註 11〕張明喜，〈中國術數文化發凡〉，頁 49～53。

〔註 12〕「內地化」的觀點，據李國祁，〈清代臺灣社會的轉型〉，頁 111～148。

風水習俗？接受這套術數法則的社會大眾，如何在日常生活加以實踐？周旋於清代臺灣特殊的人事時空背景下，風水習俗在散佈的過程中，曾經產生了那些社會影響？在掌握了前舉的問題之後，我們最終要問：風水在清代臺灣漢人開發史上，究竟扮演著何種角色？

二、研究回顧

自二十世紀初期中國新文化運動以後，當代華人學者或受到科學主義（Scientism）浪潮的激盪，基於西方十九世紀實證主義、二十世紀初期邏輯經驗主義「統一科學」的理念，形構出放諸四海而皆準的科學規範之餘，也致力將風水習俗貼上迷信、愚昧的標籤，鄙視其爲阻礙社會現代化的陋俗惡習，進行堪輿術數的解構、消毒等批判性的工作。這類的作品可說是層出不窮，不勝枚舉。相形之下，二十世紀下半葉以來，海內外學界紛紛從建築學、景觀學、生態學、人類學、民俗學、文化學、環境科學、方位藝術等學說觀點，重新詮釋風水理論內在的科學成分、美學象徵與文化蘊涵，平心檢討其對於現代建築設計、城市規劃或環保工程的意義、啓發和功用。相關的研究成果琳瑯滿目，儼然形成一股方興未艾的「風水熱」。〔註 13〕以下僅就「風水習俗與臺灣傳統社會」的相關課題，作一簡要的研究回顧。

早在日本領臺之初，臺灣總督府爲能參照臺灣本土的特殊民情而設計一套有效的統治方針，於 1901 年成立臨時臺灣舊慣調查會，由民政長官後藤新平（1857～1929）擔任會長，聘請學者陸續在臺灣各地展開傳統風俗習慣的調查。〔註 14〕臨時臺灣舊慣調查會於 1903 年發表的第一回調查報告書上卷，針對臺灣民間仰賴風水師擇地營葬與洗骨遷葬的習俗，已有概略的介紹。〔註 15〕緊接著於 1906 年刊布第二回調查報告書第一卷第八節中，專就墳墓的種類性質與風水意涵、相地改葬的民俗現象、地理師勘驗風水吉地的理論依據、墳墓的外觀形制和營造方式、墳墓的管理權屬與侵害問題，作出

〔註 13〕相關的研究回顧與著述概況可參閱：Sang Hae Lee, “Feng-Shui: Its Context and Meaning,” pp. 28～48；齋藤齊，〈風水研究に關する主要文獻目錄：和文・歐文編（刊年順）〉，頁 165～180；林美容編，《臺灣民間信仰研究書目（增訂版）》，頁 315～318；渡邊欣雄著，周星譯，《漢族的民俗宗教——社會人類學的研究》，頁 285～313。

〔註 14〕黃昭堂，《臺灣總督府》，頁 76～78。

〔註 15〕臨時臺灣舊慣調查會，《臨時臺灣舊慣調查會第一部調查第一回報告書》，卷上，頁 44～47。

了更進一步的解說。〔註 16〕該會復於 1910 年起刊行第三回報告書（即《臺灣私法》），其中相關風水墳地的論述內容，與第二回調查報告書大同小異。〔註 17〕除此之外，由臺灣總督府與法院職員於 1900 年間共同組成的臺灣慣習研究會，〔註 18〕自 1901 至 1907 年共刊行七卷《臺灣慣習記事》，各卷中搜羅了不少臺灣風水習俗的資料，也刊載過數篇日籍學者對於風水的理論基礎、操作方式與社會實踐的討論。

1915 年八月，「西來庵事件」爆發，由於該事件與臺灣民間信仰的關係密切，日本當局遂於同年九月起展開全島宗教調查，至 1919 年三月刊行《臺灣宗教調查報告書（第一卷）》。該書第二篇第十二章〈僧侶道士巫覡術士〉中，說明術士之流地理師的名稱與專長，並概述堪輿之說的源流、派別與理論內涵，臺灣民眾奉行墳宅風水的原因、買賣蔭堆的現象以及流傳於地方社會的風水奇談，行文之中亦隨機批判這類迷信所造成的弊害。〔註 19〕

到了日本殖民統治後期，由金關丈夫（1897～1983）等人創刊的《民俗臺灣》雜誌，自 1941 年七月至 1945 年元月前後刊行六卷四十三冊，其中登載了數篇臺日人士對於傳統風水習俗的見解，並保存了臺灣各地的某些風水傳說故事。私人著述方面，如 1921 年片岡巖《臺灣風俗誌》、1928 年伊能嘉矩（1867～1925）《臺灣文化誌》、1934 年鈴木清一郎《臺灣舊慣冠婚葬祭と年中行事》、1939 年曾景來《臺灣宗教と迷信陋習》等，各書的部份篇章，亦曾賅要地點出臺灣風水民俗的實質內涵、社會影響或歷史淵源。前述的調查整理成果，其內文大多爲現象的描述或傳說的彙集，較缺乏系統性的深入研究，但也爲後來學界探究臺灣傳統社會風水習俗的課題，奠下了初步的基礎。

自戰後以來，關於臺灣社會之風水現象的研究，經過海內外學者的長期努力之下，逐漸呈現出蓬勃發展的局面。其中，尤以風水原則及其觀念實際運用於臺灣傳統宅居營造與聚落選址的情形，特別受到關注。擁有建築學、景觀學、地理學或人類學專業背景的研究者發現到：如果忽略掉「風水」的

〔註 16〕臨時臺灣舊慣調查會，《臨時臺灣舊慣調查會第一部調查第二回報告書》，第 1 卷，頁 336～359。

〔註 17〕臨時臺灣舊慣調查會，《臨時臺灣舊慣調查會第一部調查第三回報告書．臺灣私法》，第 2 卷上，頁 79～95。

〔註 18〕臺灣慣習研究會原著，程大學譯，《臺灣慣習記事》，1 卷 1 號，〈會報〉，頁 26。

〔註 19〕丸井圭治郎，《臺灣宗教調查報告書（第一卷）》，頁 108～112。

因素，將無從認知傳統合院式建築物的營造格局，也難以理解清代臺灣漢人村落與城垣建置所呈現的空間分佈。〔註 20〕例如，長期研究臺灣民間傳統建築的學者漢寶德，曾將自我的親身體驗引申出如下的一段省思：「我對臺灣傳統建築的研究也不時遇到風水上的問題。風水通常用來解釋很多不能了解的做法，使我發現不但不能幫助了解古老的建築，而且是一種搪塞的藉口。對於一個認眞的研究者，不了解風水是很嚴重的知性障礙，幾乎與研究英國文學不能通英文一樣」。〔註 21〕歸根究底，惟有嘗試去揭開風水之說的神秘面紗，才能清楚臺灣傳統建築空間與聚落區位的文化特質。諸如此類的論述取向，可說是近來學界研究臺灣傳統社會之風水現象的一股主流。

針對特定區域傳統宅居風水營建的研究，舉要如：楊秉煌〈大溪地區傳統建築的地理研究〉、〔註 22〕林泓祥〈清末新埔客家聚落傳統民宅空間構成之研究〉、〔註 23〕張雅蕙〈滬汪傳統民宅空間之研究〉、〔註 24〕張宇彤《澎湖地方傳統民宅之構成與營造技術》、〔註 25〕張宇彤〈金門與澎湖傳統民宅形塑之比較研究——以營建中的禁忌、儀式與裝飾論述之〉、〔註 26〕鍾明樺〈臺灣閩客傳統民宅構造類型之研究——以旗山鎮與美濃鎮爲例〉、〔註 27〕洪玉蓉〈小琉球傳統合院住宅空間構成之研究〉。〔註 28〕從這些研究中，可以看出風水觀念深入清末臺灣各地宅居選址營建環節的影響力。至於通論性的著作，如關華山〈臺灣傳統民宅所表現的空間觀念〉、〔註 29〕林俊男〈臺灣的傳統「陽宅風水」類型及其區位原則之研究〉、〔註 30〕李盛沐〈臺灣閩南傳統建築營建設計程序之研究〉、〔註 31〕林會承《臺灣傳統建築手冊（形式與作法篇）》、〔註 32〕徐明福《臺灣傳統民宅及其地方性史料之研究》、〔註 33〕

〔註 20〕渡邊欣雄著，周星譯，《漢族的民俗宗教——社會人類學的研究》，頁 285～313。

〔註 21〕漢寶德，〈風水——中國人的環境觀念架構〉，頁 124。

〔註 22〕臺北：國立臺灣師範大學地理研究所碩士論文，1989 年 6 月。

〔註 23〕臺南：國立成功大學建築研究所碩士論文，1989 年 7 月。

〔註 24〕臺南：國立成功大學建築研究所碩士論文，2000 年 1 月。

〔註 25〕馬公：澎湖縣立文化中心，1998 年。

〔註 26〕臺南：國立成功大學建築研究所博士論文，2001 年 6 月。

〔註 27〕雲林：國立雲林科技大學空間設計研究所碩士論文，2002 年 6 月。

〔註 28〕雲林：國立雲林科技大學空間設計研究所碩士論文，2002 年 6 月。

〔註 29〕《中央研究院民族學研究所集刊》，第 49 期，1980 年春季，頁 175～215。

〔註 30〕臺北：中國文化大學地學研究所碩士論文，1991 年 6 月。

〔註 31〕臺北：國立臺灣工業技術學院工程技術研究所碩士論文，1995 年 6 月。

〔註 32〕臺北：藝術家出版社，1990 年再版。

黃蘭翔〈以「風水」觀點論客家人的住家環境〉，〔註 34〕概涉及傳統陽宅風水營建格式與區位選址原則的探討。除了論文與專書之外，有關傳統風水法則與臺灣建築營造之間的關聯，亦散見於一些古蹟修復的調查研究與傳統民居的調查報告中。

大致上，前舉研究主要著眼於傳統宅居位址及其布局本身的風水意象，偏重於空間結構性的分析，較缺乏歷史動態性的考察；對於建築區位與社會人事變遷的互動關係，也鮮有留意。相形之下，有關風水觀念與傳統聚落空間形成的研究，如邱永章〈五溝水——一個六堆客家聚落實質環境之研究〉、〔註 35〕夏雯霖〈清末後堆地方傳統聚落之研究〉、〔註 36〕劉敏耀〈「地理」對澎湖聚落空間的影響〉、〔註 37〕張琬如等《關西上南片羅姓村的形成與發展》、〔註 38〕梁宇元《清末北埔客家聚落之構成》、〔註 39〕池永歆〈空間、地方與鄉土：大茅埔地方的構成及其聚落的空間性〉、〔註 40〕龍玉芬〈廟宇與聚落互動之研究——以北埔慈天宮爲例〉，〔註 41〕則在傳統風水形勢觀念如何介入聚落分佈或村廟區位的探討之外，也往往留意到特定時期的人事因素與歷史背景所帶來的影響。然而在時間上，仍大多侷限於清代後期的臺灣社會。王志宇《寺廟與村落：臺灣漢人社會的歷史文化觀察》第四章〈天地人合一——村莊、寺廟與風水〉，根據清代臺灣方志、官書檔案、碑文以及筆記文集等史料，探討風水觀念對於臺灣各地村落形成及寺廟營建等公共空間的影響，有助於我們從社會文化史的角度來認知風水與傳統社會的互動關係。〔註 42〕

關於風水觀念影響清代臺灣城郭擇址營建的研究，如堀込憲二〈風水思想と中國都市の構造〉第 II 部〈風水思想と清代臺灣の都市〉、〔註 43〕〈如何

〔註 33〕臺北：胡氏圖書公司，1990 年。

〔註 34〕徐正光主編，《聚落、宗族與族群關係》（臺北：中央研究院民族學研究所，2000 年），頁 153～190。

〔註 35〕臺中：私立東海大學建築研究所碩士論文，1989 年 6 月。

〔註 36〕臺南：國立成功大學建築研究所碩士論文，1994 年 6 月。

〔註 37〕桃園：私立中原大學建築研究所碩士論文，1995 年 6 月。該論文於 1998 年由澎湖縣立文化中心出版，改題爲《澎湖的風水》。

〔註 38〕新竹：新竹縣立文化中心，1999 年。

〔註 39〕新竹：新竹縣立文化中心，2000 年。

〔註 40〕臺北：國立臺灣師範大學地理研究所博士論文，2000 年 6 月。

〔註 41〕《臺灣風物》，52 卷 3～4 期，2002 年 9、12 月，頁 123～192，95～106。

〔註 42〕臺北：文津出版社，2008 年，頁 132～189。

〔註 43〕東京：東京大學工學博士論文，1990 年，頁 47～69。

解讀臺灣都市的風水——風水思想與清代臺灣的城市之研究〉，〔註 44〕根據官修志書的相關記載，剖析清代臺灣各府、縣、廳城外部的堪輿形勢，以及各種與風水觀念緊密結合的建築配置格局。周郁森〈清代臺灣城牆興築之研究〉指出，清代臺灣各行政區域城址的選定與營造，概以政經因素與軍事防禦的考量爲主，另受到傳統風水觀念的影響，若非設置之初即有風水考量，即是城址決定後再賦予風水解釋。〔註 45〕蔡增仲、林仁川〈清代臺灣城市規劃的變體禮制思想〉指出，「風水」爲形塑清代臺灣城市風格的一項環境知識系統。〔註 46〕彭喜豪〈臺北府城理氣佈局之星宿立向研究〉，將實測日影法應用在臺北府城現有城門遺址的方位計算上，並參照清代文獻史料的相關記載，回推當初治臺官員選址營建與擇方定位的風水考量。〔註 47〕該文能結合測量技術與歷史文獻，在研究方法上頗富新意。

風水作爲一種空間實踐的本身所具有的文化意涵，素爲人類學者或景觀建築學者所關注。林開世〈風水作爲一種空間的實踐：一個人類學的反思〉，爲筆者所見近年來較具深度的代表性論著。該文藉由十九世紀噶瑪蘭廳官員運用風水觀念以選址建城的例證，來論證風水作爲一種空間實踐，如何「被地方政府用來做爲鞏固統治合法性的工具」。〔註 48〕類似的論述取向，如陳志梧〈空間變遷的社會歷史分析：以日本殖民時期的宜蘭地景爲個案〉、〔註 49〕賴仕堯〈風水：由論述構造與空間實踐的角度研究清代臺灣城市空間〉、〔註 50〕陳連武〈風水——空間意識形態實踐：臺北個案〉，〔註 51〕主要從知識建構與權力運作的角度，探討不同時空的論述主體如何基於階層利益的考量，隨機調整臺灣各區域風水空間的象徵意涵與功能取向，以符合權力支配者的價值觀念和實質需要。

有別於統治階層引藉風水觀念賦予地理空間政治化色彩的意識形態，地方人士亦有一套詮釋特定區域風水意涵的價值觀念。清代以來臺灣民間所流傳的各類風水傳說內涵，以及隱藏在這些傳說背後的集體心態、文化意象

〔註 44〕《哲學雜誌》，第 3 期，1991 年 1 月，頁 79～101。

〔註 45〕臺南：國立成功大學建築學系碩士論文，2003 年元月，頁 57～89。

〔註 46〕《中華建築技術學刊》，7 卷 1 期，2010 年 6 月，頁 57～76。

〔註 47〕《臺北文獻》，直字第 151 期，2005 年 3 月，頁 305～344。

〔註 48〕《臺灣人類學刊》，5 卷 2 期，2007 年 12 月，頁 63～122。

〔註 49〕臺北：國立臺灣大學土木工程研究所博士論文，1988 年 1 月，頁 45～51。

〔註 50〕臺北：國立臺灣大學建築與城鄉研究所碩士論文，1993 年 2 月。

〔註 51〕臺北：私立淡江大學建築研究所碩士論文，1993 年 6 月。

及其歷史意義，即可作爲考察的對象。張昀浚〈臺灣民間風水傳說研究〉、〈臺灣民間的聚落與寺廟風水傳說的類型和內容探討〉、《臺灣奇譚：民間地理風水傳說》，〔註 52〕劉芳宜〈雲林縣地方傳說研究〉第三章論及風水傳說的部分，〔註 53〕郭庭源〈臺灣與金門地區民間風水傳說研究〉，〔註 54〕王奕期〈臺南地區風水傳說之研究〉，〔註 55〕以及朱惠美〈臺灣民間故事之民俗研究〉第五章第三節論及術數風水的部分，〔註 56〕前舉著述爲近年來這類研究取向的代表。林美容於〈由地理與年籤來看臺灣漢人村庄的命運共同體〉一文中，根據其在臺灣中部地區所搜集到的一些清代傳說資料，解說地方人士對於風水好壞攸關聚落興衰的見解，並呈顯出地理風水之說在民眾心態上的影響力。〔註 57〕林文龍〈楊本縣敗地理之傳說〉、〈楊本縣敗地理傳說補述〉，〔註 58〕以及胡萬川〈土地·命運·認同——京官來臺灣敗地理傳說之探討〉，〔註 59〕則從集體心態的角度，詮釋清代後期彰化縣紳民如何將境內的人事紛擾，歸因於前縣令楊桂森任內大興土木而敗壞地理，以至於造成地方發展的不良後果。劉曉親〈楊本縣過臺灣傳說研究〉，針對楊本縣敗風水傳說的成因、內涵、特色及其價值進行分析，並考察該傳說在臺灣民間戲劇中的演出風貌，爲近年來關於此項課題較具系統性的論著。〔註 60〕此外，如范勝雄〈府城地理傳說〉與《蔣公子敗地理》，也指出這類流傳於臺南地區的風水傳說所形成的時空背景及其內涵，主要是反映出清代後期府城人士對於地方衰落的一種解釋。〔註 61〕

相較於陽宅地理研究的盛景，陰宅風水的專題研究則稍顯冷落。這種狀

〔註 52〕首篇論文爲作者於 2004 年 6 月完成的國立臺北大學民俗藝術研究所碩士論文，次篇論文發表於《臺灣民俗藝術彙刊》第 1 期（2004 年 10 月，頁 23～44），專書則於 2008 年由臺北臺灣書房出版。

〔註 53〕雲林：國立雲林科技大學漢學資料整理研究所碩士論文，2007 年 7 月，頁 50～56。

〔註 54〕高雄：國立高雄師範大學國文研究所碩士論文，2007 年元月。

〔註 55〕臺南：國立成功大學中國文學研究所碩士在職專班論文，2007 年 6 月。

〔註 56〕臺東：國立臺東大學兒童文學研究所碩士論文，2007 年 6 月。

〔註 57〕《臺灣風物》，38 卷 4 期，1988 年 12 月，頁 130～135。

〔註 58〕《臺灣風物》，26 卷 1 期、29 卷 2 期，1976 年 3 月、1979 年 6 月，頁 3～16，頁 76～77。

〔註 59〕《臺灣文學研究學報》，第 1 期，2005 年 10 月，頁 1～21。

〔註 60〕桃園：國立中央大學中國文學系研究所碩士論文，2007 年 7 月。

〔註 61〕前文刊於《臺南文化》新 44 期，1997 年 12 月，頁 97～120；專書則於 2001 年由臺南市政府出版。

況的產生，可能與知識份子普遍懷疑傳統陰宅庇蔭說的心態，有一定程度的關聯。〔註 62〕歷來學界對於臺灣社會中風水擇葬現象的探討，較具代表性的作品，如陳壬癸〈談臺灣民間習俗「風水」〉，依序探討臺灣傳統社會的陰宅庇蔭觀、風水龍脈說、墳墓的做法與形態、拾骨改葬的習俗、有關風水習俗的傳說與弊害。〔註 63〕由於該文屬通論性質，較缺乏歷史時空感。西方人類學者 E. M. Ahern 於〈墳墓的風水〉（The Geomancy of the Grave）一文中，根據其於 1960 年代末在臺北縣三峽鎮溪南聚落的田野調查，探討民間人士仰賴風水師擇地營葬或遷葬吉穴以追求風水生氣庇蔭的情形，並陳述傳統墳墓座落的空間格局及其營造形制所具有的風水元素。〔註 64〕

再者，關於風水擇葬行爲在清代臺灣社會落實的情形，通常是附屬於家族史的研究脈絡中。如許雪姬針對臺中龍井林家的研究，〔註 65〕李昭容針對彰化鹿港丁家的研究，〔註 66〕藉由現存族譜、字據等文獻，探討遷臺家族於「在地化」的墾殖過程中，如何重視陰宅風水的經營，以保障家族本身在地域社會中的權力、財勢與地位。簡美玲、劉塗中對於苗栗頭份陳家的研究，則呈現出在地家族如何以堪輿學知識作爲謀生技能，進而累積經濟資本，建立起社會互動網絡與地方聲譽。〔註 67〕

通論臺灣傳統陰陽宅風水內涵的著作，如鄭正浩〈臺灣における風水の傳承〉，除了檢視清代臺灣風水龍脈說的起源之外，並參考各地流傳的風水傳說與近代出版的堪輿作品，陳述臺灣寺廟擇建於靈地佳穴與民間墳墓擇葬於風水寶地的庇蔭需求，最終更展望地理風水之說的現代意義。〔註 68〕郭中端、堀込憲二〈風水漫談〉，則將臺灣村落宅居、墓葬實態與各類風水著述內涵相

〔註 62〕渡邊欣雄，《風水の社會人類學——中國とその周邊比較》，頁 124。

〔註 63〕《臺灣文獻》，32 卷 3 期，1981 年 9 月，頁 95～99。

〔註 64〕Emily M. Ahern, *The Cult of the Dead in a Chinese Village*（Stanford: Stanford University Press, 1973）, pp. 175～190。日文版見植野弘子、宮原曉合譯，〈臺灣村落における墓の風水〉，收入渡邊欣雄、三浦國雄編，《風水論集》，頁 476～493。

〔註 65〕許雪姬，《龍井林家的歷史》，頁 36～38。

〔註 66〕李昭容，《鹿港丁家大宅》，頁 78～85。

〔註 67〕簡美玲、劉塗中，〈書院與堪輿：中港溪頭份街庄一個客家家族的知識與經濟〉，頁 185～222。

〔註 68〕收入牧尾良海博士頌壽記念論集刊行會編，《中國の宗教．思想と科學》（東京：國書刊行會，1984 年），頁 325～330。

互參照，藉以探索風水理論的核心觀念與實踐方式。〔註 69〕這類通論性的作品，如能從歷史縱深的角度加以深化，將有助於我們洞悉風水習俗在臺灣社會發展脈絡中的角色。

綜上所述，戰後以來海內外學界涉及臺灣社會風水習俗課題的研究，以建築學、人類學、民族學與地理學者的成果最爲顯目。通觀其研究取向，大體聚焦在臺灣傳統村落風水擇建與相地營葬的現狀考察，重視建築格局、聚落空間的象徵意涵與風水理論的內部研究，較不著意於歷史文獻的爬梳，以至於在時間縱深度上稍呈薄弱。另一方面，即使對於風水習俗與清代臺灣社會變遷的關聯或地方發展的互動有所關注，然而多以特定村落的實地考察配合學理的印證，在地域的廣涵面上仍略嫌不足。當然，此種現象的產生，概因學科性質與專業背景的影響所致。學術研究貴能博採眾長、互爲借鏡，針對「風水習俗與臺灣傳統社會」的課題，歷史研究者所能發揮的知識空間何在？一場環繞在風水論述之跨學科的對話，如何成爲可能？

風水習俗在臺灣本土的流傳，無疑是十七世紀以來閩粵移民拓墾史的文化成果之一。在清代臺灣漢人社會逐漸建立的過程中，風水習俗往往也隨著人、事、時、地的差異，而呈現出不同時期的特有風貌，並發揮出一種與時俱移或因地制宜的社會功能。誠然，現狀是歷史的累積，習俗是歷史的產物，對於社會現象的深度理解，通常必需透過歷史的考察。臺灣傳統的風水習俗主要淵源自早期閩粵移民的移植與再現，如果撇開歷史發展的實際例證而通論風水習俗的來龍去脈，或將流於鏡花水月般的空泛。就清代臺灣而論，在原始資料的運用方面，如清代官書檔案與方志圖說、契字碑文、民間族譜、報刊雜誌與私家筆記文集中，即有爲數不少的風水紀錄，可以提供我們探究這段時期臺灣社會風水習俗的歷史作用，實爲一項相當值得嘗試的社會史研究題材。

返觀歷史學界，目前似乎仍缺乏從社會史的角度，整體考察風水習俗在清代臺灣社會的流傳及其影響的專著。而在臺灣海峽對岸，中國學者陳進國所著〈事生事死：風水與福建社會文化變遷〉，從歷史縱深的角度，依序探討傳統風水術數傳入福建地區的過程及其流派發展、風水信仰的民俗化和儀式化、風水術在人文空間建構中的作用、風水信仰與當地家族的社會變遷等課題，呈現歷史上的風水習俗與福建社會文化變遷的關係，兼具深度與廣度，

〔註 69〕《史聯雜誌》，第 30、31 期，1997 年 12 月，頁 169～188。

為福建風水的課題開啓了另一道歷史人類學的研究視窗。〔註 70〕筆者針對清代臺灣風水民俗史的研究，也企望能拋磚引玉，落實在原始資料的解讀，另借鏡前人的研究成果，以探究清代臺灣社會的風水現象，並檢視風水流傳迄今生生不息的歷史因果。

三、研究架構

歷史研究重視社會現象的常與變，兼顧共時性的分析與貫時性的考察，一方面掌握客體本身所蘊涵的概念模式及其日常實踐的情形，一方面探索這些現象在歷史脈絡中的發展趨勢及其與社會需求的聯繫。基於這樣的認識，筆者嘗試探討清代臺灣風水習俗的源流及其在本土傳習流佈的媒介與管道，考察當時地方紳民接受風水觀念進而落實在日常生活的行為樣態，並進一步深究這些共通的行為樣態所呈現的風俗習慣及其所具有的社會功能，如何在特定時空的歷史情境之中與臺灣社會文化變遷產生互動。這既是一項風水現象的歷史考察，也可說是一種社會文化史的實證研究。

在原始資料的運用方面，筆者主要根據清代官書檔案與方志圖說、契字碑文、譜系資料、報刊雜誌配合私家筆記文集、堪輿專著及其他史料叢編等文獻資料，並輔以人類學、地理學和景觀建築學者對於傳統聚落宅居、風水墓地及廟宇城郭等古蹟的調查報告與口述史料，藉以論證清代臺灣風水民俗的歷史傳承、日常實踐與社會影響，並嘗試以風水習俗為主體，拼湊出清代臺灣社會的生活圖像。

本書的研究架構即呼應前述的問題意識而設計，整體的章次安排除了第

〔註 70〕廈門：廈門大學博士論文，2002 年 7 月。該論文經作者修訂後，於 2005 年由北京中國社會科學出版社出版，改題《信仰、儀式與鄉土社會：風水的歷史人類學探索》。關於該書的評論，可參見侯杰、劉宇聰，〈歷史人類學視角下的福建風水文化——評陳進國著《信仰、儀式與鄉土社會：風水的歷史人類學探索》〉，頁 152～154。此外，陳進國亦先後發表〈福建買地券與武夷君信仰〉、〈民間通書的流行與風水術的民俗化——以閩臺洪潮和通書為例〉、〈安鎮符咒的利用與風水信仰的輻射——以福建為中心的探討〉、〈寺廟靈籤的流傳與風水信仰的擴散——以閩臺為中心的探討〉、〈風水信仰與鄉族秩序的議約化——以契約為證〉、〈扶乩活動與風水信仰的人文化〉、〈理性驅馳：風水信仰與士紳階層的人文抉擇——福建的案例〉、〈墳墓形制與風水信仰——福建與琉球（沖繩）的事例〉、〈骨骸的替代物與祖先崇拜：福建的案例〉、〈考古材料所記錄的福建「買地券」習俗〉、〈《洗骨改葬の比較民俗學的研究》評述〉等一系列論文。

一章緒論與第八章結論之外，其餘各章節的分配情形與論述焦點如下：

第二章〈移墾社會的風水源流〉，首先呈現明清時期作爲臺灣移墾社會的原鄉——福建、廣東地區風水習俗的普遍現象，藉以明瞭臺灣風水習俗的來龍去脈。其次，陳述風水習俗在早期臺灣社會的流傳背景，主要針對明鄭治臺期間風水文化的移植方式與實踐情形，概略予以說明。最後，探討清代初期治臺官員與志書編纂者在意識上如何藉由「龍渡滄海」之類的傳聞，建構出從中國大陸聯繫臺灣境域的風水格局，以呼應海天孤島與大陸之間「一脈相承」的大一統局面，連帶將臺灣的地理環境納入中國傳統「風水化」的空間觀念中。

第三、四章〈風水習俗的日常實踐〉，首先分析清代臺灣社會風水觀念傳習的媒介與散佈的管道，探討閩粵原鄉的風水習俗如何重現於臺灣本土。其次，分別考察風水觀念在閩粵移民卜居擇建環節中的角色，以及在渡臺漢人相地營葬過程中的作用。最後，說明各種風水禁忌的具體象徵和其所具有的實質效力，作爲進一步掌握風水習俗與其他社會現象交互影響的背景認識。通篇論述之中，將儘量留意時間、區域（臺灣各地與臺海兩岸之間）、階層、族群（福客、原漢）等因素的差異，尤其是原住民在風水文化層面的漢化現象。

第五、六章〈風水習俗的社會互動〉，首先剖析清代臺灣聚落形成的風水成因與紳民意識中地方興衰的風水背景，藉以考察風水習俗與臺灣地域拓墾的互動關係。其次，從人文蔚起與風水觀念的聯想、文教建設過程中的風水考量這兩個層面，探討風水習俗對於地方文教發展的輔助作用。再者，著眼於風水習俗所衍生的負面影響，解說各種與其相關的社會問題與流俗弊端。最後，將焦點放在晚清民教紛爭中的風水緣由，呈現當時在臺傳播的西方宗教與傳統風水民俗之間的價值衝突。

第七章〈洋務運動的風水糾葛〉，主要以清季北臺雞籠煤務史上的風水論述爲中心，依序從龍脈禁忌與西力東漸的因應、洋務事業進行時的風水爭議、傳統習俗與現實利益的取捨等三個層面，探討這段期間臺灣推行洋務運動前後所面臨到的風水問題。本章從西力東漸的大環境來考察清朝官紳的因應之道，除了專注其如何基於國家政策的實際需要而隨機運用風水觀念的詮釋方式之外，並進一步探索風水習俗從私領域的實踐轉爲公共議題的起落環節上，在臺灣近代化的過程中所扮演的歷史角色。

本書主要以清代臺灣的社會時空爲背景，陳述傳統風水觀念的落實情形及其與社會文化變遷的交互影響，並探究風水習俗在清代臺灣漢人開發史上的地位。整體的論述過程，筆者有意跳開一般所認定的科學理性／術數迷信相互對立的「先天成見」，儘量擺脫單純化地視風水術數爲中國近現代化阻礙之類的「後見之明」(當然，筆者也自覺到個人在實踐層面上的可能侷限)。筆者所秉持的基本理念在於：如果我們試著以當時的價值系統與行爲規範去看待既往，透視現象背後的主導觀念及其歷史淵源，藉此理解個人或社會群眾的主體認知所建構的事實或經驗，或許可以同情地理解：某些在今天被視爲「迷信」、「非理性」的論述景象，適足以顯示特定時空情境中的「合理性」，而此種合理性也正是歷史流變中集體心態的映現。〔註 71〕法國史學家保爾·凡納（P. Veyne）在〈概念化的歷史〉中指出：「研究一種心態就是研究一種集體性。一種心態不僅僅是眾多個人想同樣的東西這一現象：他們中的每一個人，這一思想是以不同的方式被其他的人也這樣思想這一事實所突出的」。〔註 72〕援依這項方法論原則，即使是時人心態上對於風水習俗的「後設詮釋」，也可以成爲歷史學研究的客體對象。若是運用得當、詮釋得法，更有助於我們從深層文化的角度以及歷史脈動的觀點，洞悉風水習俗與臺灣社會的各種互動關係。

〔註 71〕姚蒙、李幽蘭編譯，《法國當代新史學》，第 6 章，〈心態史〉，頁 159～186。
〔註 72〕姚蒙、李幽蘭編譯，《法國當代新史學》，第 2 章，頁 58。

第二章　移墾社會的風水源流

十七世紀以來，臺灣漢人移墾社會的組成分子，大多爲渡海而來的閩粵移民；這些移民的原居地點，主要包括福建省泉州、漳州、汀州與廣東省潮州、惠州、嘉應州等區域。當移民進入臺灣本土之後，無疑會將閩粵原鄉的生活方式，重新在這塊海天孤島上加以落實，藉以適應不同環境的現實挑戰，並開發出安身立命的聚落生態。〔註1〕因此，探討清代臺灣移墾社會的風水源流，窮本溯源，自須回顧閩粵原鄉風水習俗傳佈的情形。

第一節　閩粵原鄉風水習俗的普遍化

明清時期，風水之說在中國傳統社會頗爲盛行，上自皇親官紳，下至庶民百姓，大多篤信不已；舉凡宮室陵寢的相地營造以及社會大眾的居葬擇地，只要是有錢有力者，幾延請堪輿地師，以尋找風水佳穴。〔註2〕如題名松陵雲陽子所撰〈醒心篇〉中提到：「世間萬事半荒唐，只有風水一事，利害不可當。上自王侯及卿相，下至一家溫飽小安康，但有墳塋或住宅，獨沾旺氣不尋常。孝子順孫能信此，爲安親骨保烝嘗，日日尋師求吉地」。〔註3〕而閩粵兩地社

〔註1〕關於早期渡臺移民的組成及其如何重新適應現實環境的過程，參見施添福《清代在臺漢人祖籍分布和原鄉生活方式》。

〔註2〕卞利，〈明清時期徽州地區堪輿風行及其對社會經濟的影響〉，頁64～65；艾定增，《風水鉤沉——中國建築人類學發源》，頁 71～76；王爾敏，《明清時代庶民文化生活》，頁 124～135。關於明清歷朝皇帝重視陵寢風水的情形，可參見劉毅，〈明代帝王陵墓選址規則研究〉，頁 378～386；簡松村，〈風水奇譚——清代皇陵迷信風水〉，頁 38～43；胡漢生，《明朝帝王陵》。

〔註3〕引見蔣大鴻，《相地指迷》，卷 3，頁 8a。

會，更是當時風水習俗廣泛流傳的重鎮。由於西晉末年的「永嘉之禍」以及北宋末年的「靖康之禍」，中國北方先後受到非漢族政權的統治，東晉、南宋王朝的偏安與大量漢人的南渡，促使中國文化重心逐漸轉移到長江以南一帶，漢族的菁英文化與通俗文化透過官紳階層的倡導以及家族勢力的推動，迅速在福建、廣東等地獲得發展，並與當地土著民族的傳統喪葬文化（如洗骨遷葬，或稱二次葬）相互交融。在日常居葬方面，宗族成員或地方紳民亦習於重視陽宅地理位向與陰宅形勢格局，致使閩粵地區成爲風水習俗活躍的「佳穴吉壤」。〔註 4〕

本節依序從日常擇居與營葬的風水考量、地方公共建設與風水的關聯、風水形勢與護龍保脈的重視等課題，闡述宋元以降閩粵地區風水習俗蔓延的概況，以提供進一步探究清代臺灣風水民俗源流的背景架構。有鑑於清代臺灣的漢人移民大多來自福建省泉州、漳州與汀州三府，以及廣東省潮州、惠州兩府與嘉應州，故本節引證的資料概以這些地域的相關論述爲主，特此申明。

一、日常居葬的風水考量

現狀是歷史的累積，歷史是現狀的淵源。閩粵原鄉風水習俗的普遍化，係歷史長期演變的結果，也是漢族文化逐漸擴張下的產物。自宋元以來，隨著北方漢人的大舉南遷，福建泉州、漳州、汀州與廣東潮州、惠州、嘉應州等地，風水觀念介入民眾日常營葬與擇居的情形，已有相當程度的普及性。至明清時期，這類現象益加明顯。如晚明福建長樂士紳謝肇淛（1567～1624）於《五雜俎》卷六〈人部二〉中，語帶批判地指出福建紳民崇尚風水之說的社會習俗云：

> 惑於地理者，惟吾閩中爲甚，有百計尋求、終身無成者；有爲時師所誤，終葬敗絕者。又有富貴之家，得地本善，而恐有缺陷，不爲觀美，築土爲山，開田爲陂，圍垣引水，造橋築臺，費逾萬緡，工動十載。譬人耳鼻有缺，而雕堊爲之，縱使亂眞，亦復何益？況於勞人工，絕地脈，未能求福，反以速禍，悲夫！〔註 5〕

〔註 4〕陳進國，〈事生事死：風水與福建社會文化變遷〉，第 1 章。另參見陳啓鐘，〈風生水起——論風水對明清時期閩南宗族發展的影響〉，頁 1～43。

〔註 5〕謝肇淛，《五雜俎》，卷 6，頁 149～150。

閩俗如此，粵俗亦然。康熙年間，潮州府大埔縣進士楊之徐在〈白堠風俗論〉中，嘗試從天地自然觀的角度並回歸倫常孝道觀的立場，來解讀風水葬俗的是非對錯，進而批評粵東人士奉行陰宅福報之說所產生的陋俗惡習云：

> 葬親者，孝子之道也；卜地而葬者，因南方卑濕之地也。人至於死，如草木之黃落，如花果之凋謝，尚復知其安身之所吉與不吉，以作福子孫也哉！特爲子者，不忍吾親之死，故親雖死而視之如生，擇乾淨地以營窀穸，俾人子之心稍安，此亦猶王者郊天禘廟，極仁人孝子之用心於不窮者也。今則動云：子孫富貴貧賤、賢與不肖，皆由地理。然王侯將相，皆由葬地之發祥乎？若夫盜葬搆訟，以致暴露，尤爲逆天害理。〔註6〕

地方官紳所抨擊的對象，通常是民俗習以爲常的現象。原則上，他們肯定孝子追思先人的正當性及應然性，但在喪葬事務上，對於社會大眾透過風水擇葬以表達孝道的方式則難以苟同。至於風水實踐的本身所帶有的別有用心的目的性，更是他們不易接受的情景，尤其是針對他們心目中的幕後黑手——堪輿地師而言。除了士紳階層的詩文論說之外，我們從明清歷朝閩粵方志風俗門類的記載中，亦可窺見一斑。

（一）方志記載中的風水民俗

以閩南泉州府境爲例，如乾隆年間黃任等纂修《泉州府志》卷二十〈風俗〉中，首先援引萬曆府志陳述地方人士篤信風水之說的情形云：「郭璞葬經，遞相肄習，急則牙角交搆，緩則遷延歲月，雖再世不葬，恬然安之」。在此之後，則分析風水民俗流傳於泉州地區的背景因素云：「蓋泉地，阻山窄狹，非如江浙以北，平洋廣土，可以族葬之法施之，故吉穴、凶穴以及斲傷之說，不盡無驗」。在修志人員的心目中，泉州地區叢山分佈的地理形勢，實爲風水俗尚得以盛行的溫床。文中緊接著解說當地民眾奉行風水觀念的方式及其流俗弊端，並強調這類社會惡習的衍生與風水習俗的流傳互爲因果云：「每聽地師及土棍指使，於他人墳山妄生覬覦，賢宦裔微或至邱隴不庇，甚至僕混主地、孫侵祖穴，往往而有」。〔註7〕

〔註6〕周碩勛纂修，《潮州府志》，卷40，〈藝文〉，頁37a～39a。按：白堠位於潮洲府大埔縣東南。

〔註7〕黃任等纂修，《泉州府志》，卷20，頁15b～16a。另參見陽思謙總纂，黃鳳翔

泉州府轄境各地區的情形，如道光十九年（1839）興泉永海防兵備道周凱（1779～1837）等纂輯《廈門志》卷十五〈風俗記・俗尚〉中，針對同安縣廈門境內民俗惑於堪輿地師、停柩或遷葬以求風水福地的社會現象，有一段扼要的陳述：

> 富者往往聽青烏家言，人無智愚，惑而信之。俗稱爲地師，聽其指擇，又拘年月日時。房分不齊，又各信一地師，彼善此否，往往停柩不葬。始則希圖吉穴；遷延日久，漸至門户破落，欲求一高敞地而不可得，草草埋掩淺土中。久則取其骸骨貯小棺中，謂之金棺；或貯罐中，謂之骸罐。日復一日，有不知子孫誰氏者。〔註 8〕

清代後期，同安歲貢生林焜熿等纂輯《金門志》卷十五〈風俗記・冠婚喪祭〉中關於同安縣金門境內喪葬民俗的記載，也指出堪輿地師巧言惑眾的作風、民間人士佔葬墳地的風氣以及歹徒假借風水爲惡的情形云：

> 葬地惑堪輿家術，盡誠致敬，聽憑指擇；又必合乎年命，均其房分。故常寄厝多年，強者每貪吉地，恣意佔葬，牙角交訟，虛詞限遷，破耗貲產不恤。近山鄉蠹，藉傷煞爲詞，挾制阻撓，揹索賄賂，不厭不止，最當痛懲。〔註 9〕

閩南漳州府境方面，如明朝萬曆年間劉庭蕙等纂修《漳州府志》卷二十六〈風土志上・風俗考〉記載漳州地區的喪葬習俗云：「營葬一節，見窘陰陽家，歲月遷延，十室而九」。〔註 10〕風水擇葬的情形，可說是相當普遍。又同治十年（1871）陳壽祺等《福建通志》卷五十六〈風俗〉記載漳州府境的風水葬俗云：「葬必擇地，其山凹多風，易生水蟻，壙必以灰，富者或以石。貴者樹華表及翁仲、五獸之屬。尤信陰陽公位之說，延地師擇吉土，有數十年未葬者」。〔註 11〕文中顯示停柩不葬的現象與風水之說的盛行，有極爲密切的關係。

漳州府轄區各縣廳志涉及境內喪葬習俗的記載，也大致呈現出類似的現

等編，《泉州府志》，卷 3，〈風俗〉，頁 56b～57a。此外，在乾隆中期方鼎、朱升元等纂修《晉江縣志》卷 1〈風俗〉中有類似的記載：「郭璞《葬經》遞相肄習，冀倖眠牛、白鶴之祥。急則牙角相攻，緩則遷延歲月，再世之葬，恬然安之曰：以俟卜吉。此近俗之不古若者也」（頁 70a）。

〔註 8〕周凱等，《廈門志》，卷 15，頁 646。

〔註 9〕林焜熿等，《金門志》，卷 15，頁 391。

〔註 10〕劉庭蕙等纂修，《漳州府志》，卷 23，頁 2a。

〔註 11〕陳壽祺等，《福建通志》，卷 56，頁 22a-b。

象。如康熙三十九年（1700）陳汝咸、林登虎纂修《漳浦縣志》卷三〈風俗〉記載地方人士惑於陰陽術數之說，「家有十金之產，便不惜多費，求購吉穴，然不可必得，遂有終身不葬，亦而葬而復遷者」。〔註 12〕又如康熙五十八年（1719）李鈜、昌天錦等纂修《平和縣志》卷十〈風土・喪禮〉記載平和縣民，「葬必擇地，多拘陰陽堪輿之說」。〔註 13〕乾隆十三年（1748）張懋建、賴翰顒纂修《長泰縣志》卷十〈風俗〉記載長泰縣民，「惑於堪輿之說，欲擇福地，以至經年停柩不葬」。〔註 14〕乾隆二十七年（1762）鄧廷祚等纂修《海澄縣志》卷十五〈風俗考〉中引舊志記載海澄縣民，「其營葬，又惑於青烏，每至停喪，眩心吉地，有識不能自解」。〔註 15〕同年，吳宜燮、黃惠等纂修《龍溪縣志》卷十〈風俗〉中記載龍溪縣民，「惑青烏家言，數十年不葬者，亦比比而是也」。〔註 16〕嘉慶二十一年（1816）薛凝度、吳文林纂修《雲霄廳志》卷三〈喪葬〉記載當地民眾葬必擇地，「尤信陰陽公位之說，延地師擇吉土，有數十年尚未葬者」。〔註 17〕此外，雍正十二年（1734）後，漳州府龍巖縣升為直隸州，劃原漳平、寧洋兩縣歸該州所轄。據道光十五年（1835）彭衍堂、陳文衡纂修《龍巖州志》卷七〈風俗志〉記載：「巖俗葬親，多信堪輿家言，停棺擇地，久而不決，甚有延至數十年，子孫俱逝，棺厝倒塌，行路每為傷心」。〔註 18〕

閩西汀州府境方面，如同治十年陳壽祺等《福建通志》卷五十七〈風俗〉中記載汀州地區的喪葬習俗云：「葬則慎於築墳，灰隔石碣，堂斧隆然者，在處皆是。但惑風水，拘時日，往往停柩數十年不葬」。〔註 19〕當地民眾奉行陰宅風水之說的習俗，近似閩南漳、泉等地。

再以粵東潮州府境為例，如光緒十九年（1893）重刊周碩勛纂修《潮州府志》卷十二〈風俗〉記載潮州地區的喪葬習俗云：「多惑於堪輿，擇地尋龍，有停棺數十年未就窆者。……惟陋俗相沿，葬後十年或十餘年，則易其棺，而貯骨於瓷罌，名曰金罐。骨黃者，復瘞原穴；骨黑者，另覓佳城，不經甚

〔註 12〕陳汝咸、林登虎纂修，《漳浦縣志》，卷 3，頁 202～203。
〔註 13〕李鈜、昌天錦等纂修，《平和縣志》，卷 10，頁 6a-b。
〔註 14〕張懋建、賴翰顒纂修，《長泰縣志》，卷 10，頁 2b～3a。
〔註 15〕鄧廷祚等纂修，《海澄縣志》，卷 15，頁 2b。
〔註 16〕吳宜燮、黃惠等纂修，《龍溪縣志》，卷 10，頁 4a。
〔註 17〕薛凝度、吳文林纂修，《雲霄廳志》，卷 3，頁 5a。
〔註 18〕彭衍堂、陳文衡纂修，《龍巖州志》，卷 7，頁 7a-b。
〔註 19〕陳壽祺等，《福建通志》，卷 57，頁 27a。

矣」。相較於閩南漳泉地區的風水葬俗，粵東洗骸易棺、檢骨裝罐的作法更形明顯。至於「假窨占山，冒墳盜葬，情僞微曖，其變千狀，訟獄繁矣」的現象，則與閩南等地大同小異。〔註 20〕

潮州府轄區各縣的情形，如雍正九年（1731）張昭美纂修《惠來縣志》卷十三〈風俗・禮儀之俗〉記載該縣縣民，「其葬惑於青烏家言，有停柩數十年者。邇因物力纖嗇，稍從簡略」。〔註 21〕又如乾隆十年（1745）蕭鱗趾、梅奕紹纂修《普寧縣志》卷八〈風俗〉記載該縣縣民，「葬無定期，以形家言爲主，餘與文公家禮同」。〔註 22〕嘉慶二十年（1815）李書吉、蔡繼紳等纂修《澄海縣志》卷六〈風俗〉記載縣民葬必擇日，「貧不克備禮者，潛自營穴以葬，不使親友知之。其擇地營葬，酷信堪輿家言，不惜重貲求福地。然其流輩各自爲說，疑而難定。葬已復遷，惑之甚矣」。〔註 23〕光緒十年（1884）周恒重等纂修《潮陽縣志》卷十一〈風俗〉記載縣境民眾，「有惑於堪輿，擇地尋龍，或停棺數十年而未就窆者。惟細民則概從簡便」，並記載地方人士因奉行堪輿之說而衍生的社會弊端云：「若夫假窨占山，冒墳盜葬，情僞微曖，千百其狀，而訟獄繁矣」。〔註 24〕光緒二十六年（1900）盧蔚猷、吳道鎔纂修《海陽縣志》卷七〈風俗〉記載縣境喪葬習俗云：「多惑形家言，有停棺數十年而猶不葬者，貧家則從簡質，葬不踰月」。〔註 25〕前舉清代後期志書的相關記載，特別指出民俗停柩與否的背後，往往存在著貧富階層的差異。

粵東惠州府境方面，如光緒七年（1881）劉湝平、鄧掄斌等纂修《惠州府志》卷四十五〈雜識・風俗〉記載府境的喪葬習俗云：

> 擇吉壤安葬，固其常也。考之各縣，大抵相同。或有惑於風水之說，停柩期年，三年而後葬者；或有葬不數年，啓土剖棺，納骸骨於瓦罐，名曰金城，遷葬他所者；甚且委諸荒郊野寺、榛莽無人之處，風吹日炙，牛羊踐踏，久而或失其罐。此誠傷風薄俗，慘不可言。〔註 26〕

〔註 20〕周碩勛纂修，《潮州府志》，卷 12，頁 6a。
〔註 21〕張昭美纂修，《惠來縣志》，卷 13，頁 4a。
〔註 22〕蕭鱗趾、梅奕紹纂修，《普寧縣志》，卷 8，頁 5b。
〔註 23〕李書吉、蔡繼紳等纂修，《澄海縣志》，卷 6，頁 5b～6a。
〔註 24〕周恒重等纂修，《潮陽縣志》，卷 11，頁 4a。
〔註 25〕盧蔚猷、吳道鎔纂修，《海陽縣志》，卷 7，頁 6b。
〔註 26〕劉湝平、鄧掄斌等纂修，《惠州府志》，卷 45，頁 6b。另參閱陳昌齋等，《廣東通志》，卷 92，〈輿地略十一・風俗二・惠州府〉，頁 3a。

惠州府轄區各縣的情形，如乾隆四十八年（1783）刊章壽彭、陸飛等纂修《歸善縣志》卷十五〈風俗〉記載縣境的喪葬民俗云：

> 葬數歲，子孫有疾厄，則曰：葬地獨不利於我，清明歲暮發出之，甚而剖棺火尸，剃肉取骨，甘爲殘酷，至不忍言。其納骨於瓦瓶，名曰金罐，或加以美名曰金城。遷葬他所，仍不利，又曰：墓爲祟也，再出之。歲月不吉，委之荒榛，或失其瓶，不知拋棄何地。即有子孫無大患害，亦惑於堪輿家，數數遷易，雖幸免於子婦之手，不能免於其孫。〔註27〕

除了風水現象的描述之外，修志官紳亦於行文之中，表達出他們對於洗骨遷葬民俗的不以爲然。類似的文字描述與價值判斷，如道光二年（1822）葉廷芳等纂修《永安縣三志》卷一〈地理・風俗〉記載清代中期永安縣境的喪葬陋俗云：

> 停柩期年，三年而後葬者，惑于風水，墳費百金，炫人觀美。葬數歲，子孫有疾厄，則曰：獨不利于我。清明及八月朔發出之，剖其棺，火其柩，析其骸，貴骨而賤肉。肉未即朽，聯綴于骨者，剃以竹刀，投諸火，殘忍之心，莫邪爲下矣。納骨于瓦罐，名曰金罋，遷葬而之。他家有故不利，又曰：墓爲祟也，再出之。歲月不吉，委之荒榛之下，易歲輒失其罋。甚有雖無疾苦，亦惑于堪輿家，數數遷易，或幸免于子，不能免于子婦，不能免于其孫；甚有或能免于其孫，不能免于其曾元者。〔註28〕

粵東嘉應州境方面，如光緒二十四年（1898）吳宗焯、溫仲和纂修《嘉應州志》卷八〈禮俗〉記載州境民眾，「酷信風水，屢葬屢遷」；又引舊志稱：「葬惑于風水之說，有數十年不葬者。葬數年必啓視洗骸，儲以巨罐，至數百年遠祖，猶爲洗視；或屢經起遷，遺骸殘蝕，止餘數片，仍轉徙不已，甚且聽信堪輿，營謀吉穴，侵墳盜葬，搆訟興獄，破產以爭尺壤」。〔註29〕此外，如咸豐六年（1856）仲振履等纂《興寧縣志》卷四〈風俗志〉記載縣境：「俗信堪輿，延地師備資斧，越十百里以求吉壤。甚有停櫬在家，數十年不葬者」。〔註30〕嘉應州的狀況如與前述潮、惠地區相互對照，顯而易見的是，

〔註27〕章壽彭、陸飛等纂修，《歸善縣志》，卷15，〈風俗〉，頁4b～5a。

〔註28〕葉廷芳等纂修，《永安縣三志》，卷1，頁37b～38a。

〔註29〕吳宗焯、溫仲和纂修，《嘉應州志》，卷8，頁1b，56a-b。

〔註30〕仲振履原著，張鶴齡續纂，《興寧縣志》，卷4，頁31b。

奉行堪輿之說而停柩經年或洗骸遷葬，圖謀風水佳穴而致侵葬成風且訟爭不斷，可說是粵東地方人士實踐風水葬俗所連帶衍生的社會現象。

明清時期閩粵方志對於各地風水習俗的呈現，雖然時間先後有所差異，但如從其論述內涵著眼，仍可歸納出如下的四點共通性：

第一、在閩南、閩西與粵東地區，人們日常的居葬行爲大多承受風水之說的制約，業已演變成一種社會大眾習以爲常的風俗習慣，特別是富家權貴相較於平民百姓更爲講究。

第二、地方人士對於風水習俗的奉行，與堪輿地師的介入有密切的關係；可以說，堪輿地師在民間相地營葬的環節上，具有舉足輕重的作用。

第三、社會上洗骸檢骨（特別是在粵東地區的客家聚落）、屢葬屢遷的行爲，以及久停棺柩以待佳穴的現象，與民眾篤信風水之說的心態互有關聯。

第四、民俗崇信陰宅風水之說的結果，也引發了爭葬墳地、侵毀風水之類的社會衝突，以及據墳勒索、盜葬圖利的流俗弊端。〔註 31〕

值得注意的是，前舉各府縣廳志的風俗門類對於民間風水習俗的描述，多聚焦在地方人士篤信風水之說以從事陰宅擇葬的情形，並針對這些日常行爲與社會實踐層面的可取與否，進行一種價值判斷。大致說來，在這些「夾議夾敘」的風水論述中，除了說明風水擇葬行爲在閩粵地區的普遍情形之外，較傾向於呈現陰宅風水習俗的「負面」形象；相形之下，對於陽宅地理本身，則少有著墨。修志官紳看待陰宅風水與陽宅地理的角度，似乎也存在著一種「選擇性認知」。

我們知道，習俗是社會大眾約定俗成、自然而然的一種生活方式，其存在的本身在價值層面上，並無絕對性的優劣好壞之別。志書纂修者的陣容主要由主政官員與地方士紳所組成，他們在志書中所區分的「善風美俗」與「陋俗惡習」，大多是秉持儒學傳統的價值理念加以詮釋的結果。〔註 32〕某些時候，官紳階層所批評的陋俗惡習，卻往往是傳統社會的習俗常態。在此，我們姑且先撇開修志官紳對於民間風水習俗的成見，轉而將焦點放在宋元以來閩粵社會風水擇葬現象的歷史考察。

〔註 31〕根據胡煒崟的研究，清代閩粵各鄉族姓之間的嫌隙與衝突，其中也包括墳山風水的爭奪或破壞。胡煒崟，《清代閩粵鄉族性衝突之研究》，附表五，〈墳山風水糾紛之衝突案件表〉，頁 422～426。

〔註 32〕洪健榮，〈清修臺灣方志「風俗」門類的理論基礎及論述取向〉，頁 119～154。

（二）風水葬俗的行為樣態

對於亡者墓葬風水的講究，係近世閩粵地區普遍性的風俗習慣。晚明士紳蔡獻臣於〈遊端平山記〉一文中，提到他曾與堪輿師同登泉州府同安縣境端平山，爲其父親尋找風水葬地云：

> 端平巖，三面皆山，獨背有村落田地，而邑西山峭立其後，前擁小西山，望之甚秀拔。戊戌歲，爲先君卜葬，與老堪輿徐公乾者，從大嶺登其前峰，峰頂有方池。〔註 33〕

根據相關資料的記載，閩粵人士延請地師相擇吉壤，或是依據堪輿原則修造墓穴，類似的風水行爲所在多有。如泉州府永春縣桃源里莊氏九世祖莊翼，南宋時人，卒後葬永春雙門橋，穴屬「沒泥龜」。當地四面環山，龍虎二砂齊到案前，此風水格局爲堪輿術家所忌，莊翼子嗣遂建造一座石橋相聯，以修補墳穴先天形勢的不足。〔註 34〕泉州府安溪縣崇善里彭格陳氏八世祖陳良計，生於明世宗嘉靖四年（1525）十一月，在世時曾重金禮聘一名堪輿地師，卜擇光得里溪尾宮後山一處風水佳穴。神宗萬曆十三年（1585）二月，陳良計辭世後，即落葬於這處穴地，風水方位壬丙向分金。〔註 35〕嘉應州鎮平縣廣福鄉大黃屋黃氏先祖黃鐸，其子孫於康熙四十九年（1710）巧遇一名地理師曾天秀，在田背嶺新扦一處穴屬「貓狸洗面形」的佳地，將黃鐸改葬在這處風水吉壤。〔註 36〕惠州府陸豐縣吉康都三溪鄉徐氏七世祖徐祝軒，明代時人，其墳地位在烏鴉洋，穴屬「流金形」，風水坐向艮山兼寅乘穿山丙寅。乾隆五十七年（1792），後代子孫曾延請堪輿時師黃俊發重修。至道光二十年（1840），復以該墓白虎砂塡壅過高，而穴頂墳土培覆甚重，穴前兩畔鑿扯太開，導致氣泄難收，乃由十八世孫徐錦元主事，於同年九月十六日興工動土，「補不足，而去有餘」，依據理想的風水原則整修墳穴格局。〔註 37〕清代初期，漳州府平和縣小坪境內盧家、吳家、李家，皆曾延請一名風水地師張南芳，爲其祖墳相地營造或起骸遷葬。〔註 38〕由此可見，堪輿地師（地理先生）在

〔註 33〕林學增、吳錫璜等纂修，《同安縣志》，卷 4，〈山川〉，頁 6a。

〔註 34〕詹評仁總纂，《臺南縣佳里鎮營頂錦繡堂莊氏族譜》，頁 36～37。

〔註 35〕唐羽總纂，《彭格陳氏大湖支譜》，頁 91～93。文中所謂的「分金」，即風水羅盤指針的宜忌方位。參見釋徹瑩，《地理原眞》，卷 2，〈解分金的說〉，頁 96。

〔註 36〕黃守謙編，《黃氏族譜（貴立公派）》。

〔註 37〕徐勝一、徐元強編，《新庄子東海堂徐氏族譜》，頁 24～25。

〔註 38〕盧元璞，《盧氏族譜》，頁 21a-b。

地方人士相地營葬的環節所扮演的指導角色。

堪輿地師介入民間社會的喪葬過程，除了先前選定吉地一事之外，通常也為亡者家屬卜擇棺槨或金甕入土的良辰吉時，並在落葬完墳之際舉行一些神聖化的儀式，以確保往生者能夠感應該處風水吉壤的生氣，進而降福於後代子孫。粵東一帶的客家聚落流傳一種「呼龍」的儀式，主要是當落葬時辰已屆，即由堪輿地師在墳墓前方呼龍，來替當事人求取各路神明暨風水龍脈的護佑。張祖基等著《客家舊禮俗》中載有一篇嘉應州興寧縣境慣用的呼龍口訣，可為例證：

> 伏以日吉時良，天地開張。楊公命弟子，羅經監四方，金葬牛眠地，聽我說言章：左邊青龍來擁護，右邊白虎轉通祥，前面朱雀朝拱列，後面玄武照墳堂。太陽星到，太陰星到，文曲星到，武曲星到，白鶴仙師到，九天玄女到中宮，恭迎郭璞與楊公，四水朝迎，萬龍協從。是我扦聽我斷：葬著龍頭生貴子，葬著龍尾出富翁。日吉時良，時候正當，福主扶金，祿位高陞，房屋發福，戶口添丁。〔註39〕

引文中的楊公，即唐代著名堪輿師楊筠松（834～900），人稱楊救貧，與晉朝郭璞（276～324）同被後世堪輿學界推尊為一代宗師。在這段口訣中，地理先生請出這兩位前代風水大師及其他神祇當下降臨，以明證其所扦點的墓葬地點確實擁有絕佳的風水格局，必能為亡者子嗣帶來福祿雙全、丁財兩旺的庇蔭結果。

墓葬地點如經堪輿明師的扦點，對於奉行風水觀念的地方人士而言，無疑是一種品質保證，所謂「凡謀陰地，宜先培心地，而所重者，尤在擇明師也。有明師自有吉地」。〔註40〕這段文字雖然不乏堪輿從業者的自我吹捧，但多少也反映出一般大眾對於堪輿明師的倚賴心態。因此，民間社會的風水傳聞中涉及這類堪輿師的刻劃，往往流露出一種富有神奇色彩的想像。如宋代德化人陳朗，年少時「遇仙授以草履，受而著之，行疾如飛，百里立至。精察地理，擇其家之當發積者，為之造葬，輒驗，邑中稱為陳朗仙」。〔註41〕明代初期，活躍於潮州府潮陽縣境的「蝨母仙」，精通青烏之術，相傳他為人擇地之際，「而多不扦穴，聽人自得之，矢口成讖，後吉凶皆如券。每遇其蹲坐

〔註39〕張祖基等，《客家舊禮俗》，頁232。

〔註40〕程前川，《地理三字經》，卷上，頁70。

〔註41〕鄭一崧等纂修，《永春州志》，卷11，〈人物二・方技〉，頁1a。

處，則多吉地，故人往往陰識之，以爲驗」。〔註 42〕清代初期，活動於潮州府澄海縣境的南洋人余執中，精通堪輿術數，人號曰半仙，相傳他所言輒中，「嘗爲許龍祖卜穴，時龍尙幼，余語之曰：願富貴，無忘余。自卜穴，穴前有大隄，或以爲嫌。余笑曰：無慮，我葬後，當有爲我改之者。後龍貴，往省余墓，聞其遺言曰：先生其命我矣。因改築焉」。〔註 43〕在前述的風水傳聞中，特別凸顯出堪輿明師所擇佳地必然應驗的形象；而這種形塑的技巧，頗足以傳達民間社會對於陰宅風水寶地的渴望。

透過堪輿地師的專業指點，固然是卜葬於牛眠吉穴的方便法門；然而，若是己身通曉風水之學，即可親自相擇佳地以安葬親人。如原籍泉州府永春縣桃源里莊氏兩祥露開基祖莊仙福（1392～1479），平生精通堪輿術數，生母應氏、妻室諸子與己身壽域，以及莊氏祠宇所在地，悉由其相擇營度。〔註 44〕泉州府永春縣太平村人李虎，於乾隆年間曾至江西（巒頭派風水學的大本營）學習相地術，業成返歸故里，在安溪界之東溪自扦一處形如「活虎」的墳地，卜擇吉日安葬先人。〔註 45〕大致說來，無論是倚賴地師擇地或自力相度吉壤，概呈顯出風水擇葬一事在人們心目中的重要地位。

在傳統漢文化社會，理想的風水吉穴通常被冠以擬人化或擬物化的名稱，此種方式在堪輿學上稱爲「喝形」，藉此將自然分佈的山川形勢，轉化成具體可徵的風水格局。如繆希雍《葬經翼・難解篇》中指陳：「諸家喝形，蓋欲寓理寄法，俾人易曉爾」。〔註 46〕茲以潮州府潮陽縣境爲例，如光緒十年（1884）周恒重等纂修《潮陽縣志》卷五〈塋墓〉記載歷代墓塚，位於縣西衡山的宋代莆田知縣陳通直墓，穴名犀牛望月；葬在峽都數錢阬的宋代知夔州軍州事鄭慈珍墓，爲兆藍穴；元代提領陳文治墓，「在古戍穴，名石筆硯」；元代循州教授趙光祖墓，「在峽都穴，名把水獺」；座落於縣西赤嶺的明代副使蕭鑾墓，穴名雲底月；位在千山寮香燈仔的清代贈保定通判鄭維藩墓，穴名登壇點將。〔註 47〕前述穴名，皆可視爲傳統堪輿學所謂的風水寶地。流風所及，閩粵地區各族姓開基始祖墳穴的風水形勝及其方位，每成爲後代子孫

〔註 42〕周恒重等纂修，《潮陽縣志》，卷 13，〈雜錄〉，頁 48a。

〔註 43〕李書吉、蔡繼紳等纂修，《澄海縣志》，卷 19，〈方技〉，頁 54a-b。

〔註 44〕詹評仁總纂，《臺南縣佳里鎮營頂錦繡堂莊氏族譜》，頁 39～40，81。

〔註 45〕鄭翹松纂，《永春縣志》，卷 24，〈方技傳〉，頁 4b。

〔註 46〕王玉德，《中華堪輿術》，頁 269～270。

〔註 47〕周恒重等纂修，《潮陽縣志》，卷 5，頁 18a～25a。

所關注的對象。這個部分，在各姓氏族譜中多有記載。

泉州地區林氏開閩始祖林祿（289～356），原居山東濟南。西晉末年「永嘉之禍」期間，南渡江東。東晉明帝太寧三年（325），奉敕守晉安郡，自此定居閩地，卒後葬於九龍崗，即後來的泉州府惠安縣塗嶺，墳墓坐乾向巽（坐西北向東南），穴名龍馬毓奇。至明熹宗天啓七年（1627），林氏裔孫惠安教諭林齊聖偕惠安舉人林徽龍等人在祖墳墓道上重立「龍馬毓奇」碑，以誌先祖林祿穴地風水之佳。〔註 48〕

汀州府上杭縣藍氏開基祖藍廣遠，生於元順帝至元四年（1338）九月，於明太祖洪武三十一年（1398）四月辭世後，擇葬於扶陽李坊村，穴屬龜形。至憲宗成化二十二年（1486），藍廣遠嗣孫奉其「金骸」遷葬盧豐村宋公坪，穴屬仙人現掌形，風水方位坐乾向巽（坐西北向東南）。〔註 49〕

嘉應州鎭平縣桂嶺黃氏開基祖黃庭政，原籍浙江寧波府慈谿縣。元文宗天曆元年（1328），遷居廣東梅州程鄉縣（後改嘉應州鎭平縣）石窟土名寨背一帶，卒後葬於寨背田中蓮葉蓋，穴屬龜形，又名黃龍吐珠形頂心穴，風水方位壬山丙向兼亥丁巳分金。黃庭政元配吳氏葬於其墓穴左側，穴屬出洞蛇形。乾隆三十二年（1767）十二月，後代子孫將先祖妣吳氏骨骸洗起，遷葬於薯村內一處穴屬醉翁倒地形的右側來龍山崗，風水坐向癸山丁向兼子丙子午分金。黃庭政長子黃日新於元末順帝年間辭世，葬於鎭平縣薯村大密徑口，穴屬醉翁倒地形穴，風水方位寅山申向兼甲庚寅庚申分金；其元配陳氏葬於薯村內另一處風水吉壤石筍穴，側室李氏則葬於松口墟邊崗上牛角塘蟹形穴。黃日新三子黃文寶卒於明太祖洪武年間，與元配梁氏合葬於員子山路亭背田中，穴屬蜈蚣形，又名烏鴉落田形穴，風水方位寅山申向兼艮丙寅丙申分金。〔註 50〕

嘉應州鎭平縣金沙鄉塘福嶺陳氏開基祖陳賙，於明代中葉辭世，擇葬村內烏石崗，穴屬祥雲蓋月形，風水方位寅山甲向庚寅庚申分金。相傳此穴風水頗佳，後來曾有一名「廖炳國師」喝形爲眠羊倒草水腌穴。後世子孫於萬曆二十四年（1596）、乾隆二十五年（1760）依舊制重修，陳氏族譜中刊載一

〔註 48〕林光銓校，《西河林氏族譜》，頁 7a～8b；臺灣銀行經濟研究室編，《臺灣霧峰林氏族譜》，頁 24，81。

〔註 49〕藍日照等編，《藍氏續修族譜》，卷 1，頁 27a。

〔註 50〕黃康鳳編，《黃氏族譜》，頁 3～4；黃文新編，《苗栗黃氏總族譜》，頁 102～106。

段有關祖墳風水格局的文字：「坐尾十四度，合七步成兼十五度，合天子重臣明堂，放坤水入口參八度，正庚水出口畢八度」。〔註 51〕這段記載，無疑也透露出後人援引風水原則爲先祖修造墳墓的事實。

自宋代以後，隨著同姓宗族勢力的發展，族譜成爲族人確定血緣關係、凝聚宗族意識以及延續集體記憶的主要憑藉。各譜本中除了載有先祖的籍貫、遷移情形、生卒時間與配偶子嗣之外，也多登錄其下葬時間、原葬或遷葬地點的風水穴形格局與二十四山坐向，甚至還附有各項維護祖墳風水的規定。〔註 52〕閩粵地區宗族意識的凝聚力，也往往透過祖墳風水的信仰而更形強化。〔註 53〕茲以宋代以降活動於汀、漳、泉等地李氏宗族始祖李火德派下一系爲例，表列其歷代先祖葬地穴形及其坐向如下，以呈現風水營葬一事在家族歷代傳承過程中的普遍性。〔註 54〕

姓　名	生 卒 年	葬　　地	穴　形	坐 向
李火德	1184～1270	上杭豐朗崗頭	螃蟹遊湖穴	坐酉山
元配伍氏	（不詳）	李火德墓右肩	籃鼠肉穴	坐庚山
側室陳氏	（不詳）	豐朗崗頭溪被陳厝後思里	烏鴉落洋穴	坐乙山
李三一	1247-？	勝運里大坪湖旱塘窠	張天海螺穴	坐巽山
元配丘三娘	（不詳）	與李三一合葬	張天海螺穴	坐巽山
側室田八娘	（不詳）	與李三一合葬	張天海螺穴	坐巽山
李千三	（不詳）	上杭官田大坪湖山凹	猛蜉尾穴	
元配何氏	（不詳）	與李千三合葬	猛蜉尾穴	
側室傅氏	（不詳）	與李千三合葬	猛蜉尾穴	
李三五	（不詳）	永定湖山寨隔仔山	飽虎掌肉穴	坐巳山
元配江十三娘	（不詳）	塘丘祠龍頸左竹圍		坐艮山
李五三	（不詳）	湖山大坪獅子石	仙人獻掌穴	坐巳山
元配羅十二娘	（不詳）	與李五三合葬	仙人獻掌穴	坐巳山
李千五	（不詳）	湖山大坪湖面	螃蟹遊湖穴	坐申山
元配鄭三娘	（不詳）	湖山嶺下祠前壙墩上	龜形穴	坐丑山
側室朱三娘	（不詳）	赤湖	貓兒洗面穴	坐巳山

〔註 51〕陳標乾編，《塘福嶺陳氏族譜》。

〔註 52〕申小紅，〈宋代宗族風水觀念與現代環境保護芻議〉，頁 115～117。

〔註 53〕關於中國南方各姓氏族譜中的風水記載及其相關的研究，可參見瀨川昌久《族譜：華南漢族の宗族・風水・移居》以及陳支平《福建族譜》二書。

〔註 54〕李輝彥編，《隴西李氏大宗譜》，頁 A101-A。

側室何九娘	（不詳）	南溪山口路下田段	風吹羅帶穴	坐甲山
李大六	生於元代	湖川背洋岡溪路面	天虹灌水穴	坐未山
元配賴八娘	（不詳）	永定大坪湖窟面	蟠龍吐珠穴	坐癸山
李孝梓	（不詳）	漳州平和鄭坑	眞武蹈龜穴	
元配謝氏	（不詳）	新官洽水		
李詮	（不詳）	南靖油坑	美女抛梭穴	
元配曾氏	（不詳）	十二湃后田角火煙地		
李君遠	（不詳）			
李汝絹	（不詳）			
李致忠	（不詳）			
李仲儀	1415～1481	下山塘面	龜形穴	坐東向西
元配黃晚娘	（不詳）	與李仲儀合葬	（同上）	（同上）
側室羅十一娘	（不詳）	大坪頭伯婆凹		坐北向南
李九	（不詳）	大坪頭林埔畲		坐西向東
元配妹一娘	（不詳）	大坪頭蕭屋山		坐西向東
李十	1460～1530	大坪頭		坐酉向卯
元配黃五娘	1458～1525	寨下嶺	雄雞打翅穴	
李十六	1490～1541	蕭厝山吉穴		坐西向東
元配江九娘	1490～1561	寨下嶺		坐南向北
李十二	1483～1549	雞公塘面	渴虎飲泉穴	坐酉向卯
元配雷念三娘	1487～1515	蕭厝山		坐酉向卯
側室黃念三娘	1482～1549	蕭厝山		坐酉向卯
李宗寧	1523～1618	涼厝山		坐寅向申
元配游大娘	1523～1606	與李宗寧合葬		坐寅向申
李阿珊	1508～1562	大坪頭		坐酉向卯
元配黃大娘	1506～1584	塘腹裡		坐甲庚兼寅申
李天圓	（不詳）	涼厝山		
元配柯二娘	1563～1639	石碑祭		坐坤向艮
李祖高	1527～1606	北坑		坐丑向未
元配呂大娘	1528～？	上腹塘		
李有會	1585～1640	涼厝山		
元配黃晚娘	1590～1645	陽湖縣石牌漆坑		坐丙向壬
李有信	1588～1663	張和畲		坐酉向卯
元配常大娘	1596～1673	與李有信合葬		坐酉向卯

在傳統漢文化社會，子孫滿堂且富貴昌達的情景，可說是人們終身嚮往的福份。對於奉行風水觀念的閩粵人士而言，爲先人擇葬於風水寶地，不僅是符合事死如生的孝道觀念，也是爲了追求祖墳風水的庇蔭，以使子孫享有丁財兩旺的榮華富貴。

嘉應州鎮平縣廣福鄉大黃屋黃氏先祖黃永泰，於明代時期卒葬於程鄉縣灘下，穴屬鳳形窩，風水方位未山丑向（坐西南向東北），後於康熙五十年（1711）六月重修。墓前有後人題詩一首，文中刻劃該祖墳的風水格局，並流露出風水擇葬的庇蔭意識云：「鐘鼓嶺頭打一坐，回頭望見鳳形窩。左邊青龍如束帶，右片白虎水如遶；離山坎位龍跡起，水流乾去本比和。有福之人葬得著，他年父子早登科」。黃氏族譜於該詩文之後，另有一段涉及風水葬法的術語，同時也顯示了一種風水庇蔭的保證：「下穴宜七尺六寸深，見雙石印爲證，三十年七接橫財出雙貴」。〔註 55〕

泉州府永春縣桃源里莊氏家族的祖墳風水傳說，也呈現出類似的心態。莊氏七世祖莊觀卒於北宋徽宗大觀二年（1108）正月，擇葬於錦繡山（舊名鬼笑山）中一處佳穴，風水方位坐壬向丙（坐北北西向南南東）。相傳當初地理師原欲將莊觀所葬之穴獻予他姓，胸中默默盤算的時候，「忽有老人呵之曰：地主係莊，不可妄獻。須臾不見，知其神也」。這名地理師於是將穴地獻給莊觀之子莊裳。而當莊裳葬父守墳之夜，「有鬼相聚而笑曰：地果屬莊，吾等不復守此矣，因以鬼笑名山」。此後，莊裳之子莊夏歷仕南宋孝、光、寧三朝，寧宗嘗與其談論地理，問及「爾家曾有名墳否」，莊裳隨即手繪鬼笑山圖以進，寧宗遂將山名改題「錦繡」。據莊氏舊譜的記載，錦繡山形木星，狀若人形，群峰環拱，頭角崢嶸。莊氏子孫在祖墳風水的庇蔭下，「嗣是奕葉蕃衍，基自此焉」。〔註 56〕莊氏舊譜針對莊觀墳穴「渾然天成」的風水格局，亦有如下一則近乎神話般的傳說：

> 仙人有舊讖曰：「石片旁居戌，仙人執玉笏，誰人葬此地，簪纓濟蔚蔚」。穴居壬向丙，術家所謂「火庫居戌」也。其穴處天生一塊石，恰好是墓碑一樣，葬因仍之，不敢改換，即在石片後取木節下，穴石反在前，如墓碑豎立，其奇如此。前有串珠案在龍砂串過虎砂，

〔註 55〕編者不詳，《黃氏族譜（頭份鎮）》。另參閱黃毓蘭主編，《黃氏族譜（其滯公派系）》，頁 96。

〔註 56〕詹評仁總纂，《臺南縣佳里鎮營頂錦繡堂莊氏族譜》，頁 35。

> 案外左右二澗水，左一條從德化流出，右一條從永春流出，二水雙隨，當中合流，一望白水一條，如玉笏一般，所謂「仙人執玉笏」也。〔註 57〕

在這則記載中，莊氏家族的祖墳風水經過仙人讖言及術家認可的「包裝」，所呈現的仍舊是後代子孫對於祖墳佳穴必能庇蔭家族發展的信仰。

生居福地，死葬吉壤，可說是所有篤信風水觀念的漢人最爲理想的歸宿。不論是陽宅（生人住所）風水也好，陰宅（死者墓穴）風水也罷，由於其學說皆標榜趨吉避凶的功效，而能滿足芸芸眾生的心理需求。英國科技史家李約瑟（Joseph Needham, 1900～1995）曾賅要地陳述陰、陽宅風水術在理論上共通的實效特質云：

> 沙利（Chattey）爲風水所下之定義甚佳：「此爲使生者與死者之所處與宇宙氣息中之地氣取得和合之藝術」。如生者之居與死者之墓不完全適合，各種災禍將降及居者與墓中死者之子孫，反之，吉地將降祿壽與福祉。〔註 58〕

在這種風水庇蔭觀念的影響之下，民間普遍將祖墳風水與後代子孫的際遇聯繫起來。如光緒十六年（1890）王崧、李星輝纂修《揭陽縣續志》卷三〈雜記〉中，記載明季將領郭忠節位於普寧縣山步鄉後的祖墓，「青烏家謂之麒麟章光穴。其父擇地至此，疑穴不佳，聞山間小兒相與歌曰：麒麟吐火光，赫赫時師誤認退田筆。明日郭公來至此，牧童爲我傳消息，心知有異，因卜葬焉。有識者見之曰：屛角出旗槍，末朝將相也。後忠節生卒如其言」。〔註 59〕

清代潮州府揭陽縣人程定山，自幼精通青烏術。民間相傳程定山一見車頭坪上大埔人楊洪的墓葬風水，宣稱此墓若不儘速遷葬，子孫必然遭殃。後來果如其言，楊洪四子盡以奢侈或結交匪人而致覆敗，楊洪因此絕後。程定山亦曾爲大埔人楊淮相擇下坑石一處佳穴，營造壽域。程定山對楊淮說明：「公得此佳城，子孫富貴綿遠，弟恐丁男稀少耳」；隨即指示近山一穴，預名爲「百子窠」，建議楊淮「亟圖之，丁旺必矣」。相傳當楊淮落葬下坑石，其子楊墩義下葬百子窠，「後果繁昌，皆如定山言」，該處於是成爲大埔楊氏

〔註 57〕詹評仁總纂，《臺南縣佳里鎮營頂錦繡堂莊氏族譜》，頁 35～36。
〔註 58〕李約瑟等著，杜維運等譯，《中國之科學與文明》，第 3 冊，頁 23。
〔註 59〕王崧、李星輝纂修，《揭陽縣續志》，卷 3，〈雜記〉，頁 90b。

家族的發祥地。〔註 60〕

由於風水庇蔭觀念的深入民心，如果後人認爲先祖葬後不發，或是子孫近來禍難頻傳，一旦追究問題的由來，難免將現實生活的不順，歸咎於祖墳風水的不妥。這時，正本清源的辦法，惟有從起骸遷葬、另謀佳地一事著手。誠如廖文炳等編《廖氏族譜》卷一〈墓志〉所云：「惜慕風水者，每以先骸爲徼福之具，家有不吉，輒指墓宅爲殃，或聽信訛言，數遷不已」。〔註 61〕

道光年間，陳盛韶《問俗錄》卷四〈風水〉中記載漳州府詔安縣境遷葬習俗云：「葬至數年，家有災祲，復開棺檢枯骨而洗之，拾諸瓦罈。其罈高尺許，名曰金罐。瘗諸山麓向阻處，半露於外，俾受日月光畢，如是者有年，乃遷葬」。〔註 62〕清代後期，嘉應州鎮平縣人黃釗所撰《石窟一徵》卷四〈禮俗〉中說明粵東檢骸改葬的風俗，「其初意原爲珍護遺骸之義也，非全爲禍福起見也。而其流弊，則至於家有疾病，或不如意，歸咎于地之不吉，又復起骸；一時不得吉地，而寄于田庵巖穴之間」。〔註 63〕根據近來民俗學者的研究，洗骸收骨（二次葬）爲古代華南地區土著民族通行的傳統葬俗。自晉、宋以來，逐漸與南渡漢人所習有的風水葬俗產生互動；而漢人傳統的落葉歸根、歸葬故土的思鄉情懷，也強化了南方洗骨盛骸葬俗的流傳。〔註 64〕前引黃釗《石窟一徵》卷四〈禮俗〉中曾推測：「按盛骸于罌，不知作俑何時，疑當日多從他處遷居，負其親骸來此相宅，遂以罌盛而葬之，嗣又以流移轉徙之不常，恐去而之他，故相傳爲檢骸之法，以便攜帶歟」。〔註 65〕如從文化交流的歷史視野加以思考，這極可能是遷居閩粵地區的漢人受到南方傳統民俗影響之後的結果。大致說來，風水葬俗與洗骨遷葬的交融，既呈現出中原文化與南方文化接觸之後的「涵化」（acculturation）現象，也可視爲風水之學在江南社會長期傳佈的過程中，所形成的一種「因地制宜」的地域文化特色。

然而，此種洗骨遷葬的地域文化特色，卻與停棺不葬的民俗現象一般，

〔註 60〕周碩勛纂修，《潮州府志》，卷 30，〈人物．方技〉，頁 19b～20a。

〔註 61〕廖文炳等編，《廖氏族譜》，卷 1，〈墓志〉，頁 1a。

〔註 62〕陳盛韶，《問俗錄》，卷 4，頁 32～33。

〔註 63〕黃釗，《石窟一徵》，卷 4，頁 15a。另見於吳宗焯、溫仲和纂修，《嘉應州志》，卷 8，頁 56b～57a。

〔註 64〕畢長樸，〈試論洗骨葬文化的起源〉，頁 5～9；畢長樸，〈洗骨葬制的起源與發展〉，頁 85～114。

〔註 65〕黃釗，《石窟一徵》，卷 4，頁 15b～16a。

因其有悖儒家傳統「入土爲安」的孝道觀，難免受到外來主政官員或當地士紳的斥責。如乾隆二十四年（1759）二月，福建巡撫部院諭示：「漳、泉等處，親故而火葬，已干法紀。乃又名之曰金罐。更有埋葬數年之後，或因子姓凋零，或因家道貧窘，輒歸咎於葬地，將骨挖起，用水洗刷，另葬別處，相習成風，恬不爲怪」。〔註 66〕清代中期，嘉應州興寧縣知縣仲振履於〈禁止控骸溺女停棺告示〉中抨擊粵地的洗骸之俗云：

> 查粵中惡俗，惑於風水瞽談，於父母沒後挖掘骸骨，毀棺用罐，甚或皮肉未消，竟暴露山間，俟其化盡檢入罐內。由來既久，雖仁孝之子，亦皆習爲固然。按子孫暴露先人骸骨，例有明條，爾等愚氓，縱未知屬禁，而毀父母之棺，暴其屍骨，以求合乎杳渺無憑之風水。稍有人心，何以自問？不孝之罪，莫大於此。〔註 67〕

道光年間，潮州府知府黃安濤（1777～1848）著〈潮州樂府〉十首，其中一首題稱「翻金罐，戒遷葬也」，通篇以諷諭的語氣，鋪陳當地行之有年的洗骸葬俗，並告誡地方紳民能有所警覺，莫再執迷不悟：

> 翻金罐，何其愚，風水不知有與無，爾祖爾父生何辜，死後撬壞不得安其居。百鎰延堪輿，千金買山地，坯土猶未乾，掉頭旋復棄，發邱斲棺析骸骨，何異狐埋更狐搰。子孫忍爲盜賊行，富貴焉能畀凶悖。美哉金罐藏諸幽，夜來鬼哭聲啾啾。牛眠吉壤如可求，又有覬覦人巧偷。〔註 68〕

地方官紳思索閩粵地區洗骸遷葬習俗的由來，往往將矛頭指向其幕後的「藏鏡人」——堪輿地師。如嘉應州平遠縣士紳公訂〈洗骸說〉開宗明義點出：「洗骸陋習，總由俗師誤之」。〔註 69〕同縣士紳公訂〈戒洗骸文〉中，亦將洗骸之俗歸咎於這批罪魁禍首的誤導：「要其載胥及溺之由來，中於盲瞽堪輿之誘惑」。〔註 70〕乾隆二十三年（1758）十一月，福建巡撫部院鑒於當地盛行洗骸惡習，「至於火化親柩，開墓洗筋，更屬不孝之極，罪應駢斬」。爲了端正民俗起見，乃曉諭各屬軍民人等：「嗣後切勿焚化親柩，開墓洗筋，自干斬絞重罪，並累地師亦干大辟。蓋地師教誘開墓，例應與本人同罪，均難輕

〔註 66〕臺灣銀行經濟研究室編，《福建省例》，〈田宅例．嚴禁爭墳〉，頁 435～436。
〔註 67〕仲振履原著，張鶴齡續纂，《興寧縣志》，卷 4，〈藝文志．詩〉，頁 65b～66a。
〔註 68〕盧蔚猷、吳道鎔纂修，《海陽縣志》，卷 7，〈風俗〉，頁 11a。
〔註 69〕盧兆鰲、歐陽蓮等纂修，《平遠縣志》，卷 5，〈藝文〉，頁 40b。
〔註 70〕盧兆鰲、歐陽蓮等纂修，《平遠縣志》，卷 5，〈藝文〉，頁 39a。

縱也」。〔註 71〕

主政官員擔負著以禮化俗的教育職責，為了正本清源起見，他們嘗試透過道德的勸說或禁令的頒行，以遏止他們視野下的陋俗惡習。如乾隆九年（1744）秋，惠州府陸豐縣令王之正兼篆海豐，當他來往兩地之間，親眼目睹路旁金罐散落，有感而發，於是作〈瘞金罐小記〉一文以針砭民俗云：

> 陸邑士民，酷信堪輿，凡棺一、二年後率啓塚開棺，洗骸驗骨，以定地之吉凶，其慘甚於刑戮。或舊塚不利，則收之金罐，寄頓頹垣荒廟之旁。風雨侵陵，牛羊踐踏，經年累月，子孫不一顧視，枯骨無依，幽魂夜泣，風俗敗壞至此爲極，良可嘆已。

王之正認為，地方官員當以改良風俗自期，為此他示諭當地紳民，勒限兩月領回骸罐，擇葬於官山義塚，若是「逾期不葬，即屬無主，當捐俸僱工，畀至高阜，盡數掩埋」。王之正諭示滿一個月之後，「民各觀望未遵」，可見民俗的根深柢固。於是，他再申前示，並飭令當地保甲先將無主金罐具數以報，「民始知逾限不葬，罐係無主，隨相率領埋。不二十日而金罐歸土，殆盡矣」。〔註 72〕

禁令的存在，往往是在某種社會現象挑戰了統治者所主導的價值體系，或者威脅到他們的統治理念之際，才會應運而生。禁令內容中強化風水之負面形象的同時，也呈現了這類風俗習慣在民間社會的普遍程度。即使主政官員的禁令頒行與儒家士紳的牢騷不斷，但禁者自禁，罵者自罵，行者自行，在地方人士崇信風水庇蔭心態的推波助瀾下，遷葬祖骸的行為，蔚為宋代以降閩粵地區風水習俗的常態。我們從不同時期的族譜資料中，可以看到不少家族子孫將祖骸遷葬於風水吉地的實例。

汀州府上杭縣太平里洪源村簡氏先祖簡德潤，生於元順帝元統元年（1333）四月，至正十一年（1351）起，遊學漳州府南靖縣永豐里梅壟一帶，設帳教授生徒。其間，曾巧遇一名原籍江西贛州府興國縣三寮村的堪輿師曾巡官，簡德潤竭誠予以款待，曾巡官乃默指枋林九龍埔後一穴走馬攀鞍形的風水吉地，以資報答。簡德潤隨即返回洪源村，起出其曾祖簡宇遠的骨骸（原葬背坑塘，坐乙向辛），落葬此穴，風水方位坐癸向丁（坐北北東向南南西）。而簡德潤本人於明成祖永樂九年（1411）八月辭世後，葬在鄉內小坡峻一處佳地

〔註 71〕臺灣銀行經濟研究室編，《福建省例》，〈刑政例上．嚴禁鬧喪〉，頁 847～848。
〔註 72〕王之正、沈展才等纂修，《陸豐縣志》，卷 12，〈藝文〉，頁 40a-b。

吉穴，形若風吹羅帶（或幢幡寶蓋、仙人舞袖），風水方位坐丙向壬（坐南南東向北北西）。〔註 73〕

原籍汀州府寧化縣石壁都的丘氏先祖丘效錫，北宋進士，原葬上杭縣勝運鄉盧豐隔馬婆嶺頂，穴屬張天海螺形。在此之後，陸續於明憲宗成化八年（1472）十二月、世宗嘉靖八年（1529）十二月、神宗萬曆三十五年（1607）六月更葬，呈現出屢葬屢遷的情形。〔註 74〕

泉州府晉江縣八都安平尙賢里的顏氏先祖顏克亮，於順治七年（1650）卒於潮州，至十五年（1658）春，族親暫將其骸骨淺葬西安山，設立神主，其子嗣隨後遍赴各地尋覓風水佳穴。前後歷經數十餘年，最終相擇南安縣三十二都吳坑鄉內套角山一處吉地，風水方位亥向巳兼乾巽，於乾隆六年（1741）十月完妥遷葬事宜。〔註 75〕

汀州府上杭縣太平里洪源村簡氏先祖簡進興（1297～1366），原葬雙車山下芹菜坑牛欄崎，風水方位坐庚向甲（坐西南西向東北東）。至康熙四十年（1701），後代子嗣以其墳穴風水不美，乃於施洋龍口張家厝後林麓另擇一處佳壤，穴屬眞武踏龜形。同年十二月，將其骸骨遷葬至此，風水方位坐壬向丙分金丁亥丁巳。〔註 76〕

相形之下，縱使面對民間洗骸遷葬之俗已然習以爲常的情勢，往往也有特立獨行之士作出與眾不同的選擇。例如，原籍泉州府安溪縣崇善里彭格爛壟湖的陳氏家族，其十六世陳恥白於光緒六年（1880）所撰〈清溪彭格陳氏家譜條規〉中的第八條，特揭櫫孝道倫理的重要性，對於停柩之弊加以禁制：「父母既歿，宜就卒之近日，安葬歸土。若因風水不吉，延久不葬，停棺暴露，不孝孰甚，切宜警戒」。而其第十條，亦針對停柩尋地、洗骸遷葬一事有所規範：「埋葬切宜審愼，埋葬不重，則忽葬而忽扦，父母骨骸，因之朽腐，且尤直擇葬棺之地，免致化入瓦罐，使骨骸有抽提之苦。蓋葬者藏也，欲人之不得見也。古人十年尋地，十年葬親，親之安厝，庶幾其成乎？倘或恐房分不平，未葬者不葬，既葬者復扦，均屬不孝之罪，宜加警斥」。〔註 77〕回歸到歷史的現實層面，這類的堅持也許僅是閩粵原鄉少數的特例。

〔註 73〕簡清章編，《湖源堂簡氏家譜》。
〔註 74〕丘秀強等編，《廣東省饒平縣丘氏來臺祖作立公脈下家譜》，頁 48，60，88。
〔註 75〕顏亮洲等編，《顏氏族譜》，頁 819～821。
〔註 76〕簡清章編，《湖源堂簡氏家譜》。
〔註 77〕唐羽總纂，《彭格陳氏大湖支譜》，頁 21。

家族成員基於先人墳骸庇蔭後代子孫的風水觀念，爲了保障祖墳能長久地賜與生者福份，並藉以實踐慎終追遠的孝道觀念，歷年的祭掃或定期修護以維持祖墳風水的完好，便成爲宗族組織的重要事務之一。如自南宋以來活動於泉州府晉江、永春等地的施氏宗族，在其族約中即申明：

> 塚塋乃先祖宅靈之所，値祀擇日會眾祭掃，尤須不時巡察，有傾頹即查方向公修；若被盜葬傷犯，盜砍墳木，子孫則嚴杖勒遷，照株賠罰；他姓則公出清理以除患害。若值年怠於巡察，有傾頹不報者，罪以獨修，無動公貯；傷犯不報者，罪以容隱杖且跪祠，嚴職守也。〔註78〕

此外，如前引泉州府安溪縣人陳恥白於光緒六年十一月所撰〈清溪彭格陳氏家譜條規〉，其中第九條也揭示：「祖先墳墓，先人體魄所歸，子孫宜歷年祭掃，不時巡視，斯不致崩陷荊塞，外人戕傷。至於乏嗣伯叔之墳墓，各親其親，守護尤宜加謹，切不可視爲無關緊要」。〔註79〕嘉應州興寧縣一帶的陳氏家族，其族訓第八條〈重祠墓〉開首引朱柏盧「祖宗雖遠，祭祀不可不誠」的家訓，以此強調：「祠爲祖宗神靈所依，墓乃祖宗體魄所藏。……故祠祭墓祭，必加敬謹。凡棟宇垣牆，碑石樹木，宜隨時修葺而整理之，此即事死如生、事亡如存之道。子孫所當注意者也」。〔註80〕

家族成員防範各種足以毀傷祖墳風水的行爲，也往往訴諸禁懲條款，以免風水格局遭受外力的損害而殃及各房子孫。原籍泉州府安溪縣崇善里彭格爛壟湖的陳氏家族，其九房親於康熙三十二年（1693）二月公立家規數條以示後人，其中一條指出：「議先人存留蔭樹，及我子孫補留樹木，上至鵝角髻，下至長崙尾，內至邱山公墓，外至肚崙仔、竹林仔、石堀兜、下崙並塞仔、羅星案、山尾坑一帶，又補留金錢崙、田尾谷處樹木，俱係風水關切，年議嚴禁。如有不肖子孫，有界內盜砍者，則係戕傷風水、欺蔑祖宗，宜會眾公革，不可寬縱」。至雍正五年（1727）七月十五日，九房族親復集會公議，「祖厝林、柯林、鰲角髻、金錢崙、下崙等處係關風水，緣族人開蔭虛堆，損壞蔭樹。議前有安葬者，仍舊守顧，不許藉端開擴，混破砍木；未葬者剷平，以後亦不許開蔭損壞。違者會眾公革」。〔註81〕

〔註78〕施德馨等纂輯，《潯海施氏大宗族譜》，頁22。

〔註79〕唐羽總纂，《彭格陳氏大湖支譜》，頁21。

〔註80〕陳昌達編，《陳氏族譜》，〈族訓〉，頁9b。

〔註81〕唐羽總纂，《彭格陳氏大湖支譜》，頁201，204。

在風水觀念籠罩的社會氣氛中，延請地師爲先人相擇一處吉壤佳穴，援引風水原則處理營葬事宜，可說是民眾日常生活的基本行爲模式。經由風水先生認證下的風水福地，對於墓主子孫來說是一種富貴的保障，但對於外人來說卻也是一種現實的誘惑。〔註 82〕客體的誘惑若是轉變成爲主體的企圖，難免在盛行風水葬俗的閩粵社會產生各類爭葬墳地、盜葬墓塋或毀墳冒葬的糾紛，甚至演變成雙方武力衝突或彼此對簿公堂的局面。如晚明士紳盧若騰（1600～1664）於〈邱釣磯詩序〉中記載宋末元初泉州同安籍鄉賢邱釣磯的事蹟云：「死誡諸子，勿治墳塋。……先生一坏土，不立碑碣。入國朝二百餘年，無知之者。萬曆年間，或利其地形之勝，遂指爲祖兆，而爭之官」。〔註 83〕又如嘉慶二十五年（1820）盧兆鰲、歐陽蓮等纂修《平遠縣志》卷四〈人物〉記載嘉應州平遠縣庠生陳嵩，「承父啓衷庭訓，孝友克篤，有幹濟才。族鄰資其庇護，有黃畬祖叔萬玉墳并楊姓屋後，徐卓二祖妣墳及馬鼻崗劉祖妣墳，均被人侵冒，嵩不避豪強，力爲修復，合族得以永祀」。〔註 84〕此類例證，也可見於閩粵地區各姓氏族譜中。

汀州府寧化縣石壁鄉陳氏家族位於蓼陂鄉湍峰頭的祖墳，於明初遭徐溪鄉鍾姓族人佔葬。經陳氏族人呈告縣府衙門後，始由縣令勘還其風水墳地。〔註 85〕泉州府同安縣仁德里十一都板橋鄉後安社張氏開基祖張負，約南宋理宗時人，卒後與元配高氏合葬白鶴山下，穴局坐癸向丁。至雍正年間，墳墓遭附近王家衝傷，後世子孫遂以「板橋」地號勒刻於碑上。到了乾隆初期，有石延吉冒認此墳，與武舉石紹烈同謀，豎旗於墳前，並更改墓碑文字，因而結下張、石兩家的嫌隙，彼此互控達十餘載。〔註 86〕嘉應州鎮平縣羅經垻西河林氏家族，其位於縣境岩前跤湖面獅公形的祖墳，於清代初期遭墳鄰邱千總以此穴吉而冒佔。林氏姻親溫彥璞挺身而出與之爭論，邱千總則恃強不理，族人於是呈告官府處置。興訟多年後，最終將墳地斷還林氏家族。〔註 87〕泉州府晉江縣蔡氏先祖明成化進士蔡清的墳墓位於鑼鐘山內，原以古坑水爲界，與田姓祖墳毗鄰。乾隆初期，田姓越界侵佔蔡清墓地。至

〔註 82〕Maurice Freedman, *Lineage Organization in Southeastern China*, chapter 10.

〔註 83〕林學增、吳錫璜等纂修，《同安縣志》，卷 25，〈藝文〉，頁 49b。

〔註 84〕盧兆鰲、歐陽蓮等纂修，《平遠縣志》，卷 4，〈人物〉，頁 6a。

〔註 85〕陳標乾編，《塘福嶺陳氏族譜》。

〔註 86〕編者不詳，《稻江張氏族譜》，頁 12～13。

〔註 87〕頭份林洪公嘗創睦堂編，《林氏族譜》；林蘭生等編，《西河堂忠孝堂林氏族譜》，頁 10。

乾隆三十七年（1772），縣邑舉人張源德率同地方士紳出面，將蔡、田兩姓爭墳事件呈告縣令徐之寬處置。經過履勘查明之後，知縣飭令田姓將侵佔墓地歸還蔡姓族人。〔註 88〕汀州府永定縣金豐里奧杳鄉黃氏祖墳地，於清代初期遭到汪姓族人侵葬，兩姓族人因爭葬墳地而爆發衝突。黃姓子孫嗣後請託公人出面調解，勸說汪姓將墳地歸還，始解消雙方的仇隙。〔註 89〕明清時期，漳州府平和縣大坪盧氏家族位於湧口的大房祖墳，幾遭有心人士侵佔，族人據報後乃相率前往祭掃，予以維護。而其二房祖墳亦曾遭受侵礙，派下子孫挺身與人計較，遂釀生爭端。〔註 90〕康熙年間，泉州府安溪縣崇善里彭格陳氏祖墳前風水池，有王姓人士於池塘前開築生壙。陳姓族人惟恐祖墳風水受損，乃公同力阻。王姓人士則乘夜盜葬，結果遭到陳姓族人拳腳相向，是役中地師鄒鸞及一名王姓親屬負傷。〔註 91〕

家族後裔爲了防範年久日遠而致祖墳地界不明，造成他人侵葬、冒葬等問題，在族譜中往往描繪祖墳穴山的具體位置，以免外人有機可乘。如明世宗嘉靖十九年（1540），泉州晉江人張瀛溪於《鑑湖張氏族譜》的〈凡例〉中，條列「譜中所載葬地及蒸嘗、租產，俱要詳核，以防子孫之鬻祀田，異姓之爭墳界」。〔註 92〕又如光緒七年（1881）汀州府人士藍日照等編《藍氏續修族譜》卷首〈凡例〉中宣稱：「墳墓者，祖宗體魄之所在也，古人有發冢而夢交之，蓋其氣脈相貫徹也。矧夫年久則易於迷失，衰微則多被勢豪侵奪，此人世之或亦不免焉。故凡於埋葬之時，畫地理之形勢，錄支干之山向，亦毫髮不可以或混者也」。在該譜卷首〈家規〉中，更規範家族成員彼此相戒，不得妄行盜葬他人墳穴，以免有損陰德，爲己身或家族帶來不良的後果云：「墳墓各有定主，各自保守，不可惑於風水之言，貪謀侵佔，自取敗亡。其餘邱木不但禁人盜取，雖本分亦毋得妄行砍伐。有犯此禁，決不輕貸」。〔註 93〕

有心人士貪圖別家穴吉而侵用佔葬，爲求己利而罔顧他人喪葬權益的行爲，不僅難見容於受害家屬，也引來了地方官紳的側目。如永春舊志記載泉州府永春縣地區民眾，「或買穴爭山，奸棍藉爲奇貨，破產不貲，斯習俗之敝

〔註 88〕尹章義，《張士箱家族移民發展史——清初閩南士族移民臺灣之一個案研究》，頁 53～54。

〔註 89〕黃玉翔編，《黃氏族譜（奧香派）》。

〔註 90〕盧元璞，《盧氏族譜》，頁 9b，11a。

〔註 91〕唐羽總纂，《彭格陳氏大湖支譜》，頁 85。

〔註 92〕尹章義編纂，《臺灣鑑湖張氏族譜》，頁 54。

〔註 93〕藍日照等編，《藍氏續修族譜》，卷首，頁 5a，7a-b。

矣」。〔註94〕又如乾隆三十年（1765）方鼎、朱升元等纂修《晉江縣志》卷十五〈雜志・宅墓〉後按語當地先賢祠宇墳墓，「奈賢宦後裔，不無式微；市井無行之人，每聽土棍、地師指引，妄希吉穴，或誘一二不肖子孫寫給，或藉鄰山影佔，竟將前賢邱壟掘斬迫傷，道路之人莫不嗟憤」。〔註95〕道光中期周凱纂輯《廈門志》卷二〈分域略・墳墓〉中批評：「奈世人惑於風水之說，見其子孫式微，謀爲己父邱壟；甚至有恃強侵奪，設計兼併者。不惟爲國法所不宥，亦爲天理所不容」。〔註96〕嘉應州知州叔來晟於道光二十九年（1849）的〈戒爭墳洗骸文〉中，紹承清代中期興寧縣知縣仲振履先前批判粵東風水民俗的論述，指出：

> 粵俗本尚堪輿，嘉應於風水之說，尤膠執而不通，往往因爭一穴之地，小則廢時失業，經年累月；大則釀成人命，家破人亡。事變已成，猶不知悔，於是貧者藉墳以索詐，富者貪穴以冒侵。愚懦者，誤聽術士而產蕩家傾；狡黠者，串同訟師而架詞揑控。試思昔之爭此穴者，惟其吉也；吉不可得，已罹於凶，是信地理而滅天理，先自害其身家矣。況人家修造於界址之外，各安其業，動輒以防礙風水，率起爭端，釀成巨患，尤堪痛恨。〔註97〕

主政者對於這類的風水弊端既不會視若無睹，更企望能夠透過官府的威權，扼止此種惡行的氾濫，以維繫良好的社會風氣。如乾隆二十四年二月，福建巡撫部院懲於「閩省逼近江西，恒惑於地師之說，不但愚民牢不可破，即身列衣冠，富家巨族，亦無不酷信風水，謀買強挖」，爲此督促地方官吏嚴飭查拏，有犯必懲，並示諭撫屬士民人等嚴禁爭葬墳地、侵界盜挖等項惡俗。針對那些「妄言惑眾」的堪輿地師，亦明文規定處分條例云：

> 凡各屬寄寓地師，一切開金井、掛線定向，聽士民之便延請外，如有妄言某地上吉、可以謀葬、誘惑鄉民者，地方官即查拏重責，遞解回籍，毋許容留。爾等試思地師果能辨地吉凶，自當先己後人，何不將先人葬於吉穴而受其蔭庇，乃勞作客爲人作塚耶？知此，則地師定風水吉凶之不可盡信，而爭墳盜挖之有損無益，將不待長官

〔註94〕鄭一崧等纂修，《永春州志》，卷1，〈風土志・風俗〉，頁3b；鄭翹松纂，《永春縣志》，卷15，〈禮俗志〉，頁2a。

〔註95〕方鼎、朱升元等纂修，《晉江縣志》，卷15，頁13a。

〔註96〕周凱等，《廈門志》，卷2，頁73。

〔註97〕吳宗焯、溫仲和纂修，《嘉應州志》，卷8，〈禮俗〉，頁57b～59a。

之叮嚀，而澆風自可止息矣。〔註 98〕

地方官紳從群體衝突與社會脫序的角度來理解這些紛爭事件的存在，並嘗試提出因應解決之道。然而，歷史的後見之明告訴我們，禁令的間續頒行，官紳的強烈批判，反倒更凸顯出閩粵原鄉地區風水習俗的普遍性，以及主政者力圖移風易俗的困難度。類似的情境，在清代臺灣漢人社會形成的過程中，也重新上演（參見本書第六章第一節）。

（三）陽宅地理的擇建現象

傳統風水之說滿足人們生有福地可居、死有吉壤可葬的渴望，閩粵地區民眾除了重視風水擇葬的需求，對於卜居陽宅佳地的環節亦頗爲講究。明清時期世居嘉應州白渡堡的吳氏家族，其後人吳子光（1819～1883）於〈芸閣山人別傳〉一文中，曾概要地描述祖居地點的山川形勢與堪輿格局云：

> 社居村僻處，距村數里。界嵩山、白渡二鄉之閒，有山曰烏龍障，高接天勢，雄傑閎博，一覽群峰羅列，若兒孫之護祖宗，屹然爲此方雄鎮。障左右分脈絡兩支而下，形如銀鵝，如雲屏起伏，隱現蜿蜒，以達于山麓將息，仍頓起巒頭，於五行屬土，下微凹，南偏溪水，屈曲流潺湲有聲，其中自成安樂窩，則先人敝廬在焉。〔註 99〕

吳子光對於「先人敝廬」座落於如此鍾靈毓秀的風水佳地，似乎頗爲得意。此外，我們從閩粵族譜、方志資料中涉及各姓開基先祖的記載，也可以略窺風水擇居一事在地方人士心目中的重要地位。

以唐宋時期爲例，如潮州府潮陽縣洪氏先祖洪圭，生於唐玄宗天寶五年（746）八月，於唐代中葉賜進士工部侍郎。相傳洪圭任職潮州刺史期間，見潮陽貴山都境內山川環抱，形勝奇佳，乃卜宅於龜山一帶，隨即遷往岐北定居，成爲潮陽洪氏岐北派的開基祖。〔註 100〕泉州府晉江縣南關外龍塘王氏先祖王均疇，生於南宋高宗紹興十四年（1144），乃父王元勳，原居晉江錦塘茂廈里。根據龍塘王氏族譜的記載，王均疇自身「識地理，知山川之勝」，所以後來卜居龍塘故里，繁衍出王氏龍塘分派子孫。〔註 101〕潮州府普寧縣方氏先

〔註 98〕臺灣銀行經濟研究室編，《福建省例》，〈田宅例・嚴禁爭墳〉，頁 435～437。

〔註 99〕吳子光，《一肚皮集》，卷 5，頁 21b～23b。吳子光，同治 4 年（1865）舉人。弱冠渡臺，擇居淡水廳銅鑼灣雙峰里（今苗栗縣銅鑼鄉）。

〔註 100〕洪己任等編，《洪氏宗譜》，〈序〉，頁 4a；〈公派圖〉，頁 1a。

〔註 101〕王觀梓編，《龍塘王氏族譜》，頁 17～18。

祖方瑤，原居福建莆邑，宋季諸生。金人進佔中原後，方瑤日遊名山勝蹟，守義不試。爲了避免金國朝廷召用，乃偕昆弟南徙至潮陽一帶，相擇適情的隱居地點。相傳方瑤「獨羡洪陽形勢，謂諸峰巑屼，四水環歸，卜吉無踰于此。爰即厚嶼而家焉」。〔註 102〕原居汀州府上杭縣的張鐵崖，宋末從兵至漳平一帶平亂，後世相傳其「能識地理」，故擇居漳平琯溪，成爲漳平張氏族系一世祖。〔註 103〕

明清時期閩粵地區各姓家族發展的過程中，也不乏類似的傳聞。如汀州府寧化縣石壁鄉陳氏先祖陳賙，於明代中葉獨自遷居嘉應州鎮平縣金沙鄉塘福嶺。相傳陳賙以該處山環水抱，必能庇蔭後代子孫繁盛昌隆，於是在當地購田置產，辛勤經營。至有清一代，成爲鎮平陳氏家族所追尊的開基祖。〔註 104〕漳州府詔安縣程氏先祖程渠爵，生於明武宗正德十二年（1517）正月，原居漳浦縣梁山。世宗嘉靖年間，程渠爵攜二子惟山、惟海遷居詔安縣後門山。根據程氏族譜的記載，由於程渠爵通曉地理之學，乃在後門山卜擇一處風水吉地，建屋以居，開創家業，自此後世子孫日漸興旺。〔註 105〕漳州府平和縣林氏先祖妣劉氏，精通地理之術，於明景帝景泰二年（1451）攜三子及二小叔遷居龍峰頭，相傳當時劉氏見當地「龍勢騰躍，處處生節，節節生枝，峰腰鶴帶，開屏列嶂，知爲億兆，聚族之藪，乃營居於此」。〔註 106〕

除了自身習得風水擇居的原則之外，在各姓家族始祖卜擇風水佳地的傳聞中，某些時候也與堪輿地師牽連在一起。如泉州府同安縣仙店李氏先祖李仲禮，元朝時人，原居同安南山。嗣後，有意遷徙於南山之下溪，經由一名何姓「地仙」的指點，李仲禮遂移居仙店這處「牛眠吉地」。〔註 107〕

嘉應州鎮平縣寨背黃氏先祖黃文質，於明太祖洪武年間卸任廣西南寧府同知後還鄉，途經博羅縣之際，邂逅一名精通堪輿術的徐姓道人。彼此相談甚洽，黃文質遂請他同返故居，相視屋宇及墳墓的風水。黃氏族譜記載徐姓道人目睹寨背一帶山環水繞，景致秀麗，適宜安居長住，隨即徵求黃文質的

〔註 102〕蕭鱗趾、梅奕紹纂修，《普寧縣志》，卷 7，〈隱逸〉，頁 17a；周碩勛纂修，《潮州府志》，卷 30，〈人物．隱逸〉，頁 2a。

〔註 103〕張聰憲編，《張姓世譜》。

〔註 104〕陳標乾編，《塘福嶺陳氏族譜》。

〔註 105〕程大學編，《西螺埔心程氏族譜》，頁 4，8～9。

〔註 106〕林嘉書，《生命的風水：臺灣人的漳州祖祠》，頁 64。

〔註 107〕李輝彥編，《隴西李氏大宗譜》，頁 A11。

許可，相擇寨背側角蕉頭園營建屋舍，並娶黃文質婢女劉氏爲妻，自此成家立業，繁衍子嗣，而成爲寨背徐氏家族的開基始祖。相傳當初徐姓道人爲了報答黃文質的恩澤，曾在西山上扦得仙蝦戲水形、鷓仔伏樑形兩穴墳地，任由其擇葬。〔註108〕

清初漳州府平和縣小坪盧氏家族二代祖妣吳氏，曾延請一名高姓地理師爲其庭居「蔥園」構建屋舍。由於吳氏寡居獨子，子已五、六歲卻不能行走，先前或有鄰里婦人勸吳氏改嫁，以安晚年；吳氏則以守義養子、聽天由命之類的說辭予以回應。高姓地理師知曉這段情節之後，特告慰吳氏云：「汝勿憂，他雖多子，無地理必衰；汝有地理，不患子孫絕，必興也」。吳氏承受這名地理師的專業鼓勵，感謝再三。根據盧氏族譜的記載，爾後盧氏家族子孫繁衍，家業昌隆，皆如該名曾經協助先祖妣構屋安居的高姓地理師所預示。〔註109〕

通觀前舉閩粵各姓始祖的風水擇居傳聞，其背後所隱涵的心態，無非是後代子孫試圖將家族的興盛昌達，歸因於祖先發跡地點的風水庇蔭所致；這樣的意念，無非是從風水信仰的角度，對於家族現狀尋求一種神聖化的後設詮釋。

而當明清時期閩粵各姓子孫發展有成之際，往往透過宗祠或祖廟的創建與整修，來凝聚血緣族親的向心力，以達成愼終追遠與敦親睦族的實質效果。家族成員爲了使祖先魂骸得安，持續庇蔭後代子孫，對於祭祀先人的神聖空間，通常不會忽略傳統卜擇佳地、相吉興造的風水原則，甚至較一般民宅更重視方位坐向與堂局結構的堪輿要求。〔註110〕李兆麟編《重修燕樓族譜》所附〈李厝宗祠〉中提到：「夫人欲傑其子孫，必能擇其地之吉者也；地不能擇其吉，而子孫不能傑矣」，即傳達了這樣的思路。〔註111〕因此，在宗親祠堂選址擇建的環節上，風水觀念也不時發揮出指導性的作用。

明孝宗弘治年間，嘉應州長樂縣黃氏族人黃福俊在縣境購置尖山宅場，並於附近勘得一處「白象捲湖」的佳穴，創建黃氏祖祠，方位艮山坤向。〔註112〕泉州府安溪縣歸善鄉依仁里仙地鄉西庚社許氏家族祠堂，肇建於明

〔註108〕黃文新編，《苗栗黃氏總族譜》，頁 105～106；黃承忠編，《黃氏族譜（鎭平明覺公派下）》，頁 189～190；黃守謙編，《黃氏族譜（貴立公派）》；黃康鳳編，《黃氏族譜》，頁 4～5。

〔註109〕盧元璞，《盧氏族譜》，頁 17b～18a。

〔註110〕林嘉書，《生命的風水：臺灣人的漳州祖祠》，頁 4，8～9。

〔註111〕李兆麟編，《重修燕樓族譜》，〈李厝宗祠〉。

〔註112〕黃錦煥編，《江夏堂黃氏族譜（廣東五華尖山開基分派）》，頁 1。

神宗萬曆二十七年（1599），其東有牛皮石，西有蓋露尖，南有金馬山，北有玉女山，捍衛祠堂前後左右，風水形勢堪稱完固。〔註 113〕

地方人士修建祠堂之際，大多延請堪輿地師親臨勘驗，仰賴他們的專業指點，以保障祠堂的風水格局完好無礙。如漳州府南靖縣雙峰邱氏雙溪祠，由邱宗政於明代後期延請堪輿師曾近池擇建於「桌上旗」的風水福地。萬曆四十四年（1616），其第八代孫另請地師重新營造祠堂風水。〔註 114〕惠州府陸豐縣吉康都三溪鄉徐氏八世祖徐懷軒，於明清之際營建徐氏祠宇，坐東向西。至雍正年間，由堪輿師曾魁珠主事重建，方位乙山辛向兼辰戌丁卯丁酉分金，坐透地戊辰木局。此後，更陸續依從多位堪輿師的建議，改易祠堂坐向、門樓或修整門前池塘格局。〔註 115〕漳州府平和縣小坪盧氏家族二房祖厝，於明末崇禎十一年（1638）改爲祠堂。康熙三十七年（1698），祖祠楹木頹圮，族人遂協力集資，延請堪輿師廖萬成主事祠堂修復工程，然其時前後砂水布局尚未完成。至五十五年（1716），族人復請堪輿師廖華九親臨指導，放水塡補祠堂後土及左右砂，並修整羊挑腳的風水格局，盧氏祖祠自此煥然一新。〔註 116〕漳州府詔安縣二都秀篆河尾大坪邱氏開基祖邱伯順，於明代初期曾在大坪一帶建立祠宇。至清代初期，後代子孫另於注坑卜擇一處風水吉地，創建邱氏祠堂，方位坐乙向辛（坐東南東向西北西），前有列峰競秀，周遭諸水環繞。乾隆四十四年（1779），祠堂前案崩壞，眾議鳩資予以修復。翌年（1780），更延請堪輿師廖帝協助族人重修祠堂。新修落成後的風水形制，坐庚向甲兼申寅丙寅丙申分金，前方水局一橫一逆，「左水到右，水流南方」。〔註 117〕

擇建於風水寶地的祠堂一旦竣工落成，後人對於祠堂風水應驗於家族運勢的可能性，也充滿了無盡的聯想。如明代漳浦西山李氏擬建祠堂之初，曾延請一名堪輿師陳仙相擇佳地，鳩工興造。祠堂落成之時，相傳陳仙曾向李氏預言，「某房最興，某房稍遜，某年當登科，某年當發甲。語畢，不知所之，後竟如其言」。〔註 118〕泉州府同安縣白氏同窯祖廟，於康熙五十五年

〔註 113〕許瀚裳等編，《西庚許氏家譜》，〈西庚祠堂誌〉。
〔註 114〕林嘉書，《生命的風水：臺灣人的漳州祖祠》，頁 253。
〔註 115〕徐勝一、徐元強編，《新庄子東海堂徐氏族譜》，頁 25～26。
〔註 116〕盧元璞，《盧氏族譜》，頁 21b～22a。
〔註 117〕邱顯志編，《邱氏族譜》。
〔註 118〕陳汝咸、林登虎纂修，《漳浦縣志》，卷 16，頁 1242～1243。

（1716）重修落成之後，堪輿家稱頌該廟宇山川特萃，與形勝超群的白氏華湯祠堂（位坐辛向乙兼酉卯分金），「兩奮地靈之秀，共鍾人傑之英」。白氏十二世孫白明建於康熙六十年（1721）八月題撰〈重建同窯祖廟記〉中，全文開場即鋪陳祖廟所在地的風水形勢奇佳，必能庇蔭後代子孫飛黃騰達云：「同窯祖地者，枕犀山而揖鴻漸，天馬馳左峙，美人佇右環，龍高虎伏爲爪牙，海湧溪流作襟帶；地靈鍾秀，人傑挺生」。〔註 119〕此種帶有功利性色彩的心態，也正是家族成員營造祠堂風水格局的初衷之一。

泉州府同安縣馬厝巷分府民安里十一都小崎保的李厝宗祠，奉祀明代時傳下李氏五房子嗣的四世祖李純中暨列宗神位，其風水方位坐丙向壬兼午子，體現出「沐浴消胎」的格局。然而，在通曉堪輿術的遷臺後代裔孫心目中，祠堂直龍橫坐，其後無主山，而且下無砂手、肩無外峰，「然論其水，則兩口俱是；而觀其山，則無護衛拱顧之嫌」，風水形勢似乎不盡完善。李氏裔孫並根據山管人丁水管財的堪輿觀念，析論宗祠風水如何庇蔭各房子孫的情形，在長房方面：「左邊生來無下砂，長房離鄉眞不差；分枝來臺建功業，富貴人丁成大家」。二房方面：「面前立向是帝旺，案外朝來三秀峰；二房居鄉丁財足，比之他房匹無雙」。三房方面：「右邊收來巨門星，來水短小卻有情；三房居鄉雖然好，未有二房一半丁」。四房方面：「左肩之位無外峰，四房離鄉走廣東；居住潮州白沙鄉，重建興發開大宗」。五房方面：「龍身後面無主山，風隔水煞無遮攔；五房居在龍身上，禦風敵煞丁微孱」。〔註 120〕引文中涉及祠堂風水庇蔭家族各房份的論述，呈現出一種關聯性思維的特色，也可視爲一種「事後諸葛」式的隨機詮釋。在本書以下的討論裡，我們將不斷地看到閩粵官紳採取這類的思維方式，來解讀特定地域的興衰起落及其與風水形勢的關聯性，或是定位風水習俗在地方社會中的角色。

另一方面，與陰宅風水民俗的情形類似，由於民間人士過於迷信宅居或祠堂風水所產生的利益紛爭，也成爲地方官紳所注目的問題。如乾隆年間，曾任巡臺御史的浙江仁和進士錢琦（1704～？）在〈風水示誡〉一文中，點出福建地區陽宅民俗所衍生的弊端云：「至於陽宅，則顧惜自己風水，不容鄰家興土木之工，或指祠廟爲一方保障，禁止附近居民興工修造。種種狡黠強梁，不堪枚舉。迨人不能甘，則各逞刀筆，互相告訐，希圖抵制」。〔註 121〕

〔註 119〕白灼眞編，《同安白氏族譜》。
〔註 120〕李兆麟編，《重修燕樓族譜》，〈李厝宗祠〉。
〔註 121〕陳壽祺等，《福建通志》，卷 55，〈風俗〉，頁 27a-b。

此種社會現象的背後，自然不脫人們信仰風水關乎身家性命的傳統意識在作祟。

閩粵地區風水擇建的情形，不僅出現於民眾日常生活的卜居行爲，當地方官紳主導各項公共建設的時候，我們依舊可以看到陽宅風水的因素，不時地浮現在這些硬體設施的相地營造過程中。從私領域的個人範疇擴散到公領域的社會範疇，造就了風水知識無所不在的權力空間。

二、地方公共建設與風水的關聯

明清時期，閩粵官紳從事地方公共建設之際，風水學的方位原理及其實際營造的方式，往往也發揮出一種指導性的作用。〔註 122〕

（一）城垣衙署的營建

針對地方行政區域而言，城垣的設置不僅涉及軍事防衛體系的建立，也直接影響到當地產業經濟的發展，甚至攸關紳商庶民的身家安危。主政官員爲能有效地發揮城垣的多重功能，在選址擇建的環節上，通常會參照堪輿地師的建議或根據自我對於風水學理的認知，妥擇適當的「吉壤福地」來從事城垣興建，俾使全邑民人同沾風水庇蔭的福澤，地方發展亦是昌盛可期。如光緒五年（1879）刊劉國光、謝昌霖等人纂修《長汀縣志》卷六〈城池〉中，開宗明義解說城池風水與縣邑發展的關聯性云：

> 金城湯池，設險以守國也，故歷代沿革有殊制焉。然鑿隄繞城利民，或以妨民；撤垣增壘禦暴，反以爲暴，非意不美，則法不良也。汀之初傍山爲城，引水爲池，左龍陂，右南拔，兩水交於挹清；東鄞江，西太原，兩溪會於游繩。水繞山環，氣完局故，美且善矣。後世不師古法，潰郡城，決兩河，元氣殘壞，汀遂頹靡不振。幸簡庵王郡守深於形家者言，濬兩河，復故道，汀人文乃漸復其初，甚矣。增隍引水，雖曰設險，而地靈人傑，實重賴之，未可私意爲也。志城池。〔註 123〕

由此可見，在縣志纂修者的理解中，明清之際汀州府長汀縣境興衰起落的關鍵，端視主政者是否留意城垣周遭風水形勢的維護。

〔註 122〕何曉昕，《風水探源》，頁 66～143。

〔註 123〕劉國光、謝昌霖等纂修，《長汀縣志》，卷 6，頁 1a-b。

根據相關文獻的記載，明末崇禎年間擴建長汀縣城的時候，曾將城旁濠池加以塡廢。相傳當時通曉風水學理的人士認爲，「汀郡四山高迴，水遠則氣舒，城小則氣固，內城以束氣，遠水以養局，乃山川一定之理」；若是決毀東西兩堤，勢必「肘腋傷官，星理不宜」。而風水形勢既遭破壞，以致明末清初近六十餘年，縣邑「科名寥疾，素封冷落」，對於地方文教事業造成相當不利的影響。王廷掄於〈濬河記〉一文中亦指出：「便己者改河東之水，直射城之左胅，棄關河外，反弓而流，形家議其不宜，復改西山水逼城之隍，未免鑿洩神奇，官星無氣，明堂狹隘，氣不舂容，以故民物凋傷，科名寥落，求如疇昔之康阜蟬聯，豈可得耶？」王廷掄於康熙三十五年（1696）夏蒞任長汀縣令，至三十七年（1698）春，允從縣邑士紳黎文遠等人的呈請，募集經費，興工濬復兩河故道，以重新修整縣城風水。同年十一月，河工相繼告竣。竣工之日，王廷掄盼望「其或山川效順，地脈再靈，閭閻復富庶之風，斯文蔚菁莪之化；文武公侯，萃與龍山，共拔詩書禮樂，澤綿汀水同長」。此後十餘年間，長汀縣邑人文蔚起且科甲有成，地方人士或歸功於前縣令王廷掄濬復城池所帶來的風水福報。〔註 124〕

長汀縣城的例證，顯示城池風水在某些官員及紳民心目中的重要性。實際上，歷代閩粵各地城垣的設置，亦有援依風水觀念或採納堪輿家言予以選址擇建的跡象可尋。明初，太祖朱元璋（1328～1398）曾遣江夏侯周德興（？～1392）閱師海外，在沿海要塞建築城牆並駐守重兵以備倭患。其間，海澄縣令嘗根據地理形家的指點，在相距縣邑不遠的漳州府境圭嶼上興築城垣。〔註 125〕明神宗萬曆三年（1575），潮州府普寧縣令劉鈍始在厚嶼一地經理縣城，初定規模。至萬曆十四年（1586），僉事盧仲佃告諭知縣趙獻改拆舊料，修築城垣，但因城址窪下卑溼，形家稱之爲浮水葫蘆，當地每遇水潦即泛濫成災。到了萬曆三十五年（1607），知縣阮以臨見厚嶼地形低窪，乃籌劃縣治遷建事宜。阮以臨檢閱前郡守郭青螺所著《潮陽雜志》一書，當中記載郭青螺任內嘗與地師曾鶴翁親詣普寧縣境，眾以安仁一帶「風氣環聚，山水險阻」，可以建置新城。斯時，郭青螺業已營度安仁週遭環境，旋以陞任他職緣故，新建事宜未及就緒。阮以臨受到郭青螺著述的啓發，於是親自相度安

〔註 124〕劉國光、謝昌霖等纂修，《長汀縣志》，卷 6，頁 10a～13b。

〔註 125〕鄧廷祚等纂修，《海澄縣志》，卷 23，頁 7a～9a。

仁，至新壇埔擇定平衍高阜官地一區，擬改築縣城於此，以鞏固縣邑形勢的完好。雖然這次遷城計劃嗣因人事因素而作罷，然而，從郭青螺到阮以臨的主政期間，終究還是在歷史上留下了他們嘗試根據風水法則擇建城基的實情。〔註 126〕此外，潮州府惠來縣地方人士嘗以舊城勢壓學宮來龍，乃提議於西溪村山仔頭等「善地」另設一子城，令縣民得以環郭而居，而縣治益可加以鞏固。〔註 127〕新建惠來縣城的初衷係爲了避開學宮龍脈，同時也有風水擇地的成分在內。

在閩粵各地城池選址營造的過程中，自不容忽略堪輿地師或習染地學者所扮演的角色。南宋寧宗慶元三年（1197），某形家宣稱潮州舊城濠西不利地方發展，主政者採納其說，於是改易城池布局，「鑿隄爲二關，取石甃之，決河東流入於溪」。〔註 128〕明世宗嘉靖四十二年（1563），潮州府潮陽縣分巡僉事張冕大鑿設縣城西畔城濠，纍石爲岸以禦倭寇。相傳當工程進行之際，濠水盡赤。斯時，曾有堪輿家宣稱郡城龍脈在西，開鑿不便。主政者接受堪輿家的這項指點，重新填塞城濠，並將西門外石橋移至東山韓祠前，以利於城池的整體風水格局。〔註 129〕清代初期，泉州府安溪縣諸生白美振精通青烏家言，曾協助縣邑官員「相度縣治，改設門樓」。完工之後，相傳自此安溪縣令多有遷擢。由於白美振有助於地方公益事業，生前曾兩度膺受官方的恩賞。〔註 130〕另據鄭翹松纂《永春縣志》卷二十四〈方技傳〉的記載，泉州府永春縣於明代後期修建縣城之際，曾有一位堪輿師鄭思銓親臨現場，指點縣城風水格局的調整：

> 鄭思銓，昭善里之龍卷人，少好遊，客于贛十餘年，遇異人授以相地之術，遂以技鳴歸。會築縣城，工將竣，思銓歎曰：不爲漁翁撒網，乃作池螺暴肉，惜哉！乃言於當事者，開五巷、鑿七池，以調劑之。〔註 131〕

從鄭思銓這位號稱「龍卷仙」的事蹟，以及前舉那位習究青烏家言的士

〔註 126〕蕭鱗趾、梅奕紹纂修，《普寧縣志》，卷 1，〈古蹟〉，頁 5a；卷 8，〈古蹟〉，頁 9a。

〔註 127〕張昭美纂修，《惠來縣志》，〈圖說〉，頁 4b。

〔註 128〕周碩勛纂修，《潮州府志》，卷 6，〈城池〉，頁 2b。

〔註 129〕周碩勛纂修，《潮州府志》，卷 6，〈城池〉，頁 6a。

〔註 130〕黃任等纂修，《泉州府志》，卷 63，〈國朝藝術〉，頁 16a。

〔註 131〕鄭翹松纂，《永春縣志》，卷 24，〈方技傳〉，頁 4b。

紳白美振參與縣城擇建的功業，可以看出通曉堪輿者對於城池營造布局所發揮的作用，而地方官員也往往採納他們的風水建言。

理想的風水格局包涵龍、穴、砂、水、向等五個基本要素，名列首位的龍脈爲大地生氣運行的樞紐，直接關係到地方的安危，自不容許外力的任意損傷。〔註 132〕雍正八年（1730），潮州府揭陽縣令陳樹芝以縣城東關外、西關外釣鰲橋兩旁灰窯妨礙城池外濠，於是命令官府人員悉予撤去，並同時培補縣龍入首之脈，以維護地方安寧。縣邑紳民感念其德，特請縣令勒石永禁居民設置灰窯，以防其損傷縣城風水龍脈。〔註 133〕

地方官民進行公共工程之際如果不愼傷龍毀脈，亡羊補牢之道，惟有儘速修補，以保障邑治福祉。明神宗萬曆十九年（1591），泉州府同安縣令柴堯年疏浚縣城濠溝。此後，當地士紳以其鑿傷地方龍脈，不利城中居民，遂呈請知縣於縣城西北隅的縣治腦山葫蘆山後方，稍加培補予以復原，而使縣境龍脈生氣仍可庇蔭地方民生。〔註 134〕

城池興造完成之後，若是遭到人爲或自然因素的損毀，導致地方人文不興與諸事不寧，主政官員有時也會參照堪輿學理，隨機修整城池的風水格局。明世宗嘉靖二十三年（1544），潮州府惠來縣城因颶風侵襲而致傾圮，縣令官德章倡議重修。舊建城垣北門，形家以其開在「龍脊」，對於縣邑百姓多所不利。後因防禦寇擾而加以堵塞，如此一來，縣城僅餘東、南、西三門。此後，北郭居民每歲至五月間，動輒疾病纏身，民間紛傳係因北門地脈不通所致。到了嘉靖三十三年（1554），知縣游之光重闢北門於城隍巷，縣民大多稱便。至於城池水門原在辰方（東南東方），相傳此方位不利於縣治，因而日久壅塞。游之光乃參照風水法則，卜擇巽位（東南方）另闢一門。〔註 135〕

再以漳州府海澄縣城爲例，順治九年（1652）正月，海澄縣守將赫文興叛變，佔據縣城，隨即「增設砲臺一座，塞眉城於東南二門，形家目爲扼吭；又擴腰城，壞民舍，掘墳墓，浚溝通潮，開東北閘，建澄波門，吐納海水，以斷地脈、塞咽喉。四郊茂草，悉成白骨青燐之墟」。在主政者的心目中，海

〔註 132〕不著撰人，《記師口訣節文》，第 62 章，頁 106b～109b。

〔註 133〕周碩勛纂修，《潮州府志》，卷 6，〈城池〉，頁 9a。

〔註 134〕林學增、吳錫璜等纂修，《同安縣志》，卷 6，〈城市〉，頁 1b。

〔註 135〕周碩勛纂修，《潮州府志》，卷 6，〈城池〉，頁 12a；張昭美纂修，《惠來縣志》，卷 1，〈建置沿革〉，頁 4a。

澄縣城的風水地脈遭到叛將的敗壞，結果導致民不聊生的局面。至康熙二十八年（1689），新任海澄縣令胡鼎建議請修復縣城東南門，開通先前爲赫文興封閉的城門，撤除其所設置的曲壘，「俾火抑者，得以疏通；木滯者，得以條達。四門內外，生氣復回，允爲澄民錫福」。〔註 136〕

根據傳統堪輿學的說法，在城池的整體格局中，城門具有招納風水生氣、維繫文教氣運並關繫居民安危的效用。由於「郡垣都鎮，萬象包羅，其出入緊要處，惟在城門」。〔註 137〕既然事關緊要，其方位是否得宜、形式是否適當且內外是否暢通，乃成爲奉行風水觀念的地方官員所關心的焦點。〔註 138〕明世宗嘉靖時期，漳州府寧洋縣市沃衢饒，熙熙攘攘，蔚爲名鄉大邑，博得了「小杭州」的美稱。到了明代後期，官員蒞臨縣城巡視之際，因採信形家者言並參以己見，乃將縣城北門閉塞，自此北道壅滯達數十年。崇禎元年（1628），沈荃奉命至寧洋巡城緝垣，一見北門閉塞的情形，不禁感慨：「有道之邦，自西、自東、自南、自北，無思不服；北門一方，係縣治咫尺要衝，俾氣脈不通，得乎！」沈荃遂與地方紳矜耆宿共同商議，申達於府道司各憲及督撫兩院。經過上級單位的允准後，緊接著鳩工募匠，重新開復北門。翌年（1629），郭如奎蒞縣赴任訓導一職，目睹北門開通工程告竣落成，耳聞寧洋縣民喜極而歌：「六十年前，比屋其無封歟，人文其未彰歟，北門之塞，民受其厄，我侯之來，洞悉時艱，軫念繁難；北門之開，遐邇咸培」。郭如奎親身見聞這一幕景象，特在〈開復北門記〉一文中推崇沈荃闢其閉、通其塞的功勞。至明年（1630）庚午科，寧洋學子名標拔幟，地方官紳自然而然地將這項成就，歸功於地運與文運相互輝映的結果。〔註 139〕

如同寧洋縣令開通先前閉塞的城門以利邑治文風的情形一般，龍巖州一帶原於明代後期人文蔚起，鄉紳科第一再蟬聯。叵料崇禎十七年（1644），洪水衝坍南門城，事後經過官民的修建，格局略形縮小。相傳自南門城整修之後，當地文風未振，甲第不興。王有容於清代初期蒞任知州，經過實地勘查後，認定龍巖州南門城過於卑狹，致使風水氣行不暢，連帶造成地方人文的頹勢。在〈重建文明門記〉一文中，王有容徵考風水之說，倡議南門城整修事宜的刻不容緩云：

〔註 136〕鄧廷祚等纂修，《海澄縣志》，卷 2，〈規制．縣城〉，頁 2b～3a。

〔註 137〕榮錫勳，《地理辨正翼》，卷 2，頁 23a。

〔註 138〕劉沛林，《風水——中國人的環境觀》，頁 212～215。

〔註 139〕彭衍堂、陳文衡纂修，《龍巖州志》，卷 17，〈藝文志三〉，頁 46a～47a。

> 郭璞云龍非水不止，氣非水不聚，今南門爲諸峰趣止，一水環抱，明乎爲一邑文明所關鍵。奈之何東西北三門俱閎大高聳，而此獨蹲俯不揚，與四面千峰萬障，主賓逕庭，譬有高車駟馬之大賓在前，我欲以隘巷低簷納之，豈可得乎？

王有容基於修補城門風水以利文風的認知，隨即命派匠工在牛勇山頂豎立一旗，以凝聚風水生氣。是年秋，龍巖州有學子章、吳二人金榜題名，破除了數十年來甲第不興的局面，地方人士相信此係風水應驗的結果。而知州王有容更欣然地表示：「是風水安言無益於文運耶！」主政官員於是和紳矜里民一體同心，投入城門的修建工程。落成之後的南門城，益爲高廣壯麗。〔註 140〕此亦開擴城門俾使風水庇蔭地方文風的具體例證。

除了城門風水的問題之外，城郭臺樓等建築物的方位坐向或外觀結構是否有利於邑治的風水格局，也是篤信堪輿之說的主政官員與士紳百姓所注目的對象。康熙三十三年（1694），漳州府漳浦縣令朱自陞從紳民鄭大忠等人所請，以縣城千秋臺有傷風水，於是申告院司予以修整。〔註 141〕惠州府治東城上合江樓面朝東、西二江合流處，週圍環抱如帶，風水形勢頗佳。康熙初期，郡守鍾明進以合江樓對於郡治而言，「當青龍之首位，宜聳形，宜振以旺震峰而迎生氣，所關郡治鍾祥不小，非僅亭臺觀榭、綴清幽壯麗之景已也」。然斯時該樓因歲久傾圮，方輿家認爲應當修復其舊規，「一起蒼龍聳拔之勢」，以利風水形勝。鍾明進鑒於合江樓格局的完好與否關係到郡邑氣運的暢順，乃捐俸集資，庀材鳩工，積極地推動合江樓的整修事宜，於康熙十三年（1674）七月完工落成。〔註 142〕

康熙十九年（1680），福建水陸提督總兵官楊捷（1618～1700）率軍平定泉州寇亂後，隨即巡視府城四境，籌劃復員工作，以漸復昔日太平氣象。楊捷目睹城垣堞垛頹壞，敵樓傾圮，並查閱「城內東、西、南、北四處，原各設有鼓樓。昔人建造，皆按地理，其有關於闔郡風水可知」。而今鼓樓倒塌破損，殘石擁塞通衢，加上街中水道不通，每遇天雨則淤泥壅積，不特舖戶居民行走不便，抑且「水道壅遏，則文運不興，所關尤爲不小」。楊捷有鑑於此，乃差派員役督修南街鼓樓基址，另於同年閏八月五日照會興泉道，希即劄付

〔註 140〕彭衍堂、陳文衡纂修，《龍巖州志》，卷 16，〈藝文志二〉，頁 16a～17b。
〔註 141〕陳汝咸、林登虎纂修，《漳浦縣志》，卷 5，〈建置志．城池〉，頁 300～301。
〔註 142〕章壽彭、陸飛等纂修，《歸善縣志》，卷 4，〈古蹟〉，頁 3b～4b。

泉州府縣從長酌議，迅將郡城垛堞並城上敵樓興工修葺，以鞏固城防。至於城中東西鼓樓與街衢水道，因其關係到「闔郡文運、居民風水」，亦應傳請城內紳衿耆民於府學明倫堂共同會商，儘速進行修繕暨疏通事宜，俾使海疆重地煥然改觀，以重新造就人文蔚起與物阜民康的局面。〔註 143〕同年十月二十四日，楊捷復為修葺城垣等事備咨督撫兩院，呈文中仍強調：「城中東、西、南、北四處鼓樓，俱關風水」，而「街衢鼓樓及郡內城濠、八卦溝水道舊蹟，實為泉郡風水命脈所關；若任其頹塌傾圮，壅積不通，則民生疾病，災沴頻見」。楊捷為此請示部院察照，並檄行興泉道迅速修葺城垣鼓樓，疏通街衢水道，以固根本且復舊制。〔註 144〕由此可見，福建水陸提督楊捷任內將修整城樓以貫通風水氣脈的措施，視為主政者裨益民生、利濟地方與振興文運的重要治績。

從前面的多項例證可見，不論是城垣位置的擇址考量，或是建築構局的事後整修，風水觀念皆有其發揮的空間，同時也造就了某些堪輿地師一展身手的機緣。城垣修造的過程中帶有風水擇建的成分，而主政者俯仰其間、日理萬機的官署衙門，也存在著類似的情形。〔註 145〕

惠州府歸善縣衙署原位在縣境東郊白鶴峰下，元順帝至正二十八年（1368），群雄起事，殃及歸善縣境，主政者乃徙建縣署於郡治譙樓左，原縣署所在地改設邑庠。明神宗萬曆三年（1575），林民止出任歸善縣令，隨即遍觀邑里風土形勝。對於當時縣署所在位置，林民止從堪輿學的角度，提出自己的疑慮：「蓋府當鵝山正脈，縣折其支，即無專氣，四高中下，又墊如澤」，於是他徵採堪輿家言，擬將縣署遷回白鶴峰下故址，此移建構想並獲得郡守的認同。縣署遷建工程始於萬曆六年（1578）七月，歷季冬而告成。〔註 146〕明代後期歸善縣署的選址營建，明顯受到風水觀念的影響。

明憲宗成化年間，潮州府饒平縣創建治署之際，曾延請一名堪輿師相擇吉壤，主事者依照堪輿師的指點，將位於琴峰的邱氏祖墳遷出，以原處作為

〔註 143〕楊捷，《平閩紀》，卷 11，頁 318～319。

〔註 144〕楊捷，《平閩紀》，卷 9，頁 264～266。另參閱該書卷 13，〈示泉州通衢〉，頁 379～380。

〔註 145〕有關風水學上官署衙門風水的各種吉凶宜忌原則，可參閱姚廷鑾，《陽宅集成》，卷 6，頁 441～448；高衡士，《相宅經纂》，卷 2，〈看衙署訣〉，頁 16a～24a。

〔註 146〕章壽彭、陸飛等纂修，《歸善縣志》，卷 7，〈公署〉，頁 1a～2b。

治署的設置地點。〔註 147〕此外，據乾隆五十九年（1794）德泰所撰〈興泉永道內署記〉的記載：「使署由大堂而進，爲川堂；有樓，是名天一。堪輿家以南峰火星太旺，故顏是以制之」。〔註 148〕道署的名稱取自河圖卦象之「天一生水」的說法，以求水火既濟，仍係參照堪輿家培補風水的建議。

在篤信風水觀念的地方官員心目中，根據風水原理營建而成的城郭或官衙，當有助於政務的推展與宦途的騰達；反之，若是城郭風水敗壞或官衙地理不佳，勢必對區域發展以及官員本身造成不良的影響。許旭於《閩中紀略》中曾記載其於康熙十二年（1673）十月隨閩浙總督范承謨（1624～1676）由浙至閩的親歷見聞，其中提到福州省城的風水問題云：

> 閩督衙門最崇煥，而於地形爲不吉。青烏家以爲當面五山，形如五虎，受其衝突。故歷來開府其地，僅初年李公某以升去、劉公兆麒以調去；其餘或死、或被殺、或鐫級去，無得免者。〔註 149〕

官署衙門的風水格局如眞茲事體大，對於信奉堪輿術數的地方主政者而言，爲求任內諸事順暢、一帆風順，甚至官運亨通、步步高昇，一旦涉及官署衙門的選址及其營建形制的環節上，自不容輕率馬虎，以免福份未享卻禍患臨頭。

（二）文教設施的營建

學宮文廟爲官方建置的文教硬體設施，在傳統社會中擔負起宣達國家禮教政令暨培育學子德性才學的職責。對於地方學子而言，科舉考試的中榜關係著一生的功成名就，爲圖能在競爭激烈的考試中脫穎而出，除了自身的勤奮苦讀之外，如能託付於學校位址及其建築格局的風水庇蔭，當不失爲一項心理上的助力。風水之說所具有的功利性與目的性，於是不斷地浮現在地方文教建設的相關論述中。

漳州府漳平縣儒學文廟肇建於明憲宗成化八年（1472），於神宗萬曆三十七年（1609）重修。至清代初期，因歲遠年深，廟堂結構棟朽柱蝕，難以補葺。乾隆二十一年（1756），縣令傅國襄蒞任之後，曾有篤信青烏家言的弟子員爲求有利於科考起見，群請知縣參照風水學理予以重建。〔註 150〕這是出自

〔註 147〕邱萃英等編，《邱氏族譜》，〈追思始祖敘〉。

〔註 148〕周凱等，《廈門志》，卷 9，〈藝文略〉，頁 315～316。

〔註 149〕許旭，《閩中紀略》，頁 18。

〔註 150〕蔡世鉞、林得震纂修，《漳平縣志》，卷 9 下，〈藝文下〉，頁 8a-b。

風水庇蔭科考有成的初衷，進而重建縣學文廟的例證。

在同治八年（1869）重刊李世熊纂修《寧化縣志》卷六〈政事部・廟學志〉中，有一段針對當地學子因篤信堪輿而改易學宮方位坐向的批評，其實也反證出科舉制度與風水術數之間的相互聯繫：

> 學必先倫而後文，無已亦先文而後科舉。不然者，數徙學宮，數易方位，此爲文繡膏梁故，乞靈青烏耳。志意猥鄙，於學何有哉！〔註 151〕

在功利性色彩籠罩的科考氣氛中，縱使是勤讀聖賢書的莘莘學子，面臨風水術數標榜趨吉避凶而能功成名就的法則，想必也難逃其實用性的「誘惑」。另一方面，主政官員往往與地方紳民同樣基於科考的價值觀念，爲了因應學子的現實需求，並爲自己的施政成績增添一份光彩，在學宮擇址營建的過程中，也不忘講究風水格局的經營，期能庇蔭學子的科考前途，連帶促成地方科甲的鼎盛且強化文教事業的蔚興。明代後期，漳州府平和縣令朱希召於〈重脩平和縣儒學宮碑記〉一文中，除了稱譽縣邑學宮的風水形勢之外，同時也表露出一種風水庇蔭地方人文蔚起的心態：

> 邑治近自五鳳山，嶙峋壁立，礧砢蜿蜒，拔而聳雙髻峰，翼插邐摺，牛飲於溪之滸，遶環縈帶，學宮建其中，靈秀裏焉。巽峰峙左，坤榜列右，蔚爲人文，魁解逌相望矣。〔註 152〕

事實上，根據歷史資料的記載，閩粵地區學宮文廟擇建於風水寶地、吉壤佳穴的情形，可說是不乏其例。

宋代初期，漳州府長泰縣學宮原建於邑治西南登科山麓。南宋高宗紹興三年（1133），主簿張牧遷於祥光寺東側。至南宋理宗紹定六年（1233），縣丞葉惟寅認爲學宮所在位置風水不利，乃相擇邑治左臂，以該處形勢「北瞰良崗，前挹登科、天柱諸山，有龍翔鳳舞之勢」，遂呈請縣令陳純仁將學宮移建於這塊風水佳地上。〔註 153〕漳州龍巖學宮原肇建於城東，旋遷於溪南。南宋寧宗開禧二年（1206），有位精通堪輿術數的縣民葉琇卿另擇一處風水佳地，呈請縣尹趙汝勉將原學宮遷建於此。趙汝勉接受葉琇卿的建言，隨即付諸實行。學宮新建之後，據當地故老相傳，龍巖地區自此文明大啓，人才

〔註 151〕李世熊纂修，《寧化縣志》，卷 6，頁 1b。
〔註 152〕李鋐、昌天錦等纂修，《平和縣志》，卷 11，〈藝文〉，頁 34b～35a。
〔註 153〕張懋建、賴翰顒纂修，《長泰縣志》，卷 3，〈廟學〉，頁 1b；卷 11，〈藝文〉，頁 20b～21b。

輩出，後世形家宣稱其應合學宮離明之象，地方士紳更是推崇葉琇卿的相度之功。〔註 154〕

學宮文廟進行興修之際，堪輿形家的說法往往扮演著指導者的角色。而當學宮文廟修竣之後，其外觀結構和所在位置皆具有一定的風水格局。爲了保障廟學風水完好無虞，主政者通常也會遵依形家的建言，不輕易更動既有的風水格局。如嘉應州興寧縣舊學宮，原位於縣治東南側，明憲宗成化年間改建。至孝宗弘治時期，有知縣增闢二池，前方大池稱泮池，爲凝聚學宮佳氣的形勝池；其左側池塘，「業謂動損龍氣，蓋堪輿家云然，卒莫塡也」。〔註 155〕至於各種有礙於學宮風水的設施，也在主政者的禁止範圍內。如康熙四十五年（1706），福建陸路提督漳州漳浦人藍理（？～1719）以堪輿家言「漳郡人文鬱塞，乃後山仙殿壓學宮地脈，東南田裏港未築，水門直瀉所致」，於是遣眾拆毀該仙殿，興工塡築田裏港，以維護學宮地脈暨縣邑風水。〔註 156〕

主政者若是認定學宮風水遭受其他公共設施的沖煞，亦會根據風水理論予以遷建或加以整修，使邑治學子能有效地承受風水福報。如康熙三十一年（1692），嘉應州程鄉縣令曹延懿以縣城舊南門凌風樓，位處學宮東南方，有形家者言其樓角偏射學宮文廟，不利於風水格局，於是登樓相度，「酌更其制，規方爲圜，與學宮不相沖射，而自學宮望之，亭亭翼翼，文峰卓起，振興文運，是或一道」。曹延懿改建凌風樓以利學宮風水的計議既定，隨後在地方士紳的協助下，改建工程逾年落成，在外觀形制上改修爲八角樓。是年（1693），適值癸酉秋試，縣邑有四位學子掄元奪魁，爲程鄉前所未有的盛況，地方人士或歸功於曹延懿改建城樓風水的庇佑。康熙三十五年（1696），科考發榜，境內學子仍雋四人，與癸酉秋試之數相符，遠近縉紳多嘖嘖稱異，以爲城樓瑞應再度應驗。〔註 157〕

由於風水理論具有一種隨機詮釋的特性，不同時期的主政官員往往基於自我對於堪輿學理的認知差異，重新選址修建，或調整外觀結構的布局坐向，以利於地方的文風氣運。汀州府武平縣學宮草創於元成宗大德年間，在建築結構上，後世形家宣稱其聖殿與縣署相毗連，以致氣塞不舒，風水格局不利。

〔註 154〕彭衍堂、陳文衡纂修，《龍巖州志》，卷 12，〈術藝列傳〉，頁 55b。
〔註 155〕仲振履原著，張鶴齡續纂，《興寧縣志》，卷 4，〈藝文志·記〉，頁 44a-b。
〔註 156〕藍鼎元著，蔣炳釗、王鈿點校，《鹿洲全集》，頁 143。
〔註 157〕吳宗焯、溫仲和纂修，《嘉應州志》，卷 9，〈城池〉，頁 2a-b。

至順治十一年（1654），知縣楊宗昌始移建學宮於稍東處，旁通一道，作爲出入路徑。學宮位址稍作更移後，相傳自此縣邑人文漸趨昌盛。〔註 158〕惠州府歸善縣學宮座落於白鶴峰東南，其原本方位爲丑山未向（坐東北向西南）。明神宗萬曆四十三年（1615），知縣董有光建橋於柳樹塘頭，截斷縣治龍脈，更改學宮爲丁向（南南西方）。康熙五十二年（1713），知縣邱嘉穗撤毀橋樑，並重新培補龍脈。至乾隆四年（1739），知縣陳哲仍將學宮方位恢復成未向，並濬通泮池，以修整風水格局。〔註 159〕

乾隆四十六年（1781），漳州府龍溪縣地方人士呈請郡守黃彬、縣令聶祟陽修建學宮文廟。當議修之時，郡守黃彬曾委託一位通曉地理學的石鎮鹽課使相視文廟形勢。石鎮鹽課使親自勘驗之後，向黃彬指陳：文廟據向爲未坤（西南向），若從郡山結構加以形度，原先的坐向並不適宜。又其後側枕靠芝峰，前方逼臨虎文山，宜轉文廟以午丁向（近南向）。如此一來，則方位協和，文廟堂局前後，咸踞案山形勝。黃彬對於這項堪輿見解頗爲贊同，隨即定下施工計劃，遷移文廟位址。至乾隆五十六年（1791）夏，縣學訓導泉州同安人陳鳴佩復參照形家者言，認定奎樓宜改建於文廟巽方（東南方），於是購置明倫堂左翼民居，鳩工興築。〔註 160〕

除此之外，如龍巖州寧洋縣學文廟在清代後期兩度重修的過程中，曾先因「日家謂歲向不利，未便興作」而另諏開工年月，後因「斯年向坐不利」而調整位向歲時。〔註 161〕在嘉慶後期盧兆鰲、歐陽蓮等纂修《平遠縣志》卷二〈學校〉中，亦有一段建議未來主政者應調整學宮風水格局以利縣邑科甲的論述：「本邑學宮頂，來龍正脈，可稱吉秀，而科第不甚多，且未能建久大功業。堪輿家每言學門迫向城牆，氣促甚，若移東門，直對照壁，再培砌後面正脈，則人文鵲起，科甲鼎盛矣。以俟後之君子」。〔註 162〕由此可見，學宮的風水位向在某些地方官紳心目中的重要地位。

依照龍、穴、砂、水、向的風水因素，學宮前方的「砂」係凝聚生氣的案山，或稱爲文筆峰，「大抵尖秀者，主出文章榮達之士」。〔註 163〕如果案山

〔註 158〕曾曰瑛、李紱等纂修，《汀州府志》，卷 41，〈藝文志〉，頁 62a-b。
〔註 159〕章壽彭、陸飛等纂修，《歸善縣志》，卷 8，〈學校〉，頁 2b～3a。
〔註 160〕吳宜燮、黃惠等纂修，《龍溪縣志》，〈藝文〉（補刊本新增），頁 92a～93b。
〔註 161〕董驥、陳天樞等纂修，《寧洋縣志》，卷 10，〈藝文志上〉，頁 12a～14b。
〔註 162〕盧兆鰲、歐陽蓮等纂修，《平遠縣志》，卷 2，〈學校〉，頁 26a。
〔註 163〕劉謙著，謝昌註，《地理囊金集註》，頁 13b。

（文筆峰）形勢過於低矮，則凝聚學宮佳氣的功能勢將大打折扣。若要彌補這項先天的缺陷，可以妥擇適宜的案山方位（如甲、巽、丙、丁向），修造一座所謂的「文峰塔」，以培補學宮整體的風水格局。〔註 164〕

泉州府同安縣佛子崗為學宮文廟的案山，根據形家的說法，崗頂宜有兀突聳秀的外觀，以凝聚生氣而庇蔭文運。明神宗萬曆二十八年（1600）夏，縣令洪世俊以佛子崗正當文廟巽方（東南方），宜挺文峰，乃在崗頂創建七級寶塔，中級建大魁星像，以拱文廟風水。如自明倫堂眺望，則石塔外觀挺然躍出，氣勢磅礴。相傳這座石塔建造之後，縣邑從此人文蔚起。〔註 165〕龍巖州牛勇山上有峰巒，相對於學宮為巽方，根據風水理論，此峰具有文明之象。明代知縣朱泰禎嘗在其上豎木為塔，以培補學宮風水。至康熙十一年（1672）正式建塔，定名為巽峰塔。〔註 166〕

學宮文峰形勢如果遭到外力的損壞，以致殘缺不全、生氣渙散，地方官紳基於維護風水格局的需要，亦會適時予以修補。漳州府長泰縣南石岡山係學宮文峰，峰頂舊有建塔，後荒廢，山坡地遭居民墾闢為田。由於連年水潦衝崩，造成坑塹百丈。明神宗萬曆四年（1576），地方士紳集議捐資鳩工，加以塡補，知縣張應丁出俸貲佐其事。至萬曆六年（1578），知縣方應時復捐俸助工，興築文昌閣於石岡山椒，以增添文峰秀氣。〔註 167〕

同屬於地方文教設施的書院、義學與文昌閣，主政官員或地方士紳根據風水法則加以選址擇建或修整布局的情形，與學宮文廟大體相同。潮州府普寧縣城東側有座崑山（一名崑岡），境內諸水至此分繞合抱而出，堪輿形家謂其為關鎖縣邑風水內局的水口山，係一生氣凝聚的風水寶地。明代知縣楊大行曾於此山構建文昌閣，後以災燬。至乾隆八年（1743），知縣蕭麟趾在文昌閣舊址創建崑崗書院，峻宇繚垣與林巒相為映襯，遂成縣境勝地。〔註 168〕龍巖州境最高亭，為州龍入脈之處，風水格局頗佳。乾隆四十年（1775），主政

〔註 164〕高衡士，《相宅經纂》，卷 2，〈文筆高塔方位〉，頁 27b。

〔註 165〕林學增、吳錫璜等纂修，《同安縣志》，卷 8，〈名勝．寺觀〉，頁 5a；林焜熿等，《金門志》，卷 16，〈舊事志．叢談〉，頁 414。

〔註 166〕彭衍堂、陳文衡纂修，《龍巖州志》，卷 14，〈古蹟志〉，頁 10b。另外，在馬龢鳴、杜翰生等纂修《龍巖縣志》卷 7〈名勝志〉有類似的記載：「巽峰塔，在牛勇山，勢如勇牛，故名。上有峰巒，於學宮為巽方，形家謂有文明之象」（頁 17b）。

〔註 167〕張懋建、賴翰顒纂修，《長泰縣志》，卷 1，〈輿地．山川〉，頁 7a。

〔註 168〕蕭麟趾、梅奕紹纂修，《普寧縣志》，卷 1，〈山川〉，頁 2a-b。

者以此亭爲旺氣所鍾及文運所關，乃即舊蹟而重興，拓爲三層。隨後，復於亭下稍西處設置書院。至四十二年（1777）二月，新建書院告成，名曰仰山書院。訓導葉學朱題撰〈仰山書院記〉以誌此地方盛事，文中強調邑治文運與地理、人事的關聯云：「夫是書院之興，因最高亭而類，及既有是亭，即設書院者，則以文運大興，關地理亦實由人事焉」。〔註169〕泉州府同安縣鳳山書院，位於縣境西側安仁里鳳山，初創於乾隆十一年（1746），當時知縣張荃深習堪輿之學，以該處爲風水吉地，乃倡議在此修建書院。經地方紳民捐輸集資，並由王三錫、陳連榜主掌興工事宜，工程歷數月而告成。〔註170〕

在從事地方文教建設的過程中，己身通曉堪輿術數的地方官紳，自可親身相擇吉地以興建書院、義學與文昌閣等文教設施。如明神宗萬曆二十年（1592）秋，習究堪輿學的江西南昌人黎憲臣授漳州府平和縣學諭，隨即相度山川形勝，於學宮前方對山低平處，設置文峰石塔及雲龍精舍、文昌閣，另於明倫堂後方建造尊經閣、敬一箴亭。相傳文峰石塔興築之初，縣邑內開科二人，此後地方學子接連登科。縣邑紳民對於黎憲臣引據堪輿觀念擇建各項文教設施之舉，推崇備至。〔註171〕

相形之下，對於其他未明風水之學操作原理的地方官員而言，如何將這些文教設施擇建於風水寶地，仍須仰賴形家之流或深習堪輿者的指點。潮州府澄海縣北十里程洋岡，群峰聳翠，河水澣澎，相傳青烏家謂「其地靈肇於虎邱山麓，磅礴而鬱積，非大建祠宇，不足以當之」。明憲宗成化年間，主政官員在這處風水佳地上創建紫霄樓閣，以凝聚風水生氣。至清代前期，於樓閣中肇祀文昌。〔註172〕潮州府惠來縣南十五里文昌山，孤峰秀拔，先前流傳有「文昌山上玉華笏，五百年後聖人出」的讖言。明代初期，當地曾出現一名神童蘇福，時人以此爲該則讖語應驗的結果。至明代後期，知縣蔣一清欲振興地方文教，乃創建魁星亭於躍龍崗，樹立赤幟於大墩山。相傳自世宗嘉靖元年（1522）之後，地方人士陸續發跡。嘉靖二十三年（1544）冬，游之光蒞任知縣，環視學宮城郭，闕圮茲多，原擬在文昌山上建立文峰塔，以應「文昌山上玉華笏，五百年後聖人出」的讖語。斯時，形家認爲此舉對縣治無益，興工之事暫告作罷。翌年（1545），某堪輿家自西江來謁巡臺，游之光

〔註169〕彭衍堂、陳文衡纂修，《龍巖州志》，卷16，〈藝文志二〉，頁60b。
〔註170〕林學增、吳錫璜等纂修，《同安縣志》，卷14，〈學校〉，頁14b。
〔註171〕李鋐、昌天錦等纂修，《平和縣志》，卷7，〈秩官〉，頁31a。
〔註172〕李書吉、蔡繼紳等纂修，《澄海縣志》，卷25，〈碑記上〉，頁88b～89a。

遂與之同行相度卜基，最終勘得先前蔣一清於大墩山樹幟的地點，對於縣邑風水寶地的認定，可說是不分古今、心同理同。游之光擇得佳地之後，隨即卜日鳩工，正式創建文昌閣。〔註 173〕

再以惠州府永安縣的義學設置爲例，康熙二十四年（1685）秋，張進籙蒞任惠州府永安縣令，鑒於永安城東北的紫金書院歲久傾圮，乃捐俸擇地，倡建三都義學。在其所撰〈三都義學碑記〉一文中指出，三都之地巖岫迴環、溪流綿絡，而該義學「地脈自描眉三殿而來，一起而爲元峰，再起而爲紫金山，磨崖之刻讖記傳臚，昔人以爲靈秀所鍾，歷久必發，而其前有雞冠之嶂，銳峰八九，其象皆如卓筆，是皆我三都人士異時大魁天下之具」。在張進籙的心目中，三都義學所在地的風水格局絕佳，定可庇蔭縣境來日人文蔚興。〔註 174〕至乾隆七年（1742）春，張世燦蒞任永安縣令之後，復以三都義學年久失修，牆垣頹圮，擬議新建義學，乃求教於精通堪輿的郡司訓陳作屛，相度適當的地點。陳作屛環踏四郊後，向知縣張世燦呈告「東郭之陽，舊學宮所也，枕山環水，祖狀元峰，卜云其吉」。張世燦也認爲「建置之初，學宮在斯，前人必有取爾」，於是捐俸集資，新建永安義學。興修工程於翌年（1743）八月動工，至乾隆九年（1744）仲春落成。〔註 175〕

形家者言與書院擇建地點的關聯性，我們從乾隆年間潮州府揭陽縣進士、曾任直隸總督的鄭大進（1709～1782）所撰〈梅岡書院記〉的論述中，亦可窺見一斑：

> 縣治東北梅岡山上，鐫梅岡第一峰五字，其山挺拔秀異，余往家食時，相距不數百武，以乏濟勝，具曾未一躋其顛。而形家謂：象主文明數，爲余言及，余未深信。然以所聞郭璞靈洲佳氣、夙益衣冠之說，則夫王國之生，鍾靈川岳以赴風雲，於理得毋有然歟！〔註 176〕

而當乾隆三十二年（1767），揭陽縣地方人士提議於縣境梅岡山西南設置書院，令尹賀、劉二人籌給廩餼，得官田若干頃，官民共襄盛舉。鄭大進得知書院創建的訊息，喜不自勝；對於地方文教事業的發展，亦深負厚望。在前引文中，鄭大進緊接著強調梅岡書院選址地點的風水奇佳云：

> 抑聞形家又云：彌勒古刹列岫環流，縣境黃岐、桑浦二山，稱邑重

〔註 173〕張昭美纂修，《惠來縣志》，卷 3，〈山川〉，頁 12a；卷 17，〈藝文上〉，頁 15a-b。
〔註 174〕葉廷芳等纂修，《永安縣三志》，卷 2，〈建置一・學校〉，頁 16a～17a。
〔註 175〕葉廷芳等纂修，《永安縣三志》，卷 2，〈建置一・學校〉，頁 17a～19a。
〔註 176〕劉業勤纂修，《揭陽縣正續志》，卷 8，〈藝文上〉，頁 55a。

> 鎮，而或前或後，都任馳驅，其梅岡一峰，近取爲左文筆，相傳前明翁襄敏公讀書發跡，深得此地江山之助，今立學，是其遺趾孕精毓秀，別顯菁華。〔註 177〕

義學、書院與文昌閣爲官方教化的輔助機關，地方官員不僅在選址擇建的環節上講究各種相度吉地的堪輿原則，在這些文教設施完竣落成之後，繼任官員如果認定其風水格局有所不妥，或是接受形家之流及地方官紳的建言，通常也會基於趨吉避凶、納福解厄的需要，參酌堪輿原則加以修補或調整。

潮州府惠來縣文明書院，初建於明神宗萬曆年間，舊址面北背南。順治元年（1644），因海氛未靖，燬於火災。康熙二十六年（1687），知縣張秉政修建書院，將方位移北向南。此後，曾有某些形家宣稱這項調整將不利於縣邑官民。至乾隆二年（1737），知縣楊宗秉允從地方士紳的呈請，恢復其原先的形制坐向。〔註 178〕另外，在乾隆年間漳州府漳平縣令傅維祖所撰〈重建文昌閣於東山序〉一文中，也提到其任內修整縣邑文教設施之際的堪輿見解云：

> 平邑大勢，龍從西北而來，水過堂而微反砂，尖竄以斜飛，此所以情易爭而財難聚也。縣署後山當缺，背受凹風。學宮之中，文昌閣居辰位，爲坎山之曜煞，頗不利於宮牆。余相度情形，思爲補救，莫若令北門外溝水繞至東門，鑿地疏流，過其東去，引之南出，會於大溪，則水勢抱城，無復尖斜之弊。……賴前令趙公留心縣務，建一元天閣以禦凹風，今余於其側又建一書院，以助其勢，亦補缺障空之一法也。東山巽位，文明之地，爲邑下砂，最宜培植，歷任諸君子或建塔、或建文公祠、或栽植樹木，厥爲要圖。夫文星高顯，則一邑之文風丕振。

傅維祖鑒於縣邑學宮與文昌閣在方位上相互沖煞，格局不佳，乃設法調整溪水流向並另建書院，以彌補風水形勢的先天不足之處。針對聳立於東山文峰的具體設施，傅維祖經與地方士紳協商，擬議將文昌閣移建於這塊地基，其上築臺架屋，「庶幾萃東方之秀氣，助闔邑之精華」。傅維祖修整縣邑文教設施的初衷，自是冀望能透過風水生氣的凝聚，以庇蔭地方文風綿遠，學子

〔註 177〕劉業勤纂修，《揭陽縣正續志》，卷 8，〈藝文上〉，頁 55a-b。

〔註 178〕周碩勛纂修，《潮州府志》，卷 24，〈學校〉，頁 53a-b。

科甲蟬聯。〔註 179〕

由於風水觀念的深入人心，主政官員如擬隨意遷移原本擇建於風水吉地的書院，也難免受到地方紳民的阻撓。如泉州府同安縣廈門島上玉屏書院，創建於乾隆十八年（1753）十一月，位在城東南隅玉屏山，爲一處山海環拱的勝地。道光十年（1830），興泉永海兵備道周凱蒞任之初，嘗與廈防同知謀議將該書院別建他處。時因地方士紳「狃於擇地之說」，遷建計劃終告無成。〔註 180〕這項例證，反映出風水擇地的原則，足以影響到文教設施遷建與否的考量。

另一方面，基於書院形勝攸關邑治文運，地方各項公共建設若與書院的風水格局互有沖煞，也在堪輿禁忌的範圍之內。如泉州府同安縣境葫蘆山（俗名五蘆山），係縣治腦山，其上有梵天寺，寺上有紫陽書院。明穆宗隆慶初年（1567），知縣王京在紫陽書院之上創建仰止亭。斯時，曾有堪輿家宣稱：不宜建亭以致勢壓紫陽書院。〔註 181〕同安縣令王京修造仰止亭之際，堪輿專業人士所警示的對象，即是一項陽宅風水學上常見的營造禁忌。〔註 182〕

通觀以上的論證，形家者言、風水之說在宋元明清時期閩粵地區修造各項公共設施之際，不時作爲地方官紳的參考準則，甚至發揮出舉足輕重的指導性作用，可以說是一項諸證確鑿的歷史事實。閩粵官紳根據堪輿原理選址擇建各項公共設施或隨機調整其建築布局，以求風水庇蔭地方事務的順利推展，保障居民百姓的身家安全，並護佑莘莘學子的科考前途。在引藉風水觀念的需求層面上，地方官紳與平民百姓講究風水擇建或相地營葬的風俗習慣，並無二致。而其從事實質性「風水經營」的目的，無非是爲了謀取現世的利益福澤。閩粵官紳「寧可信其有」的趨避心態，同樣也展現在維護境域風水形勢並注重護龍保脈措施的環節上。

三、風水形勢與護龍保脈的重視

地方官紳借助堪輿形家的風水布局，以促進地方建設或安定社會民心。某些時候，堪輿形家運用風水觀念來解釋各種難以理解的地理現象或奇異景觀，也博得了地方官紳的注目。如王崧、李星輝纂修《揭陽縣續志》卷四〈風

〔註 179〕蔡世鈸、林得震纂修，《漳平縣志》，卷 9 上，頁 11a。

〔註 180〕周凱等，《廈門志》，卷 9，〈藝文略〉，頁 302～305。

〔註 181〕林學增、吳錫璜等纂修，《同安縣志》，卷 4，〈山川〉，頁 1b～2a。

〔註 182〕箬冠道人，《八宅明鏡》，卷上，〈陽宅六煞〉，頁 31b～33a。

俗志・災祥〉中記載同治七年（1868）三月七日，縣境官溪都山前鄉於白晝時，空中忽然飛下石塊紛擲屋上，官民莫測其所從來，「或指石臼、石杵戲曰：此石亦能起乎？竟忽然躍起；復指村間圍牆，語罷而牆亦崩，怪狀多端。後延僧迎佛以禳之，乃止。堪輿家皆謂去歲山後建寨，毀傷地脈所致，理或然歟」。〔註 183〕

相形之下，若是堪輿形家的權威論述影響到地方民生或是破壞自然景觀，也難免受到有識之士的質疑或責難。如晚明廣東番禺士紳屈大均（1630～1696）在《廣東新語》卷四〈肇慶七井〉中，批評堪輿形家的言論干擾到人民生計的情形云：「惠州城中亦無井，民皆汲東江以飲。堪輿家謂惠稱鵝城，乃飛鵝之地，不可穿井以傷鵝背，致人民不安。此甚妄也。然惠州府與歸善縣城地皆鹹，不可以井」。〔註 184〕清初河南祥符士紳周亮工（1612～1672）在〈閩小紀〉中，提及汀州府長汀縣城東方二里許有奇石名曰蒼玉，「諸石嶙峋，其鋒鍔鍔，河東居民惑於形家言，每歲除夕，輒私募石工鑿之，諸石鋒稜殆盡，不累月而石之童禿者，潛生默長，鋒稜如故，土人則復鑿之。嗟夫，山川靈異，其欲恣人力以戕之，愚亦甚矣」。〔註 185〕

士紳階層與堪輿地師若即若離的曖昧關係，亦表現在其所傳述的各類文獻中，特別是私人筆記文集及官修方志中，往往載有種種關於行政疆域或地理形勢的風水比附，有時也包含一些風水傳說故事，某些條目甚至訴諸「堪輿」的認定，或者採擇「形家」的說法。如康熙二十二年（1683）十一月，吏部右侍郎杜臻奉詔巡視閩粵地區；次年四月，過泉州府惠安縣，在其巡視紀略中記載與當地山嶺有關的風水傳聞云：「大聖山，東臨大海，堪輿家謂之大象捲湖」，又如：「陳平山，唐時有堪輿家曰：陳平騎牛而化，葬此」。〔註 186〕類似的情形，也形成了明清時期閩粵方志山川、輿地、封域等門類中顯著的書寫傳統，反映出士紳階層對於堪輿家言的態度，可能是種尊重，也許是種從俗。在陳汝咸、林登虎纂修《漳浦縣志》的凡例中，曾檢討既往縣志的書寫成例，其中之一爲：「語山川，多涉形家」。〔註 187〕該志書纂修者認爲此種方式，有必要加以改正。在同書卷一〈方域志上・山〉總論境內

〔註 183〕王崧、李星輝纂修，《揭陽縣續志》，卷 3，頁 31b～32a。
〔註 184〕屈大均，《廣東新語》，卷 4，頁 160。
〔註 185〕劉國光、謝昌霖等纂修，《長汀縣志》，卷 29，頁 1b。
〔註 186〕杜臻，《粵閩巡視紀略》，卷 5，頁 2b～3a。
〔註 187〕陳汝咸、林登虎纂修，《漳浦縣志》，〈凡例〉，頁 35。

諸山時，更進一步批評風水觀念滲透到方志寫作的情形云：

考禹貢所載，表識山川，以辨疆域、奠民居，而詳其所自、所過、所會、所至，要皆不外乎此，固非若後世徒標山川之名，以侈地勝，而形家者流，遂有龍脈過峽水口之說，如舊志所載山水彙爲一處是也。今則山川分載，復各以其地，仿古辨疆域遺意，於各條略誌源流支派，亦不過許其所目、所過、所至。如上所云，而非感惑於異說也。噫！浦俗溺於風水，膠纏固縛，靡可止遏，愼毋汩其流而揚其波已。〔註 188〕

文中強調修志官紳必需自我警惕，堅守其社會教化的責任，切勿隨波逐流、捨本逐末，惟有返歸《禹貢》的學術正統，以辟風水形家的龍脈聚局之說，方是正道。〔註 189〕此段力圖撥亂反正的議論，在一片「堪輿家云」、「形家者言」的學術浪潮中，反倒成了微弱的呼聲。

另一方面，閩粵官紳置身於層巒翠谷、諸水環繞的地理空間，除了讚嘆山明水秀、風光秀麗的佳境景致，往往也油然而興一種鍾靈毓秀、地靈人傑的對應聯想。如康熙中期漳州府漳浦縣令陳汝咸（？～1714）於〈脩雙溪壩碑記〉一文中陳述：

山川盤鬱之勢，結而爲郡縣，以是觀地靈所鍾，而人文盛衰、物力消長之數，由之不偶然也。浦邑西南皆山，水泉出焉，其自南來者，出平和，匯於梁山；自西來者，由南靖合嚴前溪，而近而繞城，迂迴曲折，東行爲鹿溪，以入於海。夫梁山以九十九峰拱於前，而水之曲應之，山川秀美之觀，具是矣。是以民庶富盛，人文蔚興。〔註 190〕

文中顯示，縣令陳汝咸在主觀意識上，將山川分布的天然形勢類比於人文蔚起的應然性。在雍正九年張昭美纂修《惠來縣志》卷三〈山川〉的總論中，也如此稱頌：

山川所鍾毓，爲靈秀鬱積，磅礴之氣在焉。非但雄關津匯澤藪已也。

〔註 188〕陳汝咸、林登虎纂修，《漳浦縣志》，卷 1，頁 98～99。

〔註 189〕類似的價值觀念，也可見於林學增、吳錫璜等纂修《同安縣志》卷 4〈山川〉中批評堪輿形家所謂人傑必由地靈的說法：「自《禮記》有廣谷大川，異制民生，其間者，異俗之言，後之堪輿家祖之，且變本加厲，謂域地生才，人傑必由地靈也。不知《禹貢．職方》之序九州，必以名山大川爲託始，安在如堪輿家之支離傅會、不可究詰耶」（頁 1a）。

〔註 190〕陳汝咸、林登虎纂修，《漳浦縣志》，卷 18，〈藝文志下．國朝文上〉，頁 1437。

> 惠枕崇山，諸峰羅列，龍江盤紆百餘里，有襟山帶河之勢，宜有新雋英偉之士，疊生其間。〔註 191〕

道光中期，周凱纂輯《廈門志》卷二〈分域略・形勢〉中載錄楊國春所撰〈鷺江山水形勢記〉，對於廈門全境山川脈絡與風水格局有詳細的刻劃，全文最後也流露出好山、好水、好風光必當庇蔭地方人才的心態云：

> 禾島自同邑分龍，迤邐西界而來。……至若全廈水勢歸宿，北則同安安海北界，水會聚於廈東南；西則漳州海澄東界，水會歸於廈西南。四水東注，八面旋繞，其中源於生氣、朝於大旺、流於囚榭，千形萬狀，難以盡述。經云：火從地中特地起，眞形勢之奇也。雖其島縱橫三十里許，而山峰拱護、海潮迴環、市肆繁華、鄉村繡錯、不減通都大邑之風。此扶輿磅礡之氣所鍾，可於小中見大焉。〔註 192〕

清代後期，同安歲貢生林焜熿等纂輯《金門志》卷四〈規制志・祠祀〉的附錄文論中，也將金門當地人才濟濟而在同安縣境獨樹一幟的盛況，推本於太武山龍脈生氣應驗的結果云：

> 鴻漸一龍，奔入大海，天霽水澄，石骨稜稜可辨；蜿蜒起伏，挺爲巨巖，盤結十餘里，全體皆石，狀類兜鍪。尊嚴莊重之勢，不屑與翠阜蒼巒爭妍絜秀；名曰太武，厥有繇也。氣脈龐厚，孕毓英多：浯地週迴不能五十里，而同邑人物浯幾踞其半焉；文章德業，尤多焜耀。至今而膺五等之封、建大將之旗，雄姿偉略後先相望，雲臺坐位，直挾左券以需之。孰非茲山之靈異所鐘，萃而發越也哉？〔註 193〕

在這種天地人交互感應的關聯性思考中，絕佳的風水形勢可以促成當地人文的發展，這類的集體意識經過時空環境與人事滄桑的沉澱，逐漸轉化成特定群體所共有的歷史記憶。

民間傳聞中堪輿師對於風水形勢如何影響地域發展的鐵口直斷，既襯托出這些專業人士的權威性，同時也透露了此種術數思維的普及性。例如，泉州府晉江縣境清、紫二山對峙的形勢，在某堪輿家的法眼中，「秀穎甲天下，

〔註 191〕張昭美纂修，《惠來縣志》，卷 3，頁 18a。

〔註 192〕周凱等，《廈門志》，卷 2，頁 17～18。

〔註 193〕林焜熿等，《金門志》，卷 4，頁 61。同書卷 16〈舊事志・叢談〉中也記載境內太武山，據故老相傳，「其氣脈之所蜿蜒勃發而爲人文，故百年來起家甲第者幾二十人」（頁 414）。

第二山之支如兩垂手，至水口不相管攝，故人文盛而財賦損也」。〔註194〕漳州府平和縣後方西北邊的雙髻山，其龍脈起自雙髻娘，兩峰高聳，爲邑治少祖山。據稱平和縣學子每登科第，必定爲二人並發，有堪輿家認爲，此種人文現象係與雙髻山形勢相互應驗的結果。〔註195〕平和縣士紳朱龍翔於〈八景記〉中鋪陳縣邑龍脈分枝形勢之餘，也記載了這項堪輿應驗的說法：「按縣龍自汀巖而來，蜿蜒至雞子寮跌斷，傍有日月二小峽，聳起石人山，有五星聯珠之形，亦名五鳳。下樓臺逶迤稍折，拔起雙髻峰，爲少祖山。縣中日未出，雙髻峰先見，爲最高日觀之景。每科得雋，俱以雙薦，應焉」。〔註196〕

相對而言，若是某地域原本的風水形勢在先天上有所不足，或是既有的風水格局後來遭受到外力因素的敗壞，在篤信風水觀念的地方官紳心目中，此種情形勢必爲地方的人文發展帶來一些負面性的影響。有鑑於此，針對先天不足的層面，地方官紳自可興造各種培補境域風水的建築物，使其整體形勢符合理想的風水格局。〔註197〕漳州府漳平縣人陳嘉議所著〈東山寺記〉一文，提到明崇禎十一年（1638）地方諸生聯名向新任知縣建言，其中以堪輿學的觀點，解說漳平境域的形勢格局未盡理想之處云：「平邑即僻處山阿，然其山川之秀，市廛之饒，亦足以無媿他邑，乃二百年以來之文物，尙有鬱而未盡開者，毋或其水勢突下，少欠紆迴，以至於是。夫峰迴則轉，水迴則抱，堪輿之言，未必盡爲無當，是在守土者之如意焉」。知縣接受士紳們的提議，於是「相地於蓮花巖之高處，建立浮屠五級」。〔註198〕

再以風水塔的設置情形爲例，在堪輿學的應用層面上，塔的功能除了直接作爲學宮、書院等文教設施的文（筆）峰之外，對於特定的行政區域也具有培補地方文峰並促成人文興起的作用。所謂「山屬離方爲文明，當置魁星樓或建塔，使秀峰高聳」。〔註199〕修建石塔以培補地方文峰，往往成爲地方官員主政期間的要務。如明代中葉王獻臣（1473～1543）所著〈文峰塔記〉中提到汀州府上杭縣境，「諸山環抱，蔥鬱蒼秀，號爲佳勝，而面缺文峰，善風角者，皆以爲非宜。宋嘉泰時，造浮圖於水南以像之，未就而燬于兵火」。

〔註194〕黃任等纂修，《泉州府志》，卷20，〈風俗〉，頁5b～6a。
〔註195〕李鋐、昌天錦等纂修，《平和縣志》，卷1，〈疆域〉，頁9a-b。
〔註196〕李鋐、昌天錦等纂修，《平和縣志》，卷1，〈疆域〉，頁6a～7a。
〔註197〕劉沛林，《風水——中國人的環境觀》，頁182～184。
〔註198〕蔡世鉉、林得震纂修，《漳平縣志》，卷9上，〈藝文上〉，頁22b。
〔註199〕林焜熿等，《金門志》，卷4，〈規制志・祠祀〉，頁57。

王獻臣於孝宗弘治年間蒞任上杭縣丞，其間目睹文峰缺廢情形，「乃勸率二、三耆民，葺而完之，并移向學宮，事雖緩而實急」。〔註 200〕又如乾隆七年（1742），潮州府普寧縣令蕭麟趾依從堪輿形家的建言，與地方士紳協議，建塔於縣境錢湖橋之下游水口塗岡上，爲縣邑形塑文明徵兆。塔名「培風」，明顯可知其中的風水寓意。〔註 201〕

漳州府雲霄廳海口北岐外石礬尖，巉巖秀削，爲邑治海口東南形勝，有形家譽之爲華表捍門，在風水格局上屬於關鎖堂局生氣的水口砂。相傳當地因此山鍾靈毓秀，所以有明一代科甲鼎盛。清代初期，該山中石筍爲海寇繫船曳倒，後世以爲雲霄文物由是就衰。康熙年間，地方士紳陳天達鑒於石礬尖的完整與否攸關鎮城形勝，乃募建石塔以補其闕，使風水生氣不致渙散。復因舊塔高不盈丈，低小不稱，至嘉慶十九年（1814）由地方紳衿募捐，增造七層石塔，表曰：「斯文永昌」。〔註 202〕是年底，該座石塔落成之際，雲霄廳同知薛凝度題撰〈新建雲霄石礬塔碑記〉以誌此盛事云：「抑亦雲霄之文物，由衰將盛；靈秀之氣，散而復鍾。天將啓之，而石礬不得不砥柱中流，爲東南補其缺，有莫之爲而爲者歟」。〔註 203〕

風水塔的修補，目的是爲了讓行政區域的地理形勢得以完整。另一方面，主政官員如果認定塔的位向有所不利，有時也會採取相應的處置措施。明神宗萬曆年間，吏部考功郎蔣時馨（1548～？）於漳州府漳平縣創建東山塔，位處縣治巽方（東南方），在風水學上主文明之象。康熙二年（1663），知縣鄭琬聽信形家之言，以東山塔不利於縣邑，乃將之拆毀。〔註 204〕東山塔的建與拆，皆可以在風水理論中找到合理的根據。此種因人而異所作出的不同詮釋，也正表露其在實踐層面上所具有的隨機特性。

在風水觀念的影響下，亭的設置與塔的修造一般，同樣具有修補地方風水格局的效用。龍巖州最商亭，位於州城北境。明世宗嘉靖四十年（1561），知縣湯相因禦寇而創建。乾隆四十年（1775），知州金世麟以亭址爲州龍入

〔註 200〕曾曰瑛、李紱等纂修，《汀州府志》，卷 41，〈藝文志〉，頁 27a-b。

〔註 201〕蕭麟趾、梅奕紹纂修，《普寧縣志》，卷 1，〈山川〉，頁 4a。

〔註 202〕薛凝度、吳文林纂修，《雲霄廳志》，卷 16，〈名蹟〉，頁 16a；陳汝咸、林登虎纂修，《漳浦縣志》，卷 2，頁 35。有關風水學上「水口砂」的形勢及其作用，參見徐善繼、徐善述，《地理人子須知》，卷 5 上，〈砂法・論水口砂〉，頁 13a-b。

〔註 203〕薛凝度、吳文林纂修，《雲霄廳志》，卷 17，〈藝文〉，頁 36a-b。

〔註 204〕彭衍堂、陳文衡纂修，《龍巖州志》，卷 14，〈古蹟志・亭塔〉，頁 12a。

脈處，於是倡捐重修，由士紳林楷等人掌理營造事宜。新建最商亭與崇文塔遙相對峙，風水形勢堪稱完整，地方紳民認爲此後龍巖地區勢將文風丕振。〔註 205〕潮州府惠來縣象崗爲縣境龍脈，與南郭大墩山相應。明神宗萬曆十年（1582）春，知縣蔣清鑒於惠來自建邑以來，地方兵荒相仍，人文未暢，乃倡建魁星亭於象崗，以聳文峰秀氣，促進地方發展。〔註 206〕

在明清時期閩粵社會，堅信風水形勢可以庇蔭人文蔚興的地方官紳固然所在多有，然而對此抱持存疑或保留態度者，亦是不乏其人。如乾隆三十八年（1699），巡道蔣允焄鳩資重脩漳州府龍溪縣丹霞書院及威鎮閣。事成後，蔣允焄招集闔邑諸生而告之曰：

> 郡自朱子過化以來，名賢碩士，蟬聯踵接，其親受業而得其心傳者，莫如北溪。考郡志北溪上趙寺丞移學書中，有形勝及關鎖風氣、龍臂虎臂、天融地結之說。蓋相陰陽、觀流泉，古之人已行之，雖大賢大儒，不以爲誣。然則閣爲文明之位，不可以廢，其說有合於北溪所云，高明正大之功，非徒形家之趨吉求祥已也。〔註 207〕

蔣允焄從儒學本位的角度，檢視當時各種有關境域文教設施的堪輿之說，並嘗試運用儒家傳統的價值內涵來取代這類的風水觀念。

乾隆五十七年（1792）夏，漳州府龍溪縣重修縣學告竣，邑進士鄭玉振、訓導陳鳴佩特請文華殿大學士漳浦人蔡新（1707～1799）撰碑以誌。蔡新題撰〈重建龍溪縣學碑記〉一文，質疑當地官紳根據風水之說調整縣學位向的作法及其信念云：

> 惟地理之學，至晉唐間始行於世，信之者奉若蓍蔡。顧其所稱理氣之說，恆相牴牾；則方向之得失，原屬難辨矣！而茲學之興，郡守毅然採蕭君之論，以更二百餘年之向，當有審視之獨詳且愼者，是誠不可以無記。抑余又聞之學校人材之盛，原不盡關於學地之形勝也。……吾鄉自有宋以來，猶安僻陋，至紫陽朱子作守，北溪、東湖二先生從之學，以倡於鄉，而文物以盛，亦非必山川之秀之有加也。〔註 208〕

在蔡新的心目中，人文的興盛與地理形勢或山川靈氣，並無必然的因果

〔註 205〕彭衍堂、陳文衡纂修，《龍巖州志》，卷 14，〈古蹟志・亭塔〉，頁 9a-b。
〔註 206〕張昭美纂修，《惠來縣志》，卷 1，〈建置沿革〉，頁 3b。
〔註 207〕吳宜燮、黃惠等纂修，《龍溪縣志》，卷 24，〈藝文〉，頁 85a-b。
〔註 208〕吳宜燮、黃惠等纂修，《龍溪縣志》，〈藝文〉（補刊本新增），頁 93b～94a。

關係，反倒是學校本身的培育教導與知名學者的用心興學，才是個中關鍵，更應該受到世人的重視。類似的論述，亦可見於道光十年（1830）蔡世鉞、林得震纂修《漳平縣志》卷一〈輿地・山川〉之後所附文論，其中針對士紳惑於地靈人傑的風水觀念有更爲強烈的批評：

> 天地之氣，融結而爲山川；山川之氣，鍾毓而爲人物。山川者，所以橐籥二五之精而化生萬靈也，故挺生之彥間出之，英名賢理學後先接踵，不可謂非山川靈秀所鍾也。士克自振拔，則地靈未始不因人傑焉。若青烏、白鶴家言，固士君子所弗取。〔註209〕

官紳的反省及批判指出問題的癥結所在，但對比當時閩粵地區瀰漫著風水氣息的社會常態，此種攸關現實利益的術數信仰，似乎不是他們的三言兩語就可以輕易動搖的價値系統。

傳統風水學強調理想的風水形勢，必需講究得水、藏風、聚氣的生態條件，其中則以「得水爲上，藏風次之」，〔註210〕水流的因素尤其關繫著自然生氣的凝聚與風水氣運的流暢。如康熙三十一年（1692）釋徹瑩《地理原眞》之〈例言〉中指出：「地理之要，有龍穴砂水四大端；而吉凶禍福之機，莫速於認水立向」。〔註211〕又如乾隆二十年（1755）袁守定《地理啖蔗錄》卷六〈水法〉中強調：「觀水源之短長，而龍之遠近可曉；觀水勢之大小，而龍之枝幹可明。大抵水走而飛，則生氣已散；水融而聚，而內氣斯完。故得水爲先，藏風爲次」。〔註212〕也因此，在某些習染堪輿之說的地方官紳心目中，特別留意環域周遭水文流向的宜忌以及各項水利設施的妥善與否。如雍正九年張昭美纂修《惠來縣志》卷三〈山川〉之末總論曰：「縣治左右兩溪，分流直下，會龍潭洋入海，毫無停蓄，欲於白沙湖下，築陂浚池，從縣西北左旋東南，以普才澤之利，且於風水，亦大有裨益」。〔註213〕

徵考歷史文獻的記載，明清時期閩粵地區所興築的各項河川水利及堤防建設，其中或有牽涉到堪輿形勢及風水氣運的成分。如康熙三十年（1691）春，湖南布政使漳浦人黃性震（1637～1701）以病乞休，返鄉靜養，見漳浦學宮歲久傾圮，乃倡議重修文廟、明倫堂，新建文昌祠、敬一亭，修造梁山

〔註209〕蔡世鉞、林得震纂修，《漳平縣志》，卷1，頁10b。
〔註210〕郭璞，《葬書》，頁15。
〔註211〕釋徹瑩，《地理原眞》，〈例言〉，頁5。
〔註212〕袁守定，《地理啖蔗錄》，卷6，頁183～184。
〔註213〕張昭美纂修，《惠來縣志》，卷3，〈山川〉，頁18a-b。

鍾秀坊，並疏濬學宮泮池、傅公河，縣邑文教設施為之煥然一新。漳浦地區自明代以來，人文甲於漳州府境，自清代初期略為不振。當時曾有形家向黃性震建言：「雙溪二壩收礬山、梁山諸水朝宗城下，富庶莫京；後以年久壩壞，二水背流，氣運稍減。今欲興復其故，需費二千餘金；僉謂非常工役，非黃公莫能舉此」。黃性震接受形家的建言，毅然肩負起這項重責大任，率眾填築溪壩，疏通內河，以使諸水仍舊朝宗，藉此助長縣邑人文氣運的暢順。〔註 214〕

潮州府海陽縣城南龍溪都庵埠寨涵，由寨城秉利門直達馬隴門，首尾並設水閘溝通韓江水源。這道水涵的設置，緣於某形家以馬隴門的對面，山赤象火，邑治恐遭回祿之災，地方官紳於是開闢水涵以禳之，即使有意外禍生，挹注亦甚便利。〔註 215〕惠州府歸善縣鐘樓堤，湖水流穿縣城，官民築堤以為瀦洩之用。明世宗嘉靖二十四年（1545），知府吳至曾增闢下版閘。神宗萬曆十五年（1587），知府黃時雨易建三尺許石崇。鐘樓原本三層，因形家言其不利，乃予以拆卸。〔註 216〕在前述各項河川水利及堤防工程的營造過程中，堪輿形家的建言顯然具有相當程度的影響力。

行政區域如座落在背山面水的形勢條件下，為能有效地凝聚境域川流的風水氣運，使其不致因河岸平直或水勢過激而輕易渙散，亦可透過橋樑的設置來達成一種關鎖生氣的效果。閩南龍巖州環邑溪水，自西而東，水勢直迅，有堪輿家認為其「關鎖弗密，非風氣攸宜」，補修風水氣運之道，則應橫中流而建橋樑。明世宗嘉靖三十二年（1553），楊相蒞任知州，得知堪輿家的這項說法，於翌年秋與地方士紳謀議建橋事宜。眾人隨即乘舟順流，相度橋樑的設置地點，最終擇定兩山對峙的東砦門一帶，知州楊相以此為「天造地設」的絕佳基址。同年八月，祭神興工；次年四月，橋墩告竣落成，定名為見龍橋。〔註 217〕汀州府寧化縣四面環山，俯瞰長溪，溪水日夜東注，匯延津、循三山而放諸海，有形家宣稱其「洩而不蓄，障迴波而砥狂瀾」，宜有橋樑關鎖風水氣運，而舊橋燬於明武宗正德年間。神宗萬曆二十七年（1599），唐濟時蒞任知縣，於二十九年（1601）十一月捐資重建橋樑。翌年告成，橋名龍門。

〔註 214〕藍鼎元著，蔣炳釗、王鈿點校，《鹿洲全集》，頁 125。
〔註 215〕盧蔚猷、吳道鎔纂修，《海陽縣志》，卷 6，〈輿地略五〉，頁 9a-b。
〔註 216〕章壽彭、陸飛等纂修，《歸善縣志》，卷 3，〈山川〉，頁 23a。
〔註 217〕彭衍堂、陳文衡纂修，《龍巖州志》，卷 16，〈藝文志二〉，頁 84a～85a。

〔註 218〕漳州府寧洋縣城南爲東西洋出水衝要區，諸水直趨清漳奔流入海，有形家嫌其「脫卸無情，宜建橋以砥柱之」。主政者接受這項風水說法，乃於縣邑城南建置玉江橋，至明末更名爲青雲橋。〔註 219〕寧洋縣城內另一座南甯濟橋，於萬曆五年（1577）由知縣鄧于蕃創建。九年（1581），因水患而頹圮，知縣楊繼時移前十餘丈，旋廢於萬曆十六年（1588）中。後世形家宣稱此橋關鎖縣境溪流，攸關邑治地理，應當加以修復。〔註 220〕從以上例證可見，堪輿形家在橋樑興建的環節上，依舊發揮相當程度的指導性作用。

除了水流的因素之外，在風水學上，來龍地脈爲承運諸山風水生氣的載體，也是特定區域風水形勢的主幹。〔註 221〕信奉堪輿學說的地方官紳深知，龍脈形勢及其走向的妥善與否，直接攸關邑治的整體風水格局，應當隨時加以維護。如潮州府潮陽縣北望樓嶺，爲縣治來龍入脈處，昔日主政官員曾於其上建造接官亭，後來廢棄。明世宗嘉靖後期，知縣蔡明復曾予以封土培高，以利地方風水氣運。〔註 222〕

根據傳統堪輿理論的說法，境域龍脈若是遭到後天的外力破壞，勢必爲地方人事帶來一些難以逆料的禍患。〔註 223〕因此，主政官員從事地方各項公共建設之際，往往必需遷就傳統風水學的龍脈禁忌。如明孝宗弘治十三年（1500），嘉應州興寧縣令陳孔明填塞縣廨西塘，作爲吏舍。嘉靖二十七年（1548），知縣黃國奎將先前未盡填塞之處浚深蓄魚。崇禎十年（1637），知縣劉熙祚詢問方術家，以此塘爲縣治右砂，不宜鑿傷，故募工填塞，以維護縣邑風水地脈。〔註 224〕

乾隆初期，嘉應州平遠縣令陳彰翼蒞任之後，曾致力培植縣邑龍脈。陳彰翼所撰〈后山種松碑記〉一文，曾根據自己的親身勘驗，分析縣邑整體的龍脈格局云：

> 按平遠以頂山爲少祖，胎息孕育，發源既長，疊嶂重巖，剝換殆盡，觀其形勢，大抵自艮而來，互轉震兌，層層跌斷，至縣治開門立面，

〔註 218〕曾曰瑛、李紱等纂修，《汀州府志》，卷 42，〈藝文碑〉，頁 61a-b。
〔註 219〕董驥、陳天樞等纂修，《寧洋縣志》，卷 10，〈藝文志上〉，頁 25b。
〔註 220〕董驥、陳天樞等纂修，《寧洋縣志》，卷 3，〈建置志〉，頁 17a。
〔註 221〕趙九峰，《地理五訣》，卷 8，〈論龍〉，頁 27a～30b。
〔註 222〕周恒重等纂修，《潮陽縣志》，卷 5，〈山川〉，頁 1a。
〔註 223〕徐善繼、徐善述，《地理人子須知》，卷 6 下，〈論風水不可妄加築鑿〉，頁 30b。
〔註 224〕仲振履原著，張鶴齡續纂，《興寧縣志》，卷 1，〈規制志．署廨〉，頁 48a。

塔山環其左，麟石環其右，鳳山特朝，兼以設案，水法自右倒左，申子辰立局，橋塔灣瀾，洵天然融結也。書云：千里來龍，只看到頭一結。余巡行北郊，觀其自亥轉艮，又自艮轉兑，入亥起土阜，開嶂作城牒，復自亥轉庚酉辛，又起亥頂作縣署，所謂迢迢西兑入天王是也。〔註225〕

陳彰翼認爲，爲能維護縣邑絕佳的風水格局，縣署後側宜「堆阜窩突，生土凝結」，毋許地方人士任意開掘。如此一來，既有林木大可保固無虞。至於城隅西北自城根起至行路的官壙，係縣邑眞龍來脈，因有民眾擅自取土，以致殘缺不整。陳彰翼憂慮「日後或有因高壙而建造興作者，殊不知此處來龍，宜培不宜挖也，宜靜不宜動也，但當養其元氣，而不容壓其正脈也」。有鑑於此，陳彰翼於乾隆四年（1739）冬會集當地紳耆，共商護龍保脈事宜，隨即立石公禁在此挖掘取土及從事一切造作，以永久保固闔邑龍脈。陳彰翼另捐俸鳩工，自城根至進路兩旁栽植松樹三千株，分列夾道，並酌築護垣，以防居民隨意入內畜牧，致使龍脈遭損。陳彰翼任內積極推行護龍保脈的相關措施，最終期盼縣邑得賴風水完好之助，日後蓬勃發展，「俾數年後，鬱鬱蔥蔥，滿城佳氣，士掇巍科，民登殷阜，久大之功，其在斯乎！」〔註226〕

漳州府龍溪縣境望高山、芝山與日華峰合稱三台峰，日華峰下有仰止亭，係邑治龍脈要會處，地方人士認爲其關繫民社甚鉅。有明一代，曾因地方有警，主政者欲在該亭上方建置營房，縣民爭言恐傷龍腦，予以阻撓。旋由周坑白撫臺報罷，縣民乃於亭左立碑紀恩。在此之後，有不肖之徒於亭下左畔藉口佃地蓋屋，盜賣泥塊獲利，使圓淨之峰頓成坑坎。斯時，有堪輿家宣稱該風水地脈既受損傷，必將爲害滋蔓。萬曆三十五年（1607），知縣蔡馮甲採納輿情，補塞仰止亭下左地已遭掘陷處，於是徵召屯兵助役，塡築山形龍脈，以安地方百姓。〔註227〕另外，從仰止亭西折爲保福山，亦龍溪縣境行龍處。康熙後期，曾有時師於山麓創建奉仙樓，相傳自此城中陸續有民眾暴死，地方連歲不利。福建陸路提督藍理乃從紳民之請，將奉仙樓加以拆毀。後來，亦有兵民掘取山土販售泥塊，山坡林地遭到濫挖的結果，逐漸淪爲坑坎慘狀。翰林院庶吉士漳浦縣人蔡世遠（1681～1734）、孝廉陳元麟爲此與地方紳袍共

〔註225〕盧兆鰲、歐陽蓮等纂修，《平遠縣志》，卷1，〈城池〉，頁17b。

〔註226〕盧兆鰲、歐陽蓮等纂修，《平遠縣志》，卷1，〈城池〉，頁17b～18a。

〔註227〕吳宜燮、黃惠等纂修，《龍溪縣志》，卷21，〈雜記〉，頁21a；卷24，〈藝文〉，頁31b～32b。

謀，議請知府魏荔彤（1670-？）承擔起補修縣境龍脈的職責。在魏荔彤的主導下，隨即率眾興工，從仰止亭一路填補望高龍脈，以使峰巒恢復昔日景觀，並立石山麓嚴禁開築，防範民眾盜掘地脈所衍生的禍患。〔註228〕

主政官員顧慮到護龍保脈以安定地方的重要性，若是民眾的山林開發行爲與地方龍脈有所牴觸，通常會秉持風水形勢的維護宗旨而予以示禁，另行將已然遭受損傷的部分，儘速加以培補。

泉州府同安縣治自三秀山發源，至五蘆山結穴，堆阜聳伏，蜿蜒逶迤，其中以應城山爲最要。據舊志記載，南宋名儒朱熹（1130～1200）擔任同安主簿期間，爲能保護縣治，曾於應城山築堤以補其脈，造峰以聳其勢。清代初期，應城山龍脈一度遭到地方人士的毀傷，根據同安縣闔邑士紳所立〈公禁應城山羅漢峰掘砂傷壞縣脈碑〉的記載，相傳自龍脈毀傷之後，縣境「官多詿誤，俗尚忿爭，士氣頹墜，民風衰薄」，各種弊端叢生不已。至乾隆十七年（1752），署縣篆陳鼎目睹同安諸山奇秀，不禁贊歎有加；相較之下，對於邑俗的囂陵，卻不勝感慨。陳鼎以興利除害爲己任，於是相度源流，由入脈之山鑿石挑砂，種樹累土以培補龍脈缺陷之處，並命官刻石以禁止毀脈情事。大功尚未告成，陳鼎復回原任，由熊定猷接替職務。熊定猷紹成陳鼎未竟之業，示令保練馬快巡緝稟究，致力「將壞者復完，將衰者復隆」，此舉與昔日朱熹築堤造峰的用意，恍若古今同調。此後，縣民感念陳、熊二人的德澤，乃壽諸石以爲紀念，銘曰：「咽喉銀邑，岡嶺鍾祥，紫陽過化，夙美仁疆，無何俗變，龍脈戕傷，士民凋瘵，鮮獲吉康，昊穹降福，宰得賢良，補天成地，嚴禁敘詳，勒碑紀德，石壽並長」。〔註229〕從這段銘文，頗可看出官員與紳民對於護龍保脈一事的重視。

漳州府龍溪縣境望高山，係邑治過龍。明神宗萬曆七年（1579），中丞蔡文白、貳守沈植以郡民於山後取土致龍脈傷陷，乃刻立石碑加以禁止。禁諭碑文中略云：

> 漳郡之山，來自天寶，至望高突起，再伏而起爲諸峰，又數起伏衍爲平原，而郡治在焉。望高山後一線，實漳郡來龍之正脈也。向年開掘有禁，遮陰有樹，邇來禁弛民頑，日斲月削，凹爲坑塹，適與郡丞二思沈公譚及之，公慨然曰：是可視弗禁耶？爰出教，山麓有

〔註228〕吳宜燮、黃惠等纂修，《龍溪縣志》，卷21，〈雜記〉，頁21b～22a。
〔註229〕林學增、吳錫璜等纂修，《同安縣志》，卷4，〈山川〉，頁1b。

> 仍開掘者，罪無赦。及斥羨金募工役，視凹之廣狹，加塡築焉。不旬日，而岡平如故。先是龍溪尹繼川范侯力贊其事，事既竣，於是請紀之石，以垂勿壞。〔註230〕

漳州府漳浦縣境摩頂山迤北銅壺山的龍脈，其下有田園，田畔有溪澗，其間因耕者移溪澗於峽麓，導致龍脈崩陷。明神宗萬曆中期，縣邑士紳偶遭災耗，地方學子科第不興，有堪輿家以祟在狹崩脈損，並將事態的嚴重性呈告縣令楊材。楊材會同地方士紳前往勘驗之後，認定先前堪輿家所言甚是，乃於萬曆二十六年（1598）倡議補築縣邑龍脈。修造之事尚未就緒，楊材即因遷官離去。翌年（1599），知縣王猶徵涖任之初，紳民向其申說龍脈修補一事的急迫性。王猶徵復會同士紳親臨探視，隨後指授方略，鳩工培築山勢，於新築處栽植樹木，藉以盤節障上而穩固坡地。工程歷經六載，至萬曆三十二年（1604）夏，安奠縣邑龍脈一事終告落成。〔註231〕

潮州府惠來縣境山環水繞，鍾靈毓秀，根據風水理論，宜當人文蔚興、英才疊生。不料自明初神童蘇福之後，後繼乏人。議者或以境內大、小茅坪暨珍珠簾山皆縣龍入首處，關係全邑生靈，然因貪利之徒於其上開採錫礦，大傷地方風水，以致文運衰頹。清代初期，地方紳民曾向縣令查曾榮具呈禁告，以保護縣龍。查曾榮認爲邑治龍脈攸關地方民生與文教發展，若不迅加遏止，貽害匪淺。於是他繪圖上陳，出示禁令。〔註232〕另據惠來舊志所錄〈學宮圖說〉的記載，其中亦可看出地方官紳護龍保脈的用心：

> 學宮爲鍾靈孕秀之區，規制各有攸宜，圮者宜葺，廢者宜舉，唯是來龍一脈，關係最重。邇者，愚民不識利害，於過峽處掘土爲池，于起脈處開埔爲園，殘破寔多，雖已經培補，而去本來面目遠矣。倘泄泄焉，不加申飭，將來故轍相尋，良可慮也。至于隨龍之水，東西分明，豈容挹此注。〔註233〕

地方紳民重視龍脈本身與區域安危的關聯性，因而留意護龍保脈的必要性，對於各種圖謀己利卻鑿傷風水地脈的開發行爲，一方面呈請官府禁止類

〔註230〕吳宜燮、黃惠等纂修，《龍溪縣志》，卷21，〈雜記〉，頁21b。

〔註231〕陳汝咸、林登虎纂修，《漳浦縣志》，卷4，〈風土志下・災祥〉，頁287～288；卷17，〈藝文志上・明文上〉，頁1355～1357。

〔註232〕張昭美纂修，《惠來縣志》，卷3，〈山川〉，頁18a～19a；卷18，〈藝文中〉，頁19a-b。

〔註233〕張昭美纂修，《惠來縣志》，〈圖說〉，頁8b。

似情事的發生，一方面則協助官府共同培補境域龍脈，以保障地方百姓的身家性命。

嘉應州興寧縣縣廨後側，係邑治來龍入首，上有縣民陳、張二家兩大私沼，有堪輿家宣稱邑治來龍之處不宜洩氣，以免官民遭受傷害。歷經明代中期，百餘年來地方紳民多向官府建議填塞。至崇禎十年（1637），知縣劉熙祚力興此役，於是申詳道府，募工挑填兩沼，以保固邑治龍脈。〔註 234〕龍巖州麒麟山後龍洞左涼傘峰，俗名馬巖嶺，係州城東南外障。清代初期，附近數姓以山中產煤，惟恐不肖人士採煤之際挖傷地脈，於是相約禁止，此舉可視爲地方民眾自發性的護脈行爲。〔註 235〕泉州府同安縣浯洲（金門）境內山脈，於清代中期因瀕海南安縣民佔據山巔，群聚鑿伐，以致地脈虧損，地方紳民乃稟報官府予以示禁。〔註 236〕乾嘉之際，潮州府澄海縣境距城北四十里的蓮花山，數十年來遭受附近射利之徒挖石傾陷，有堪輿家宣稱該地脈毀傷將不利於縣邑紳民。生員鄭德光等人遂呈請知縣李書吉出示禁令，以杜絕此類毀脈情事。〔註 237〕

當然，龍脈遭損不僅止於人爲因素，自然天災的毀壞也是重要的成因。如康熙十九年（1680），漳州府漳浦縣鄉紳林琛、黃性震、陳天遠、舉人藍陳略、陳焴、林登虎、生員黃台佐、蔡邁廣、丘士錞、里民郭春、洪正等人，向福建水陸提督總兵官楊捷呈稱：「浦邑自昔人文甲上郡，丁糧冠十城，良以梁峰拱秀，吉水朝宗，自赤檜中流，由雙溪而遶衛縣治，以護城隍，地利居於全盛也」。至順治五年（1648），由於洪水崩陷河堤，造成縣邑風水地脈赤檜、雙溪二水改道，河水不得朝護城郭，漳浦縣境自此丁糧日減，文物衰替。地方士紳爲此，特建請水陸提督「查照往例，仍著附近梅林保人民自備芒找、木料、工匠，竭力堅築，以一保而培一縣之地脈，相應暫免該保傜役一年，以均勞逸。伏乞行縣示准起工，庶凋殘可起，富盛可期，合邑士民，咸荷慈恩於無既矣」。楊捷據報之後，乃於同年二月十二日檄文漳浦縣官吏查明縣城外赤檜、雙溪河堤原址，迅速辦理修築工程，以培縣脈而利民生。〔註 238〕

明清時期，閩粵官員和地方紳民留心境域風水形勢的維護，以及重視各

〔註 234〕仲振履原著，張鶴齡續纂，《興寧縣志》，卷 1，〈規制志・署廨〉，頁 47b。
〔註 235〕彭衍堂、陳文衡纂修，《龍巖州志》，卷 1，〈封域志〉，頁 9a。
〔註 236〕林焜熿等，《金門志》，卷 15，〈風俗記・雜俗〉，頁 398。
〔註 237〕李書吉、蔡繼紳等纂修，《澄海縣志》，卷 7，〈山川〉，頁 2b。
〔註 238〕楊捷，《平閩紀》，卷 11，〈檄漳浦縣〉，頁 314～316。

項護龍保脈措施的落實，既爲堪輿觀念深入人心的一種實質反映，也是風水習俗根深柢固的一種具體呈現。而其集體實踐的本意，也正呼應了風水本身所具有的目的性。整體而言，風水習俗在閩省泉州、漳州、汀州以及粵省潮州、惠州、嘉應州等地，普遍獲得官紳及庶民的實踐。這些卜居擇建與相地營葬的風水行爲樣態，也逐一在十七世紀以後閩粵移民拓展臺灣這片海外新天地的過程中，重新登上歷史的舞臺。

第二節　明鄭治臺與風水文化的蔓延

自中國元、明兩朝以來，已有零星的漢人活動於臺海地區，以臺灣、澎湖作爲據點，除了從事季節性的漁撈事業之外，或與日本、南洋及西方諸國進行走私貿易，逐漸形成數批勢力龐大的海上武裝商貿集團。十七世紀初期，福建漳州海澄人顏思齊（1589～1625）與泉州南安人鄭芝龍（1604～1661）爲了逃避日本當局的剿捕，乃率領徒眾由北港登陸臺灣本島，進駐笨港至諸羅山一帶（今雲林縣北港鎮與嘉義縣新港鄉附近）。此後，鄭芝龍曾招徠漳、泉人士至臺墾耕，以拓展其在中國東南沿海地區的政經實力。明毅宗崇禎元年（1628），鄭芝龍與明帝國政府妥協，集團主力成員移往福建地區，其餘漢人仍續留臺灣本土務農墾殖。在荷蘭人入據臺灣之前，已有爲數約五千名的漢人定居在臺南一帶。荷蘭人佔領臺灣期間（1624～1662），更陸續引進數千名的福建籍人士，借助他們精耕細作的農業技術開發南部荒地，以增加糧食生產，獲取實質的經濟利益。〔註239〕隨著農產經濟的發展，逐漸在拓墾地域形成漢人聚落。聚落的成型既爲漢文化的滋長提供根據地，而當漢人在這塊土地上從事養生送死的日常活動，也意味著傳統風水文化傳佈的可能性。

明永曆十三年（清順治十六年，1659），延平郡王鄭成功（1624～1662）兵敗金陵，退守廈門。爲了謀取長期的抗清基地，在荷蘭東印度公司臺灣當局漢人通事何斌（何廷斌）的牽引下，鄭成功率領約二萬五千名以閩南人士爲主的軍民，轉進其父鄭芝龍先前曾經營過的臺灣南部。永曆十五年（順治十八年，1661）四月，鄭軍攻陷荷蘭臺灣當局的行政中心普羅民遮城（Provintia，今臺南市赤崁樓前身），旋改赤崁一帶（今臺南市區）爲東都明京，隨即設置天

〔註239〕黃秀政、張勝彥、吳文星，《臺灣史》，頁33～36，44～47。另參閱邱奕松，〈鄭芝龍與諸羅山〉，頁389～402。

興、萬年二縣。翌年（1662）二月，鄭成功正式取代荷蘭人成爲臺灣西半部地區的統治者，在臺灣本土延續其仍奉大明正朔的延平王國，堅持反清復明的立場，與清帝國政權勢力相抗拒。永曆十六年五月，鄭成功病逝，嗣位的鄭經（1642～1681）於當政期間，經由諮議參軍泉州同安人陳永華（1634～1680）勵精圖治的主導下，大規模地移植傳統中國的禮俗制度，加速推動漢文化（包括菁英文化與通俗文化）在這片海外新天地的傳佈，〔註 240〕同時也拓展出傳統風水習俗的實踐空間。

關於明鄭治臺時期（1661～1683）風水習俗的蔓延，本節根據目前所可掌握到的資料，首先概述風水文化在臺灣本土社會的傳佈，主要將焦點放在泉州籍鄭氏家族成員的風水觀念及其實踐，以及明朝宗室官員與其他福建人士入臺前後的風水行爲，作爲風水習俗從中國大陸傳入臺灣的主要示例；其次，針對明鄭興亡的各種風水傳聞進行解讀，以提供我們考察風水文化移植到十七世紀後期臺灣社會的佐證。

一、風水觀念在海外新天地的實踐

探究風水觀念在明鄭治臺期間的實踐情形，我們首先將焦點放在泉州籍鄭成功世系成員在閩、臺兩地的風水行爲。根據鄭鵬程抄錄《石井本宗族譜》（一名《延平郡王鄭氏系譜》）的記載，鄭氏先世於北宋末年靖康之禍期間，自光州固始縣南下避居福建侯官（福州），兄弟散居福建漳州、廣東潮州一帶。至始祖五郎公鄭綿遷至泉州武榮，「築室居家、卜地築墳，日事耕稼業」。由於當地農作收成不佳，生計艱難，鄭綿考慮到「海濱利藪，日易以給」，乃移居南安縣楊子山下石井鄉。鄭綿辭世後，與元配林氏合葬於楊子山麓，其生前育有肖隱、隱泉二子。〔註 241〕此後子孫繁衍，在泉、漳地區拓墾有成，爲了聯繫宗族情誼，乃從事族譜的編纂，並於始祖發蹟地石井修建祠宇。石井祠堂聯文中有云：「廟宇枕鰲山，席地脈千重秀氣。明堂瞻馬島，壯江潮萬壑巨觀」。〔註 242〕由此可見，在鄭氏後代子孫的心目中，祠堂所在地背

〔註 240〕黃秀政、張勝彥、吳文星，《臺灣史》，頁 52～64；黃典權，《鄭成功史事研究》，頁 33～63。

〔註 241〕鄭鵬程抄，《石井本宗族譜》，收入臺灣銀行經濟研究室編，《鄭氏關係文書》，頁 49。

〔註 242〕鄭鵬程抄，《石井本宗族譜》，頁 27。

山面海且生氣凝聚，顯然擁有不錯的風水形勢。

鄭成功的先祖發跡於泉州地區，如本章第一節所述，至明代中後期，當地風水擇居與相地營葬的情形已有相當程度的普及性。而鄭氏親族長期活動於泉州一帶，難免受到此種風俗習慣的影響。

鄭成功的父親鄭芝龍，這位曾經縱橫東亞海域的海商集團首領，於隆武二年（順治三年，1646）十一月在福州降清後，被挾持北上，安排在北京城內定居，以利清朝統治者就近監視。鄭芝龍從堂堂一名叱吒風雲的海上霸主，從此淪爲區區一位龍困淺灘的降清明將。到了順治九年（1652）八月初，清廷欲將鄭芝龍的故居眷屬一併遣送入京，鄭芝龍顧慮到自家位在泉州原籍的多處祖墳從此乏人照料，特向清朝政府題准，令其母黃氏、五弟鄭芝豹與三子鄭世恩留家看墳，僅將自己的妻妾及五子、六子送至京城。〔註 243〕翌年（1653）五月，官職廂黃旗下劉固山同旗正欽尼哈番的鄭芝龍復因居宅風水沖傷、人丁屢遭不幸一事，呈請皇帝另賜曠地，以便補修房舍的風水格局云：

> 職初入京時，蒙朝廷宏恩，撥入正白旗下，賜屋齊化門小街居住。因原屋破壞，職重新起蓋，得以苟安。嗣而次男世忠、四男世蔭并職小家眷，先後三次，各帶婢僕入京，今計宅內男女有百貳拾多人。此宅後面有一大坑，衝陷背脊，大傷風水，數年來，職宅中男女損失去共二十六人。堪輿家咸謂：必塡此坑，乃可無傷。……合請聖上著工部看驗職宅後，果有大坑并後面大小碎房肆拾八間，……許職買併歸一，拆卸築牆，以便塡坑蓋屋，使將來無損傷之災。……聖上或念旗下人役，欲使安身得所，令一部就于本旗撥出空地，職當就地蓋屋，論間對換。蓋職果因人口年年屢傷，風水有礙，十分極苦無奈，不得不實情上告，伏祈鑒諒。〔註 244〕

一旦面臨家內禍事頻傳的生死關頭，即使是年少曾經領洗入教、教名尼可拉斯（Nicholas）的天主教徒鄭芝龍，斯人雖已身在遠離泉州故居的北方異鄉，並且遭到「非我族類」的異族統治，卻依然擺脫不了傳統的堪輿吉凶觀念。

在傳統漢文化社會，一般習慣於將後代子孫的成就歸功於祖墳風水的庇蔭，鄭氏父子亦同樣承受這種附會色彩濃厚的世俗評價。然而，誠所謂禍福

〔註 243〕北京市天龍長城文化藝術公司編，《清代臺灣檔案史料全編》，頁 40～41。

〔註 244〕李光濤編，《明清檔案存眞選輯》，第 3 集，頁 134。

相倚、得失相隨，由於攸關子孫禍福的風水觀念深入人心，因而在敵對陣營的眼裡，鄭氏祖墳的存在，也給予他們施加致命打擊的憑藉。十七世紀中期，鄭成功領軍抗清的過程中，原屬鄭氏集團的降清將領黃梧（1617～1673），即曾向清廷獻上一道掘毀鄭家祖墳風水的計策，以降禍於鄭成功本人及其子嗣，讓他們元氣受損，甚至不得善終。

黃梧，字君宣，漳州府平和縣人。明亡之後，師事鄭成功，以總兵銜鎮守漳州府海澄縣。永曆十年（順治十三年，1656）七月，黃梧因喪師罪受鄭成功的綑責，遂以海澄縣降清，受封爲海澄公。翌年（1657）八月，黃梧移牒閩浙總督李率泰（1608～1666），並條呈勦滅鄭氏五策，其中第五項即倡議掘毀鄭成功的祖墳云：「剷賊墳以快眾憤：成功父子殘害生靈，實戾氣所鍾。聞其石井祖墓風水最險，輿論咸謂剷掘以破賊旺氣、且快人心，亦懲惡之一端也」。黃梧隨後與原鄭氏集團另一降清將領泉州府晉江縣人施琅（1622～1697），會同提督馬得功（？～1663）、總兵蘇明，前往晉江縣大覺山、南安縣覆船山、橄欖山、金坑山等地，陸續剷毀鄭芝龍父祖及其先世墳塚五座。永曆十六年（1662）五月，鄭成功反清復明的壯志未酬，即病逝安平鎮，得年三十九歲，卜葬洲仔尾一帶（今臺南市永康區）。斯時，輿論紛傳黃梧的毀墳言行獲得應驗。〔註245〕

根據永曆二十九年（康熙十四年，1675）四月鄭經撰勒〈皇明石井樂齋鄭公暨妣郭氏墓誌銘〉的記載，永曆十一年（順治十四年，1657），「醜虜智窮力竭，遂倡發塚之謀。無何而先王賓天，經嗣守東寧，以圖大舉，不得省視者幾二十年」。鄭經於永曆二十八年（康熙十三年，1674）統率大軍底定

〔註245〕陳壽祺等，《福建通志》，卷268，〈雜錄．外紀〉，頁22a。另參見臺灣銀行經濟研究室編，《福建通志列傳選》，頁92～93。有關黃梧上書掘毀鄭氏祖墳的時間與內容，清代文獻的相關記載別有出入。如據江日昇《臺灣外紀》的說法，順治18年（1661），「世祖章皇帝賓天，而今上即位，以明年爲康熙元年，大赦天下。諸輔臣以閩疆連年用兵，傾費錢糧，而兩島何其未平？請旨切責總督李率泰與兵部尚書蘇納海。會海澄公黃梧一本，內密陳滅賊五策」，其中第四條提到：「成功墳墓現在各處，叛臣賊子誅及九族，況其祖乎？悉一概遷毀，暴露殄滅。俾其命脈斷，則種類不待誅而自滅也」。同年8月，「兵部尚書蘇納海至閩，斥棄海島，令黃梧挈諸大商賈，毀鄭氏之祖墳：惟安海『五馬奔江』水葬者，無處尋覓」（頁201～204）。劉獻廷《廣陽雜記》卷3則記載：「海澄公黃梧既據海澄以降，即條陳平海五策：……一言鄭氏祖墳風水甚美，當令人發掘」（頁27b～28a）。值得注意的是，縱使這些記載在上書時間或策文內容上稍有差異，而其論述中關於清朝官兵掘毀鄭氏祖墳的前因後果，則大致雷同。

泉、漳之後，「始知于野公暨深江公四柩已被發去，惟樂齋公暨妣郭氏及悅齋公、三玄伯祖妣王氏柩存焉」。被掘毀的祖墳，包括鄭家卜葬於南安縣康店山的七世祖樂齋公鄭盟伉儷墳穴（風水方位坐巳向亥），以及鄭盟長子悅齋公鄭貢、三子鄭省伉儷、四子于野公鄭榮伉儷（鄭經六世玄祖）、五子深江公鄭志伉儷等。鄭經目睹此情此景，深感於「為國效忠而使先人骸骨不獲享抔土之安，孫子罪重，終天莫贖！然為朝廷舉義，國爾忘家，大義所關，不得不如是者；想先人亦含笑九泉而無憾也。於是命官剋日就其墳而封之」。〔註 246〕

鄭經身遭祖墳毀傷之痛，對於罪魁禍首黃梧，後來則以其人之道還治其人之身。永曆二十八年（康熙十三年，1674），鄭經自臺灣出兵閩南，響應清帝國三藩吳三桂（1612～1678）、尚可喜（1604～1676）、耿精忠（1644～1682）起事。翌年（1675）十月六日，鄭經率軍攻入漳州海澄，此時黃梧早已辭世，其子黃芳度見大勢已去，乃投井自盡。鄭經命令部下將黃芳度屍首撈起，並開棺取出黃梧的屍骸，同磔於市，以報當年發塚之仇。〔註 247〕

祖墳風水成為清朝政府與鄭氏王國兩敵對勢力之間的替罪羔羊，追根究底，不外乎傳統風水思想所標榜的庇蔭特質所致。姑不論風水敗壞的應驗結果是否僅是一種心理上的主觀認定，此種信仰背後所隱藏的價值取向，可說是直接凸顯出風水術數強烈的功利色彩。傳統中國的當權者應付敵對勢力所慣用的毀其祖墳、壞其風水俾斷其氣脈、阻其活動的手法，在歷史上其實不乏其例。

明末舉事陝西的「闖王」李自成（1606～1645），其始祖墳塚位於延安府米脂李家村亂山中，「相傳穴為仙人所定，有鐵燈檠醮火壙中，曰鐵燈不滅，李氏當興」。〔註 248〕至崇禎十四年（1641），皇帝曾詔命陝西巡撫汪喬年挖毀李自成的祖墳風水，以挫其聲勢，並作為懲罰。李自成得知祖塚遭到明將掘毀之後，怒而發兵痛擊汪喬年部隊。翌年（1642）二月，汪喬年兵敗

〔註 246〕福建文史研究社編，《延平二王遺集》，頁 132～133；臺灣銀行經濟研究室編，《臺灣關係文獻集零》，頁 25；廈門鄭成功研究會、廈門鄭成功紀念館編，《鄭成功族譜三種》，頁 5。

〔註 247〕凌雪，《南天痕》，卷 25，〈鎮臣傳〉，頁 427；江日昇，《臺灣外紀》，頁 298。《臺灣外紀》亦記載斯時有部眾建請鄭經發掘黃梧諸祖塋，鄭經認為「罪止其身，與死者何預？」遂不許。另參見佚名撰，《甲寅遺事》，收入宋征輿等，《東村紀事外四種》，頁 137～138。

〔註 248〕徐鼒，《小腆紀年》，卷 1，頁 16～17。

殉國。〔註 249〕諷刺的是，歷史的後知之明告訴我們，李自成嗣後更率軍進佔北京城，成爲大明國祚的終結者，這想必是當初主張掘塚毀骸的崇禎皇帝始料未及的結果。

從明末李自成到清初鄭成功的毀墳遭遇，讓我們了解到風水流俗如何落入權力運作及利益競逐的場域，成爲有心人士無所不用其極的政治鬥爭工具，其中無異展現出堪輿術數本身所存在的一種「可操作性」特質。

另一方面，鄭經於永曆二十九年間命令部下戮磔黃梧、黃芳度父子屍身以資洩憤之後，旋於次年（1676）三月卜地浯江山前，將六世祖于野公暨祖妣許氏、叔祖深江公暨祖妣郭氏以及五世祖西庭公譚氏媽、四世祖象庭公暨祖妣徐氏等骸骨合葬於此，以令先人入土爲安、含笑九泉，善盡後代子孫慎終追遠的孝思。〔註 250〕

永曆三十五年（康熙二十年，1681）正月八日，鄭經病逝，得年三十九歲，遺命由陳永華女婿鄭克〔造字：上臧下土〕（1664～1681）繼位。同年，馮錫範聯合劉國軒（1629～1693）等人發動政變，謀害鄭克〔造字：上臧下土〕，另立其弟即馮錫範女婿鄭克塽（1670～1717）嗣位。鄭克塽旋將其父鄭經祔葬於洲仔尾鄭成功陵墓。〔註 251〕

洲子尾一帶的地理形勢，後世文獻或從堪輿學的角度，認定其中蘊含幾處得水藏風的吉壤佳穴。學者石萬壽曾於 1977 年二月親臨臺南縣永康鄉鹽行村洲仔尾地區，勘考鄭成功三代的墓穴遺址。石萬壽推測鄭成功原葬墓塚的所在地，可能位於距離海岸較遠處的風水寶地「虎穴」（土名虎仔墓）一帶；至於在永曆三十五年政變中遇害的鄭克〔造字：上臧下土〕夫婦，則可能葬在洲仔尾的另一處風水寶地「白馬穴」上。〔註 252〕

永曆三十七年（康熙二十二年，1683）六月，鄭克塽向清帝國投降，福建水師提督施琅率領清軍接收臺灣，宣告明鄭的結束。鄭克塽隨後挈眷上北京，受封爲漢軍公。長期身在北京的鄭克塽，因顧念臺灣「遠隔溟海，祭掃維艱，具疏陳請乞遷葬內地」。經康熙皇帝特旨恩准之後，鄭克塽偕弟返臺掘

〔註 249〕張廷玉等，《明史》，卷 262，〈汪喬年傳〉，頁 6780～6783。

〔註 250〕鄭經，〈皇明石井鄭氏祖墳誌銘〉，收入臺灣銀行經濟研究室編，《臺灣關係文獻集零》，頁 26。

〔註 251〕臺灣銀行經濟研究室編，《臺灣關係文獻集零》，頁 27～28。

〔註 252〕石萬壽，〈洲仔尾鄭墓遺址勘考報告〉，頁 15～37。此外，學者蔡相煇認爲鄭成功、鄭經父子的墓塚可能位於永康網寮二王廟址上。蔡相煇，〈二王廟與鄭成功父子陵寢〉，頁 33～39。

取父祖鄭成功、鄭經骨骸，於康熙三十八年（1699）五月二十二日卯時，祔葬於泉州府南安縣康店鄉鄭氏先祖樂齋公祖塋內。在鄭克塽等人撰勒〈鄭氏祔葬祖父墓誌銘〉中，針對康店鄉鄭氏祖墳的風水坐向及其形勢格局，有一段扼要的敘述：

> 山坐巽向乾，兼己亥、庚辰、庚戌分金，在南安卅八都，土名康店鄉。銘曰：鴻漸之麓，佳城鬱蒼；山環水繞，回抱崇岡。維予先世，靈魄是藏，迨及父祖，遠葬殊方；卜遷擇吉，歸此故鄉。祖孫共穴，父子同堂；渙而得萃，於禮爲常。聯綿遺澤，浩蕩恩光；長依北闕，駿發其祥！後人守之，永世不忘！〔註 253〕

文中稱譽祖墳周遭的風水形勢極佳，自可庇護鄭氏子孫鴻圖大展。爲此，後代子孫亦當飲水思源，緬懷祖先的蔭佑恩澤，致力維繫家族的倫常關係與發展運勢。

除此之外，鄭成功四子鄭睿（號聖之）與十子鄭發（號奮之、省之），二人皆年少早夭，未婚無後，由長兄鄭經爲其合葬於今臺南市南區垵子桶盤淺墓地內（舊屬仁和里），墓碑鐫題「皇明聖之省之二鄭公子墓」。墓址附近的地望名稱「墓庵」，相傳因往昔曾設置過看守塚地的墳戶而得名。〔註 254〕學者黃典權於 1968 年十一月二十五日前去訪查，並留下了一段關於該墓塚風水格局的記載：

> 站在墓前眺望，左有岡陵，右穩低阜，平野在中間展佈，一片洋洋氣象，相當可觀。這只是滄桑久經的現況，料想墓葬當年，蒼蒼煙靄，翠綠岡陵，佳壤天成，想必是安靈的良穴。墓前百餘步有個長方池塘，土人名之曰「堀仔潭」，正對著鄭墓。……我細察它的位置與鄭墓非常相應，料想當年之造墓地師對它必然下過相當工夫。古人重風水，所謂風，大抵究乎其氣勢的照應；至於水，那就要關注那墓前有否生動的格局，以召財利與靈性，叫做「水勢」。水勢一向最受地師的重視，因而鄭二公子墓前那個「堀仔」，據我私見，應該十分原始。它很可作爲風水古俗的一個標本看。〔註 255〕

在黃典權的描述中，鄭二公子墳墓周遭，左青龍、右白虎兩砂拱衛，前

〔註 253〕臺灣銀行經濟研究室編，《臺灣關係文獻集零》，頁 28～29。

〔註 254〕黃典權，〈延平王鄭二公子墓考〉，頁 41～58。

〔註 255〕黃典權，〈延平王鄭二公子墓考〉，頁 41。

有凝聚風水生氣的池塘，呈現出砂水兼具、堂局寬暢的形勢，大體符合堪輿學上得水、藏風、聚氣的基本原則。當初的卜穴擇地，想必經過一番週到的風水勘擇。

通觀前述的論證，鄭成功家族成員不論是在中國大陸或臺灣本土，依舊維持著傳統的風水擇地行為，且不因前後時空的差異而有所改變。鄭氏父子的實例並非孤證，明朝宗室成員隨鄭氏入臺的寧靖王朱術桂（1617～1683），亦曾在入臺前後實踐傳統的風水習俗。

有明一代，皇帝本人及宗室王公貴胄生前或禮聘堪輿名師，修整陽宅風水格局，並相擇靈地佳穴，作為往生之後永久安眠的處所。風水營葬的行為，可說是明代歷朝帝王卜選陵址之際的常態。〔註 256〕南明政權中活動於浙、閩、粵的監國魯王朱以海，於永曆十三年（順治十六年，1659）夏移師金門，力圖整軍經武，北上光復大明江山。然而壯志未酬，即於永曆十六年（康熙元年，1662）十一月十三日因哮疾病發辭世，得年四十五歲。根據同年十二月明宗室寧靖王朱術桂等人所撰〈皇明監國魯王壙誌〉一文，記載當時他與文武官員對於魯王葬地的相擇考量云：

> 島上風鶴，不敢停櫬；卜地于金城東門外之青山穴，坐西向酉。其地前有巨湖，右有石峰，王屢遊其地，題「漢影雲根」四字于石。卜葬茲地，王顧而樂可知也。以是月廿二日辛酉安厝，僅按《會典》親藩營葬。〔註 257〕

從這段記載顯示，在朱術桂等人擇地營葬的過程中，明顯帶有風水形勢的思慮。1959 年八月十九日，金門構工部隊劉占元中校率部前往舊金城東從事炸山採石工作。次日，掘獲一深埋地下的墓碑與壙蓋，確認此係湮沒已久的古墓。據劉占炎所撰〈發現皇明監國魯王墓記〉的追述，八月二十二日下午，他再度親臨現場視察，「偶立碑前瞻望，見此墓坐酉向卯，前有古崗大湖，右靠梁山；山頂多石，其頂一巨石似係人工所置，用為記號。左青龍、右白虎，天然形勝。右前大帽山麓倒塌巨石，刻有魯王手書漢影雲根四字」，才恍然大悟眾人所發掘到的，竟是南明魯王的墳塚。〔註 258〕如將劉占元的

〔註 256〕劉毅，〈明代帝王陵墓選址規則研究〉，頁 378～386。

〔註 257〕何培夫主編，《臺灣地區現存碑碣圖誌　臺北市．桃園縣篇》，頁 3，351。引文中的「巨湖」，即後來的鼓岡湖。參見周凱，〈明監國魯王墓考〉，《內自訟齋文選》，頁 15～17。

〔註 258〕原載《中華日報》，1959 年 11 月 14 日。引見查繼佐著，臺灣銀行經濟研究

現身說法對照寧靖王朱術桂的碑文敘述，猶可推斷魯王墳地的建制輪廓，曾受到傳統風水觀念的影響。時隔魯王入土近二百年後，熟悉風水觀念的人們仍可捕捉到當年的風水布局，著實令我們感受到風水習俗在漢文化社會古今皆然的延續性與普遍性。

在金門綜理魯王營葬事宜的寧靖王朱術桂，隨後於永曆十八年（康熙三年，1664）二月東渡臺灣，擇建王府於赤崁樓旁（今臺南市中西區大天后宮前身）。這處王府的所在地，後世傳聞爲風水奇佳的活蟹穴。〔註 259〕斯時，王府鄰近地區住有一位鳳山庠生曾明訓，字泗濱，號曰唯，清修臺灣志書記載其「天分高朗，得異傳；精占驗，爲人擇地選課，有奇中」。相傳朱術桂生前對於這位名聞遐邇的堪輿術家，頗爲器重。〔註 260〕朱術桂與曾明訓的一段因緣，可說是明代統治階層禮遇堪輿術士的常態在臺灣本土的翻版。明鄭治臺期間，堪輿地師對於風水文化的傳播所發揮的實質作用，於此可見一斑。

而當永曆三十七年六月鄭克塽降清之際，朱術桂與妾袁氏、王氏、侍妃秀姑、荷姐、梅姐五女在王府大廳懸樑殉國，享年六十六歲。從死五妃後來葬於臺灣縣仁和里魁斗山（今臺南市中西區五妃廟址），朱術桂則葬於先前爲其元妃羅氏卜擇的鳳山縣長治里竹滬（今高雄市湖內區）。該墓塚前方有一月眉池，〔註 261〕原係朱術桂生前所興築，除了具有灌溉田園的水利效用之外，〔註 262〕如以朱術桂及其元妃的墓塚坐向作爲參照點，則月眉池的位置、形制與功能，亦似爲一凝聚生氣的「風水池」，〔註 263〕這或許是朱術桂生前依循風水觀念從事規劃的結果。後世更流傳寧靖王墓穴所在爲風水奇佳的蓮花穴。〔註 264〕

室編，《魯春秋》，附錄二（新附），頁 101～103。

〔註 259〕黃典權，〈三研「蔣公子」〉，頁 84。

〔註 260〕王必昌等，《重修臺灣縣志》，卷 11，〈人物志．方技〉，頁 391。清末臺北人林景仁於〈詠史三十首〉中，曾詩詠堪輿師曾明訓云：「九卷精傳郭璞書，洛陽青蓋兆如何？坐看霸業收沈鎖，憶向王門感曳裾。吾道名窮惟學易，名流自古善談虛。鳳山頗有承衣缽，甚欲相從問卜居」。臺灣銀行經濟研究室編，《臺灣詩鈔》，卷 16，頁 272。

〔註 261〕高拱乾等，《臺灣府志》，卷 8，〈人物志．流寓〉，頁 211；卷 9，〈外志．墳墓〉，頁 223；卷 10，〈藝文志〉，頁 254～257。

〔註 262〕高拱乾等，《臺灣府志》，卷 2，〈規制志．水利〉，頁 44。

〔註 263〕有關風水池的形制與功能，可參見徐善繼、徐善述，《地理人子須知》，卷 6 上，〈水法．池塘水〉，頁 6a。

〔註 264〕陳啓銓，《風水采風錄》，頁 102～114。

寧靖王入臺後的風水行爲，在明鄭治臺前後並非絕響。學者黃典權曾於〈皇明壬寅重修故妣吳門徐氏塋墓考證〉一文中，羅列原臺南縣市暨彰化市、高雄縣、澎湖縣等地現存的明代墳墓共五十五門，總計包括寧靖王朱術桂、從死五妃在內的明朝王室成員與其他鄭氏王國官眷墳塚約十餘座，以及明鄭入臺前後東渡來臺人士的墳墓，後者的數量佔居多數。在下葬的時間上，最早的一座爲崇禎十五年（1642）的「皇明澄邑振暘曾公墓」（位於今臺南市大南門外管事園），最晚的一座爲永曆三十七年（康熙二十二年，1683）的「奉遺命勒石有明自許先生牧洲盧公之墓」（原葬澎湖太武山）。黃典權特於文中舉出永曆十六年（康熙元年，1663）十二月重修「皇明故妣吳門徐氏塋」（座落於今臺南市關廟區下湖里茄苳湖畔，古屬保大里）的例證，根據「閩南風俗中，先人入土，三年既過每有改葬之舉，泉州一府此俗尤見普遍；或許因爲坐向的限制，太歲的不利，三年再延，有時超越兩個三年者有之。其他或許由於始葬的風水不佳，家生災變，或友于運殊，卻（拾）骨（裝金）改葬」的閩南漳泉地區風水葬俗慣例，推斷徐氏墳塋的初修時間應早於永曆十四年（1660），也就是在鄭成功率軍入臺的前一年，可見早在明鄭東移之前的荷據時期，臺南地區已有遷臺漢人履行傳統的喪葬習俗。〔註 265〕

學者石萬壽於 1975 年發表的〈記新出土的明墓碑〉一文中，曾公布在臺南市五妃廟前新發現的永曆二十年（1666）「明考明穆許公墓」碑，在臺南市區現存的明代墓碑中，年代僅次於崇禎十五年的曾振暘墓。該文中另登錄歷來學者在臺灣各地陸續發現的明代墓碑計八十一件，當中以臺南市的五十六件居多，臺南縣的十五件居次，此外，高雄縣四件，彰化市八卦山兩件，澎湖縣西嶼等地兩件，南投縣竹山鎮一件，臺北縣淡水鎮一件。數量的多寡，大致與十七世紀渡臺漢人拓墾先後的地域分布相符。而臺南市南郊名垂久遠的風水寶地——桂子山（鬼仔山）與蛇穴，前存十四件明代墓碑，後有七件，所佔總數的比例頗高。〔註 266〕

在此之後，蘇峰楠於 2010 年間又於臺南市區南山公墓發現了兩座在臺明墓，一座爲「李公墓」，位於公墓內荔枝宅附近，原建年代爲永曆三十四年（1680），墓主來自金門，應爲明末隨鄭成功軍隊來臺定居者。其墓碑橫額刻

〔註 265〕黃典權，〈皇明壬寅重修故妣吳門徐氏塋墓考證〉，頁 155～177。

〔註 266〕石萬壽，〈記新出土的明墓碑〉，頁 37～47。另參閱石萬壽，〈論臺灣的明碑〉，頁 39～61；石萬壽，〈記牛稠子新出土的明墓碑〉，頁 6～9。

有「皇明」二字。另一座爲「程次皐夫婦壽域與程異霆夫婦墓」，位於師爺塚附近，墓主來自廈門。壽域碑橫額中央刻有「大明」篆體字，爲目前所見在臺明墓的首例。蘇峰楠在田野探勘的過程中察覺到，「此墓環境位居在一座丘陵的半山腰處，遠處則面對竹溪自左側拐彎往西的橫向流過，可知當時有其風水環境的擇址考量」。〔註 267〕

另外値得一提的是，中國東南漢文化傳統的墳墓形制，概爲風水觀念具體而微的顯像，也就是風水格局理想化或標準化的縮影。〔註 268〕如吳瀛濤《臺灣民俗》第七章〈喪葬・墳墓〉中指出傳統漢人墳墓的構造云：

> 墓碑左右石稱墓耳，接於墓手，墓手彎曲處造印頭（方柱）石筆（圓柱），而以左右的墓手圍墓庭，……墓碑後面，土盛於棺上成饅頭形處爲墓龜，其周邊盛土處係墓山，墓山的界堤稱砂手，面向右方謂龍砂，左方謂虎砂。另稱穴周圍的山，左稱青龍，右稱白虎，均屬風水之說。〔註 269〕

返觀前述在臺奉承「皇明」、「明」或「大明」年號的泉漳等籍墳塚墓穴，其存在的本身，也意味著漢文化傳統的「風水」形制在當時臺灣本土的再現。

風水擇葬的行爲不僅存在於統治階層，類似的情形，也出現在明鄭治臺前後實際拓墾臺灣的庶民階層。鄭氏王國的重心位於臺南一帶，今嘉南平原延伸至東側山區，也是當時來自中國大陸的漢籍移民從事農業生產的主要地區。〔註 270〕遷臺漢人生前辛勤耕稼、繁衍子孫，死後在這塊土地上入土爲安；傳統漢俗文化的風水觀念，也往往滲透到後代子孫爲先人所進行的營葬事宜中。清代前期，活動於諸羅縣阿里山區的著名通事吳鳳（1699～1769），其祖父吳秉禎在鄭成功率軍入臺之前，即自漳州府平和縣東渡臺灣，卜居南部山區耕作營生。永曆十二年（順治十五年，1658）十二月，吳秉禎別世，吳朝聯、吳元輝（吳鳳）父子將其擇葬於附里蘆麻籉內埔（今嘉義縣竹崎鄉一帶），墳穴的風水方位，坐甲向庚兼卯酉分金外坐卯向酉又兼甲庚分金。〔註 271〕

援用羅盤扦定陰陽宅坐向的作法，在傳統風水學的應用層面上佔有相當

〔註 267〕蘇峰楠，〈記臺南市新發現的兩座明代古墓——兼論其墓碑形制〉，頁 367～400。

〔註 268〕渡邊欣雄，《風水思想と東アジア》，頁 68～99。

〔註 269〕吳瀛濤，《臺灣民俗》，頁 159。

〔註 270〕陳純瑩，〈明鄭對臺灣的經營（1661～1683）〉，頁 107～124。

〔註 271〕黃典權，〈近代中國歷史初期臺灣實證史料考索〉，頁 1007～1009。

重要的地位。如李德鴻《珠神眞經》卷下〈立向論〉中指出穴向的關鍵性云：「識龍不識穴，固不免爲失；識穴不識向，猶未可以言全得也。蓋一向之差，則萬山皆廢。至於萬山皆廢，雖得穴，或有禍而無福，或有福而不獲全，此非千里之謬，起於毫釐者乎」。〔註 272〕姚廷鑾《陽宅集成》卷二〈用羅經法．一百二十分金〉中則提到：「分金者，一山向之中，氣有清濁，不能皆吉，故逐一分之，使美惡自見，如淘沙見金之意」；而在同卷〈向法〉中，亦宣稱分金定向在風水學上的重要性云：「屋之出向，最爲關係，而得法與不得法，全在分金，此陰陽二宅所並重也」。〔註 273〕前引文字，概要說明了風水學上分金定向的理論意涵。而吳秉禎葬地的羅經指針方位明確載錄於當時的歷史紀錄上，顯示漢文化傳統的風水習俗已然在十七世紀中期的臺灣南部山區，獲得某些福建渡臺人士的實踐。

原高雄、臺南交界地帶的二仁溪（二層行溪、二贊行溪、岡山溪）流域，爲臺灣南部早期漢人開發的重點區域，涵蓋今臺南市關廟、歸仁、仁德與高雄市內門、田寮、阿蓮、路竹、湖內等區域。學者石萬壽於 1980 年代起曾運用口訪、譜系資料並配合方志等文獻的記載，建構出明清之際漢移民墾殖當地的歷史輪廓。〔註 274〕此外，1981 年十一月，黃典權師生曾於原臺南縣關廟鄉東勢村抄錄一批方氏祖先史料，在明鄭時期至清代前期爲數三十二件的方氏五代神主牌上，皆清楚地記載各祖墳墓穴的羅經坐向。方氏開臺始祖方胤祉，生於萬曆四十一年（1613）五月，原籍漳州府龍溪縣，於明代後期偕子渡臺，寄居南潭社（位在保大西上下里）。永曆二十三年（康熙八年，1669）二月，方胤祉辭世，葬於咬狗溪土庫崙，風水分金坐申向寅丙申（重刻神主記載坐申向寅兼坤艮丙寅分金）。二世祖方榮晃，生於崇禎九年（1636）三月，卒於永曆十七年（康熙二年，1663）九月，墓葬江山（岡山）後尖山竹腳崎，風水方位坐申向丙甲丙寅分金（重刻神主記載坐申向寅兼坤艮丙申丙寅分金）；二世祖妣郭發，生於崇禎十四年（1641）五月，卒於康熙五十年（1711）五月，墓葬大湖邊崙，風水方位坐乙向辛兼卯酉。三世祖方際亨，生於永曆十七年十二月，卒於雍正十一年（1733）正月，墓葬保大東豬母耳，風水方

〔註 272〕李德鴻，《珠神眞經》，卷下，頁 22a。

〔註 273〕姚廷鑾，《陽宅集成》，卷 2，頁 134，157。

〔註 274〕石萬壽，〈二層行溪上游流域的開發與系譜〉，頁 509～543；石萬壽，〈明鄭以前二層行溪中下游流域的漢移民與系譜〉，頁 125～156。

位坐坤艮兼申寅辛未辛丑分金；三世祖妣戴純，生於永曆二十二年（康熙七年，1668）十月，卒於乾隆元年（1736）十月，墓葬新豐里深坑仔社後山，風水方位坐午向子兼丁癸庚午庚子分金。〔註 275〕乾隆朝以後，方氏四、五兩世祖塋的葬地坐向，茲不贅舉。

前述方氏家族歷代祖塋的葬地坐向，爲傳統風水習俗於十七、十八世紀移植到臺灣這處海外新天地的具體例證，同時也讓我們瞭解到，漢籍移民面臨政權鼎革之際的滄桑，縱然隨機調整統治者的年號名稱，但在日常生活中，仍舊保持其風水行爲的一致性。家族成員的入土爲安並從事風水墓塋的相地營葬，通常象徵漢人勢力在鄰近區域的拓墾有成及其落地生根的實際作爲。就此層面而言，十七世紀後期漢人開發臺灣各地的過程，也包括傳統風水文化的傳承與落實。

明清鼎革之際遷臺定居的中國文人雅士，在他們卜居擇建與相地營葬的生活環節上，往往也有依循傳統風水觀念加以實踐的跡象可尋。被後世推尊爲「臺灣文獻初祖」的浙江鄞縣人沈光文，字文開，生於萬曆四十年（1612）九月，曾任明太僕寺少卿。明亡後，從事抗清活動，於清兵陷粵後避居金門。永曆五年（順治八年，1651）七月，沈光文乘船自金門前赴泉州途中，遇颶風飄泊到荷蘭人統治下的臺灣。永曆十五年（順治十八年，1661），獲得驅荷主帥延平郡王鄭成功的禮遇。鄭經嗣位後，沈光文於永曆十七年（康熙二年，1663）作〈臺灣賦〉，其中有「壬寅年成功物故，鄭錦（鄭經）僭王」等語寓諷，幾乎使他遭罹不測，隨即易服爲僧，遁隱羅漢門山（今高雄市內門區一帶）等地。永曆二十八年（康熙十三年，1674），至目加溜灣一帶（今臺南市善化區溪美里溪尾社內）開設私塾教授生徒，兼懸壺濟世。康熙二十七年（1688）七月，沈光文辭世後，葬於諸羅縣善化里東保坐駕莊大竹圍（今善化區坐駕里大竹圍）。〔註 276〕

沈光文居臺多年，曾據其聞見撰著〈臺灣輿地圖考〉一文，以今臺南市鄰近地區爲中心，逐次登錄臺灣南北與東部區域多處山嶺、聚落名稱及其相對距離，對於臺灣全島的地理形勢具有相當程度的認知。該文中的地名，也

〔註 275〕黃典權，〈鄭成功復臺前臺灣開發史事新材——東勢村方氏祖先源流之勘考〉，頁 39～63。

〔註 276〕王必昌等，《重修臺灣縣志》，卷 11，〈人物志．僑寓〉，頁 390；吳新榮，《震瀛採訪記》，頁 291；石萬壽，〈沈光文事蹟新探〉，頁 15～36。

多爲後來清修臺灣志書圖說所沿用。〔註 277〕而在那篇令他險遭文字之禍的〈臺灣賦〉中，沈光文秉持「天念民瘼，淪身溟海，地隨氣轉，假手延平，此故天時之將漸移而善也」、「一統之洪圖，故得天露而效順也，民實皇明之赤子」之類的傳統天下意識，鋪陳出明鄭治下臺灣南北各地的名勝奇景與風俗物產。其中，如「諸羅山臺北崇關，似經巨靈之手，直劈半邊；鹿耳門海中要地，如戴高士之巾，微有折角。鳳山蔥鬱層巒，疑丹鳳之形；猴悶（他里霧北五里）岑嶅疊嶂，穿獼猴之穴。大岡小岡，嶢屼崔嵬；半崩半屏，嵾嵯岊嶀。七鯤身結萬山之脈，三茅港（恒春沙馬磯頭）匯湍水之宗」的題詠贊辭，涉及今雲嘉南與高屏地區山川分佈的形勢刻劃，似乎也透露出沈光文本人的堪輿見解。〔註 278〕〈臺灣賦〉中的這段文字，亦可視爲明季渡臺人士形塑臺地風水格局的一種嘗試。再者，沈光文生前的教學處所東望青巒，形勢頗佳，後世學者如吳新榮（1907～1967）認爲「沈光文有堪輿的素養，所以擇定在這好地方設教學處，亦理之當然乎」。〔註 279〕此段陳述，應該有相當程度的合理性。

漳州龍溪人李茂春，字正青，登南明隆武二年（順治三年，1646）丙戌科鄉榜，爾後遯跡至臺灣，鄭成功曾延請他教導鄭經。李茂春與陳永華相識投合，性好吟詠，勤於著述，喜讀莊子書，擇居萬年州治之東，構築一禪宇，名曰夢蝶處（園），自號「李菩薩」。平日縱情於山水之間，或與住僧禮誦經文爲娛。一生悠遊於世外人間，恍若神仙般的瀟脫自如。〔註 280〕李茂春的故居夢蝶園，於清代初期經臺灣知府蔣毓英、鳳山知縣宋永清的主導下，改建爲法華寺（今臺南市中西區法華寺），位於府城永康里轄境。〔註 281〕傳聞其寺址所在地爲臥牛穴。〔註 282〕考究此則風水傳聞的由來，或許是李茂春故居一帶先天形勢頗佳，致令後人產生吉壤佳穴的聯想。

李茂春晚年卒於臺地，卜葬南城外新昌里，即今臺南飛機場附近的風水寶地蛇仔穴。到了清代前期，李茂春墳塋曾遭到地方豪強侵佔，甚至有人盜

〔註 277〕侯中一編，《沈光文斯庵先生專集》，頁 37，103～111。
〔註 278〕侯中一編，《沈光文斯庵先生專集》，頁 91～96。
〔註 279〕吳新榮，《震瀛採訪記》，頁 44～46。
〔註 280〕蔣毓英等，《臺灣府志》，卷 9，〈人物．縉紳流寓〉，頁 223；王必昌等，《重修臺灣縣志》，卷 15，〈雜紀．古蹟〉，頁 541。
〔註 281〕臺灣銀行經濟研究室編，《臺灣南部碑文集成》，頁 33～34。
〔註 282〕黃典權，〈三研「蔣公子」〉，頁 84。

葬、偷埋其塚地。〔註 283〕李茂春當初的擇葬地點在百餘年後炙手可熱，引起有心人士的覬覦，可能與該處具備不錯的風水格局有所關聯。

盧若騰，泉州府同安縣金門人，崇禎十三年（1640）進士，學者稱牧洲先生，另有「盧菩薩」之稱。明清鼎革之際，曾協助南明政權抗清。鄭成功攻臺之後，盧若騰與進士沈佺期（656～714）等人擬渡臺灣，舟至澎湖因病纏身，乃僑寓太武山下。永曆十八年（康熙三年，1664）三月辭世，葬於太武山上，遺命題其墓曰「有明自許先生盧公之墓」。〔註 284〕至康熙年間，盧若騰子嗣將其移柩歸葬金門故里，而其原葬澎湖太武山上的遺墓，「倚山面海，形勢頗佳，土人傳爲軍門墓」。〔註 285〕清代後期，《澎湖廳志》纂修者林豪（1831～1918）所撰〈重陽前二日同澎湖諸生遊太武山謁盧牧洲遺墓〉一詩中，在「我今太武山中訪遺碣，白日黃沙埋馬鬣。兩地精靈颯往還，海若山魈氣皆懾」的詩句之後，註稱澎湖太武山上的盧氏遺墓舊穴，後來遭到外人因貪圖穴吉而盜葬的情形云：「公子既扶柩回籍，仍將舊壙築成虛堆。後人利其吉兆，盜葬之，多不利」。〔註 286〕此情此景，與李茂春墳塋的遭遇如出一轍。

除了私人的陰宅擇葬或陽宅卜居之外，在明鄭治臺期間所興造的各項硬體建設中，也不乏風水因素的考量。如永曆十九年（康熙四年，1665）八月，諮議參軍陳永華以臺地開闢初成且屯墾有法，乃向鄭經提議應擇地創建聖廟並設置學校，俾爲王國培育可用人才。鄭經允其所請。原籍泉州府同安縣的陳永華隨即相擇承天府鬼仔埔一帶，鳩工築基，大興土木，翌年（1666）正月，先師聖廟告竣，成爲全臺第一座孔廟（今臺南市中西區全臺首學）。〔註 287〕至清領初年（1684），該孔廟改制爲臺灣府儒學，在某些治臺官員的認知中，鬼仔埔南面有魁斗山（俗名鬼仔山）朝拱，係凝聚學宮佳氣的案山（一般稱之爲文筆峰、文筆砂），就府儒學與魁斗山的相對位置而言，恰好呈現出鮮明的風水色彩（可參見本書第五章第二節的敘述）。以此

〔註 283〕臺灣銀行經濟研究室編，《臺灣南部碑文集成》，頁 436～437。

〔註 284〕林焜熿等，《金門志》，卷 10，〈人物列傳二・宦績〉，頁 262～264；林豪等，《澎湖廳志》，卷 7，〈人物上・寓賢〉，頁 251～253。

〔註 285〕林豪著，林文龍點校，《澎湖廳志稿》，卷 1，〈封域・墳墓〉，頁 41；林豪等，《澎湖廳志》，卷 1，〈封域・山川〉，頁 18。

〔註 286〕林豪，《誦清堂詩集》，卷 8，頁 153～154；臺灣銀行經濟研究室編，《臺灣詩鈔》，卷 5，頁 115～116。

〔註 287〕江日昇，《臺灣外紀》，頁 235～236。

回推陳永華當初的擇地構想，應是帶有風水觀念的成分在內。

由於陳永華為明鄭時期主導漢人經營臺灣的首要功臣，某些攸關區域開發及地方建設的風水傳聞，也多與他牽扯上關係。佛教東傳臺灣始於明鄭治臺期間，座落於今臺南市六甲區龍湖里的赤山龍湖巖，主祀觀世音菩薩，相傳為陳永華於永曆十九年率軍眾屯墾赤山保一帶時所創建，堪稱原臺南縣境最古老的佛寺，寺址所在地於清治時期隸屬諸羅縣（嘉義縣）開化里赤山保轄境。〔註 288〕首任臺灣知府蔣毓英在《臺灣府志》卷六〈廟宇〉中，曾記載龍湖巖的山水形勝云：「環巖皆山也，前有潭，名龍潭，潭左右列植楊柳、緋桃，亭內則碧蓮浮水，蒼檜摩空；又有青梅數株，眾木榮芬，晚山入畫，眞巖居之勝地也」。〔註 289〕全寺群山拱衛且前潭聚氣的風水格局，在蔣志的敘述中依稀可見。

而民間故老傳聞，則直指赤山龍湖巖的風水背景。相傳該寺觀位於「龍蝦公穴（湖）」的風水吉地上，當初勘建寺址的陳永華因深愛此處風光，遂在龍湖巖北面的大潭山腳（今臺南市柳營區果毅里）卜擇一處日後長眠之地，墓塚前方湖水俗稱「龍蝦母湖」，據說是六甲、官田鄰近地區的風水佳穴。《臺南縣志稿》主編吳新榮於 1952 年十二月六日曾親臨曾文區採訪，當他目睹赤山龍湖巖與陳永華墓塋的相對形勢之際，不禁有感而發：「風景確實不錯，不但明代的地理師，就連現代的我們一看就知道是一個山明水秀的地點」。〔註 290〕吳新榮另於〈赤山巖好佛祖、吳仔墻查媒〉一文中陳述這項風水傳聞云：

> 明鄭時期一位最傑出的人物就是陳永華，他做鄭經的諮議參軍，不但政治軍事方面有很大的建設，就文化教育方面也有很大的貢獻，而且常常下鄉賞玩山水勘察地理。有一天，他由赤山巖前經過，偶然聽到二位和尚誦經而有所領悟，乃決意建立一座佛寺給他們住持。這就是赤山龍湖巖，為臺灣第一古寺，建在穴地「龍蝦公湖」上，和陳永華塋地「龍蝦母湖」相對。〔註 291〕

在赤山龍湖巖於戰後時期編撰的〈龍湖巖傳燈簡介〉中，也提到類似的

〔註 288〕顏尚文，〈赤山龍湖巖觀音信仰與嘉義縣赤山保地區的發展（1661～1895）〉，頁 101～102，130。

〔註 289〕蔣毓英等，《臺灣府志》，卷 6，頁 125～126。

〔註 290〕吳新榮，《震瀛採訪記》，頁 15，35。

〔註 291〕吳新榮，《南臺灣采風錄》，頁 10～11。

說法：

鄭軍諮議參謀陳永華將軍駐軍於此，觀此山水迴抱，環境清淨，是「龍蝦公出港陽穴佛地」，乃讚歎菩薩靈感，自撰「青龍活穴」，隨為發起捐建，恭名曰「赤山龍湖巖」。〔註292〕

一般說來，山明水秀的風景勝地，往往也是鍾靈毓秀的風水寶地。佛教寺觀如能擇建於此，既可以營造一處超逸凡俗的優雅環境，也足以增添地傑神靈的神聖色彩，在宗教信仰上自能達成相得益彰的效果。如康熙二十八年（1689），來自中國大陸的臨濟宗支僧勝芝、茂義等人抵達臺境，「見龜山之秀麗、形景而有奇；就處搭蓋草亭，登山伐木，烹茗濟渴行人」。此後，更於這處形勝佳地募建開山寺宮（今高雄市左營區新上里興隆寺前身），崇祀釋迦牟尼佛，以護佑地方安寧。〔註293〕佛教寺觀之外，作為民間通俗信仰中心的廟宇選址，同樣也有風水擇建的情形。自明鄭時期以來，今臺南市永康境內（原臺灣縣武定里洲仔尾一帶）流傳有龍穴、虎穴、眞珠穴、龜穴、白馬穴等五處風水寶地；至清代前期，地方人士於龍穴上建有保寧宮，眞珠穴上建有天后宮，龜穴上建有禹帝廟。〔註294〕宗教信仰與福地吉壤的相輔相成，似乎是臺灣傳統社會渴求神靈護祐且期盼風水庇蔭的芸芸眾生，共同持有的集體意向與一貫理想。

十七世紀前夕，臺灣本土仍為以原住民為主體的社會型態。十七世紀中葉，明鄭入主臺灣期間，隨著渡臺漢人勢力範圍的日益擴張，部分原住民的生活領域逐漸受到漢移民的侵擾，以至於引發彼此之間的族群衝突。永曆二十四年（康熙九年，1670）冬，中部沙轆地區（今臺中市沙鹿區、大肚區一帶）的大肚部落原住民，曾群起抵抗外來統治者鄭氏王國。右武衛劉國軒率領軍眾前往征討，迫使大肚部落原住民轉進埔里社一帶。劉國軒部隊遂屯駐於北港溪畔，此後形成內國姓聚落。該聚落距離龜仔頭約八里，四周「群山環繞，中拓平原」。至光緒十八年（1892），兼辦中路墾務的霧峰林朝棟（1851～1904）駐軍內國姓莊，當軍眾墾闢草萊之際，曾發現一座古碑，題為劉國軒所建，碑文內容如下：

西望華山貴峻巖，華山何事隔深淵？左倉右庫障屏上，北港南溪匯

〔註292〕轉引自顏尚文，〈赤山龍湖巖觀音信仰與嘉義縣赤山保地區的發展（1661～1895）〉，頁103。

〔註293〕何培夫主編，《臺灣地區現存碑碣圖誌　高雄市・高雄縣篇》，頁177。

〔註294〕石萬壽，〈洲仔尾鄭墓遺址勘考報告〉，頁25～26。

案前。湖海星辰來拱照，蛟龍關鎖去之玄。三千粉黛同分外，八百煙花列兩邊，可惜生番雄霸據，留將此地待時賢。

林朝棟因爲這座碑文的重現於世，於是將內國姓莊改名爲時賢莊，以紀念前人篳路藍縷、開發聚落的豐功偉業。〔註 295〕而前引這段贊揚山川偉麗的碑文內容，反映出原籍汀州府長汀縣的劉國軒，對於北港溪一帶砂環水繞、案堂氣聚的堪輿見解。在他的心目中，如此形勝絕佳的風水寶地，應是漢人從事地域拓墾的美麗新世界；若爲「非我族類」的原住民所據有，則未免糟蹋可惜。劉國軒的風水觀念中清楚地夾帶著大漢沙文主義的心態，作爲其帶動漢人積極於臺灣中部拓展活動空間的宣言。在王國官員的率眾經營與言行鞭策下，既有助於漢人勢力在臺灣本土的擴張，想必也是傳統風水文化蔓延的一大動力。當然，這類的思維及行徑，其實也是對於原住民生活空間的一種侵略。

十七世紀中後期，蒞臺漢人不僅在這塊土地上實踐傳統的風水習俗，某些人士對於臺灣的山川形勢與風水格局，亦曾有所點劃。根據相關文獻的記載，鄭芝龍部眾與荷蘭人勢力進據臺灣期間（約於明熹宗天啓年間），曾有一位精通堪輿術數的浙江普陀山僧釋華佑，偕其友蕭客遊覽臺灣，爲期年餘，二人克服陌生環境的各種艱難，歷經島內南北多處原住民部落。凡所到之處，悉將山川形勢繪製成圖，並記載其分佈脈絡與佳穴所在。釋華佑離臺之後，於崇禎年間受到泉州府安溪縣籍李光地（1642～1718）家族的禮遇，且曾爲其先祖李九濱相擇一處「發科第甚速」的風水吉地。相傳釋華佑一度請洽李光地先人爲他刊行這部旅臺聞見圖說，此事未成，即告圓寂。釋華佑的臺灣地理圖說，於是保存於李光地家中。〔註 296〕

根據學者陳進國的研究，釋華佑應即明清之際享譽泉州地區的形法派堪輿家「淮右禪師」，其學大抵傳承自唐代形法派大師楊筠松（以《撼龍經》、《疑龍經》傳世）與黃妙應（820～898，相傳著有《博山篇》），生平曾歷覽閩臺各地山水，留下了多篇察龍審穴的風水圖讖，目前猶有部分抄本收藏於泉州閩臺關係史博物館中。〔註 297〕

〔註 295〕連橫主編，《臺灣詩薈》，第 1 號，1924 年 2 月，〈劉國軒碑〉。

〔註 296〕連橫主編，《臺灣詩薈》，第 1 號，1924 年 2 月，〈釋華佑遺書〉。連橫，《雅堂文集》，卷 3，〈釋華佑遺書〉，頁 144。

〔註 297〕陳進國，〈事生事死：風水與福建社會文化變遷〉，第 2 章，頁 66～77。關於唐末福建堪輿名家妙應禪師的生平事迹以及《博山篇》中的相地法則，另可

至於最早保存釋華佑臺灣地理圖說的李光地，字晉卿，康熙九年（1670）進士，爲康熙朝著名的程朱派理學家。康熙十九年（1680），授內閣學士，與福建總督姚啓聖（1624～1683）舉薦施琅出任福建水師提督，負責攻打以臺澎爲根據地的明鄭勢力，對於當時的臺海局勢多有用心。李光地生平曾校理《御纂朱子全書》、《周易折中》、《性理精義》等理學諸書，並奉敕編修《星曆考原》等術數鉅著，〔註 298〕對於陰陽術數之學應有一定程度的素養。另據《榕村續語錄》卷十七〈理氣〉的記載，李光地曾基於審龍觀局的堪輿論點，以其故居泉州作爲中國東南沿海地區整體堂局的中心，剖析閩臺兩地的相對形勢反映在風水學上的主從關係云：

> 福建來龍發於岷山，至大庾嶺矗起一大屏，自仙霞嶺迄連城，綿亙千五百里。……大屏東西垂帳，上生浙西、延、建，下生廣州、惠州，興、泉、漳三郡居其中，福州、潮州兩傍夾之。……泉居興、漳之中，正當大屏最中之處。臺灣形如月弦，其長竟閩，上接福甯，下接南澳，而泉正望其王城，如弦之射弧，背當出矢處。……故知臺灣，福建之案山也。〔註 299〕

通篇以臺灣島係朝拱福建地區明堂的案山作爲結語，透過堪輿學的觀點，刻劃出臺地的「陪襯」位置與「附屬」性質，此種風水格局的鋪陳所夾雜的政治化色彩，可說是呼之欲出。

習究陰陽風水之說的李光地，另曾參考堪輿家言爲其先父相地營葬；對於父祖伯叔輩的墓塋風水格局及其應驗福禍，亦頗爲關切。〔註 300〕而在乾隆朝《泉州府志》卷六十三〈國朝藝術〉中，亦曾記載李光地與泉州地區堪輿明師周士長的一段因緣云：「周士長，安溪人，居燕岫傍，涉獵奇書，精堪輿，尤善風鑑。李光地未第時，決爲宰輔，後果驗。光地爲題贊其像」。〔註 301〕

或許是自身奉行堪輿術數的緣故，李光地對於這部釋華佑的臺灣地理圖書珍視爲寶。釋華佑圖書秘藏數世後，約至清代中期，爲李光地裔孫某氏所得，而將該書攜至彰化鹿港。某氏辭世後，此書一度散佚。到了日治時期，

參見王炳慶，〈黃妙應與《博山篇》〉，頁 7～11。文中對於《博山篇》作者爲黃妙應的舊説有所質疑。

〔註 298〕趙爾巽等，《清史稿》，卷 262，〈李光地傳〉，頁 9895～9900。

〔註 299〕李光地著，陳祖武點校，《榕村續語錄》，卷 17，頁 796～797。

〔註 300〕李光地著，陳祖武點校，《榕村續語錄》，卷 17，頁 798～800。

〔註 301〕黃任等纂修，《泉州府志》，卷 63，頁 11b～12a。

彰化關帝廳莊蕭氏保有釋華佑圖書六十餘葉，北斗街人某亦留存三十餘葉。近代文人連橫（1878～1936）得此書下卷，其中包括〈臺灣內山總序〉一篇、雜記一則、附圖十三幅。連橫在自己創刊的《臺灣詩薈》第十三號（1925 年元月十五日發行）中，曾刊登釋華佑旅臺遊記的部分內容云：

> 余（釋華佑）至臺地，獲睹奥區；而後山一帶望氣蒼鬱，困於攀躋，未愜素懷。蕭客忽得異牛于二贊行溪，龐然巨象，日行三百里；因售以五十金，遂乘以行。過蛤仔嶺，望半線山，平行四十日，糧食已盡，而東南之區獨未遍歷；復與蕭客射鹿爲餐，饑食其肉、渴飲其血，凡十數日，始達諸羅之界。於是內山險易之地、水源分合之鄉，了無遁情矣。爰顧蕭客而言曰：「壯哉茲遊！自非果決之氣，孰與于此！」因賴諸梓記，合爲壯圖，附諸前山之後；使後人有志於斯道者，但得有稽焉。〔註 302〕

根據這段事後的追述並配合其圖說內容，約略可以推斷釋華佑和蕭客兩人的遊歷範圍，北起今宜蘭平原一帶，往東南至花蓮北端，向西南行經中部彰化（半線）、嘉義（諸羅），南迄今高屏地區。至於臺灣各地的堪輿圖說，連橫在前引文中亦將其所得見的十三幅內容加以披露，茲列表如下所示。〔註 303〕

地　名	圖　說　內　容
內山	內山多仔爛，眞形勝之區。萬山回拱，來龍雄峙。東有打鄰之險，西有揀膏之固，南據沉米谷；內則平洋八十里，外則龜、蛇把水口。而倒麥一帶，則肥沃土膏。八東雷一路，難以通行；推鋪木屑，亦可穩步，容二十萬。礁凹藐，亦足爲郡縣。方之青齊沃野，未足爲多。
大武壟山	紅毛大山，龍行最遠；他里霧社，大窩渾沌。聳身干雲，形勢蹇蹇；大石降脈，仄場深穩。猴悶朝峰，澎湖前案；名將挺生，爲國屏翰。
山朝山	外山有此地，但惜未應閒；五世膺侯伯，金冠玉帶環。山山皆俯拱，眾水立環灣；好是乾亥脈，養木生燦爛。兩金爲少祖，脫土便歡顏。
茄藤	大山多交結，此地爲金冠；火土并金作，金勢自然安。眞金何畏火，陶冶始改觀。深浮金火數，坎離成局寬。雨水夾龍生，大海煥波瀾。

〔註 302〕連橫，《臺灣詩薈》，第 13 號，〈釋華佑遊記〉。

〔註 303〕連橫，《臺灣詩薈》，第 13 號，〈釋華佑遊記〉。學者陳進國認爲，連橫所見圖說，應即淮右（華佑）禪師遊歷臺澎之後所繪《浮游壯圖》的殘本。同前引文，頁 73～75。臺灣堪輿研究者鐘義明近來偶獲釋華佑臺灣地理鈐記原圖，並將其刊錄在《增訂臺灣地理圖記》一書中。參見鐘義明，《增訂臺灣地理圖記》，頁 199～217。

搭樓	臺地無名師，名山多自愛；我被横風吹，爲彼發三昧。墓宅如牛毛，佳城亦安在！亥卯局生成，長錯石間叉。應付已昭然，高碑收遠概。
傀儡大山	窮南龍，至臺灣；勢巉巖，傀儡山。龍行度，五氣圓；謝不益，龍右旋。脈三轉，二木間；壬兼子，眾沙環。火纏護，四百灣。生才傑，展經綸；終五甲，非等閒。
觀音山	龍行南北東復西，二十四山歷位齊。意眩惑，目轉迷；斷兮斷兮高復低，高後低兮縱復提。深窩大突穴既定，大湖巨浸識端倪。鯤身水口大關鎖，大岡、小岡爲坐牙。
半線山	兔向水中生，鷹睛專奮擊；側閃卯宮藏，坐蔽聳耳目。四尺從金數，生水爲洗滌；南社當朝深，堆木爲破的。
半線內山	內山要地少人行，卻有金精在此生。即加山上土色明，刺眼更盪睛，金田每每無人耕。頃刻登舟望龍情，小突出口少陽成；莫不是山川留過客，故教風雨阻行旌。我圖此地貽後英，百歲之後有知名。
呑霄	呑霄吉壤，火鍊金格。宛裡來龍，氣象辟易。三起聳身，峭削危石。崇爻西龍，左龍陽宅；鐘鳴四紀，金氣改革。
珍珠女簡	臺地美人無人識，一到瞻徊賞不給。女簡山前連珠樣，土堆鎮火穴星立。兩水夾處失桃花，左右隨龍勢更急；丁財旺後百餘年，科第並登宰華邑。
內北投	山家捲簾格最奇，山勢横空若捲簾。木能疏土支浮氣，培根養木漸生姿；兩土三金友益水，土重埋金水自隨。此是魁元三貴格，祿馬蘆鞭並斯規。
礁凹藐	山峰多夕曜，殺氣刺眼穿；籠山爲發祖，寅龍布勢綿。獻天金掞起，胎伏穴自然；火曜平脫土，小窩氣脈全。浮葬難消厄，速發體多捐；爲深二、三尺，福祉增百年。

釋華佑的臺灣地理圖說中所指涉的地名，大多譯自原住民語言或部落名稱，有些地名在清代以後依然通行，其中如「觀音山」、「北投」之名更是沿用至今。〔註 304〕至於在堪輿解說方面，各篇內容概勾勒出特定區域內來龍去脈、護砂水口與堂局前案的風水形勢，並推斷幾處佳穴吉壤分別具有的人

〔註 304〕根據鐘義明的研究並參照其他相關文獻，可將釋華佑臺灣地理圖說中的古今地名約略對照如下：冬仔爛（宜蘭縣蘇澳鎮境），打鄰（宜蘭縣礁溪鄉境），揀膏（宜蘭縣員山鄉境），沉米谷（宜蘭縣壯圍鄉境），倒參（宜蘭縣礁溪鄉境），八東雷（宜蘭縣礁溪鄉境），大武壟（臺南市玉井區），他里霧（雲林縣斗南鎮境），猴悶（斗南之北），山朝山（臺北瑞芳三貂嶺），茄藤（屏東縣佳冬鄉境），搭樓（屏東縣里港鄉塔樓村），傀儡大山（屏東大武山脈），觀音山（高雄市大社區神農里），半線山（彰化縣社頭鄉境），半線內山（奇萊山以東的花蓮縣境），即加山（竹腳宣、七腳川，今花蓮縣吉安鄉境），呑霄（苗栗縣通霄鎮），宛裡（苗栗縣苑裡鎮），珍珠女簡（宜蘭縣冬山鄉境），內北投（臺北市北投區），礁凹藐（宜蘭市），籠山（基隆山）。鐘義明，《增訂臺灣地理圖記》，頁 197～198。另參見廖風德，《清代之噶瑪蘭》，頁 64～76。

事庇蔭效驗，可見於大武壟山、山朝山、傀儡大山、半線內山、珍珠女簡、內北投、礁凹蕸等圖說。諸如此類的敘述手法，基本上呈現出巒頭派的理論特點，但其中亦不乏理氣派的思維色彩。

傳統風水術發展至唐宋期間，逐漸醞生出形勢、方位兩大派別，〔註 305〕即後世所通稱的巒頭派（形法）與理氣派（向法、宗廟法）。此二宗派的歷史淵源、學說主張與流傳地域互有差異，一般說來，巒頭派肇始自唐宋時期江西籍楊筠松（楊救貧）、曾文辿（854～916）、廖瑀（943～1018，廖金精）及賴文俊（賴布衣）等人，盛行於大江南北各地，或稱爲江西派。其學說內涵專注於龍、穴、砂、水的形勢勘察，以尋覓山環水抱、藏風聚氣的風水寶地。理氣派濫觴於閩中，至宋代王伋（1007～1073）而集大成，大致流傳於閩浙廣地區，別稱福建派。其學說內涵主要藉由八卦易理與陰陽五行的生剋關係，來勘驗宅屋墳穴的堂局宜忌與方位吉凶。〔註 306〕

值得注意的是，長期以來，巒頭、理氣兩派在傳佈的過程中，雖然存在著某些針對堪輿學理之正統詮釋權的競爭，然而彼此並非始終固守「不相通用」的門戶歧見，而是不斷地透過堪輿地師的往返與風水著作的刊行，在理論系統及實踐法則等方面達成某種程度的交流。舉要而言，如明清兩代堪輿學界「巒頭爲體，理氣爲用」之說的問世，以及「地理五訣（龍、穴、砂、水、向）」之學的融會，具體顯示出原本若即若離的兩派之間，已然衍生出一種「相互爲用」的涵化關係。〔註 307〕即使是出身於理氣派大本營的釋華佑，在他的臺灣地理圖說中，仍然是以巒頭派（江西派）之尋龍察砂、坐山觀局的「喝形」原則爲主體，如山朝山爲金繡球形，茄藤爲金龜穴形，半線山爲蒼鷹搏兔形，半線內山爲美女梳粧形，珍珠女簡爲連珠格，內北投爲捲簾格，礁凹蕸爲猛虎下山形，以及內山圖說中的龜蛇把水口等等，〔註 308〕著重於山川脈絡的形勢刻劃，另夾雜少許理氣派（福建派）所標榜的五行生剋與干支卦向（二十四山）的宜忌觀念，進而對臺灣南北多處地理空間作出一種堪輿式的解讀。連橫在前述〈釋華佑遊記〉的跋語中，有如下的一段歷史評價：

釋華佑遊記，臺灣堪輿家談之嘖嘖；師說相承，語多奇異。曩在大

〔註 305〕丁芮樸，《風水袪惑》，頁 13a。

〔註 306〕王禕，《青巖叢錄》，頁 24b～25a；蔣超伯，《南漘楛語》，〈地理〉，頁 49～50。

〔註 307〕劉沛林，《風水——中國人的環境觀》，頁 61～87；陳進國，〈事生事死：風水與福建社會文化變遷〉，頁 38～87。

〔註 308〕鐘義明，《增訂臺灣地理圖記》，頁 199～217。

墩，洪以倫先生謂余，曾見其書，惜非全帙。……日者，林君孔昭自新竹來，攜以相示；有臺灣內山總序一篇、雜記一則、圖十三幅，各有說，語似繇辭，是爲青鳥家言。顧以總序觀之，尚有前山一篇，則此亦非全帙。圖中地名皆譯番語，至今尚有襲用。而內山一圖，南自瑯嶠，北至雞籠，山川脈絡，記載尤詳。凡可建邑屯田之地、陸防水戰之區，莫不指示其要，是又經世家言。〔註 309〕

從這段引文中，可以看出普陀山僧釋華佑圖說在日治前期臺灣堪輿學界所造成的震撼，並獲得某些地方士紳的注目。再者，如果連橫所錄釋華佑的地理鈐記爲眞，則不啻繼明朝萬曆三十一年（1604）福建連江人陳第（1541～1617）於〈東番記〉中對於臺灣西部原住民的記載之後，〔註 310〕晚明渡臺漢人根據傳統風水觀念解讀臺灣島內地理空間的一項實質成果。在臺灣早期堪輿學史上，堪稱是空谷足音，備顯得難能而可貴。

釋華佑本人顯然也認識到了這一點，搭樓圖說中「臺地無名師，名山多自愛；我被橫風吹，爲彼發三昧」的現身說法，隱約表示出一股「前無古人」般的自豪。而半線內山圖說中「內山要地少人行，卻有金精在此生」的強調，以及珍珠女簡圖說中「臺地美人無人識，一到瞻徊賞不給」的感慨，也映現出釋華佑置身於明末天啓年間漢人鮮至的歷史時空背景下，對於臺灣各原住民活動區域之風水形勢的慧眼獨具。來自漢人社會的釋華佑眼中所流露的堪輿目光，已開始察覺到臺灣這片大好江山的未來開發潛力。

十七世紀後期的遷臺漢人或蒞臺人士，不僅在這塊海外新天地重新實踐其造宅葬墳的風水行爲，另一方面，也在主觀意識上逐步將臺灣島域納入中國傳統風水理論的空間認知中。我們從這段期間各種關於明鄭興亡的風水傳聞中，也可以發覺這類漢文化傳統民俗信仰與空間意識的展現。

二、關於明鄭興亡的風水傳聞

神話傳說通常呼應人們的集體心態，往往也反映特定時空的社會背景。從永曆十五年四月率眾驅荷到翌年五月病逝安平，延平郡王鄭成功在臺灣的

〔註 309〕連橫，《臺灣詩薈》，第 13 號，〈釋華佑遊記〉。

〔註 310〕收入沈有容編，《閩海贈言》，卷 2，頁 24～27。陳第於萬曆 30 年 12 月（1603）隨福建浯嶼指揮沈有容（1557～1628）渡海來臺剿倭；翌年春，撰〈東番記〉追述其親歷見聞。學者方豪考證〈東番記〉實明季親臨臺灣本土的中國人士，「目擊本島情形者所遺之最早文獻」。《方豪六十自定稿》，頁 2238。

日子雖僅十三餘月，卻已為在臺漢人解除荷蘭異族的統治枷鎖，緊接其後一府二縣的設置與屯墾事務的推展，奠下了漢人經營臺灣所賴以憑恃的政經基礎。如從漢族中心主義的立場加以考量，鄭成功可說是開創了臺灣史上前無古人的空前壯舉，使得他一躍成為民間普遍推崇的民族英雄，受到廣大民眾的景仰。影響所及，歷來為數不少的神話傳說，更是以鄭成功作為主角，並賦予他神聖化的形象。藉由各種神話傳說的流佈，英年早逝的鄭成功依然存活在人們的心目中。任憑時移世換、人事滄桑，鄭成功的事蹟傳說仍舊流傳於臺灣社會的各個角落，不斷為時人所津津樂道。此種集體現象的存在，一方面傳達後世對於這位驅荷英雄的追思情懷，另一方面也呈現出臺灣漢人共同的歷史記憶。〔註311〕

在傳統漢文化社會，一位樹立功績德業的英雄偉人，其體貌、出身與家世背景，難免受到後世的刻意渲染或穿鑿附會。這些傳說的背後所隱藏的心態，主要是從神聖信仰的角度，凸顯出這位歷史人物超逸常人的天賦異稟，來解釋他得以開創出不凡事蹟的前因後果。鄭成功在民間傳說中的形象，也具備類似的傳奇色彩。如文獻記載鄭成功年十五歲時，補南安縣學生員，當年曾有一名金陵術士親見鄭成功，驚嘆道：「此奇男子骨相非凡，命世雄才，非科甲中人也」。〔註312〕在這段傳聞中，年少的鄭成功似乎已展現出非比尋常的氣質與經綸世務的才幹。而後世所流傳的幾則關於鄭氏先祖的風水傳聞，其內容除了解說鄭成功本人稟賦超凡的其來有自，同時也透露出漢人社會對於鄭成功父子三代為何能在臺灣本土延續大明國祚的後設詮釋，其中尤以「五馬奔江」、「王侯地」的祖墳地穴之說，最為膾炙人口。

根據江日昇所著《臺灣外紀》的記載，明太祖朱元璋於至正二十八年（1368）正月即位金陵（南京），國號大明，建元洪武，旋命江夏侯周德興前赴各地設立衛所，安插有功將士，並儘可能敗壞閩粵地區的風水吉穴，令其無法蔭出任何足以威脅大明政權的人才。相傳周德興在福建泉州謀建永寧衛之際，行經鄭成功先祖發跡的南安縣石井安平地方，「見龍勢飛騰，山環而相顧，水潮而有信，旗鼓顯耀。印劍生成，徘徊瞻玩」。周德興憶起當初奉承朱元璋「斷沿邊孽穴」的密旨，而此地風水形勢既然醞生王氣，自應加

〔註311〕相關的論述，可參見楊瑟恩〈鄭成功傳說研究〉與蔡蕙如《與鄭成功有關的傳說之研究》。

〔註312〕鄭鵬程抄，《石井本宗族譜》，頁39。

以斬斷。於是，他傳令南安知縣楊廷志，集結人手並備妥鍬鍤，計畫於翌日執行洪武皇帝斬草除根以維護朱姓統治地位的旨令。是夜，周德興忽然夢到二人向他跪告：「公奉旨勘踏地脈，斬除孽穴。適觀此處飛騰踊躍，疑惑於懷；欲為開斷，以銷國患。但此地不然，發脈於臨汀，起伏於紫帽，蟠騰隱現，實歸安江；其左輔右弼，氣象萬千。上帝業命余保護此土，以俟後來之有德者葬其中，應出五代諸侯，為國朝嘆氣。幸勿輕為開斷，以違帝命。謹記！謹記！」周德興一夢驚醒之後，輾轉思量夢中的情境，認定是該處山神奉上帝之命在此守護，希望他不要擅自毀傷這處龍脈，以保持風水的完好，將來必出五代諸侯，為大明政權延續國祚。次晨，周德興親登嶺上，「遙望波濤洶湧，山勢嵯峨，發跡環遶。不但尖圓秀麗，氣概雄壯；及山窮水盡，愈玩愈有意味」。周德興緊接著步向山巔，驀然目睹一塊大石上，鐫有「海上視師」四大字，其旁落款「宋朱熹書」。周德興驚訝道：「先賢業有明鑑！此乃天數，豈可違逆？」隨即徘徊下山，散其夫役，斷絕石井龍脈一事，就此作罷。〔註 313〕

前述傳聞中呈現明太祖遣使毀斷全國各地「孽穴」的作法，似乎是傳統中國歷代帝王保障其政權穩固的手段之一。長久以來，這類的傳說故事也流傳於閩粵社會。如明末諸生廣東番禺人屈大均《廣東新語》卷一〈雲〉中提到：「廣州治背山面海，地勢開陽，風雲之所蒸變，日月之所摩盪，往往有雄霸之氣。城北五里馬鞍岡，秦時常有紫雲黃氣之異，占者以為天子氣。始皇遣人衣鏽衣，鑿破是岡，其後卒有尉佗稱制之事。故粵謠云：一片紫雲南海起，秦皇頻鑿馬鞍山」。〔註 314〕另外，在漳州府漳浦縣七都溪東保的一處風水寶地「開山根」，「相傳元時以是山有王氣，可出聖人，遣使鑿斷其脈，泉噴出如世，俗名其地為開山根，山下有穴，稱聖人穴」。〔註 315〕對照之下，鄭成功先祖發跡地點的龍脈傳聞，大致為閩粵地區傳統漢人社會集體心態的產物。透過明朝皇帝遣使敗壞龍脈一事，來襯托出鄭氏父子故居深具不同凡響的「王者氣象」；換句話說，正由於他們非比尋常的出身，才得以為大明帝國的末日，延續短暫的夕陽餘暉。

〔註 313〕江日昇，《臺灣外紀》，頁 1～2。引文中的朱熹傳聞，前可呼應清代福建文獻中對於朱熹形象的推尊，後可連結「龍渡滄海」的傳聞（詳見本章第三節）。

〔註 314〕屈大均，《廣東新語》，卷 1，頁 18。另參見是書卷 19，〈趙佗墓〉，頁 493。

〔註 315〕陳汝咸、林登虎纂修，《漳浦縣志》，卷 19，〈雜志・古蹟〉，頁 1519。

又根據前引江日昇書中的記載，南安縣石井龍脈躲過周德興的毀斷之劫後，相傳鄭芝龍的二世祖鄭達德巧遇異人「廖明師」爲他指點一穴葬地，並將該處的風水形勢定名爲「五馬奔江」，以應驗鄭氏後代子孫將出五代諸侯的事實。〔註 316〕在這則風水傳說中，先是透過明初周德興夢受神諭的護脈警言，其次藉由南宋大儒朱熹石刻文字的權威預示，最後再加上後代堪輿大師的專業認證，來強化鄭氏發跡地點的神聖色彩，進而將鄭成功父子延續大明國祚的成就歸因於風水地脈的必然應驗。如此的思維取向，堪稱是一種標準的「風水命定論」或「堪輿應驗說」。〔註 317〕

曾任鄭氏部將的泉州同安人江日昇，在康熙四十三年（1704）完成的《臺灣外紀》一書中，甚至將前述的風水傳聞引爲凡例，其首條即提到：「是編首起明太祖者，因鄭氏祖墓穴地不毀於江夏侯而有神護，推其源也」；第四條亦云：「是編原爲鄭氏應出五代諸侯，爲故明嘆氣之前讖」。〔註 318〕而其書首並有〈鄭氏應讖五代記〉，開列鄭芝龍、鄭成功、鄭經、鄭克壓、鄭克塽五人的事蹟簡介。江日昇在書中作出此種「事後諸葛」式的安排，適可顯示出他個人對於這段風水典故的重視。〔註 319〕

風水應驗的想法不僅出現於江日昇的論述裡，在道光三年（1823）十一月鄭氏第十二世孫鄭希石所撰〈石井謁祖序〉中，曾提到他拜謁南安縣石井祖廟時，不禁贊歎該處擁有「五馬奔江」的地理形勝，同時也聯想到如此奇佳的風水格局，對於鄭氏歷代子孫的科名功業必能有所庇蔭云：「見夫廟貌端嚴，一鰲獨占；明堂整肅，五馬皆朝。楊山西峙兮，宛巒岫之接天；海濤東注兮，恍江漢之朝宗。宜其三圭錫爵綿世澤，尺土封王守孤忠。猗歟休哉！科甲屢興，炳哉麟乎！」〔註 320〕由此可見，「五馬奔江」的風水庇蔭鄭氏數代封侯的說法，業已成爲鄭成功後代家族成員的集體記憶。

無獨有偶的，在閩南泉州地區，另流傳一則關於鄭成功曾祖母葬於鰲山

〔註 316〕江日昇，《臺灣外紀》，頁 2。

〔註 317〕相傳順治後期當黃梧建議清廷掘毀鄭氏祖墳之際，這處「五馬奔江」的風水寶地曾再度倖免劫難。晚清學者魏源於《聖武記》卷 8〈康熙戡定臺灣記〉中提到：「始黃梧之降也，言鄭氏石井山祖墓，形勢昌雄，宜剷之泄其王氣。于是晉江縣之大覺山、南安縣之覆船、橄欖、金坑諸山，五墓皆毀，惟其石井山祖墓，號五馬奔江者，不知所在」（頁 230）。

〔註 318〕江日昇，《臺灣外紀》，凡例，頁 13。

〔註 319〕江日昇，《臺灣外紀》，〈鄭氏應讖五代記〉，頁 13。

〔註 320〕鄭鵬程抄，《石井本宗族譜》，頁 32～33。

「王侯地」靈穴的歷史掌故，同樣也反映時人對於鄭成功父子得以受封王侯的風水聯想。這段風水傳聞的大意是說：鄭芝龍之父鄭象庭（紹祖）與其弟鄭春庭（土儔）二人年少嗜賭，因而傾家蕩產，母親過世後竟是無棺可葬。兄弟二人爲了處理母親的後事，只好前去向舅父借資千文，然而，卻於歸途中參與聚賭而輸光錢財。二人惟恐舅父明日來訪之際無從交代，一時之間急中生智，乃將母屍納於一米籃中，乘夜搬運至鼇山附近，準備草草埋葬了事。不料，中途遇上傾盆大雨，二人迅即丟棄內置亡母屍體的米籃，避雨樹下。雨過天晴後出尋米籃，赫然看到群蟻負土，堆置於米籃所在處，已將形成一小山阜。兄弟二人一見墓葬天成，驚訝之餘，也不加以移動，展拜後即返歸家中。次日，母舅前來墓前焚香祭拜，觀察周遭地勢，勘驗風水龍脈，不禁嘖嘖稱奇，認爲此墳穴係「旗鼓掩映，劍印左右，案堂天成」的王侯地，實爲一難能可貴的吉壤佳穴，於是向兩甥問及此處「何人指葬？惜用棺木耳？」二人在母舅的逼問之下，勉爲其難地答覆實情，卻見母舅喜出望外，欣然稱道：「天成之！天成之！此地福分不少，但你兄弟須改過自新，力務正業，庶得享福」。此後，閩南一帶傳說，鄭氏後代於冥冥之中承受這塊米籃穴、王侯地的靈氣所鍾，造就了後來鄭成功四世祚業的榮顯。〔註 321〕

這則「王侯地」的風水傳聞，如與前述「五馬奔江」的說法相互比較，除了故事主角和具體的情節發展有所不同之外，兩者之間概以旗鼓互襯、印劍相成的堪輿形勢，來烘托出鄭氏祖墳的王侯氣象。依照傳統風水學的說法，「旗鼓砂」主出文韜武略的將相，風水條件可謂絕佳。如清乾隆後期趙九峰《地理五訣》卷四〈旗鼓砂〉中指出：「旗鼓，兵器也，左有旗，右有鼓，武將兵權，催陣鼓，出陣旗，身領將軍，或龍上、或過峽、或穴場得此者，出武將最利，發科甲最速。更妙者，旗出庚方，鼓現震位，再得丙龍入首，星峰貴秀，主文武全才，出將入相，貴居極品」。〔註 322〕前述兩則傳說皆透過旗鼓砂的風水比附，將鄭氏父子的稱雄海外歸因於祖墳風水的庇蔭有成，其背後所隱涵的心態，可說是此呼彼應且其來有自。英雄崇拜是人類滿足自我、抒發理想的方式之一，鄭成功家族的風水傳說，無疑也提供了這樣的想像空間。

〔註 321〕鄭喜夫，〈鄭延平之世系與井江鄭氏人物雜述〉，頁 278；婁子匡，〈鄭成功傳說之整理〉，頁 102～103，114。

〔註 322〕趙九峰，《地理五訣》，卷 4，頁 14a。

在風水庇蔭觀念的籠罩下，個人的飛黃騰達或家族的顯赫發展，並不是偶然的，而是與其先祖的墳穴風水聲息相通。同樣的，成也風水，敗也風水，小至個人、大至國家的衰落淪亡，似乎也脫離不了風水氣運是否庇蔭得當的聯想。與鄭氏同鄉的泉州府南安縣人伍資遠在《鄭成功傳說》一書中，記載一則關於明鄭興亡的風水傳說，其中根據鄭氏發跡地點「五馬朝江一馬回」的俗諺，來解說明鄭在臺灣的統治權，爲何僅延續至鄭克塽即告結束的緣由云：

> 福建省南安縣石井鄉的江口，有五塊巨石兀立在江上，多像馬形。其四昂首作奔向海外狀；其一卻是翹首回望石井鄉。因此當地有「五馬朝江一馬回」的諺語。俗傳：假如五馬齊奔海外，那鄭氏便成帝王大業。可惜地靈所鍾，氣數天定。爲了衹有四馬奔海，就感應了鄭氏四代的榮顯；因爲一馬回頭，所以鄭氏祚業不能延續到第五代了。〔註 323〕

論述中將明鄭的瓦解歸因於風水氣數的命定，此種心態，宛若是一種「泛風水庇蔭觀」的後設詮釋。

明清之際福建地區另流傳一則「草雞」傳聞，其中也涉及明鄭興衰敗亡的關聯性思考。相傳萬曆三十二年（1604）三月十日，廈門當空忽然雲霧四合，雷電閃爍，海渚劈開一石，石中悉爲隸篆文體，識者解讀其文曰：「草雞夜鳴，長耳大尾，銜鼠干頭，拍水而起。殺人如麻，血成海水。揚眉於東，傾陷馬耳。生女滅雞，十倍相倚。志在四方，一人也爾。庚小熙皞，太平伊始」。由於通篇論述模稜兩可，時人多不能理解這段讖言的意涵。同月十八日辰時，鄭芝龍誕生於泉州。〔註 324〕江日昇《臺灣外紀》中記載這則典故，隱然是將草雞的讖言與鄭成功之父鄭芝龍的誕生，附予前後的因果關聯。

在明季閩籍人士陳衎所著《槎上老舌》一書中，亦曾記載崇禎十三年（1640）間，泉州府同安縣鷺門（廈門）有位僧侶貫一某次夜坐之時，目睹籬牆外坡陀有光芒閃爍，接連持續三晚。未名究竟的貫一在好奇心的驅策之下，於是挖掘此光芒出現的地方，結果挖到一塊古塼，其背印突起兩圓花，正面刻有四行古隸，凡四十字：「草雞夜鳴，長耳大尾。干頭銜鼠，拍水而起。殺人如麻，血成海水。起年滅年，六甲更始。庚小熙皞，太平千紀」。

〔註 323〕轉引自婁子匡，〈鄭成功傳說之整理〉，頁 102。
〔註 324〕江日昇，《臺灣外紀》，頁 2～3。

〔註 325〕與江日昇《臺灣外紀》的記載，幾乎是大同小異。

在此塊古塼出土的四十四年後，即康熙二十二年（1683），鄭克塽率領明鄭部眾降清。後世或根據這段「草雞」的讖語，附會明鄭勢力的瓦解本是天數所定。如清初學者王士禛（1634～1711）在《池北偶談》卷二十二〈廈門塼刻〉中解釋：

雞，酉字也，加草頭、大尾、長耳，鄭字也。干頭，甲字；鼠，子字也：謂鄭芝龍以天啓甲子起海中爲群盜也。明年甲子，距前甲子六十年矣。庚小熙皞，寓年號也。前年萬正色克復金門、廈門，今年施琅克澎湖，鄭克塽上表乞降，臺灣悉平。六十年海氛，一朝盪滌；此固國家靈長之福，而天數已預定矣。〔註 326〕

也就是說，鄭氏父子一生的成與敗，早已爲天命所註定。縱使他們苦心孤詣，亟欲重拾大明舊山河，但終究難逃功敗垂成的苦果。除此之外，林義儒於《海濱外史》一書中記載鷺門寺僧掘獲草雞傳聞的帛書之後，緊接著強調此則傳聞與「滅鄭首腦」福建總督姚啓聖的關係云：

傳説已久，至是而壬子舉人陳潤字龍季，在軍門效用，獻之。公（姚啓聖）曰：「是賊滅之兆也。本部院姓氏亦在其中。藐然啓聖，其何敢當。」因牌示行文布按及各府縣詳查果否，令其聲傳海上，以爲招徠之助。解之者曰：「草頭雞下，大耳長尾者，鄭字也。干頭啣鼠，拍水而起者，鄭芝龍於明天啓甲子年作亂海中也。生女滅雞，十億相倚者，言姚當滅鄭也。起年滅年，遇豬而止者，是歲癸亥，來年復爲甲子也。庚小熙皞者，康熙字也。太平八紀者，今皇帝當蒞政九十六年也。」或曰廈門水中浮出磚一片，有文云；或曰公所自撰以愚海上，使知天命，有歸而納降之意也。〔註 327〕

在這段充斥著政治化色彩的引文中，作者指稱姚啓聖曾利用此則斷定明鄭將亡的草雞讖言作爲宣傳工具，向明鄭治下的閩臺人士進行心戰喊話，曉諭他們明瞭大勢之所趨，儘速投誠大清帝國，不要再作無謂的抵抗與平白的犧牲。通觀草雞讖言的傳世，不僅傳達了一種時人看待鄭氏必敗的前知信仰，同時也爲易代之際大清政權將臺灣納入版圖一事，從內在意識上賦予一

〔註 325〕王士禛著，勒斯仁點校，《池北偶談》，頁 537。

〔註 326〕王士禛著，勒斯仁點校，《池北偶談》，頁 537～538。另參見連橫主編，《臺灣詩薈》，第 2 號，1924 年 2 月，〈臺灣漫錄．草雞〉。

〔註 327〕引自宋征輿等，《東村紀事外四種》，頁 79～80。

種事出有因、理所固然的神聖化詮釋。

吾人考察明鄭興亡傳聞的象徵意涵與人事情境，其部分內容雖然不乏附會之嫌，但就傳說本身的意向結構而言，主要是採取一種隱喻、影射的手法，表露出後代閩臺人士的心目中，鄭成功本人鞠躬盡瘁的悲劇英雄形象，徒留「孤臣無力可回天」的遺憾。另一方面，關於鄭氏的風水傳說某些或許是出自後見之明的想像，然而，如就其作爲觀念傳播的銜接點與承載體的角色而論，這些傳說故事既是明鄭至清代前期風水習俗在閩臺社會傳習流佈的歷史產物，展現出民間集體意識的投射或是明鄭情結的宣洩，與此同時，也可作爲我們透視清代臺灣各種風水傳聞所反映的庶民心態及社會現象的參考座標。伴隨著鄭氏風水傳說的口耳相傳，對於風水觀念在清代臺灣民間社會的散播，相信也起了一定程度的推助功效及強化作用。

總結本節的討論，十七世紀後期臺灣漢人移墾社會的建立，主要在明鄭治臺期間蔚成氣候。針對風水文化在明鄭治臺前後的社會實踐，由於現存文獻的有限，我們祇能透過零星的記載去尋覓一些風水習俗的蛛絲馬跡；再加上明鄭勢力的活動區域主要位於今臺南地區，以致本節陳述這段時期風水文化的傳佈，在地域分佈與階層特性上難免具有相當程度的侷限性。縱使如此，我們不要忘了鄭氏王國係臺灣本土第一個以漢人爲主體的政治實體，當初隨鄭氏父子入臺的文武官員與軍民眷屬，也大多是來自風水習俗普遍盛行的閩南地區。順治十八年（永曆十五年，1661），清廷對中國東南沿海地區下遷界令之後，鄭成功亦陸續招徠福建沿海爲數不少的流亡漢人，投入臺地的拓墾工作。數年後，漢移民數量已累積近二十萬人，成爲中國傳統風俗文化重現於臺灣本土的一股重要力量。〔註 328〕此後，在鄭經當政期間，經陳永華的主導下，建孔廟、立學校，有計劃地移植漢人傳統社會的儒學教化內涵，進而拓展漢族文化對於臺灣社會的實質影響。〔註 329〕除了儒學禮教的推行之外，表現在民俗活動方面，統治階層對於造宅葬墳的講究以及平民百姓對於居葬擇地的重視，皆促使閩粵原鄉的風水文化伴隨著鄭氏王國的政經勢力同步進入臺灣，並逐漸在南部區域蔓延開來，最終成爲漢人移墾社會的行爲常態，迥異於先前原住民部落社會的居葬方式。從社會轉型的角度，風水文化的傳

〔註 328〕曹永和，〈鄭氏時代之臺灣墾殖〉，收入氏著，《臺灣早期歷史研究》，頁 272～277。

〔註 329〕陳純瑩，〈明鄭對臺灣的經營（1661～1683）〉，頁 205～222。

佈，也可視爲這段期間臺灣西部各地逐漸趨向「內地化」的一項指標。〔註 330〕

十七世紀中後期，蒞臺漢人不僅在這塊土地上實踐傳統的風水觀念，某些人士對於臺灣的山川形勢與風水格局亦曾有所點劃。透過堪輿學上「喝形」原則的運用，將原本陌生的自然環境轉化爲漢人所熟悉的空間符號，來彌補心理上對於未知區域的不安全感，或賴以吸引渡臺移民從事實際的拓墾事業，讓他們能在福爾摩沙島上用心於追尋人間佳境，以創造出一片海天新樂土。自十七世紀後期以來，臺灣各地逐漸流傳有多處適宜居葬的福地吉壤，這些風水佳穴的傳聞也許不是「空穴來風」，而是與鄰近區域的地理形勢條件與社會文化背景脫離不了關係。此種現象的存在，既傳達了傳統風水文化在臺灣本土社會的傳習日深，也反映出閩粵移民對這塊海外新故土逐漸產生了一種「落地生根」的認同感。

隨著臺灣本土外來政權的轉移，新接手的大清帝國除了在治理措施上因勢利導、除舊佈新之外，也爲新歸版圖的海天孤島形塑出一套合理化的風水格局，作爲一統意識的顯影與統治權力的表徵。

第三節 「龍渡滄海」說的意識建構

在早期東亞海域史上，北臺雞籠一帶作爲沿岸航行的針路指南，亦爲中國東南沿海漢人與日本人從事季節性漁業的停泊處，或是與臺灣原住民進行商業貿易的據點。明代中後期，閩海郡縣倭患頻仍且海寇不斷，殃及臺地雞籠、淡水一帶。十五、十六世紀，歐洲人發現環球新航路之後，葡萄牙、西班牙與荷蘭爲了開展東方海上通商和傳教事業，各國船舶陸續活動於中國東南海面。〔註 331〕他們不時到雞籠、淡水進行貿易，而且圖謀佔據，以致引起中國官紳的警戒。有識之士基於海防的觀點檢討中國與「外夷」的利害關係，進而形諸筆墨、編次成帙，使得當時作爲航向指南與商貿據點的北臺雞籠（山）等地，零星出現在明清之際攸關「海氛未靖」的文獻記載中。〔註 332〕

〔註 330〕關於「內地化」的觀點，參見李國祁，〈清代臺灣社會的轉型〉，頁 111～148。

〔註 331〕關於北臺雞籠在早期東亞海域史上的角色及其功能，參見陳宗仁，《雞籠山與淡水洋：東亞海域與臺灣早期史研究，1400～1700》；周婉窈，〈山在瑤波碧浪中——總論明人的臺灣認識〉，頁 93～148。

〔註 332〕徐光啓撰，王重民輯校，《徐光啓集》，卷 1，〈海防迂說〉，頁 37～50；熊明遇，《島人傳》，收入熊人霖編，《文直行書》，文卷 13，頁 19a～41b；林繩武，《海濱大事記》，頁 2～8；臺灣銀行經濟研究室編，《流求與雞籠山》，頁 87

由於漢人海上活動與中外交通的日趨頻繁，臺灣與大陸之間的地理關係以及臺灣本土的山川形勢，也逐漸被納入中國傳統龍脈理論的概念架構。

明嘉靖三十四年（1555），鄭舜功奉兵部尚書調浙江巡撫楊宜之命，取道嶺南出海探勘，於翌年抵達日本察訪。歸國後，曾將自己的海外親歷見聞編述成《日本一鑑》。該書《桴海圖經》卷一〈萬里長歌〉採詩文夾註的方式，追記他縱遊中國東南海域的針路行程以及各島嶼諸國的地理分佈，其中，在「一自回頭定小東，前望七島白雲峰」的詩文後註云：

> 回頭，地名，泉海地方約去金門四十里，下去永寧八十里，會自回頭徑取小東島，島即小琉球，彼云大惠國。按此海島，自泉永寧衛間抽一脈渡海，乃結彭湖等島；再渡諸海，乃結小東之島。自島一脈之渡西南，乃結門雷等島；一脈之渡東北，乃結大琉球、日本等島。夫小東之域，有雞籠之山，山乃石峰，特高於眾，中有淡水出焉。而我取道雞籠等山之上，徑取七島；七島之間，爲琉球、日本之界。〔註 333〕

從鄭舜功所述各島嶼的相對位置加以判斷，小東島、小琉球應即明季中國沿海人士對於臺灣島的通俗稱謂。〔註 334〕值得注意的是，行文中指陳小東島（臺灣）的形成，係由發源自福建泉州永寧衛的山脈，橫渡滄海注結而成的島嶼；而聳立於該島上的雞籠山，則爲當時舟行至此參校南北針路航向的座標點。鄭舜功書中關於臺地來龍的記載，洋溢著萬方地脈皆歸宗於大明中國的傳統天下意識。〔註 335〕如此的說法，似乎也是後來「龍渡滄海」、「雞籠祖山」之類涉及臺灣地理形勢論述的先聲。

另外，在前引明季普陀山僧釋華佑所著臺灣地理鈴記的傀儡大山圖說，內有「窮南龍，至臺灣」的一段文字，又於礁凹藐圖說中指出北臺「籠山爲發祖，寅龍布勢綿」。〔註 336〕如其所述，中國三大龍脈之南龍尾脈渡海來臺以及雞籠山爲全臺祖山的概念，彷彿已在晚明之際中國士紳或蒞臺人士的著述中現出端倪。〔註 337〕根據現存的歷史文獻顯示，大約在十七世紀末葉臺灣納

～103；張維華，《明史佛郎機呂宋和蘭意大里亞四傳注釋》，頁 2～155。

〔註 333〕鄭舜功，《日本一鑑》，卷 1，頁 3b。

〔註 334〕方豪，《臺灣早期史綱》，頁 73～83。

〔註 335〕類似的心態，另可見於鄭舜功，《日本一鑑．窮河話海》，卷 1，〈地脈〉，頁 5a-b。

〔註 336〕連橫主編，《臺灣詩薈》，第 13 號，〈釋華佑遊記〉。

〔註 337〕但有關雞籠祖山所承接的南龍來脈之說，則有源自閩南泉州或閩北福州的差

歸大清帝國版圖之初，清朝官員隨即從風水學的觀點，建構出全臺祖山——雞籠龍脈格局的系統論述，作爲其通觀全臺山川地理形勢的基本主軸。這套風水祖脈說的問世，既表露出時人對於臺地疆域有了更實質的掌握，同時也在意識上延伸爲大一統帝國統治權力的象徵。

一、雞籠發祖：全臺祖山的形塑

康熙二十二年六月，福建水師提督施琅攻克臺澎，鄭克塽遣使投降，結束了明鄭對於臺灣的統治權。這時，清朝政府直接面臨到臺地的去留問題。康熙皇帝最初一度認爲「臺灣僅彈丸之地，得之無所加，不得無所損」，對於臺灣本土，恍若興致闕如。〔註 338〕但在某些清朝官員的看法裡，臺灣畢竟是由先前「甘外王化」的「海外一隅」，「從未開闢之地，盡入版圖」。〔註 339〕況且，「地方既入版圖，土番、人民均屬赤子」，既然王者無外，豈可將臺灣見外？〔註 340〕經過一段或棄或留、可有可無的議論波折下，到了次年（1684）四月，才正式將臺灣劃歸大清版圖，設置臺灣府暨諸羅、鳳山、臺灣三縣。其中，自新港北達雞籠，隸屬於諸羅縣的管轄範圍。

就清帝國統御宇內、懷柔遐荒的立場而論，往昔「臺灣未入版圖，星野、山川，雖在天覆之內；而因革、措置，終屬化外之區。今者，遵道、遵路，即有分疆畫界；而率土之濱，莫非王臣」。〔註 341〕清朝統治者鑒於臺灣自古不屬於中國的歷史背景，爲能具體呼應過往職方所不載的臺灣盡入大清幅員的事實，康熙二十五年（1686）正月，禮部議行將臺灣、金門、廈門等處增入《通志》內，以彰顯大一統的盛況。〔註 342〕主事者考慮到臺灣新隸大清版圖的特殊背景，在通志的凡例中，刻意強調全書必需詳載臺地民情風俗的原則。相形之下，金門、廈門雖然與臺灣俱爲孤懸海外的島嶼，由於其原先已屬福建省轄區，所以不加詳述。〔註 343〕修志人員這段精心獨到的安排，顯示出臺

異，詳後。

〔註 338〕《大清聖祖仁皇帝實錄》，卷 112，康熙 22 年 10 月 10 日，頁 21。學者石萬壽近來的研究中強調，康熙皇帝此言的目的，主要是爲了防制貪得無厭的施琅恃功而驕；而施琅力主清廷應將臺灣收歸版圖的初衷，係出自於個人的私心所致。石萬壽，〈臺灣棄留議新探〉，頁 151～181。

〔註 339〕《大清聖祖仁皇帝實錄》，卷 112，康熙 22 年 10 月 12 日，頁 22。

〔註 340〕施琅，〈請留臺灣疏〉，引自高拱乾等，《臺灣府志》，卷 10，頁 232。

〔註 341〕高拱乾等，《臺灣府志》，卷 1，頁 26。

〔註 342〕《大清聖祖仁皇帝實錄》，卷 124，康熙 25 年正月 29 日，頁 7。

〔註 343〕金鋐主修、鄭開極等纂，《康熙福建通志臺灣府》，頁 10～13，63。

灣在清初某些中國官員心目中的特殊地位。

臺灣設府的同時，治臺官員亦步亦趨地伸展帝國內部的治理權責。康熙二十三年（1684），蔣毓英就職首任臺灣知府，致力於臺郡相土定賦及社會教化的事務。〔註 344〕翌年（1685），清廷下詔各地修志，以提供中央編修一統志的參考，並作爲政府規劃未來施政的藍圖，蔣毓英於是奉令纂輯臺志。〔註 345〕經由他主修的《臺灣府志》發軔，建構出臺灣風水龍脈的來源去勢，此後更成爲官修臺灣方志定於一尊的正統範例。該書卷二〈敘山〉中提到：

> 臺灣之山，……其形勢則自福省之五虎門蜿蜒渡海，東至大洋中起二山曰關同、曰白畎者，是臺灣諸山腦龍處也。隱伏波濤，穿海渡洋，至臺之雞籠山始結一腦。扶輿磅礴，或山谷、或平地，繚繞百餘里，直抵東北。而諸山頓起，聳出雲霄矣。巃嵸之勢，不可紀極。……起伏二千餘里，到郎嬌沙馬磯頭，而山始盡。〔註 346〕

同卷〈諸羅縣山〉另記載雞籠鼻龜崙之外大海中有雞籠嶼、桶盤嶼、旗干石、石門嶼、雞心嶼，「則又臺灣之腦龍隱見處焉」。〔註 347〕蔣志中的這幾段敘述，主要是透過中國地理龍脈說的概念架構，將臺灣島域初入大清版圖的現況予以具象化。

依照傳統風水理論，中國山脈自位在疆域西北（或西南）方的崑崙山發祖，分爲北、中、南三大幹龍，而其幹中有枝，枝中有幹，環節蔓延，橫亙整個中國版圖，即所謂「凡山之脈，起自崑崙。是崑崙爲山之首，而氣脈之行，因山而見」。〔註 348〕也就是說，在有關龍脈源頭的認定上，「天下萬派之山，皆祖於此」。〔註 349〕題名元代劉秉忠著、明朝劉基（伯溫）註解的《玉尺經・審勢篇》中，開宗明義指出中國境內三大幹龍的走向與分佈云：

> 天分星宿，地列山川。仰觀北斗之墟，乃見眾星之拱運；俯察岡阜之來，方識平原之起跡。萬山一貫，起自崑崙，……乾坤坎離及兑，歸絕域而西通瀚海；艮震與巽三條，入中國而五嶽分居。是故黃河界而西北，丑艮行龍；長江限而東南，巽辰起祖。〔註 350〕

〔註 344〕周元文等，《重修臺灣府志》，卷 10，〈藝文志・蔣郡守傳〉，頁 343～344。
〔註 345〕陳捷先，《清代臺灣方志研究》，頁 18～20。
〔註 346〕蔣毓英，《臺灣府志》，收入《臺灣府志三種》，卷 2，頁 29～30。
〔註 347〕蔣毓英，《臺灣府志》，卷 2，頁 40～41。
〔註 348〕徐試可編，《地理天機會元》，卷 13，頁 1b。
〔註 349〕何溥，《靈城精義》，頁 118。
〔註 350〕馬森，《地理正宗集要》，卷 5，頁 143～144。

劉基（1311～1375）在《堪輿漫興》中也提到：「崑崙山祖勢高雄，三大行龍南北中。分佈九州多態度，精粗美惡產窮通」。〔註 351〕此外，在明代中葉徐善繼、徐善述昆仲合著的《地理人子須知》卷一上〈總論中國之山〉中，附載「中國三大幹龍總覽之圖」，統括九州大勢、山河趨向及其來龍去脈。同卷中援引南宋大儒朱熹的說法，審度崑崙三大主幹的南支尾端，乃盡入閩粵地區。〔註 352〕從政治文化的角度，三大幹龍的概念其實也是版圖意識的一種延伸。值得注意的是，臺灣的影像尚未出現於該圖的龍脈體系裡，這或許是在明代中國人士的心目中，臺灣本島「猶屬化外」、「未入版圖」的一種具體表徵。

晚明著名地理學家徐宏祖（1586～1641）於《徐霞客遊記》一書中，曾解析「南龍自五嶺東趨閩之漁梁，南散為閩省之鼓山」。〔註 353〕鼓山屹立於福州府閩縣城東三十里江濱，延懋數十里；在風水格局上，被定位為郡邑形勝的「鎮山」。相傳宋儒朱熹曾登臨其上，題刻「天風海濤」四字。《鼓山志》引晉朝堪輿大師郭璞〈遷城記〉云：「右旗左鼓，全閩二絕，蓋以形類鼓，且對旗山為名」。〔註 354〕至有清一代，官紳根據崑崙南龍東行落脈、注結於福建福州鼓山的風水架構，推演康熙中期轄屬於福建省的臺灣島，自當歸屬於其南支尾端分入海內的餘脈。〔註 355〕

實際上，自蔣修《臺灣府志》以降，臺灣本島的龍脈傳承在清代一統志、通志與各臺灣府、縣、廳志以及官紳詩文雜鈔與旅臺遊記中，多稱其發源自福建省福州府鼓山，出閩江口五虎門綿延過海而來，東經大洋中的關同（潼）、白畎二山（今馬祖列嶼），至北臺雞籠山（約相當於今新北市瑞芳區基隆山）結一腦龍，臺灣山脈自此發源。〔註 356〕就島內整體格局而論，臺境幹龍從諸羅縣（彰化縣、淡水廳）北境雞籠山起祖，蜿蜒南行，至鳳山縣境臺灣島最南端的沙馬磯頭（約相當於今屏東縣恒春鎮鵝鑾鼻）而盡。某些

〔註 351〕顧頡主編，《堪輿集成》，第 2 冊，頁 64。

〔註 352〕徐善繼、徐善述，《地理人子須知》，卷 1 上，頁 1a～2b。另可參見王圻，《三才圖會》，地理卷 16，〈堪輿諸圖〉，頁 549～551。

〔註 353〕徐宏祖，《徐霞客遊記》，頁 524。

〔註 354〕徐景熹、魯曾煜等纂修，《福州府志》，卷 5，〈山川〉，頁 11a；王世懋，《閩部疏》，頁 1a-b。

〔註 355〕榮錫勳，《撼龍經疑龍經批注校補》，頁 229～230，723～727。

〔註 356〕此係就臺灣本島而言，至於澎湖群島，清代志書文獻或云其龍脈源自泉州清源山，自成另一風水地脈系統。相關的論證，可參見劉敏耀，《澎湖的風水》，頁 16～26。

文獻更記載，沙馬磯地脈甚至穿海直奔菲律賓呂宋島。〔註 357〕在海防形勢方面，「雞籠則北方之險要，沙馬磯則南隅之砥柱」，〔註 358〕二者不啻控禦全臺、屏藩疆域的扼要固塞。如康熙三十五年（1696）刊高拱乾等修《臺灣府志》卷二〈規制志・阨塞〉所云：「至於保障北方，則有雞籠城孤聳天半；守險南隅，則有沙馬磯砥柱海角。是雞籠、沙馬磯，又實壯一郡之屏籓而扼其全勢者也」。〔註 359〕而在海域航行上，雞籠、沙馬磯分別爲北往日本及琉球、南至呂宋的航向指南。〔註 360〕

換句話說，臺灣整體的風水格局，一方面係全島山脈形勢的反映，與自然地理上的山脈走向若合符節；另一方面，這樣的安排密切聯繫著時人對於雞籠海防地位及其作爲航向據點的體認。如乾隆元年（1736）刊黃叔璥《臺海使槎錄》卷一〈赤嵌筆談・形勢〉中描述了如此的情景：

> 臺地負山面海，諸山似皆西向，皇輿圖皆作南北向，初不解；後有閩人云：臺山發軔於福州鼓山，自閩安鎮官塘山、白犬山過脈至雞籠山，故皆南北峙立。往來日本、琉球海舶率以此山爲指南，此乃郡治祖山也。……南路界盡沙馬磯頭，相傳地脈直接呂宋。凡舟赴呂宋，必由此東放大洋。〔註 361〕

以此類推，全島龍脈發祖的觀念於是結合海域交通與軍事防衛的背景，彼此相輔相成，最終形成了三位一體的結果。

踵事於蔣志之後，清代前期的官修府志，如高拱乾等修《臺灣府志》卷一〈封域・山川〉記載：

> 臺灣山形勢，自福省之五虎門蜿蜒渡海；東至大洋中二山曰關同、曰白畎者，是臺灣諸山腦龍處也。潛伏波濤，穿海渡洋，至臺之雞籠山，始結一腦；扶輿磅礡，或山谷、或平地，繚繞二千餘里，諸山屹峙，不可究極。〔註 362〕

高志中的這段文字，明顯係脫胎自蔣志的敘述。爾後，如康熙五十七年

〔註 357〕有關沙馬磯之名稱、形象及位置演變的考證，參見洪敏麟，〈古地名沙馬磯位置的調查報告書：關於沙馬磯古地名現在位置的探討〉，頁 48～72。

〔註 358〕陳文達，《鳳山縣志》，卷 2，〈扼塞〉，頁 33。

〔註 359〕高拱乾等，《臺灣府志》，卷 2，頁 51。

〔註 360〕蔣毓英，《臺灣府志》，卷 2，〈臺山分界〉，頁 31～32；卷 10，〈扼塞〉，頁 243。

〔註 361〕黃叔璥，《臺海使槎錄》，頁 7～9。

〔註 362〕高拱乾等，《臺灣府志》，卷 1，頁 8。

（1718）刊周元文等《重修臺灣府志》、乾隆七年（1742）刊劉良璧等《重修福建臺灣府志》、乾隆十二年（1747）刊范咸等《重修臺灣府志》以及乾隆三十九年（1774）刊余文儀等《續修臺灣府志》，概承襲自高志的說法。〔註363〕

至於私家的著述，也不乏類似的記載。如康熙三十六年（1697）親歷北臺的浙江仁和人郁永河（1645～？），在其《裨海紀遊》卷上總論臺郡平地形勢時指出，「東阻高山，西臨大海，自海至山，廣四、五十里；自鳳山縣南沙馬磯至諸羅縣北雞籠山，袤二千八百四十五里，此其大略也」。〔註364〕乾隆十六年（1751），崇安人董天工《臺海見聞錄》卷一〈山川〉中綜述臺山的來龍去脈，則直接鈔錄自前引府志的內容。〔註365〕

概念或傳說每經層累構作、積漸而成，也往往與世推移、因人而異，以至於在文字敘述上有所增損或另加調整。「全臺祖山」的明確化，即是經過某些文人別出心裁、簡煉前說的結果。始作俑者，可溯源自康熙五十六年（1717）刊陳夢林等《諸羅縣志》卷一〈封域・山川〉的記載：

> 邑治負山面海，內拱神州而西向；發仞於北、叢於東，而附於邑治之肩背，延袤於南。……其可指而名者，自福州之五虎門，山勢東入於海，導關同、白畎以南，漸逼雞籠港，突浮一嶼，曰雞籠嶼，……穿港而東，曰大雞籠山；巍然外海之天半，是臺灣郡邑之祖山也。〔註366〕

文中因襲府志前說，而在詞句上略加更動，概要點出雞籠山係全臺郡邑祖山的見解。《諸羅縣志》率先楷模，後來與前引乾隆初年《臺海使槎錄》中「郡治祖山」的說法前呼後應。自乾嘉時期以降，此種論調更爲常見。如乾隆二年（1737）刊郝玉麟等修《福建通志》卷四〈山川〉中，註稱彰化縣境大雞籠山，「在雞籠港之東，一望巍然，爲全臺郡邑祖山。往來日本洋船，皆以此山爲指南焉」。〔註367〕在乾隆四十九年（1784）續修《大清一統志》卷三三五〈臺灣府〉的內容中，則轉引《福建通志》有關彰化縣境大雞籠山爲「全

〔註363〕周元文等，《重修臺灣府志》，卷1，〈封域・山川〉，頁9；劉良壁等，《重修福建臺灣府志》，卷3，〈山川〉，頁41；范咸等，《重修臺灣府志》，卷1，〈封域・山川〉，頁7；余文儀等，《續修臺灣府志》，卷1，〈封域・山川〉，頁7。

〔註364〕郁永河，《裨海紀遊》，頁11。

〔註365〕董天工，《臺海見聞錄》，頁1。

〔註366〕陳夢林等，《諸羅縣志》，卷1，頁6。

〔註367〕郝玉麟等，《福建通志》，卷4，頁61b。

臺祖山」的記載。〔註 368〕又如嘉慶二十五年（1820）穆彰阿等重修《大清一統志》卷四三七記載，「臺郡北自雞籠山，南至沙馬磯頭，二千餘里，東偏負山，西面臨海，其山蜿蜒不斷」，並說明大雞籠山「在港東，一望巍然，爲全臺祖山」。〔註 369〕

道光中葉，前彰化縣知事、白沙書院主講周璽纂修《彰化縣志》卷一〈封域志・山川〉記載大雞籠山，「巍然高峻，陡插雲霄，是全臺郡邑之太祖山也」。〔註 370〕道光年間，淡水廳進士鄭用錫纂輯《淡水廳志稿》卷一〈山川〉中提到，「淡水之山起自雞籠，雞籠者，全臺之大祖山」。〔註 371〕直到同治初年刊《臺灣府輿圖纂要》中說明淡水廳極北區域的大雞籠山，「爲全臺祖山。盤據海濱，勢極高峻」。〔註 372〕同時期的《淡水廳輿圖纂要》中提到臺灣諸山，「發脈於大雞籠山之東北，由三貂內山一路由北向南，至鳳山縣極南而止」，又記錄大雞籠山「係淡廳極北之區，爲全臺之祖山」。〔註 373〕

從前引的文獻內容大致可以推斷，雞籠山爲臺境山脈發祖的觀念，濫觴於康熙中後期臺灣初隸大清版圖之際，至清代中葉逐漸演變成「全臺祖山」的定說。影響所及，淡水同知嚴金清於同治六年（1867）招聘林豪（1831～1918）纂輯的《淡水廳志稿》中，曾刻意就「全臺祖山發源於雞籠」的脈絡，安排志書「山川」門的枝幹條理，依序自北而南描述廳治內諸山走向，順勢遞推，俾求聯貫分明。〔註 374〕這項作法，亦爲「全臺祖山」意識籠罩下的學術產物。

二、作爲權力支配象徵的龍渡滄海說

「龍渡滄海」、「雞籠發祖」的觀念和說法，陸續經清代中後期各類文獻的傳鈔與運用，逐漸成爲官紳習以爲常的通論。例如，清代著名學者俞正燮（1775～1840）於道光十三年（1833）鴉片戰爭前輯成的《癸巳類稿》卷九〈臺灣府屬渡口考〉中，提到臺地「山脈發福州之鼓山，自閩安越白畎洋、

〔註 368〕《大清一統志》（乾隆 49 年刊本），卷 335，頁 2b。
〔註 369〕穆彰阿等，《大清一統志》，卷 437，頁 8。
〔註 370〕周璽，《彰化縣志》，卷 1，頁 6。
〔註 371〕鄭用錫纂輯，林文龍點校，《淡水廳志稿》，頁 2。
〔註 372〕《臺灣府輿圖纂要》，頁 37。
〔註 373〕《淡水廳輿圖纂要》，頁 268，271。
〔註 374〕林豪，〈淡水廳志訂謬〉，收入陳培桂等，《淡水廳志》，頁 466。

關潼山至雞籠山」；而「雞籠山，西南至沙馬碕，凡千九十四里，與福州、興化、泉州、漳州四府相直」。〔註375〕魏源（1794～1857）於道光二十二年（1842）撰著的《聖武記》卷八〈康熙戡定臺灣記〉中，基於其對中國山川形勢的理解，推闡祖脈發源於福州鼓山的臺灣在中國海防地位上的重要性云：

> 臣源曰：中國山川兩幹，北盡朝鮮、日本，南盡臺灣、琉球，過此則爲落漈尾閭，亦名萬水朝東。舟楫所不至，故琉球、日本以東之國無聞焉。臺灣地倍于琉球，其山脈發于福州之鼓山，自閩安越大洋爲澎湖三十六島，又東渡洋百里至臺灣，爲中國之右臂。可富可強，可戰可守。〔註376〕

王之春於光緒六年（1880）的《國朝柔遠記》一書中，除了延續過往將雞籠視爲航向指南與海防要地的理解之外，〔註377〕該書卷二也提到：「臺灣在閩海中，縱千有餘里，衡四、五百里。地脈自福州鼓山越大洋爲澎湖諸島，又東二百里爲臺灣，起雞籠山，南盡沙馬碕，東南渡洋爲小呂宋，東即大東洋」；同書附編卷二復說明：「全臺地脈發軔於福之鼓山，自五虎門山蜿蜒入大洋，中爲竿塘（又名關潼）、白畎二山，穿海至臺之雞籠山起脈，磅礴千餘里，南至沙馬崎爲盡境」。〔註378〕

江蘇上元人蔣師轍（1847～1904）《臺游日記》載錄光緒十八年（1892）間，其應臺灣巡撫邵友濂（1840～1901）之聘，渡海來臺預擬《臺灣通志》的纂修事宜。是年五月二十四日，他曾徵考舊志的山川門目，覆按黃叔璥《臺海使槎錄》中所謂臺地諸山「發軔於福州鼓山，自閩安鎮官塘山、白犬山過脈至雞籠，皆南北峙立」的解說，作爲通志發凡起例的參照。〔註379〕

綜觀這些輾轉抄錄、大同小異或稍有刪削潤飾的論述內容，共同編織出臺灣龍脈說的歷史圖像，在觀念傳承上呈現出官方立論的一致化，刻意呈顯臺灣地理與中國大陸之間的「一脈相承」。從官方意識形態的立場，龍脈源頭的認定亦爲政治文化版圖的確認。在治臺官員的心目中，由於臺灣府隸屬福

〔註375〕俞正燮，《癸巳類稿》，頁323。
〔註376〕魏源，《聖武記》，頁230～231。
〔註377〕「如雞籠山爲度琉球、日本之規路，南沙馬崎爲渡呂宋、小南洋等標準。誠扞禦內地沿海要疆也」。王之春，《國朝柔遠記》，附編卷2，頁990。
〔註378〕王之春，《國朝柔遠記》，頁111，989。
〔註379〕蔣師轍，《臺游日記》，卷1，頁33。

建省，縱使間隔茫茫滄海，龍脈仍舊相連一體且氣運相通，於情於理，天經地義。乾隆初期，董夢龍於〈臺灣風土論〉中指出：「臺之山，自閩入海，潛伏三百餘里，突出洶波中干雲霄而上，矗立千仞。其最高而極北，曰雞籠山。由是迤南，重岡迴巒，峻絕蒼蒙，莫可名狀」。〔註 380〕臺灣道莊年（1703～1755）於乾隆十二年（1747）序范咸等《重修臺灣府志》時，也曾「想當然耳」地認定：「臺淡水距閩省水程四百餘里，其間關潼、白畎形勢蜿蜒，則臺之隸閩，段可識矣」。〔註 381〕在道光三十年（1850）刊謝金鑾等修、薛錫熊增補《續修臺灣縣志》卷一〈地志・山水〉中亦提到：「東倚者皆山，西控者皆海。山渡海而來，則以爲發源乎福州，東汨乎鼓山，示嚮乎五虎，見跡乎關潼、白畎，而結腦乎大雞籠，南行數百里至郡治。彼堂堂兀兀以去者，且不知其所之也」。文中並註稱「福州五虎山入海，首皆東向，是氣脈渡海之驗」。修志者根據前述的山川脈絡，進一步推論臺灣島域川流西向的政治文化意涵云：

> 山渡乎海，其盤旋屈曲，垂乳結穴，可造郡邑、聚村落者，必西向內地而復歸於海。水出於山，其可舟、可游、可灌、可汲以養吾民者，必西流而卒歸於海。豈地理之所存，顧有不忘其本者歟。〔註 382〕

類似的關聯性思考取向，亦可見於同治初年刊《臺灣府輿圖纂要》之「疆域」門中，作者將郡志的相關記載參對澎湖島的地理位置與聚落座向，並配合舟師見聞和堪輿家言，互證臺、澎兩地分別與閩省福州、泉州龍脈跨海相連說的持之有故，並且言之成理：

> 臺山，由福州五虎門蜿蜒渡海。海島澎湖，距郡城西北；則聞老船戶云：「北礁一道沙線，直通泉州崇武澳東南洋面；或寄碇其上，水比他處較淺」。因悟形家云「泉州清源山一支趨向東南入海」，說蓋有據。……要其千里奔騰，神州拱衛。凡盤旋屈曲，起伏結注之地，可造郡邑、置村落者，皆西向內地；水出於山，亦隨向歸於海：地理固有不忘本歟！〔註 383〕

擬似這種「地理固有不忘本」的思維，傳達了統治者心態上理想化的大清一統天下秩序。因此，「龍渡滄海」的意念，應可視爲大一統天下觀念投

〔註 380〕引自六十七，《使署閒情》，卷 3，頁 100～101。

〔註 381〕范咸等，《重修臺灣府志》，莊序，頁 7。

〔註 382〕謝金鑾等，《續修臺灣縣志》，卷 1，頁 16。

〔註 383〕《臺灣府輿圖纂要》，頁 7。另參見林豪，《澎湖廳志》，卷 1，〈封域〉，頁 15～16。

射在這項風水格局的結果，其中洋溢著「泛政治化」的色彩。風水知識的建構者站在帝國權力支配的位置，傾向以天地人合一的系統思維，類推同風共俗、倫常教化的從屬分際，將海峽兩岸的地理關係統整於政治文化上的君臣名分，最終達成天道、地理、人事三位一體的效果。〔註 384〕黃叔璥《臺海使槎錄》卷四〈赤嵌筆談・紀異〉中的一段文字所透露的歷史訊息，有助於我們窺知其來有自的玄機：

> 府志載鳳山先年有石忽開，讖云：「鳳山一片石，堪容百萬人；五百年後，閩人居之」；俄而復合。有言朱文公登福州鼓山，占地脈曰：「龍渡滄海，五百年後，海外當有百萬人之郡」。今歸入版圖，年數適符。熙熙攘攘，竟成樂郊矣。〔註 385〕

這段文字，主要凸顯出鳳山石碑的讖言、朱熹登福州鼓山占地脈的預言及其與清初漢人大量移墾臺灣社會的因果關聯性，來解釋當時臺灣本土社會的發展現況。我們知道，大儒朱熹不僅爲舉世聞名的南宋理學宗師，也是眾所周知的僑寓福建地區的堪輿巨擘。根據泉州同安舊志的記載，朱熹於同安主簿任內，爲了保護縣治的風水格局，曾於境內主山應城山上築堤以培補龍脈，並造峰以聳拔其氣勢，可見他對於這套術數法則的熟悉與重視。〔註 386〕有關朱熹個人的風水學素養，《朱子語類》卷二〈理氣下・天地下〉中記載其曾縱覽中國全境龍脈走向及其重案分佈，據以分析歷代都城風水格局的優點所在云：

> 冀都是正天地中間，好箇風水。山脈從雲中發來，雲中正高脊處。堯都中原，風水極佳。左河東，太行諸山相遶，海島諸山亦皆相同。右河南遶，直至泰山湊海。〔註 387〕

朱熹的堪輿見解廣受後世的注目，流風所及，衍生出明清時期風水理論

〔註 384〕謝金鑾等，《續修臺灣縣志》，卷 1，〈地志・山水〉，頁 16～17；李元春，《臺灣志略》，卷 1，〈地志〉，頁 4～5。

〔註 385〕黃叔璥，《臺海使槎錄》，頁 78。文中「府志」之說，可參見蔣毓英，《臺灣府志》，卷 10，〈災祥〉，頁 237；金鋐主修、鄭開極等纂，《康熙福建通志臺灣府》，頁 189。

〔註 386〕林學增、吳錫璜等纂修，《同安縣志》，卷 4，〈山川〉，頁 1b。又同書卷 8〈名勝・巖潭〉中記載：「文公堤，距城北里許，有大石倚山麓，刻應城山三字，明劉存德題其旁，云朱子爲同簿，築堤以補龍脈」（頁 10b）。

〔註 387〕黎靖德編，王星賢點校，《朱子語類》，卷 2，頁 29。有關朱熹的堪輿素養，另可參見周志川，〈朱子與地理風水思想〉，頁 183～191。

中的一派說法：崑崙入中國三條幹龍以中幹最尊，自漢唐迄北宋各開國皇帝多藉此龍飛承天，開創該朝代的盛世規模。隨著中國文化重心的逐漸南移，「南幹至宋高宗南渡以來運氣方興，萃產朱子爲萬世儒宗」，明顯以儒學宗師朱熹作爲中國南北風水氣運轉勢的指標。〔註 388〕朱熹不僅個人習究風水之學，在後世堪輿學術史的系譜中，朱熹亦被附予承先啓後的權威地位。

另一方面，清初崇程朱、貶陸王，經由康熙皇帝的表章崇奉與雍正皇帝的勵行倡導，朱子學取得官方學術上的正統地位，以因應滿族統治者崇儒重道、理國安民的現實需要。〔註 389〕上行則下效，康熙五十二年（1712）二月，分巡臺廈兵備道陳璸（1656～1718）捐俸在臺灣府郡學左側興建朱文公祠，俾將官定「正學」崇祀於海外郡邑。陳璸於〈新建朱文公祠記〉中強調，朱熹曾任官於福建漳、泉等地，而臺灣又相去漳、泉不遠，透過此種地域上的關聯比附，來增添該祠在臺地創建的神聖性云：「按文公宦轍，嘗主泉之同安簿，亦嘗爲漳州守。臺去漳、泉，一水之隔耳，非遊歷之區，遂謂其神不至，何懵也！」〔註 390〕伴隨著以朱熹爲首的儒家學統在臺灣建立傳播據點之際，朱熹本人所熟悉的風水術數也逐漸在臺灣社會流傳開來。依據前述的歷史脈絡，來檢視黃叔璥《臺海使槎錄》的引文中所舉朱熹「龍渡滄海」傳說的用心，兼具有呼應朝廷政策意向與訴諸權威以自重其說的意味，連帶對於當時臺灣漢人社會的發展，尋求一種理所當然的解說。

在傳統中國社會，神聖化的人、事、物不乏神秘主義式的讖語附會，大儒朱熹在後世的形象也難以免俗。例如，在福州鼓山上據說有石一塊，上面刻有「海上視師」四字，向來被當成爲紫陽（朱子）的字跡。〔註 391〕此說恰可與前述朱熹登鼓山預言龍渡滄海的傳聞，相爲應和。道光中期，周凱等纂

〔註 388〕徐善繼、徐善述，《地理人子須知》，卷 1 上，頁 4a-b。另參見王士性，《廣遊志》，卷上，〈雜志上．地脈〉，周振鶴編校，《王士性地理書三種》，頁 210～212。

〔註 389〕劉良璧等，《重修福建臺灣府志》，頁 9～12，19～20。另參見高令印、陳其芳，《福建朱子學》，頁 362～373；葛榮晉，〈清初朱學的復興與特徵〉，收入祝瑞開主編，《宋明思想和中華文明》，頁 94～105。

〔註 390〕劉良璧等，《重修福建臺灣府志》，卷 9，〈祠祀〉，頁 305；卷 20，〈藝文〉，頁 547～549。臺灣銀行經濟研究室編，《臺灣南部碑文集成》，頁 7～9。

〔註 391〕江日昇《臺灣外紀》中記載：「此地，宋朱文公諱熹，初除同安主簿，經過此處，觀鴻漸山木星挺秀，喜其地。迨至山上，見海潮洶湧，五馬脱氣，遂令匠勒『海上視師』四大字於石」（頁 2）。另參見連橫主編，《臺灣詩薈》，第 1 號，1924 年 2 月，〈龍渡滄海〉。

輯《廈門志》卷二〈分域略．山川〉中記載境域局部的山川形勢，亦牽涉到一些關於朱熹的傳聞，例如，在洪濟山西南的金榜山上有石鐫「談元石」三字，「相傳爲朱子書」；城東二十一都虎山北的文公山，「相傳朱子嘗遊其巔，故以爲名」；在城北二十里許的馬隴山上有金雞石，鐫刻「有泉德邱」四字，「相傳爲朱子書。筆蹟未肖，好事者之談也」。〔註 392〕道光年間，府城海東書院重修工程進行之際，時人曾掘地西畔得「文山秀氣」石刻四片，石刻旁題「晦翁」二字，被認定爲朱熹的手筆，卻不知何時流落至此。〔註 393〕另據海東書院掌教江右楊希閔（1809～1878）於光緒三年（1876）題立〈朱子石刻碑記〉的記載，去年（1875）六月，他偶然於書院東偏的塵土中，搜得石刻朱子「文山秀氣」四大字，見其「筆力端勁，碻爲朱子書無疑。不知何年、何人運何處石刻至此，擬龕壁而未及也」。後來奉巡臺御史夏獻綸（1837～1879）之命予以補龕，並題誌其出土年月。〔註 394〕諸如此類與朱熹發生關係的傳聞，概呈現出一種攀附儒家聖賢以增添勝蹟神聖性的心態。

前引黃叔璥《臺海使槎錄》託稱鳳山讖言，配合朱熹的風水論述，推論臺灣「歸入版圖，年數適符」，強調中國大陸與臺灣之間民俗與「地理」（既是術數風水格局，也是自然地理形勢）血脈相連的觀念，同時也附會了康熙末期以後閩省漢人大量湧入，致使臺灣迅速開發的歷史事實。有如康熙末年隨兄來臺平定朱一貴之役的藍鼎元（1680～1733）於〈覆制軍臺疆經理書〉中描述「今北至淡水、雞籠，南至沙馬磯頭，皆欣然樂郊，爭趨若鶩」的情形一般，〔註 395〕舉凡「熙熙攘攘，竟成樂郊」的一派說辭，或者「佃民墾田得一石牌，內鐫『山明水秀，閩人居之』」之類的傳聞，〔註 396〕其實皆帶有些許後設詮釋的色彩。當然，這些說辭在附會的同時，多少也傳達了特定時空的群眾意向、社會現實或學術氣氛，輾轉於潛移默化之中成爲臺灣歷史文化的點點滴滴。

臺灣道劉璈（？～1889）於光緒七年（1881）九月十八日的〈觀風告示〉

〔註 392〕周凱等，《廈門志》，卷 2，頁 20，24。

〔註 393〕連橫主編，《臺灣詩薈》，第 2 號，1924 年 3 月，〈文山秀氣〉。

〔註 394〕臺灣銀行經濟研究室編，《臺灣南部碑文集成》，頁 358；何培夫主編，《臺灣地區現存碑碣圖誌　臺南市篇》，頁 76～77，282。

〔註 395〕藍鼎元，《東征集》，卷 3，頁 34。

〔註 396〕金鋐主修、鄭開極等纂，《康熙福建通志臺灣府》，頁 189；范咸等，《重修臺灣府志》，卷 19，〈叢談〉，頁 574。另參見連橫主編，《臺灣詩薈》，第 2 號，〈石刻〉。

中，曾推究「片石鳳呈，祥開文字；重溟龍渡，氣識冠裳」的歷史典故，藉以映現清末漢人在臺灣本土的開發有成。〔註 397〕清代後期，自廣東嘉應州移居臺灣苗栗的吳子光，在其〈募建貓裡文祠疏〉的開場白中，曾引述百餘年來流傳的朱熹讖言，以稱頌清季臺灣漢人拓墾的結果云：「天開崇島，木元虛賦海之才；日出榑桑，朱元晦樂郊之讖」。吳子光另於〈募建九芎林文祠緣簿序〉的開場白中，引據龍渡滄海的傳聞，推崇當時臺灣中部苗栗地區的發展云：「河山兩戒，婆娑洋形勝之區；文獻數編，毘舍耶嚮明之境。五百年龍渡東海，鼓山之地脈中分八千里」。〔註 398〕

清末臺北板橋人林景仁（1893～1940）於〈東寧雜詠〉中云：「山連東野千餘里，水接思明十一更；可憐閱慣興亡事，鬱鬱粼粼不世情」。在這段以詩話史的滄桑感歎之後，他根據「福州五虎山，入海首皆東向；是氣脈渡海之驗」的註解，強調朱熹登福州鼓山占地脈所發「龍渡滄海，五百年後海外當有百萬人之郡」的預言，具有地理形勢與歷史傳聞相互呼應的可信度。〔註 399〕

乙未鼎革之後，浙江溫州人池志徵（1852～1937）修訂其光緒十七至二十年間（1891～1894）旅臺日記而成的《全臺遊記》，在自序中，他提到臺灣島未經漢人開闢之前，「宋朱熹立五虎門，謂五百年後海外千餘里有數百萬人煙。至鄭克塽納土，恰值其數；此當時朱子亦以山川發源形勢決之也」。池志徵追思清領時期臺灣漢人開發盛況的同時，也蘊寓其內心深處對於甲午割臺的沉重悲愴。龍渡滄海的風水傳聞，於是成了他遙寄相思情懷的觸媒。〔註 400〕

類似的概念，也曾輾轉滲透到清代官紳所創作的詩詞歌賦，透過歷史流變的元素以及人事起伏成分的點綴，爲其作品內涵增添幾絲懷古憶昔的滄桑美感。清代初期，福建侯官諸生陳昂〈詠僞鄭遺事〉詩云：「片石能容百萬人，天遺圖讖應南閩。也知中國全歸漢，妄託仙源可避秦。荒島畬田登版籍，土酋番族雜流民。開荒絕勝田橫島，易世相傳尙不臣」，〔註 401〕當中夾雜著王者無外與大清一統的政治文化情結。乾隆年間，《重修臺灣縣志》的主纂泉州德化進士王必昌（1704～1788）於〈臺灣賦〉中，稱頌臺地山脈，「南

〔註 397〕劉璈，《巡臺退思錄》，頁 10。
〔註 398〕吳子光，《芸閣山人集》，引見《一肚皮集》，第 7 冊，頁 4，7。
〔註 399〕臺灣銀行經濟研究室編，《臺灣詩鈔》，卷 16，頁 301。
〔註 400〕池志徵，《全臺日記》，收入《臺灣遊記》，頁 1～2。
〔註 401〕范咸等，《重修臺灣府志》，卷 24，〈藝文五〉，頁 770。

抵馬磯，北發雞籠，綿亙三千餘里，誠泱泱兮大風」；「祖龍省會五虎門東，沿江入海，徑渡關潼，突起雞嶼」。〔註 402〕臺灣縣恩貢生張從政於〈臺山賦〉中，詠讚臺山「脈固發於閩嶠，勢自成其龍強。蟠蜒蛇蜿，北起雞籠之隅，迢遞蟬聯，南盡馬磯之磄」。〔註 403〕鳳山縣舉人卓肇昌於〈臺灣形勝賦〉中，揭櫫「化日普照、聖澤無涯」的副標題，連帶將「東南片石，早望氣而占祥」的鳳山傳聞，納歸於「垂一統於車書，沐無邊之德化」的天下意識。〔註 404〕

清代中期，臺灣縣歲貢生章甫（1760～1816）所作〈臺陽形勝賦〉中，也以「維瀛島之遐陬，本閩方之舊俗；自風濤、石鼓以發源，歷白畎、關潼而成局」的地理形勢，襯托出「王化覃敷，民風淳美。用標形勝之宏，乃入版圖之紀」的盛代規模。〔註 405〕《廣東通志》、《福建通志》的主纂侯官進士陳壽祺（1771～1834）所作〈平定臺灣爲郭參軍庭筠上嘉勇公福大將軍一百韻〉中，在「鷺島沈煙出，雞籠隔霧窺；三貂恢海甸，五虎拓坤維」的詩詞之後，猶不忘註稱「臺山之脈，自福州五虎門蜿蜒渡海而東」。〔註 406〕

清代後期，彰化士紳陳肇興（1831～1866）於咸豐九年（1859）所作〈湧泉寺〉中，流露出一種迴龍望祖的情懷：「千年伏虎留孤寺，一脈來龍認故鄉」。同年，在其〈由港口放洋望海上諸嶼尋臺山來脈處放歌〉一詩中，也表達出類似的思路：「鼓山如龍忽昂首，兜之不住復東走。走到滄海路已窮，翻身跳入馮夷宮」。〔註 407〕板橋林家林景仁援引黃叔璥《臺海使槎錄・赤嵌筆談》中龍渡滄海、氣脈渡海之驗的觀念，詩化爲〈大屯山歌〉的開場：「東寧地脈發閩疆，磅礴渡海勢龍嵷；朔首雞籠隈，南盡馬磯塘」。〔註 408〕到了二十世紀初期，福建晉江前清舉人蘇鏡潭（1883～1939）寓居臺北期間，亦曾根據鳳山石碣「山明水秀，閩人居之」的讖語，賦詩〈東寧百詠〉中云：「宏農得寶事荒唐，讖緯流傳太不祥；片碣鳳山鐫八字，山明水秀啓遐荒」。〔註 409〕臺島龍脈說不斷內化爲清代知識份子吟詠的客體與歌頌的對象，不

〔註 402〕余文儀等，《續修臺灣府志》，卷 23，〈藝文四〉，頁 836。
〔註 403〕余文儀等，《續修臺灣府志》，卷 23，〈藝文四〉，頁 840～841。
〔註 404〕王瑛曾，《重修鳳山縣志》，卷 12，〈詩賦〉，頁 489～490。
〔註 405〕章甫，《半崧集簡編》，頁 61～62。
〔註 406〕臺灣銀行經濟研究室編，《臺灣詩鈔》，卷 3，頁 57。
〔註 407〕陳肇興，《陶村詩稿》，卷 4，頁 57，61～62。
〔註 408〕臺灣銀行經濟研究室編，《臺灣詩鈔》，卷 16，頁 268。
〔註 409〕臺灣銀行經濟研究室編，《臺灣詩鈔》，卷 17，頁 331～332。

難想見其相得益彰的傳播效力。

「小山脈脈祖崑崙，渡海穿江逐浪奔」；〔註 410〕「臺陽原自福州來，逆水洋洋氣脈開」；〔註 411〕「雞籠口踞全臺北，信否來龍自鼓山」。〔註 412〕龍渡滄海之說，以聯繫臺灣島域與中國大陸之間地理關係的意向，體現出清朝統治者致力於落實帝國「有效統治」的理念。透過這類學識正統化的管道，除了申張地理版圖的統治權之外，並藉由意識形態化的風水語意，建構出權力制約下的主流論述。雞籠發祖之說，經過官方文獻的認定與私家著述的宣揚，不僅成爲清修臺灣方志疆域（封域）、輿地或山川門類中一致遵循的典範，也逐漸在耳濡目染的薰陶下，潛移默化地滲透到民間社會的集體意識中。全臺祖山、大雞籠祖山的說法，〔註 413〕或者「諸山之起脈、全臺之結腦」的觀念，〔註 414〕庶幾成爲清領時期上至官紳、下及庶民所共同享有的歷史記憶。

當然，不容否認的，舉凡「權力製造眞理（Might makes right）」的強制過程中，總難以避免某些有識之士當仁不讓的挑戰與回應。曾任鹿耳門同知、北路理番同知的湖南武陵人朱景英，在其於乾隆三十七年（1772）刊行的《海東札記》卷一〈記巖壑〉中，即曾質疑雞籠山爲臺灣諸山腦龍、臺地祖山自福州穿洋渡海而來的成見。他認爲這些說法，「是皆狃於形家者言，牽附支離，可爲典要乎？」在批評先前各府志中蔽於形家、不足爲典的風水龍脈說之餘，筆鋒一轉，反而接納一種關於臺灣島域自然地理形勢說的合理性云：

> 至稱大海環繞郡境，爲閩省外障，其山皆向內地；北路之後壟與興化南日對、竹塹與福清海壇對、南嵌與閩安鎭關潼對、上淡水與北茭對、雞籠城與沙埕烽火門對；形勢之論，差爲近似。〔註 415〕

由此可見，朱景英傾向於自然地理的論述架構，嘗試擺脫風水龍脈的術數窠臼。此種具有選擇性的想法，復可見於吳子光〈紀諸山形勝〉一文中標榜臺灣地理獨具系統的本位立場，批評過往風水形家所謂龍渡滄海說的牽強附會：

> 郡志云：朱文公登鼓山占地脈，有龍渡滄海之語，形家遂謂臺山肧

〔註 410〕宋永清，〈打鼓山〉，周元文等，《重修臺灣府志》，卷 10，頁 414。

〔註 411〕王凱泰，〈續詠十二首〉，《臺灣雜詠合刻》，頁 49。

〔註 412〕董正官，〈由雞籠口上三貂嶺過雙溪到遠望坑界入噶瑪蘭境〉，陳培桂等，《淡水廳志》，卷 15 下，頁 432～433。

〔註 413〕陳培桂等，《淡水廳志》，卷 2，〈疆界〉，頁 24～25。

〔註 414〕陳壽祺等，《福建通志》，卷 15，〈山川〉，頁 421。

〔註 415〕朱景英，《海東札記》，卷 1，頁 5。

胎於鼓山。不知臺山壁立萬仞，空諸依傍，獨闢海外乾坤，以鼓山擬之，直培塿耳。蓋閩中之有臺灣，猶粵中之有瓊州也；郡縣環繞相類，……瓊人不聞指羅浮爲瓊山鼻祖，而臺人乃援鼓山爲臺山大宗，有負奇山水多矣。夫看山猶作文，文章須自成一家言，此種依傍門户之見，山靈能無恫乎？〔註416〕

置身於十九世紀後期西力東漸時代環境下的吳子光，致力跳開清初以來堪輿形家倚仗朱熹之龍渡滄海傳聞所衍生的無謂依傍，呼籲臺人在地理觀念上自成門戶的必要性，毋須過於迷信海峽兩岸之間山脈形勢的相連性。然而，他以今非古的見解固然理直氣壯且擲地有聲，卻多少忽略了歷史上雞籠龍脈說成立的官方意向性，乃至無視於風水理論作爲觀念建構／權力支配下的運作機制。廣東／瓊州（海南島）與福建／臺灣之間的從屬關係，畢竟不是單純的自然地理形勢承接與否的問題，其間的複雜糾結，乃涉及到大清一統意識形態的伸展。

我們也許可以這麼認爲，各歷史文獻中呈現清朝官員形塑「全臺祖山」論述的前因後果，其權威性與影響性，有如當代西方科學哲學家孔恩（Thomas S. Kuhn, 1922～1996）所云「典範」（paradigm）中的世界觀及形上學層面的導引效應，〔註417〕或者如拉卡托斯（Imre Lakatos, 1922～1974）所提「研究綱領方法論」中的「硬核」（hard core）、「保護帶」（protective belt）在本體論與方法論上的規範作用。〔註418〕核心理念一旦建立，即具備強烈的穩定性和有效的制約性。冰凍三尺，非一日之寒，相較於官定正統「全臺祖山」的人云亦云，前舉朱景英、吳子光等人立足臺灣以自成格局的「一家之言」，反倒成了微弱的呼聲。形勢比人強，而實際上，他們別具慧眼的評斷，終究還是落入龍渡滄海、雞籠發祖的意識脈絡中進行，適足以反襯其質疑與批判對象的普遍存在且深植人心。在前引〈募建貓裡文祠疏〉、〈募建九芎林文祠緣簿序〉兩文中，作者吳子光不也是流露出幾許對於龍渡滄海說的認同感嗎？

再就民間社會的影響層面而言，如光緒中期，相傳臺北九份地區蘊藏金

〔註416〕吳子光，《一肚皮集》，卷16，頁11b；吳子光，《臺灣紀事》，卷1，頁4。

〔註417〕Thomas S. Kuhn, *The Structure of Scientific Revolutions*, pp. 10～51. 另參見林正弘，〈卡爾．波柏與當代科學哲學的蛻變〉，收入氏著，《伽利略．波柏．科學說明》，頁89～100。

〔註418〕Imre Lakatos, "Falsification and the Methodology of Scientific Research Programme," in Imre Lakatos and Alan Musgrave eds., *Criticism and the Growth of Knowledge*, pp. 91～196.

礦的消息傳開後，三貂堡方面人士以林英、林黨昆仲爲首群來淘金，其間故意散佈謠言，宣稱臺灣龍脈係由福州鼓山渡海而來，九份雞籠山爲臺灣龍脈的龍頭，海中雞籠嶼爲龍珠，倘若切斷龍背將遭受天譴，藉以嚇阻九份當地民眾挖掘金礦的意圖，而林氏昆仲反倒可以大肆地開挖。在這則金礦故事的內容中，即夾帶著一股對於雞籠龍脈說的集體意識。〔註 419〕更有甚者，此類社會民俗觀念亦曾在近代西力東漸的時代環境中成爲列強矚目的對象，如十九世紀後期英、美勢力圖謀雞籠礦採時，即曾面臨到這類集體心態與傳統習俗的阻力。針對這個問題，我們將在本書第七章加以討論。

從明鄭「五馬奔江」的風水傳聞到清代「龍渡滄海」的意識建構，政權的轉移改變了臺灣的歷史發展，也創造了不同的風水文本。而這些風水文本的問世，也體現出臺灣的命運如何擺盪在中央／邊陲的界域，或是游移於內地化／在地化的接壤。在本章第二、三節中，我們嘗試從傳說故事與政治現實的交互對話中，刻劃出風水民俗與明清時期臺灣社會產生互動的歷史脈絡，並考察風水之說轉化爲民俗集體記憶的歷史訊息。光緒年間，臺灣縣進士施士洁（1855～1922）所著〈臺灣雜感〉中的一段詩句及其註釋，隱約傳達了明鄭至清代政權轉移及時空交替下的風水滄桑：

> 石鼓游龍氣未降（宋朱文公登石鼓山，占地脈曰：「龍渡東海，五百年後海外當有百萬人之郡邑」）。信有山川妙鍾毓，至今五馬說奔江（成功高祖葬處，形家號爲「五馬奔江」）。〔註 420〕

總而言之，清代臺灣風水龍脈說的成型，係傳統風水觀念在臺灣本土的移植與再現，也是清廷將臺灣納入帝國版圖的一種具體宣示。統治者透過風水學上龍渡滄海、雞籠發祖的意識建構，將臺灣這片「原屬化外」的新天地加以「中國化」的處理，據以體現大陸疆域與臺灣本土一脈相承的地理聯繫，並作爲大清帝國王者無外／一體同風的實質象徵。在心理效益上，這項傳說也得以爲渡臺漢人提供一劑令其安居樂業的定心丸，讓他們相信自己已然在大清版圖之中，享有一統帝國政治文化勢力的庇護。清代前期以降，大量湧入臺灣本土的閩粵移民，於是在這個業經統治者貼上風水標籤的島嶼空間中，重新實踐其原鄉傳統的風水習俗。

〔註 419〕黃清連，《黑金與黃金：基隆河上中游地區礦業的發展與聚落的變遷》，頁 125～126。

〔註 420〕施士洁，《後蘇龕合集》，頁 53～54。

臺南市中西區鄭氏家廟中的延平郡王鄭成功像

臺南市中西區大天后宮，原為明寧靖王朱術桂府邸，後世傳聞為活蟹穴

臺南市六甲區赤山龍湖巖，相傳為明鄭諮議參軍陳永華相擇「龍蝦公湖」的風水吉地而創建

赤山龍湖巖前殿門聯寓陳永華占地脈典故

臺南市中西區法華寺，前身為李茂春的夢蝶園，後世傳聞為臥牛穴

沈光文教學處遺址紀念碑，位於今臺南市善化區善化國中

皇明澄邑振暘曾公墓，年代爲崇禎十五年（1642），位於今臺南市南山公墓，爲目前所見臺灣最早的明代古墓

皇明澄邑振暘曾公墓左後方的解說牌

皇明聖之省之二鄭公子墓

皇明聖之省之二鄭公子墓解說牌

藩府曾蔡二姬墓，位於今臺南市南山公墓

藩府曾蔡二姬墓解說牌

被視爲清代全臺龍脈發祖的雞籠山

臺北市萬華龍山寺寓龍渡滄海說的前殿柱聯

新北市淡水龍山寺寓龍渡滄海說的正殿柱聯

被視爲清代臺灣龍脈南端的沙馬磯頭，今屏東縣恒春鎮鵝鑾鼻一帶

屏東縣恒春鎮鵝鑾鼻之臺灣最南點

臺灣最南點解說牌

第三章　風水習俗的日常實踐（上）

習俗係指社會大眾習以為常的生活方式，透過長時間的累積或過濾之後，產生一種約定俗成的行為法則。這些行為法則在潛移默化之中，逐漸演變為人們內在的價值觀念，並凝聚成一套合乎大眾認同的行為模式。經由特定時空的社會群眾在日常生活中的集體實踐，共同呈現出一種普遍性的社會風貌。

本書第三、四章擬根據相關文獻的記載，探討風水文化在清代臺灣漢人社會發揮出規範性作用的歷史現象，考察這段時期社會組成份子實踐風水習俗的各種行為樣態，以及風水觀念如何內化為人們應對社會關係與判斷外在事物的價值取向，並外顯而成清代臺灣漢人社會普遍存在的風水習俗。在節次安排上，首先說明清代閩粵移民開發臺灣的過程中，風水習俗的傳佈途徑與風水觀念的習染方式。其次，根據陰、陽宅在理論與實踐上的分別，依序陳述遷臺漢人接受風水觀念落實在卜居擇建以及相地營葬的情形。最後，透過風水禁忌的內涵及其具體象徵的呈現，析論官紳庶民對於各種禁忌的遵循所產生的社會現象，藉以究明風水習俗在清代臺灣漢人日常生活中的制約性質。在各節的討論中，我們也將儘量呈現風水觀念的接受及其實踐在不同時間的地域、族群（福客、原漢）以及階層的差異性。

第一節　傳習流佈

風水係漢族文化醞釀而成的產物，亦是傳統社會民俗活動的成果。風水習俗的傳佈，則主要依附於人們的日常行為。從本書第二章第一節的討論中，我們已然見識到風水習俗在閩粵地區風行的概況，本節則將進一步探討清代時期隨著大量漢人的渡臺移墾，風水觀念在當時臺灣本土傳習的媒介、散播的途徑與流佈的情形。爲能具體而微地考察這個課題，本節首先陳述閩粵移民遷臺之後，對於原鄉風水習俗的重新實踐，其中亦包涵士紳階層習究風水之說的現象。其次，探究堪輿地師在風水觀念傳習流佈的過程中所具有的指導性地位。最後，將焦點放在各種涉及風水之說的文獻紀錄與傳說故事，考察其傳播風水觀念的可能與方式。

一、移民與原鄉習俗的重現

清治前期，隨著閩粵先民陸續移居臺灣，傳進了深具原鄉色彩的風俗習慣，經過因地制宜的實踐過程，逐漸轉化爲移民定居臺灣各地之後的生活方式。康熙五十六年（1717）刊陳夢林等《諸羅縣志》卷八〈風俗志〉中，曾秉持漢文化中心的觀點，以中國大陸的傳統社會作爲標準樣板，說明北臺諸羅縣境「毋亦唯是閩、粵各省之輻輳，飲食、居處、衣冠、歲時、伏臘，與中土同」。〔註 1〕乾隆十二年（1747）刊范咸等《重修臺灣府志》卷十三〈風俗〉總論「臺陽僻在海外，曠野平原，明末閩人即視爲甌脫。自鄭氏挈內地數萬人以來，迄今閩之漳泉、粵之潮惠相攜負耒，率參錯寄居，故風尙略同內郡」。〔註 2〕同治十二年（1873）丁紹儀《東瀛識略》卷三〈習尙〉亦陳述：「臺民皆徙自閩之漳州、泉州，粵之潮州、嘉應州。其起居、服食、祀祭、婚喪，悉本土風，與內地無甚殊異」。〔註 3〕整體而言，相對於閩粵原鄉的風俗民情，清代臺灣移墾社會的各項民俗活動，實爲中國大陸南方文化的延申和發展。

移民定居臺地後，往往隨著移出區自然環境與人文背景的差異，而在移墾社會各地重現出原鄉俗尙的族群風格或區域特性。如乾隆元年（1736）刊黃叔璥《臺海使槎錄》卷二〈赤嵌筆談・習俗〉中徵引《諸羅雜識》所云：

> 臺地民非土著，逋逃之淵藪，五方所雜處。泉之人行乎泉，漳之人行乎漳，江浙、兩粵之人行乎江浙、兩粵，未盡同風而異俗。〔註 4〕

針對風水習俗而言，不論是福建也好，廣東也罷，在明清時期閩粵社會，

〔註 1〕 陳夢林，《諸羅縣志》，頁 135。
〔註 2〕 范咸等，《重修臺灣府志》，卷 13，頁 397。
〔註 3〕 丁紹儀，《東瀛識略》，卷 3，頁 32。
〔註 4〕 黃叔璥，《臺海使槎錄》，卷 2，頁 38。

風水行爲皆爲其傳統習俗中顯著的一環（參見本書第二章第一節）。自清初以來，從這些區域遷居臺灣的移民，在他們的身上即帶有原鄉風水文化的「種子」，並隨機播撒在這塊海外新天地上。風水習俗在清代臺灣社會的傳習流佈，閩粵移民可說是其中最主要的「載體」。

明清時期，原籍漳州府平和縣小坪的盧氏家族，素以詩書傳家，其族譜中並記載歷代子孫有多名習究堪輿、擇日術數者。如二房派下盧旦、盧集父子皆「能擇日」；盧徵山「性醇厚，習地理」；盧養浩「明醫又明地理」，一見醫學、地學之書，即「深曉其道」；盧志「明禮讀書，能擇日」。另外，四房派下盧傳「習地理」，凡私房祖墳風水，皆由其擇地遷葬。盧氏後裔於清代時期遷居嘉義地區拓土經營，在新闢地域上營造宅居或卜擇葬地之際，先祖家傳的風水之學，自然是他們所習以爲常的參照原則。〔註 5〕

原籍漳州府雲霄廳的林氏家族，其第十二世祖林廷懷於嘉慶十九年（1814）逝世，遺下溫、恭、詰、行、然、果六房子嗣，六兄弟延請風水師爲亡父擇葬於後埔壟仔。該名風水師指示墓成之後，第五房必需即刻遷離故鄉，林然於是攜家帶眷渡海至澎湖，自此開基立業，繁衍子孫。每隔兩、三年返回漳州祖地祭祖，成爲慣例。〔註 6〕林氏先祖在堪輿從業者的導引下移墾臺澎，此例讓我們見識到堪輿之說在原鄉社會的影響力，以及清代遷臺人士如何奉行這套傳統趨避法則的方式。

諸羅縣麻豆一帶（今臺南市麻豆區）巷口郭氏家族開臺祖郭行，原籍泉州府同安縣。乾隆三十九年（1774）前後，郭行於大陸故居因祖先風水問題與吳姓家族發生糾紛，隨即率領四房派下渡海來臺，落腳於麻豆地區，重新開展生計。〔註 7〕郭氏家族因風水爭執的因素而東渡臺灣，這樣的現象，說明了「風水」在族人原先的生活經驗中佔有一定的地位。定居臺地之後，凡日常生活涉及擇居營葬的環節，想必也將延續他們傳統的風水習俗。

原籍惠州府陸豐縣吉康都崙嶺鄉黃護寨的新竹關西范氏先祖范昌睦，於乾隆前期與兄范昌貴相攜渡臺，擇居淡水廳新社庄。期間，相傳某曾姓人士爲了感念范昌睦的收容之恩，返回中國大陸前曾點出鳳山崎頂（今新竹縣竹北市大眉里）的一處風水寶地，穴屬蜘蛛結網形（亦名錦被蓋兒）。范昌睦後

〔註 5〕 盧元璞，《盧氏族譜》，頁 11a-b，15a。

〔註 6〕 林嘉書，《生命的風水：臺灣人的漳州祖祠》，頁 106。

〔註 7〕 吳新榮，《震瀛採訪冊》，頁 279～280。

來將原配黃氏葬於該地，此後家境日益發達。道光初期，范昌睦裔孫范汝舟（1781～1865）入墾坪林、上下橫坑等處（今新竹縣關西鎮境內）開創基業之後，於道光二十三年（1843）正月重修鳳山崎祖母黃氏墳塋。同年十月，范汝舟向萃豐庄業主徐熙拱認墾承租該墳穴地權，以保先祖的牛眠吉地能長久安全，持續庇蔭子孫家道興隆。〔註 8〕

自明鄭時期開始，遷臺漢人已有生前在臺預留「壽域」的前例，可見他們在有生之年，已有埋骨臺灣的念頭。〔註 9〕至有清一代，凡移民生前所作壽域、壽墳或是土窨、窨墳、窨堆、蔭堆、窨穴、生窨之類的風水地，不斷地出現於臺灣社會，顯示渡臺人士往生之後落地生根的象徵。例如，在現存一份嘉慶二十四年（1819）二月姚佛立杜賣窨虛堆字，即透露出類似的歷史訊息：「立杜賣窨虛堆字人姚佛，有選擇風水壹所，虛築窨堆，土名貫在牛罵頭山觀音亭後貳崙山，穴坐東向西，欲作自己壽域」。〔註 10〕又現存另一份道光五年（1825）九月吳朝基立賣山關字，則呈顯出遷臺族親之間關注於風水地穴的情形：

> ……有自置荒山壹所，坐落土名打哪叭烏嵋下庄仔山。今因堂弟邦官乏地葬兄，托中前來求出風水壹穴，坐北向南，前至坡岸爲界，後至□上爲界，左至青龍山爲界，右至白虎砂爲界，四至分明。三面議定，時直價佛銀壹大元正，其銀親收足訖，隨將風水壹穴照界，踏付堂弟前去卜葬兄骸，任從開剟成坟，或添砂補腦，聽其自便，不敢異言。

從契字內容中，可見該墳穴左青龍、右白虎的風水砂局分明。該立契者爲了保障對方整修墳地的權益以及維護風水穴局的完整性，於契字後段更鄭重聲明：「倘日後要修理，偏左偏右，任其改，不能阻擋，亦不敢許給他人斬肩破腦、騎龍截葬傷殺等，亦不近穴開園，損壞龍脈，以及栽種樹木，蔽塞風水爲礙」。〔註 11〕遷臺人士透過契約訂定的方式，以取得風水墳穴所有權或使用權的作法，係傳承自閩粵原鄉的慣例，並通行於清代臺灣社會。

〔註 8〕劉澤民編著，《關西坪林范家古文書集》，頁 9～16，102～103。

〔註 9〕蘇峰楠，〈記臺南市新發現的兩座明代古墓——兼論其墓碑形制〉，頁 377。

〔註 10〕余慧賢、張家榮編，《國立中央圖書館臺灣分館館藏臺中地區古文書選輯》，頁 49。契字中的觀音亭爲今臺中市清水區紫雲巖。

〔註 11〕潘英海編著，《中央研究院民族學研究所藏道卡斯古契文書．圖文冊》，頁 158～159。

除此之外，從臺灣現存族譜中有關各家族開臺始祖墳穴座向的記載，亦可看出當初遷臺先民依舊延續閩粵原鄉的風水葬俗。後代子孫藉由陰宅風水信仰，將渡臺先祖的墓葬地點予以神聖化，來凝聚家族成員的血緣認同與在地認同，作爲後嗣裔孫在新開發區內安身立命的精神寄託。例如，原籍泉州府晉江縣青陽的莊氏先祖莊德，生於明永曆六年（順治九年，1652）三月，明清之際渡遷來臺，卜居天興縣佳里興營頂（今臺南市佳里區營頂里）。康熙四十八年（1709）五月，莊德辭世，子嗣爲其擇葬於佳里興西竹圍北勢潭仔墘，風水方位坐壬向丙兼子午分金辛亥辛巳。〔註 12〕

原籍潮州府饒平縣邱氏家族二十二世祖邱章壽，生於康熙五十年（1711）六月，於乾隆二十年（1755）八月辭世後，其元配詹氏因家計困窘，乃於翌年（1756）攜二子渡臺往依親屬，初居彰化縣深坑子塗庫，後移居東螺保三十張犁庄，是爲東螺邱氏開臺始祖妣。詹氏卒於乾隆四十八年（1783）九月，長子邱華循爲其擇葬於三十張犁庄頭埔，穴屬蝙蝠博蚊地形，風水方位甲山庚向兼寅申。〔註 13〕原籍嘉應州鎮平縣羅經垣的林氏家族，其十八世祖林錦秀於康熙末年遷渡至臺，擇居竹南中港頭份莊（今苗栗縣頭份鎮田寮里），成爲當地林氏開臺始祖。嘉慶初期林錦秀辭世後，葬於竹南大埔庄西邊小坡塘面上，穴屬眠羊形，風水方位甲山兼寅三盤丙寅一線分金。其子林尙檀卒於嘉慶十七年（1812），葬於頭份上埔山塘面上，穴屬半壁掛龜形，風水方位巽山兼辰庚辰庚戌分金。〔註 14〕

對於墳地穴局（喝形）及其羅盤坐向（分金）的講究，正是傳統風水葬俗的一項特徵。而家族子嗣延請堪輿地師爲其開臺先祖相地營葬或擇地遷葬，更具體標幟出閩粵原鄉的風水行爲在臺灣本土的重現。原籍泉州府同安縣馬厝巷分府民安里十一都小崎保的李鼎成（1722～1790），於乾隆十六年（1751）偕妻林耀娘渡臺，擇居淡水廳芝蘭三保滬尾忠僚庄，墾地創業。林耀娘卒於乾隆五十二年（1787）正月，數日後，其長子李臣春（1755～1808）在某牧童的指引下，前往菅蓁林庄營盤埔中心崙腳勘察地理。李氏族譜中記載當時李臣春「細觀其坐位，後有屏帳，落軟而浮一穴，下砂謹閉，案山雙重，插耳山峰，左有臺屯，右有觀音，堂局朝對」。李臣春識得此地形勝秀美，

〔註 12〕詹評仁總纂，《臺南縣佳里鎮營頂錦繡堂莊氏族譜》，頁 99，112～113。
〔註 13〕邱萃英等編，《邱氏族譜》。
〔註 14〕林蘭生等編，《西河堂忠孝堂林氏族譜》，頁 14。

風水奇佳，於是向山主吳熙求給此穴作爲葬母墳地，並延請地師李宗堯綜理營葬事宜。李宗堯以該處一大石爲主山，規劃出「三合連珠」的格局，是爲「收甲水上堂，出丁口而去」，風水方位坐亥向巳兼乾巽，後代裔孫喝形爲黃蜂出巢穴。至嘉慶六年（1801），李臣春再將亡父李鼎成骸罐遷葬中心崙腳，令其夫婦同穴，此即滬尾忠僚庄李氏家族開基祖墳。〔註15〕

原籍嘉應州鎮平縣廣福鄉大黃屋的黃其滯，於乾隆年間攜子渡臺，至淡水廳灣里莊（今臺北市內湖區）開基。乾隆末年，黃其滯辭世，擇葬於淡水錫口街灣里莊，穴屬出海龜形，風水方位卯山兼甲分金。相傳此穴係經唐山堪輿師的扦點。黃其滯子黃朝賢後因閩粵械鬥之故，於嘉慶十七年（1812）移居竹南一堡中港頭份番婆庄蕭屋（今苗栗縣頭份鎮蟠桃里）。黃朝賢辭世後，子嗣先爲其擇葬河背下坪頂細坑仔尾，後遷葬興隆莊細坪頂，風水方位乾山兼亥分金。〔註16〕前述例證體現堪輿地師如何介入亡者擇葬的過程，也令我們見識到清治前期渡臺移民所傳承的原鄉遷葬習俗。

清代遷臺漢人初至一片大部分屬於原住民的地域，農墾的土地往往必需透過契約租借或交易的方式向原住民取得，風水墓地的使用亦然。此種擇穴葬親的行爲，既是在臺漢人落地生根的憑藉，與此同時，也讓傳統的風水葬俗逐漸散佈於原住民地域。例如，在一份乾隆三十三年（1768）九月日北社（今苗栗縣苑裡鎮舊社里）番土目阿帶立賣墳山地基契中顯示，漢人李獻德向原住民阿帶承買苑裡溪墳山一塊，以便整築墳塋，扦葬親骸。到了乾隆三十八年（1773）五月，李獻德將原墳親骸遷回原鄉，該墳穴乃托中引就邱伊輝出首承買，雙方另立賣山地穴契字爲憑，並聲明此山地穴經賣之後，「任買主擇吉扦穴安葬」。〔註17〕

在另一份乾隆四十九年（1784）正月霄裡社通事阿生等立就墳添給山崗埔地字中，說明先前於乾隆四十五年（1780）有漢佃葉道盛兄弟七房向該社承給龍潭崎頂三洽水尾一穴墳窨，以安葬亡父葉奕明骸骨；至本年再與其相商墳界加擴事宜，雙方另訂新約，文中顯示新添山崗埔地界址的砂水穴局，無非也傳達了遷臺漢人對於墳地風水的重視：

〔註15〕李兆麟編，《重修燕樓族譜》，〈祖母奇志〉。

〔註16〕編者不詳，《黃氏族譜（頭份鎮）》；黃毓蘭主編，《黃氏族譜（其滯公派系）》，頁81～83，107～109。

〔註17〕蕭富隆、林坤山，《苑裡地區古文書集》，頁178，186。

> 其四界址，東界從奕明山坟前深坑透過外層大青龍砂背之小陰溝，透過東片路背小窩，直上至大祖頂金面山嶂天水流内爲界；西界從坟石砂算起，至外層第參條大白虎砂背崁腳，直透上高崁頂天水流落爲界；南界至坟前坑底爲界；北界由坟之龍身后，直透祖頂金面山障天水流内爲界。〔註 18〕

在光緒九年（1883）五月原住民潘有成立收過贖耕歸管契銀字中，針對十八份庄田埔產業中的風水墳地附加批明，其中亦透露出漢族傳統護墳保脈的觀念與遷葬的習俗：「王水風水壹墳，葬在田中，若是此地鍾靈，縱使百世千年，田主亦不得異言討迫，刁難滋事。至於風水遷徙別葬，此田乃歸田主掌耕」。〔註 19〕

清代閩粵移民除了在臺灣本土重現風水擇地與洗骸遷葬的習俗之外，往往也透過海峽兩岸的雙向遷葬行爲，來傳佈固有的風水葬俗。原籍泉州府晉江縣八都安平尙賢里的顏氏先祖顏夢璉，於清初與生母隨叔父顏雄立渡臺寄居。顏夢璉於生母棄世後，將其暫葬臺灣，自守母塚二年，即扶櫬歸寄尙賢里故居。爾後，相擇後埭頭一處風水佳壤，予以安葬。〔註 20〕原籍泉州府永春縣的呂懋錡，其元配尤氏於康熙初舉家徙居臺灣，以避戰亂，其間姑曾氏病沒於臺。迨施琅平臺之後，尤氏預返蓬壺故里，「不忍委姑骸異地，啓櫬拾之，行藏身畔，坐臥不離。當時舟人搜甚嚴，竟獲濟」。歷經月餘，尤氏返抵家門，隨即將姑骸擇地安葬。〔註 21〕此外，原籍嘉應州鎭平縣白馬鄉坡角村霞黃的黃淑琇，於乾隆中期攜秀福、秀友二子渡臺，至北臺雞籠務農爲生。黃淑琇辭世後，子嗣爲其洗骨裝金，寄託鄉親攜返霞黃故居安葬。〔註 22〕原籍泉州府晉江縣輾轉移墾新莊平原的張氏家族，其後代親屬於清代時期經常以「瓦棺」歸葬泉州故里。又據〈同治元年上淡水海山庄業戶張長發戶下張東園參房鬮書〉所附規約，其中一條載明遷臺子孫必需返鄉祭掃墳墓與整修風水的義務云：「泉年節忌辰依前理辨各無越例，兼又風水墳墓直東之人就清明前後務必親身到處巡視，毋致廢弛，誠恐風水損壞亦應修

〔註 18〕劉澤民編，《臺灣總督府檔案平埔族關係文獻選輯續編》，頁 415。
〔註 19〕簡史朗、曾品滄主編，《水沙連埔社古文書選輯》，頁 202～203。
〔註 20〕顏亮洲等編，《顏氏族譜》，頁 807～810。
〔註 21〕鄭翹松纂，《永春縣志》，卷 25 上，〈烈女傳〉，頁 6b。
〔註 22〕黃文新編，《苗栗黃氏總族譜》，頁 3～4，116～117。

理，各房預先通知再三斟酌無有干碍，方可舉行」。〔註23〕

閩粵移民墾臺有成，返回閩粵故居修整祖墳風水，或參與原鄉的各項風水修造，以示飲水思源不忘本。如原籍泉州府同安縣的白壽（1723～1793），乾隆年間渡臺，至彰化大肚堡一帶拓墾，偕元配魏信（1737～1783）育有擔、通二子。白擔（1767～1845）生前嘗返回同安故居，修葺祖墓兩穴，並購置田產交付族人白聳伯，妥託其代爲照顧祖墳風水，以善盡慎終追遠、敬祖孝親的心思。〔註24〕原籍泉州府同安縣的鄭用謨（1782～1854），以孝友見稱於鄉里。年二十二時，寡母逝世，鄭用謨依禮安葬後，於嘉慶年間隻身渡臺，至竹塹城北門外水田莊立業，數年後經營有成，即返回同安縣故居修整墳塋，並建置祀業。〔註25〕移民返鄉整修祖墳或祠堂的行爲，除了秉持飲水思源的倫常觀念與衣錦還鄉的榮耀心理，往往也重視陰陽宅的風水經營，〔註26〕來保障當事者在臺身家資產以及族親後續發展，連帶形成了一種雙向性的風水交流。

陳夢林《諸羅縣志》卷六〈賦役志・戶口土田〉中云：「而此邦士民甫集中澤，非有蠅頭之戀，亦孰肯舍祖宗之丘墓、族黨之團圓，隔重洋而渡險，竄處於天盡海飛之地哉！」〔註27〕由於臺灣的發展空間對於閩粵移民的吸引力，於是他們當中即有人「肯舍祖宗丘墓」，渡海來臺謀生逐利。在此之後，移民奉先人骸骨自臺灣本地歸葬閩粵原鄉，以風水葬俗作爲「落葉歸根」的憑藉。

相對於自臺地遷骸返鄉的情形，根據各姓族譜的記載，某些開臺祖渡臺之際，即會將祖先骨骸或神主一起帶來臺灣。〔註28〕如原籍泉州府安溪縣彭城修仁鄉的劉仕祿，於乾隆五十六年（1791）攜父骸隻身來臺，卜居淡水廳三角湧橫溪（今新北市三峽區溪南里）。〔註29〕而當移民定居臺灣成家立業之後，偶亦返回閩粵原鄉起出先骸而改葬臺灣。如臺中霧峰林家開臺始祖林石，

〔註23〕尹章義，《張士箱家族移民發展史——清初閩南士族移民臺灣之一個案研究》，頁159～162。

〔註24〕白灼眞編，《同安白氏族譜》，〈祖墓葬記〉。

〔註25〕鄭鵬雲編，《浯江鄭氏家乘》，頁63a-b。

〔註26〕關於祠堂風水營建的情形，可參閱林嘉書，《生命的風水：臺灣人的漳州祖祠》，頁4～16，105～109，154～156，192～193，341～343，371～376。

〔註27〕陳夢林，《諸羅縣志》，卷6，〈賦役志・戶口土田〉，頁88。

〔註28〕翁佳音，〈清代臺灣漢人社會史研究的若干問題〉，收入氏著，《異論臺灣史》，頁14。

〔註29〕賴志彰主持，《臺北縣傳統民居調查（第一階段）》，頁103。

生於雍正七年（1729）二月，原籍漳州府平和縣五寨墟莆坪社。年十八時，曾結伴渡臺，旋奉生母莊氏之命返鄉。越七年，莊氏辭世後，林石偕兩弟為其安頓窀穸，隨即託付兩弟顧守廬墓，於乾隆十九年（1754）再次渡臺，卜居彰化縣揀東堡大里杙莊（今臺中市大里區），數年後逐漸拓墾有成。乾隆二十二年（1757），林石重返平和故居展墓，經與兩弟協議，同奉親骸東遷臺灣，改葬於彰化縣貓羅堡阿罩霧莊（今臺中市霧峰區）前側。五十三年（1788）五月，林石辭世，葬於阿罩霧莊後山土名坡塘內，風水方位坐乙向辛兼卯酉，與其先祖塋墓同為霧峰林家子嗣奉祀的開基祖墓。〔註 30〕林石奉祖骸遷葬於臺地的行為，除了方便在臺裔孫就近祭掃的考量之外，其背後所反映的意義，似乎也象徵林氏先祖長居臺灣、經營本土的決心。

根據學者莊吉發的研究指出，清代遷臺移民重視祖先墳地，既與風水信仰或孝道觀念有關，也與傳統科舉制度息息相關。依照清朝《學政全書》的規定，凡入籍二十年以上，其祖先墳墓田宅確有印冊可據者，方准考試。清代前期，臺灣隸屬於福建省，粵籍客家移民應福建省城鄉試，多被指為冒籍考試，俱照條例革去生員衣頂。早期遷臺的廣東客家人士相當重視子弟教育，鼓勵子弟參與科考以提昇社會地位。客家人士在臺生長，其祖墳產業俱在臺灣，符合入籍臺地的規定，即可應試，而非冒籍。〔註 31〕經由科舉制度的運作，加深了移民重視祖墳風水及其在臺灣本土落地生根的意念；透過原本「內地化」的風水文化傳承，促使閩粵移民逐漸完成了「在地化」的認同。

傳統風水習俗一方面經由大量閩粵移墾者的辛勤耕耘，在臺灣本土散佈開來；另一方面，士紳階層習究風水之說的現象，也是值得我們留意的對象。

二、士紳階層對於風水術數的習究

士紳泛指傳統中國社會具有科舉功名、監貢生出身或曾出仕為官者的集合體，通常在地方上佔居意見領袖及社會菁英的地位，擔負起傳播知識和教化民眾的職責，亦扮演著上情下達與官民溝通的橋樑。〔註 32〕

〔註 30〕臺灣銀行經濟研究室編，《臺灣霧峰林氏族譜》，頁 101～102，177。

〔註 31〕莊吉發，〈從檔案資料看清代臺灣的客家移民與客家義民〉，頁 267～270。文中引據《明清史料．戊編》中一則乾隆 37 年（1772）10 月初 5 日的供詞史料，具體說明遷臺客家人士重視風水墳地與傳統科舉制度的關聯性。

〔註 32〕關於傳統士紳的組成及其社會功能，參見 Chung-li Chang, *The Chinese Gentry:*

在傳統中國社會，士紳階層研習堪輿術數的背後，可說是具有多重性的動機。儒家傳統以孝爲本的價值觀念，重視仁人孝子事死如生的道德實踐，此舉爲陰宅風水學說滲透到儒學體系預留了空間，也激起了歷代儒家學者一窺究竟的動機，甚至基於儒學的立場重新詮釋堪輿理論的內涵。

首先就孝道觀念而言，明代中葉由徐善繼、徐善述昆仲編纂的《地理人子須知》一書，即爲「堪輿儒學化」的學術脈絡中最具代表性的鉅著。又如明代後期問世的《儒門崇理折衷堪輿完孝錄》，全書標舉如何透過堪輿學理與喪葬節儀的調適，來完善爲人子者的孝行。該書卷八〈安葬簡儀小引〉中提到：

> 嘗聞君子不以天下儉其親，葬親豈可不從厚。然陰地僅一線，乃造化妙機也。今之世宦大家，往往肆其美麗以燿生者之觀，甚至於鑿損造化之眞氣，於都惜哉！今考先賢造葬格言數條於後，俾仁人孝子或可適從云。〔註 33〕

除了「爲人子者，不可不知醫藥、地理」的孝道觀念之外，儒學傳統講究仰觀天文、俯察地理的博學取向，經綸世務者移風易俗、經世濟民的教化初衷，以及身居朝野期間卜居擇建、相地營葬的現實需要，皆足以驅策士紳階層關注堪輿之說的表象與實質。〔註 34〕此外，周璽等人於道光十六年（1836）刊行的《彰化縣志》卷八〈人物志・技術〉中，更指出文人學士專精堪輿技藝以資留名的傳世初衷云：

> 夫文人學士，茹古涵今，抽妍騁秘，其專精著述，勒爲成書者，固足藏乎名山。乃若百家眾技之流，或耽吟詠，或精點畫，……又或書法入神，……或靈樞探奧，……以至通青烏之術，而生氣能乘，牛眠可得。解麻衣之傳，而封侯豫識，燕頷堪奇。斯技藝之擅長，皆足立名於身後。〔註 35〕

在這些因素的影響下，自宋代以降，士紳階層習究堪輿術數的情形，蔚爲傳統中國社會的常態。晚明入華耶穌會士利瑪竇（Matteo Ricci, 1552～1610）即觀察到風水術數流行於中國各地，「許多有地位的人都從事這類研

Studies on Their Role in Nineteenth-Century Chinese Society 一書。

〔註 33〕不著撰人，《儒門崇理折衷堪輿完孝錄》，卷 8，頁 52a-b。

〔註 34〕徐善繼、徐善述，《地理人子須知》，序言，頁 1a～3a；劉謙著，謝昌註，《地理囊金集註》，序，頁 1a～4b。

〔註 35〕周璽等，《彰化縣志》，卷 8，頁 266～267。

究，認爲那是一門深奧的學問。有時遠在千里的人，都來請他們看風水」。〔註 36〕十七世紀初，利瑪竇在北京傳教期間，說服了原本擅長風水、擇日之學的錦衣衛官員李應試皈依天主，李應試燒毀了自己多年來收藏的算命、風水之書，以表明信仰的虔誠，從此杜絕外人向他請教任何風水之類的問題。〔註 37〕利瑪竇的切身經歷，映現出當時士紳階層習究風水之說的現象，應是具有相當程度的普遍性。

清代臺灣移民主要來自閩粵兩地，根據相關文獻的記載，明清時期當地士紳緣於學術偏好或其他個人因素而習究風水者，如漳州府海澄縣庠生吳邦基，於乾隆間徙居龍巖州王庄村，其生平精通堪輿術數，且博通群說，著有《玉函輯要》，內分天元、地元、人元三卷，「凡羅經、理氣、形體及陰陽架造諸法，頗爲詳備，刊行於世」。〔註 38〕泉州府同安縣金門人蔡德徵，精通青烏家言，嘗圖繪浯洲一帶的山水形勢，「劈脈分肢，隨圖繹說，瞭晰如指掌」。〔註 39〕潮州府澄海縣人王文禮，爲人孝友端方，平日攻讀舉業之際，並旁及地理、星曆諸書。〔註 40〕漳州府海澄縣人黃懷人，根據乾隆二十七年（1762）鄧廷祚等纂修《海澄縣志》卷十三〈方術〉中的記載：

> 少失怙恃，撫弟妹，篤念鞠哀。年四十餘，始授室族。有二寡母，孤貧無依，懷人迎養之，數十年不懈。宮保壯毅許公提師廈島，旌以匾曰：孝友可風。居恒嘗習青烏家業，不甚以福利惑人。凡所卜葬及識別，多徵驗云。〔註 41〕

閩粵原鄉之外，就臺灣本土而言，亦是有例可尋。早在明鄭治臺期間，頗受明宗室寧靖王朱術桂（1617～1683）器重的鳳山庠生曾明訓，即因其「天分高朗，得異傳，精占驗」，以至於具有「爲人擇地選課，有奇中」的本領，成爲活躍一時的堪輿術家，擁有社會知名度。〔註 42〕道光後期，澎湖廳隘門社諸生洪文衡從進士蔡廷蘭（1801～1859）任江西峽江縣，在署教讀。其

〔註 36〕利瑪竇著，劉俊餘、王玉川譯，《利瑪竇中國傳教史》，頁 70。

〔註 37〕利瑪竇著，劉俊餘、王玉川譯，《利瑪竇中國傳教史》，頁 414～415。

〔註 38〕彭衍堂、陳文衡纂修，《龍巖州志》，卷 12，〈術藝列傳〉，頁 56a。

〔註 39〕林焜熿等，《金門志》，卷 12，〈人物列傳（四）・藝術〉，頁 304。另見林學增、吳錫璜等纂修，《同安縣志》，卷 37，〈人物錄・方技〉，頁 1b。

〔註 40〕周碩勛纂修，《潮州府志》，卷 29，〈人物・文苑〉，頁 30b～31a。

〔註 41〕鄧廷祚等纂修，《海澄縣志》，卷 13，〈方術〉，頁 27a-b。

〔註 42〕王必昌等，《重修臺灣縣志》，卷 11，〈人物志・方技〉，頁 391。

生具巧思，涉獵廣博，「如青烏、日者、棋譜、青囊之書，略通大意」。〔註 43〕清代後期，竹塹城外東勢莊舉人鄭家珍（1866～1928），祖籍泉州府南安縣，平生博覽群籍，除了詩古文辭之外，「凡天文、地理、曆法、算術、星命、卜筮，無不窮探奧妙，著有成書」。〔註 44〕

我們知道，儒學傳統博究天地宇宙道理的周易之學，後來被堪輿術數加以吸納，成爲其中的核心理念。〔註 45〕學子若能深明易經所論吉凶休咎的卦理，便易於掌握堪輿之學所述趨吉避凶的堂奧，這也是博通經書的傳統士紳易於習究風水觀念的內在成因之一。如清代汀州府長汀縣人蔡承謙，世居宣河蔡家莊，其「生質穎異，幼業儒，洞徹易理，遂精堪輿。目窮千里，推測皆符應，故人稱爲神僊。著有《博古集》、《知來集》、《龍穴砂水辨作法總訣》等書。凡各鄉斷記事，無不驗者」。〔註 46〕又如嘉慶二年（1797），賜進士出身知彰化縣事胡應魁（？～1807）有感於城東八卦山山勢橫亙卻無主峰，就堪輿理論而言，「無主則亂，邑之不靖，其以是夫」。爲此，他根據太極生兩儀、四象生八卦的易理，先是開鑿西池，並於縣署後方培土成山，「山蟠屈如龍，至東方作昂首勢」。隨後於其上創建太極亭，內繪一圖，中錄《太極圖說》作者北宋大儒周敦頤（1017～1073）的學說。同年八月，胡應魁親撰〈太極亭記〉以誌此事緣由，文中除了稱頌該亭「傑構凌雲，以襲氣母；八卦成列環衛，貼然山靈有知，幸自今其有主矣。夫得主者，常有生生不已之機，萌芽在是」；胡應魁最終還以此自豪，「予將進形家之談易理焉」。〔註 47〕

從胡應魁的作法及其論述中，我們可以看出周易之學與堪輿之說氣息相通的一面；而他引述宋儒周敦頤的說法，也間接透露了一絲耐人尋味的歷史訊息，那就是傳統風水術發展到了宋代以降，逐漸與新儒學（理學）的思想傳統發生了密切的聯繫。理學家援引理、氣、太極及陰陽五行的論點推闡天

〔註 43〕林豪等，《澎湖廳志》，卷 7，〈人物上・鄉行〉，頁 251。

〔註 44〕黄玉成，〈清敕授文林郎雪汀鄭先生墓誌銘〉，收入鄭家珍，《雪蕉山館詩集》，頁 4～8。

〔註 45〕黄仲淇，〈風水場域之意象性研究——以三元理氣爲例〉，頁 37～39，76～93；楊文衡，《中國風水十講》，頁 41～86；李城志、賈慧如，《中國古代堪輿》，頁 80～86。

〔註 46〕劉國光、謝昌霖等纂修，《長汀縣志》，卷 24，〈人物・方技〉，頁 4a。

〔註 47〕臺灣銀行經濟研究室編，《臺灣中部碑文集成》，頁 11～12；何培夫主編，《臺灣地區現存碑碣圖誌　彰化縣篇》，頁 62。另參見周璽等，《彰化縣志》，卷 1，〈封域志・形勝〉，頁 19～20。

地萬物生成的原則，往往也將目光聚焦於以氣行論爲本體的風水觀念。其中，南宋理學宗師朱熹（1130～1200）諳習堪輿相地一事，雖曾遭致清初大儒王夫之（1619～1692）所謂「而朱子惑之，亦大儒之疵也」的批評，〔註 48〕但卻於學術主流的模糊地帶，塑立了儒學大師兼通陰陽風水學的形象，成爲後世學人最爲熟悉的典範。〔註 49〕明清時期，朱子學受到帝國統治者的青睞及包裝，成爲朝廷定於一尊的學術正統。曾經任官於閩南泉州的朱熹，其熱衷於覓龍尋脈、評點風水的遺風所及，助長了福建地區儒學與地學相互交流的趨勢，也創造了儒者士大夫說堪輿、話地理、談風水的時尚。〔註 50〕在這種學術氛圍中，如果說察山觀水、相地美惡的堪輿學本身也屬於朱子學的一環，那麼，習究堪輿術數的本身，既與仰觀天文、俯察地理、中盡人事的儒學傳統並行不悖，兼可實踐儒學傳統的孝道信念，並接續了朱子學的歷史傳承。

另一方面，閩粵人士或是基於個人的因素，放棄了在傳統社會被視爲「正途」的科考，轉而盡心於堪輿之學的窮究及其運用。如明季泉州府同安縣金門諸生陳世胄，相傳有異人授以六壬術，尤精通易理，「所占驗奇中，遂棄舉業」。陳世胄嘗在嘉禾里預言：「同安血流溝，安平成平埔，嘉禾斷人種，泥鰍死半途」，似乎是一種帶有堪輿色彩的鐵口直斷。陳世胄歿後，葬於北門外御車巷，相傳其生前預言後來皆告應驗。〔註 51〕從陳世胄的身上，我們可以看到一名地方士紳如何因學習術數之學而放棄科舉的過程。

類似此種棄舉業而鑽研地理之學的例證，如乾隆二十七年（1762）刊鄧廷祚等纂修《海澄縣志》卷十三〈方術〉中，記載清代前期漳州府海澄縣人葉淇，由於「生微有足疾，遂弗攻舉業，耑學於醫人」，並以北宋大儒范仲淹（989～1052）的名言「不爲良相，則爲良醫」而自期。在習醫的同時，葉淇「於青烏家言，尤心領神會」。志書記載他「累葉墳墓，躬自修治，又闢地建祠宇，立局定向，預兆徵應，曰：三十年後，科名不煥發，吾不信也。後果如其言」。〔註 52〕

〔註 48〕王夫之，《思問錄》，〈外篇〉，頁 84。

〔註 49〕周志川，〈朱子與地理風水思想〉，頁 183～191。

〔註 50〕林振禮，〈小山叢竹・溫陵・堪輿——朱熹泉州事迹考評〉，頁 19～23；林振禮，〈新發現朱熹佚文眞僞考辨——兼談《泉州同安鶴浦祖祠堂記》的研究價值〉，頁 45～54。

〔註 51〕林焜熿等，《金門志》，卷 12，〈人物列傳（四）・藝術〉，頁 304。

〔註 52〕鄧廷祚等纂修，《海澄縣志》，卷 13，頁 26b～27a。

風水的目的性在於趨吉避凶的需求，其觀念本身在現實環境上具有相當程度的可實踐性。閩粵士紳研習風水之學的動機，不僅止於滿足個人格物窮理的求知慾望，他們往往也知行合一，將所學到的堪輿學理，實際應用於日常生活的擇居及營葬事宜。如潮州府揭陽縣霖田人陳玉猷，「通經史，兼涉藝術，尤精青烏家言。凡卜兆建祠，就其諏度，皆不憚勞臨視，盡言以告，人敬禮之」。〔註53〕嘉慶時期，嘗任福州閩清、泉州安溪教諭的德化解元鄭兼才，其父鄭秉鉉生前曾「就傳數年，以家務不得終業；而性特耽書，通醫理及堪輿家言」。鄭秉鉉嘗爲先父鄭陟瞻在茅岐社尖山湖後卜擇一處葬地，又於銀礦坑自營兆域，「皆詳記山形墓向，豫斷吉凶，付子孫世守」。〔註54〕此外，弱冠渡臺寄籍淡水廳銅鑼灣樟樹林莊（今苗栗縣銅鑼鄉樟樹村）的吳子光（1819～1883），原籍嘉應州白渡堡神岡社，其父吳纘謨嘗選爲國子監生，並曾於祖居山麓構闢書塾，延聘宿儒教學。凡有外地豪士來遊，吳纘謨必盛情招待，通宵長談，日久遂通曉青烏之術。吳纘謨生前蓄藏多部青囊、玉尺等堪輿類書，且於「先世墳墓，常自經營負土，不堅美焉不止」；平日居家之時，亦嘗效法「司空圖自營壽葬故事，頗多吉穴存焉」。〔註55〕

閩粵士人妥爲先人卜擇風水葬地以安骸骨的作法，在事死如生、愼終追遠的價值層面上，也與儒學傳統「送死足當大事」的孝道觀念互不衝突。如前述嘉應州白渡鄉人吳纘謨在其父吳鳴濬病逝他鄉之後，奉其骸骨歸葬故鄉，卜葬南樹坳山中一處峰環水繞的佳穴，形家稱譽該處係風水吉壤。在墳塋風水的營造過程中，皆由吳纘謨親自完成。後代子孫認爲，吳纘謨對於先人相地營葬事宜的愼重，具體表現出爲人子者的孝思。〔註56〕

倫常孝道觀念的影響所及，在閩粵志書列傳的書寫體例中，也形塑出一套擇地葬親以顯孝行義舉的價值標準。舉凡子孫爲先人妥擇佳地令其入土爲安，往往成爲志書典冊中節孝義行的典型。如明代後期，漳州府平和縣人賴廷揚，「性至孝友。七歲孤，事母如嚴父，兄弟二人，交愛其子，勝於己出。卜父祖營兆，星霜二十年，不辨寒暑」。〔註57〕賴廷揚弟秀才賴廷華，「少孤，

〔註53〕劉業勤纂修，《揭陽縣正續志》，卷6，〈懿行〉，頁10a。

〔註54〕鄭兼才，《六亭文選》，雜著卷2，〈家譜擬傳〉，頁91～92。

〔註55〕吳子光，《一肚皮集》，卷4，〈先考守堂公家傳〉，頁17a～22a。吳子光另在〈芸閣山人別傳〉中自述其「先君素慷慨，好賓客，喜營造與陰陽家言」。同前引書，卷5，頁21b～23b。

〔註56〕吳子光，《一肚皮集》，卷4，〈先大父禹甫公家傳〉，頁11a～12a。

〔註57〕李鋐、昌天錦等纂修，《平和縣志》，卷9，〈人物．韋布〉，頁30b。

事母兄惟謹，痛父早逝，終身不衣純綵。遇父祖諱辰，必齋戒三日如禮。爲父祖卜兆，芒鞋野宿，隆冬劇暑不避」。〔註 58〕清代初期，泉州府晉江縣人陳萬寶，「少敦孝友，尙行義，稍長有文名，應試冠軍，補饌先人，宅兆未安，卜吉襄事，無貽父憂」。〔註 59〕潮州府揭陽縣梅岡布衣謝如誨，「性孝友，早喪父母，以不逮養爲恨，遍歷名山，擇吉壤，負土成塋，三年廬於其側，士大夫慕其行誼，多宗仰之。卒祀鄉賢」。〔註 60〕龍巖州漳平縣人陳原吉，「性至孝，親沒既葬，結廬墓側，悲號三年。將歸，有山人指其墓左曰：此吉壤也。及己歿，遂葬焉，其後裔果貴顯，人稱爲孝感墓」。〔註 61〕在這則「孝感墓」的記載中，反映出傳統社會對於人子孝感可獲風水佳地的福報觀念。孝行義舉的形象與風水葬親的行爲，於此達成一體兩面的交互聯繫。

明代初期，漳州府長泰縣士紳楊垓（復一）、薛惠祖（克光）、蔡鴻基（萬益）、戴皞（弘亮）四人過從甚密，《長泰縣志》記載楊垓雅好書史，不樂仕進，富而好行德，教子業儒，惟勤是守，「尤精地理，所卜皆吉域，然無非分之求。有談及者，必曰：積善餘慶事，不盡關地靈也，蓋萃然儒先之氣矣」。〔註 62〕從這段敘述中可見，楊垓對於風水的態度，仍是回歸到儒學重視人心教化、積善修德的觀念。同書記載薛惠祖，性耽山水，絕少交游，「每談論地脈，必窮搜奧奇，竟日而止。所卜域皆牛眠吉兆，然不以是見長。生平尊祖睦族，敦友誼，好施舍。訓誨子弟，以孝友爲先，厥後支派衍蕃。雋賢書，入國子，蜚聲黌序，濟濟林林，皆其貽謀之遠也。故人不得以術士目之」。〔註 63〕行文之中，強調薛惠祖的儒學行誼凌駕於他本人的堪輿素養，爲他在地域社會中博得了聲名。此種價值意識也貫穿於同書所記蔡鴻基，平生輕財重義，慷慨樂施，居家以詩禮爲訓，其習究堪輿術數的動機，係緣自於孝道觀念的驅策云：「先以父母未葬，同戴弘亮等遊前虔州，學青烏術，比歸葬親曰：吾非以此邀福，無使土親膚，足矣」。〔註 64〕同書記載戴皞的形象，也著重其天性孝友，因行善積德而爲先人謀得福地，此後子孫科場順遂而功成名就：

〔註 58〕李鋐、昌天錦等纂修，《平和縣志》，卷 9，〈人物．韋布〉，頁 31a。
〔註 59〕方鼎、朱升元等纂修，《晉江縣志》，卷 13，〈人物志九．樂善〉，頁 10b。
〔註 60〕周碩勛纂修，《潮州府志》，卷 29，〈人物．孝友〉，頁 17b。
〔註 61〕彭衍堂、陳文衡纂修，《龍巖州志》，卷 12，〈孝友列傳〉，頁 31a。
〔註 62〕張懋建、賴翰顒纂修，《長泰縣志》，卷 9，〈人物．偉人傳〉，頁 28a-b。
〔註 63〕張懋建、賴翰顒纂修，《長泰縣志》，卷 9，〈人物．偉人傳〉，頁 29b。
〔註 64〕張懋建、賴翰顒纂修，《長泰縣志》，卷 9，〈人物．偉人傳〉，頁 29b～30a。

> 先是父母未葬，與元配陳氏仿袁了凡功過格，置兩籃于坐榻左右，行一善，投一錢于左；有未愜意者，投其右。久而檢之，左滿而右可傾筐，後乃果得善地。平居教督子孫，以勤儉爲主，所遺家訓，皆先正格言。壽八十四，長子昀由孝廉任樂清令，孫時宗、曾孫耀皆以進士司銓曹，秉節鉞繼，此擢科第、膺顯秩者，鵲起蟬聯，是皆積善之報云。〔註 65〕

基本上，前舉文本概從儒者格物致知、濟世利民的本位立場，定位堪輿術家在傳統社會的適當位置。志書纂修者的意念，似乎是希望將風水納入儒學傳統的價值系統來加以改良，作爲移風易俗的憑藉，並達成端風正俗的效果。如此一來，展現於志書中的相關敘述，遂傾向於加深各傳主本身的儒者色彩，刻意淡化其術數背景。然而，此舉也難免流於欲蓋彌彰之嫌，反倒從側面映襯出儒者兼通堪輿素養的形象在當時的能見度。

清代時期落籍臺灣的某些地方士紳，無疑也延續了閩粵原鄉這類的傳統風氣。如彰化縣人曾玉音，嘉慶八年（1803）歲貢，平生樂善好施，喜論經濟時務，以孝行義舉見稱於鄉；對於地方各項公共建設的捐修，亦是不遺餘力。曾玉音嘗手訂《或問大全》，著述《文法大要》，並旁及地理風水之類的專書，典藏於家，以傳示後代子嗣。〔註 66〕苗栗縣銅鑼灣監生曾在江，原籍廣東梅州，少時曾師事鍾國麟。鍾國麟辭世之後，曾在江秉承粵地傳統的風水習俗，爲其師洗葬，並三遷葬地，以求「擇吉而後安」。〔註 67〕竹塹保水田街監生鄭如城，原籍泉州府同安縣，其父鄭用鑑於同治六年（1867）辭世後，鄭如城延請堪輿爲其卜擇窀穸，初葬竹塹枋寮山，後改葬八股山。〔註 68〕清代後期，淡水廳大龍峒名儒陳維英（1811～1869）的父親陳遜言（1769-？），爲了替亡父相擇理想的墓葬地點，「遂簑笠芒鞋，走澗谷荊榛中，日數十里，遍覽形勝，遇風雨避樹林下，忍饑耐寒，未嘗言苦。如是者半年，始獲地以葬」。〔註 69〕

士紳階層在傳統漢人社會是一群「能見度」頗高的公眾人物，他們的言

〔註 65〕張懋建、賴翰顒纂修，《長泰縣志》，卷 9，〈人物・偉人傳〉，頁 29a-b。

〔註 66〕周璽等，《彰化縣志》，卷 8，〈人物志・行誼〉，頁 246。

〔註 67〕沈茂蔭等，《苗栗縣志》，卷 16，〈志餘・紀人〉，頁 250。

〔註 68〕陳朝龍等纂，林文龍點校，《新竹縣采訪冊》，卷 10，〈孝友〉，頁 514～515。另參閱鄭鵬雲編，《浯江鄭氏家乘》，頁 172b。

〔註 69〕陳維英編，《陳氏族譜》，頁 2。

行舉止通常是社會大眾仿效的對象。而臺地士紳明文登列於志書孝友、行誼等列傳門類中的風水行為，從人際互動的角度，既深化了卜居擇葬一事的合理性，也為世人立下一上行下效的範例。某些時候，往往是士紳階層開風氣之先，平民百姓風行草偃而紛起效尤。康熙年間，潮州府大埔縣進士楊之徐於〈白堠風俗論〉中批判粵東人士篤信風水所產生的陋俗惡習之際，即指出如此的現象云：「吾鄉有四惡習，嗜酒、樂鬥、溺女、喜談地理，其原由紳衿開之，而其禍延蔓於小民，莫知所底止」。〔註 70〕

閩粵原鄉如此，臺灣本土也大抵若是。隨著清代臺灣南北各地陸續從移墾社會轉型為文治社會，士紳階層逐漸成為臺灣社會的中堅份子，更強化了他們的集體影響力。〔註 71〕由於士紳階層具備社會領導者的身份，他們對於風水術數的習究，往往在傳播風水觀念的過程中，發揮了推波助瀾的效果。

士紳階層除了自身習究堪輿術數之外，他們在日常生活中也如同一般有錢有力的庶民百姓，相當重視祖墳風水的完好妥當。如淡北舉人陳維英為其母親卜擇風水吉穴以安葬，在墓柱上所題對聯云：「獅毬鎖口（出口處有獅毬山鎮之），鳳案齊眉（對面山形似鳳，俗號飛鳳朝天）」，足見佳城所在位置朝案俱妥的形勢。又稱：「負亥揖己兼壬丙，迴峰曲水此湖山」，其間山環水抱朝向佳的格局，亦是呼之欲出。〔註 72〕士紳階層對於祖墳風水的經營，無非也是其心目中保障家族運勢與既得權益的必要條件。

除了前舉例證之外，在本章以下各節的論述中，不論是私人宅居庭園與地方公共設施的卜居擇建，或是家族成員的相地營葬，乃至於率眾從事地方風水龍脈、義塚墳地的維護措施上，皆可以看到散居於臺灣各地的士紳階層引藉風水觀念的具體實例。他們不僅是堪輿之說的傳播者，也是風水習俗的實踐者。經由士紳卜居擇葬的親身示範，具體為風水文化在清代臺灣社會的流佈，產生了相當程度的推廣作用。

大體而言，閩粵移民重新在移墾地區延續原鄉的生活方式，可說是風水習俗在清代臺灣社會傳佈的重要管道。在清朝官方形塑「龍渡滄海」的地理龍脈說以聯繫臺灣本島與中國大陸的從屬關係之外，漢族移民的居葬行為更實際為海峽兩岸搭起一座「風生水起」的溝通橋樑。當他們渡海來臺之後，

〔註 70〕周碩勛纂修，《潮州府志》，卷 40，〈藝文〉，頁 37a～39a。

〔註 71〕李國祁，〈清代臺灣社會的轉型〉，頁 111～148。

〔註 72〕陳維英撰，田大熊、陳鐓厚校編，《太古巢聯集》，頁 54～55。

透過風水觀念的應用，在海天孤島上重新追尋人間佳境，進而創造出一個得以生樂死安的美麗新世界。本書緊接而來各項涉及清代臺灣風水習俗的專題，如果參照前面第二章第一節的內容，我們可以清楚地看到閩粵原鄉風水習俗的樣態，不斷地重現於清代臺灣漢人移墾社會的日常實踐，及其所衍生的各類社會影響。在進入這些主題之前，我們先將焦點放在風水習俗的傳佈過程中，堪輿地師所扮演的角色。

三、堪輿地師所扮演的角色

在風水觀念傳習流佈的各種管道中，堪輿師無疑佔有較具關鍵性的環節。堪輿師或稱堪輿、地師、形家、相家、地理先、地理師、陰陽家、風水師、風水先生、青烏家、青烏先生、看山先生，係傳統漢文化社會中一群以尋龍點穴、卜擇宅墓爲生的專業人士。

明清時期，由於堪輿之說在中國社會的盛行，直接提昇了地學從業者的知名度及其專業利潤。影響所及，當時社會上廣爲流傳三教九流的說法，即所謂「一流舉人二流醫，三流丹青四地理，五星六爻，七僧八道九行棋」，就這套傳統的價值認知而言，堪輿地師名列士紳、醫者及畫師之後，位居星相命師及僧道之前，應當擁有相對不錯的社會地位，受到人們的看重。〔註 73〕學者 James Hayes 指出傳統中國社會在士紳階層與庶民階層之間，另有一士子（specialists）階層，包括地理師與占卜師、算命師等，既擁有基本的文字素養，並能提供世人預知命運與掌握未來的相關訊息，在地方社會的文化傳佈上扮演重要的角色。〔註 74〕

十九世紀後期成書的《安平縣雜記》中敘述清末安平縣境的住民生活，在士農工商以及吏書（在衙門辦理案牘者）、兵役、肩挑、背負等行業之外，另有巫、醫、僧、道、山、命、卜、相、娼、優、隸卒之流，其中以「山」業謀生者，即爲「擇葬地者，俗名看山先生」。〔註 75〕就堪輿師的社會地位而言，至清代後期臺灣各地在社會階層相沿成習的劃分上，有所謂的「上九流」與「下九流」，其中的一項說法是：上九流爲舉子、醫生、相命、卜者、地理

〔註 73〕陳居淵，〈論焦循的易學與堪輿學〉，頁 11。

〔註 74〕James Hayes, “Specialists and Written Materials in the Village World,” in David Johnson, Andrew J. Nathan and Evelyn S. Rawski eds., *Popular Culture in Late Imperial China*, pp. 75～111.

〔註 75〕臺灣銀行經濟研究室編，《安平縣雜記》，頁 23～24。

先（堪輿師、堪輿先生）、道士、和尚、農人、商人，下九流爲開嫖間、班頭、剃頭、戲班、跟班、扛轎、麵店（搬碗）、奴婢、噴鼓吹。前舉各項具體職業項目的劃定，往往隨著區域的差異而互有出入；縱然如此，地理先（堪輿師）的行業仍多躋身上九流之列。〔註 76〕大致說來，地理先（堪輿師、堪輿先生）在清代臺灣社會應是具有一定的身份地位。

雖然，我們在某些文獻上偶見堪輿地師行走江湖或是落魄街頭的形象，有如光緒中期題爲闕名所撰〈臺遊筆記〉中，提及作者親歷臺北城之際對於某堪輿地師的觀感云：「四月某日，閒行市上，見一人年約三十餘歲，頭上猶帶皮帽，手攜拐杖，身上掛皮鼓、銅鈸之類甚多；其叮咚之聲、搖擺之像，皆可詫異。疑爲瘋子，遠而避之；及詢之土人，云是堪輿生也。嘻！怪矣」。〔註 77〕然而，在清代臺灣社會，堪輿形家透過其專業素養而受到有力人士的敬重，甚至躋身一流明師的情形，才是我們應該正視的社會現象。

堪輿地師既是風水理論的詮釋者，也是風水法則的操作者。從諸多的歷史文獻環顧清代臺灣社會，小至個人或家族的卜居擇建與相地營葬，大至地方公共建設的選址修造，乃至於涉及特定區域山川形勢的風水刻劃，我們處處可以看到堪輿地師的身影，穿梭在這些攸關吉凶禍福的風水行爲中。

傳統漢文化社會重視居宅葬墳所帶來的現實福報，生有福地可居，死有吉壤可葬，固然是求之不得的福份；反之，若是生無福地可居，死乏佳穴可葬，也形成了無與倫比的悲哀。堪輿從業者的存在，滿足了人們心理上的趨避需求；相對而言，芸芸眾生汲汲於擇居營葬的效驗，也提供了堪輿地師的專業技能在傳統漢文化社會的發揮空間。

一般而言，篤信風水之說的個人或族親一旦面臨卜居擇建、相地營葬的環節，通常延請堪輿地師卜擇風水福地，並提供營造格式或喪葬儀節的指導。乾隆元年（1736）刊黃叔璥《臺海使槎錄》卷五〈北路諸羅番四・附載〉中，曾記載秀才莊子洪所云康熙三十八年（1699）間，曾有「郡民謝鸞、謝鳳偕堪輿至羅漢門卜地」一事，〔註 78〕可見早在清治初期，臺灣民眾已有延請堪輿師從事風水擇地的情形。

在現存的一份道光二十五年（1845）十月許大建併長、次、四房胞姪等

〔註 76〕臺灣慣習研究會原著，李榮南編譯，《臺灣慣習記事》，第 7 卷，頁 274；鈴木清一郎，《臺灣舊慣冠婚葬祭と年中行事》，第 1 編，頁 12～15。

〔註 77〕臺灣銀行經濟研究室編，《臺灣輿地彙鈔》，頁 101。

〔註 78〕黃叔璥，《臺海使槎錄》，頁 112～113。

公立獻風水地字中，提及先前族親有承祖父遺下水田一處，土名牛罵保湳仔庄（今臺中市清水區頂湳里），「其中前憑地輿公擇風水地壹穴，在該田厝西畔，並無安葬」，顯現他們曾仰賴堪輿地師的專業指點。契字中緊接而來的敘述，則呈現出族親對於風水地穴本身及其產權轉移過程的重視：

> ……今因建奉母命，併諸姪在唐來罵暨在蔡媽省官家中互相摯愛，而且代□等料理事務，感激難盡，是以建等叔姪參議，即將該田素擇風水穴地，公仝立約，踏明應當開築界址，付媽省官掌管安葬，即日公收媽省官盆儀爲憑，其穴東至東護厝爲界，西至田角爲界，南至魚池爲界，北至竹圍爲界，四至明白。但風水東畔係建田中草厝西護，倘媽省官欲開剝築造，該草厝聽媽省官從該田另擇別起，照舊間數換佃居住。及該處廁池一口、水井一口，併有干犯樹木、竹株，亦聽媽省官改易，不得異言滋事。〔註 79〕

堪輿地師與地方人士擇穴葬親的關係密切，在同治五年（1866）八月許獅光、許地光仝立獻風水地字中，也可以看到類似的情形：

> ……有承祖父遺下水田壹所，內茅厝壹座，址在湳雅庄。今因世誼蔡鰲山老令尊別世，未安窀穸，適有堪輿稱光等田內茅厝地係是吉穴，托中向光等懇求將厝拆毀，開剪風水，鰲山願自備工本，就界內另建茅厝壹座，爲光等佃宅；又喜備佛銀柒拾大員，付光等收訖。光等念及世誼之情，兼素敦情好，就此該地踏明東西南北各六丈餘，交鰲山前去任從開剪風水，永遠掌管。〔註 80〕

由於傳統風水理論強調祖墳風水的好壞，直接關係到家族運勢的興衰，因此，家族成員往往仰賴堪輿地師尋找吉壤佳穴，根據堪輿原則營造墳墓葬地的風水格局，希望能透過祖墳風水的庇蔭，以促成親屬的飛黃騰達，或是維繫世代的富貴昌盛。

淡水廳擺接堡漳和莊林氏二房先祖林續祖（1723～1816），原籍漳州府詔安縣金溪鄉鴨池社，乾隆初期在漳和莊（今新北市中和區一帶）經營有成之後，乃返回鴨池社故居爲其先母陳氏洗骨，並將遺骨攜至臺灣，延請當時北臺著名的堪輿師林郎，在大加蚋堡牛埔仔莊山仔腳附近（今臺北市圓山段）

〔註 79〕余慧賢、張家榮編，《國立中央圖書館臺灣分館館藏臺中地區古文書選輯》，頁 86。

〔註 80〕余慧賢、張家榮編，《國立中央圖書館臺灣分館館藏臺中地區古文書選輯》，頁 106。契字中的湳雅庄，相當於今臺中市清水區頂湳、下湳里。

相擇一處風水寶地。林氏族譜記載當時林郎曾宣稱：此處來龍自大屯山發祖，係一羅庚（羅經）吉穴，若將祖骸安葬於斯，將可庇蔭後代子孫財丁兩旺。林續祖於是依照林郎的指示，向當地原住民購置這塊土地，作爲營葬先母遺骨的墳地。乾隆二十六年（1761）林續祖將母骸落葬於此，風水方位坐壬向丙兼亥巳丙子丙午分金。〔註 81〕

清末彰化縣大肚保社腳莊白氏家族來臺第三世白熱辭世後，其子白祿、白昧兄弟聽從地理師鄭淵源的建言，停柩在堂，以俟擇定佳地吉日。歷經三年，最終葬在營盤埔莊田中。爾後白氏昆仲又依照鄭淵源的意見，將亡父白熱元配陳氏遺骨遷葬於社腳莊田中。〔註 82〕白氏族人的停柩擇地或遷葬祖骸，悉遵從堪輿地師的指示。

在現存的族譜資料中，亦可以發現一則近乎「家族地師」的記載。自乾隆初期以後在淡水廳芝蘭三保滬尾忠僚莊墾殖的李氏家族，於乾嘉年間曾延請地師李宗堯爲其開臺始祖妣林耀娘、二世祖李臣春元配陳玉娘相地營葬。到了清代後期，李臣春派下長房李太平、元配莊敬娘和其三子李日精，二房李長生，三房李江中、元配謝煆娘、繼室陳月娘與次子李猛在元配王件，以及四房李山石兒媳黃淑宜等人的擇葬事宜，悉由堪輿地師李章吉掌理。此外，清末至日治初，三房李江中長子李獅齊與元配林昧的遷葬過程中，亦曾延請堪輿師木子忞主掌其事。〔註 83〕滬尾李氏家族歷經百餘年的滄桑歲月，始終仰賴堪輿地師爲其族親經營身後的長眠處所。堪輿地師在民間相地營葬過程中的指導者角色，由此可見一斑。

根據相關文獻的記載，在清代臺灣的傳統漢人社會中，堪輿師通常受到有力人家的倚重，使其相對擁有不錯的社會地位。地方紳民基於現實因素的考量，在延請堪輿師卜居擇建或相地營葬的過程中，大多備加款待，不敢輕忽怠慢；甚至平日即長期奉養堪輿明師，來爲先人或己身尋覓風水佳穴。〔註 84〕

原籍泉州府同安縣安仁里十四都連厝堡西亭大社的陳萬生，於光緒元年

〔註 81〕林欽重收藏，張炎憲主編，《漳和敦本堂林家文書》，頁 291～295。

〔註 82〕白貞抄錄，《彰化白氏宗譜》。

〔註 83〕李兆麟編，《重修燕樓族譜》。

〔註 84〕對於堪輿從業者而言，傳統社會中名門望族的長期委託與供養，可說是他們平生極佳的出路之一。巒頭派風水學有所謂「三年尋龍，十年定穴」的說法，如果從經濟效益的角度加以考量，爲時長久的原因，除了反映出堪輿專業的困難度，也可能是爲了維持其備受禮遇及長期優待的一種保障。

（1875）至北臺淡水廳興直堡一帶拓墾。十八年（1872）八月，卒於西亭故居，初葬西亭。在臺子孫後來爲陳萬生檢骨遷葬臺地，其間曾延聘一名泉州籍地理師主事改葬事宜，對其供應膳宿，並用昂貴的鴉片煙加以款待。前後歷時兩年餘，始擇定五股莊觀音山直坑內的一處牛形吉穴落土完墳。〔註 85〕原籍嘉應州長樂縣的黃南球（1840～1919），清代後期於竹南二堡南坪（今苗栗縣三灣鄉大坪村）一帶拓墾有成後，曾將其位於南庄（今苗栗縣南庄鄉）的田業撥出一片良田，酬謝當初爲其亡父黃梅怡勘尋風水墓穴的唐山堪輿師謝李壽，這名堪輿師也因而致富。〔註 86〕又如道光年間以迄日治時期，淡水廳竹塹北埔「金廣福」墾號姜秀鑾（1783～1846）家族，相傳曾長年供養堪輿明師，仰賴其尋龍點穴，指點風水趨避之道。〔註 87〕

在清代臺灣社會，「唐山師傅」通常代表一定程度的品質保證，具有相當的專業權威性，或夾雜著一些非與尋常的神秘性，故受到民間人士的尊重與敬畏。另一方面，由於堪輿地師通常孤身絕嗣，南來北往，遊走四方，〔註 88〕其晚年生計或身後之事，通常有賴於富家子弟的安排。地方人士表達他們對於堪輿地師的尊重，除了生前禮遇備至之外，有時也會在堪輿地師往生之後，爲其處理營葬事宜並加以奉祀。例如，清代中葉墾殖於貓裡頭份湳湖肚（今苗栗縣頭份鎮興隆里）的林氏家族，曾延請一名來自中國大陸的曾姓地理師，爲族人造葬祖墳數穴。曾姓地理師辭世後，葬於下大埔莊。林氏後裔爲了感念這名地理師的德澤，乃按時祭掃其墳地。另一名曾爲林氏擇造祖墳數穴的嘉應州籍地理師林作禎，去世之後，林氏後裔亦比照曾姓地理師的前例，爲其入土安葬，並不忘祭掃，以示感恩圖報，同時也寄望這兩位地理師能於冥冥之中，持續護佑林氏子孫。〔註 89〕

地方士紳倚靠堪輿地師的專業指導，某些時候，他們也以堪輿專業作爲其謀生的技能之一，在地域社會中博得了民眾的信賴或敬重。地方士紳具備

〔註 85〕陳清富編，《南院陳氏西亭分族德發分派家譜》，頁 89～90。

〔註 86〕黃卓權，《跨時代的臺灣貨殖家：黃南球先生年譜（1840～1919）》，頁 19，96～97。

〔註 87〕梁宇元，《清末北埔客家聚落之構成》，頁 83，100。

〔註 88〕如諸羅縣善化里李氏家族來臺第七世李淵昆（1865～1922），爲一名專業的地理師，李氏族譜中記載他擁有如此的身分特徵。李榮珍，《臺灣臺南縣小新營李氏族譜》，頁 32。另外，堪輿地師在一些族譜文獻的相關記載或是風水傳說的神奇渲染中，通常也呈現出類似的形象。

〔註 89〕編者不詳，《林氏族譜》。

堪輿地師身份的情形，如原籍粵東潮州的呂潮總（1815～1891），自幼隨父研讀四書五經，平日善盡孝道。父母辭世後，攜雙親遺骨隨祖父呂首華渡臺，卜居淡水廳桃澗堡龜崙口庄新路坑（今桃園縣龜山鄉新路村）。呂潮總長大後，在鄉里設塾授徒之餘，也兼營堪輿擇課，作爲副業。其爲人謙讓禮遜，常教人行孝爲先，受到地方人士的景仰。〔註 90〕

原籍泉州府同安縣兌山村的李正一（公正），於乾隆四十二年（1777）隨族人渡海來臺，卜居淡水廳興直堡和尙洲（今新北市蘆洲區）。其子李清水（濯夫）自習堪輿地學、星相命卜及書算醫學，間亦賴以營生，再加上土地的拓墾經營，逐漸累積家族資產。至咸豐七年（1857），李清水延請擺接堡吳尙、江西廖鳳山等地理名師，協助他相擇一處穴屬七星下地、浮水蓮花的福地吉壤，創建李氏宅第，即現今蘆洲李宅的前身。宅前有半月形蓮花池一座，即傳統民居結構中的風水池。而其入門楹聯云：「外苑清景前向觀音地脈靈氣自然啓瑞，翰墨書香旁有大屯天機玄理奧妙呈祥」，寓意宅第坐擁奇佳的風水形勢，這自然也是李家子孫遵循堪輿從業者的專業所產生的結果。〔註 91〕

清代中葉，拓墾於今中港溪流域的苗栗頭份陳氏家族，則提供了另一種族人因從事堪輿業促成家族蔚興的例子。開臺祖陳鳳逑原籍嘉應州鎭平縣，於乾隆三十九年（1774）夥同族人渡海來臺，擇居淡水廳竹南一堡頭份隆恩佃番婆庄。陳鳳逑孫陳春龍（1834～1903）於耕稼之餘，自行潛修堪輿日課之學，積數十年而有成。同治十三年（1874），陳春龍於頭份蟠桃庄開設福安堂擇日館，爲人踏勘地理風水與擇日、算命，收入優渥，以致家產日裕，人脈漸廣，加上農產事業經營妥當，家族聲望與社會地位也逐漸提升。陳春龍辭世之後，其四子陳展鴻（1866～1938）承繼福安堂堪輿家業，持續爲地方人士相地擇日。自清代以來，頭份陳家仰賴家傳的堪輿日師行業，使其從社會下層轉變爲宗族團體的頭人，進而躋身社會領導階層的行列，成爲家族上升流動的主要關鍵。〔註 92〕這個例證讓我們見識到，堪輿師在傳統客家聚落所享有的知名度與影響力，堪稱是一種高利潤的特殊行業。

〔註 90〕郭薰風主修，《桃園縣志．人物志》，〈立德篇．呂潮總傳〉，頁 19。

〔註 91〕邱子槐，〈蘆洲李家古厝〉，頁 1。另據李家後人提供〈蘆洲李宅簡史〉、〈李宅風水〉等資料，2011 年 7 月 17 日，筆者於蘆洲李宅訪得。

〔註 92〕陳運棟編著，《頭份陳家福安堂堪輿學向陽書院詩存手稿》，頁 8～23，34～81。另參閱簡美玲、劉塗中，〈書院與堪輿：中港溪頭份街庄一個客家家族的知識與經濟〉，頁 185～222。

個人或家族重視陰陽宅風水對於後世子孫的庇佑，仰賴堪輿地師、地理先生的指導來擇定適當的居葬風水福地，因而造就了這群術數從業者的權威地位。而他們的權威形象，也不時地映現於民間傳說故事中，獲得了強化。例如，自清代以來，閩臺社會普遍流傳一則「瞎了眼的地理先」（或是「臭羊肉」）的故事，其原型應係脫胎自福建泉州地區的廣澤尊王（郭聖王）傳說，〔註 93〕大意是說：風水師爲某名門望族扦點吉穴之後，付出眼盲的代價，於是要求該家族主人照顧他的後半輩子。某日，這家主人將掉進糞坑而淹死的羊煮給這名風水師食用，風水師得知實情之後，就編造出另一番說辭，誘騙該家主人自毀風水作爲報復。類似的風水情節，出現在明代萬曆後期金門進士蔡復一的「七鶴戲水」傳說，亦出現於清代澎湖某些家族傳說（以「開澎進士」蔡廷蘭、澎湖首富張百萬最具代表性），〔註 94〕臺灣本島北中南各地的風水傳說也不乏其例。〔註 95〕

通觀各地流傳的情節結構偶有些許差異，牽涉人物與地理穴名或各有不同，但其中大致有四個角色依序登場：一、以終生供養爲條件替人卜擇善地而致眼瞎的風水師，二、忘恩負義的風水受益者，三、跌進糞坑淹死而成爲瞎眼風水師腹中物的羊，四、將實情告知風水師的僕人（婢女）。而當瞎眼風

〔註 93〕鈴木清一郎，《臺灣舊慣冠婚葬祭と年中行事》，第 3 篇，頁 332～335；增田福太郎，《臺灣の宗教》，頁 47～48；曾景來，《臺灣宗教と迷信陋習》，頁 251～252；臺灣省文獻委員會編，《新竹縣鄉土史料》，頁 111～112。

〔註 94〕金榮華編，《金門民間故事集》，頁 55～57，62～63；金榮華整理，《澎湖縣民間故事》，頁 133～139，178～181；姜佩君，〈澎湖的七鶴穴傳說〉，頁 45～57；姜佩君，《澎湖民間故事研究》，頁 117～118，265～280。

〔註 95〕王奕期，〈臺南地區風水傳說之研究〉，頁 142～145；黃文車，〈高屏地區墓穴風水傳說之結構與意涵初探〉，頁 40～48。例如，吳新榮《震瀛採訪記》載錄 1953 年 11 月 27 日於臺南縣玉井鄉訪得口宵里張家的傳說云：「張家曾請一地理師來看風水，看見南化附近有『絲線吊銅鐘』的穴地，他即告張家，假使張家願意保障他一生之生活，他可以告訴他們一個好穴地。張家答應了，併將他們的祖骨葬於此穴地，自此以後地理師就瞎了眼，於是張家也很快地富起來。但同時張家款待地理師的態度，漸漸變起來，有時用斃死於廁所的羊肉給他吃，後來他知道這些非禮的事實後，甚爲憤恨，於是心裏懷著報復之念頭，就對張家說時至今日那座風水非改葬不行了。張家也樂於接受他的意見，隨即著手進行，一經挖開起來裏面有一清池水，而有九隻烏鴉在那裏游泳，那個地理師就掬起池水洗了眼睛，一對瞎眼即時光明復原了。同時張家知道那群烏鴉是寶貝，連忙地圍掠一場，結果最後只能捉到一隻跛腳的烏鴉而已，其餘八隻飛上青天而去。因此出了一個張進士是跛腳的，所以通稱爲『跛腳進士』」（頁 102～103）。另參見吳新榮，《南臺灣采風錄》，頁 26～27。

水師得知眞相之後，必然對於那位忘恩負義的風水受益者進行報復，隨即施加手段敗壞原先的風水寶地，令其禍患臨頭而家道中落。〔註 96〕如就堪輿地師的角色來思考，這則故事凸顯出這群專業人士的神奇威力，警惕那些供養他的家族必需信守承諾，持續善待到底，否則他隨時可以毀掉原本的地理穴局。〔註 97〕基於這樣的角度，此則傳說似乎也隱含著堪輿地師的「自保」之策，以維繫個人生計與保障自身權益。

成也地理先，敗也地理先，要善待堪輿從業者，以免其留一手或是在宅居風水上動手腳的觀念，亦呈顯於另一類匠師厭勝的傳說中。其大意是說，地方望族禮聘唐山匠師造宅建屋，但每日三餐桌上獨缺該名匠師愛吃的雞胗，使他記恨在心，於是施法下咒，破壞居宅風水格局，或在屋樑楹柱間畫上船頭朝外（主退財）的圖樣，或於屋內隱匿處繪刻披頭五鬼、黑日、覆船、白虎、口字、囚字、怪符等樣式，或暗置棺材、鐵鎖、碗片、刀劍、破瓦、釘頭、牛骨等物體，〔註 98〕以作祟降禍於屋主。至房屋落成之後，屋主於匠師臨行前，贈以一大包醃製雞胗，至此眞相大白，匠師這才知道自己誤會好人，並設法彌補先前的過失。與前述「臭羊肉」傳說一般，這則傳說原先流傳於閩粵一帶，臺灣北中南各地多有相關的傳聞，尤其以南投草屯李家三邊堂的「雞胗厝」（大船載出，小船載入）傳說較富盛名。〔註 99〕

傳說或故事每經層累構作、積漸而成，也往往與時推移，因應現實環境與人情需要而隨機調整，造成內容敘述的增損及變異。返觀前述「臭羊肉」與「雞胗厝」之類的傳說故事，在情節發展與人物關係上雖有所出入，但在思維結構方面則有其一致性，傳達了民間社會對於術士與匠師的敬畏心理。

〔註 96〕張昀浚，《臺灣奇譚：民間地理風水傳說》，頁 76～77。

〔註 97〕類似的情節於臺灣各地屢見不鮮，如新竹市區有一流傳久遠的「燕子歸巢穴」，相傳百餘年前某位在某富家幫傭的老婦人，獲得該富家所聘唐山地理師的指點，求得此陰宅佳穴；這名婦人之子亦依照地理師的指示，北上宜蘭發展有成。後來，因地理師不滿此家主人，乃設計以石樁破壞此穴。臺灣省文獻委員會編，《新竹市鄉土史料》，頁 185；張永堂主編，《新竹市耆老訪談專輯》，頁 159。

〔註 98〕關於這類的咒符，可見於明代成書的《魯班經》。午榮彙編，《魯班經匠家鏡》，頁 18a～19a。另參見片岡巖，《臺灣風俗誌》，第 10 集第 3 章，頁 967～976。

〔註 99〕林衡道，〈臺灣的民間傳說〉，頁 670；洪敏麟總編輯，《草屯鎮志》，頁 976～977；簡齊儒，〈支付與回報、試煉與公理——從「社會交換論」觀點探析臺灣地理師風水傳說〉，頁 187～190；王奕期，〈臺南地區風水傳說之研究〉，頁 165～168；張昀浚，《臺灣奇譚：民間地理風水傳說》，頁 86～89，139～142。

簡齊儒以支付／回報的西方社會學交換論觀點，剖析這兩則風水傳說背後的社會意識與價值取向，其實隱喻當事者的善良本性才是獲得福報善果的最終關鍵，仍不脫傳統天理昭彰、因果報應的道德觀念。〔註 100〕

風水傳說中關於風水地師的社會地位及其形象的呈現，既傳達了民間社會的常民思維，也神話了堪輿地師的能力與行徑。同樣的，本身具備堪輿及其他各類術數素養之人，在地方社會中也往往擁有某種程度的權威性與號召力。例如，雍正四年（1726）年四月初四日，鎮海將軍署理福建巡撫毛文銓奏稱鳳山縣阿猴林爆發陳三奇糾眾預謀起事一案，當時有徐龍與鄭墳、鄭合等人，「因素來認識陳三奇，且知三奇曉地理併識字，遂糾之入夥，并推為首」。〔註 101〕嘉慶十六年（1811）六月，淡水廳轄境爆發高夔事變，緣於內港人高夔受到某賣卜者的先知言論影響，故結夥在海山堡柑園預謀起事，後為新莊縣丞弓清瀚、艋舺都司荻秉元率兵平之。〔註 102〕

清代臺灣不同時期的個人或家族依賴堪輿師相擇陰陽宅的日常行為，使得這群專業人士成為推廣風水文化的觸媒，強化了他們掌控風水之說的權威地位。不僅如此，在治臺官員或紳商百姓從事地方公共設施的選址營建過程中，堪輿地師通常也扮演著指導者的角色。

以官方祠祀與民間廟宇的創設為例，如嘉慶八年（1803），協助淡水廳同知胡應魁擇建竹塹東門聖廟邊文昌宮的林時珍；〔註 103〕嘉慶二十一年（1816），協助竹塹士紳卜擇淡水廳文廟設置地點的郭尙安；〔註 104〕道光中期，參與臺灣縣銀同祖廟卜築興工的堪輿擇地曾廷玉；〔註 105〕咸豐六年（1856）及同治十二年（1873），先後參與臺灣縣永康里二王廟整修工程、大穆降朝天宮移建工程的擇日師甘時雍；〔註 106〕咸豐八年（1858）初，協

〔註 100〕簡齊儒，〈支付與回報、試煉與公理——從「社會交換論」觀點探析臺灣地理師風水傳說〉，頁 191～209。附帶一提的，我們可以發現不論臭羊肉或雞胗唇的風水傳說，其內容多與吃有關，傳統漢文化社會強調「民以食為天」，善待一個人的最好方式就是讓他吃的好。由此可見，什麼樣的文化價值觀，就會產生什麼樣的傳說故事情節。

〔註 101〕洪安全等編，《清宮宮中檔奏摺臺灣史料》，第 2 冊，頁 1084～1085。另參見劉妮玲，《清代臺灣民變研究》，頁 175～176。

〔註 102〕鄭用錫纂輯，林文龍點校，《淡水廳志稿》，卷 1，〈兵燹〉，頁 64。

〔註 103〕鄭用錫纂輯，林文龍點校，《淡水廳志稿》，卷 1，〈祠廟〉，頁 53。

〔註 104〕臺灣銀行經濟研究室編，《臺灣教育碑記》，頁 37～39。

〔註 105〕何培夫主編，《臺灣地區現存碑碣圖誌　臺南市篇》，頁 149～151。

〔註 106〕臺灣銀行經濟研究室編，《臺灣南部碑文集成》，頁 317～321；何培夫主編，

助噶瑪蘭廳通判富謙擇建先農壇新址的某堪輿師；〔註 107〕咸豐年間，爲草屯紳民擇定慶安宮新建地點的洪明珠；〔註 108〕同治十二年，參與臺灣縣大武壠祖廟整修工程的地理先生魏德輝；〔註 109〕光緒元年（1875），協助澎湖軍門吳奇勳確認武廟新建地點風水的某堪輿師。〔註 110〕

除此之外，在水利設施方面，如康熙後期，繪圖教導貢生施世榜（1671～1743）鑿成諸羅縣八堡圳的林先生；〔註 111〕雍正末年，協助岸裡五社總通事張達京（1690～1773）開鑿臺中平原水圳的西螺堪輿師廖朝孔（1678～1736）；〔註 112〕乾隆三十八年（1773）前後，協助墾戶金合興（蕭妙興等）開鑿北臺大坪林水圳的林濃；〔註 113〕道光年間，主導臺中東勢地區大茅埔圳開鑿事宜的風水師傅易庚麟。〔註 114〕在城郭建置方面，如嘉慶十五年（1810），議請知府楊廷理（1747～1813）更改噶瑪蘭廳城坐向的梁章讀；〔註 115〕道光前期，點劃臺灣府城龍脈格局的閔光中。〔註 116〕

不論是名見經傳的堪輿明師也好，或是名不見經傳的風水先生也罷，他們皆以風水擇建的專業素養，博得地方官紳的信賴與倚託，其中的關鍵，自是與堪輿地師標榜風水術數深具趨吉避凶的特質，以及風水理論本身奧妙複雜且不易爲常人所通曉，有著密切的關聯。例如，道光十年（1830）六月五日，府城士紳曾敦仁採得江西籍堪輿師閔光中對於府城整體龍局的剖析，閔光中根據三元理氣的堪輿原則（以六十甲子爲一元，計分上、中、下三元，凡歷三元一百八十年爲一周，歷三周五百四十年爲一運，配合上洛書九宮及八卦五行的排列規律，來斷定陽宅地氣各元運周期的旺相吉凶），〔註 117〕論定

《臺灣地區現存碑碣圖誌　臺南縣篇》，頁 170～171，218～219。

〔註 107〕何培夫主編，《臺灣地區現存碑碣圖誌　宜蘭縣．基隆市篇》，頁 19～20；邱秀堂編，《臺灣北部碑文集成》，頁 103。

〔註 108〕何培夫主編，《臺灣地區現存碑碣圖誌　雲林縣．南投縣篇》，頁 227～228。

〔註 109〕臺灣銀行經濟研究室編，《臺灣南部碑文集成》，頁 351～353。

〔註 110〕何培夫主編，《臺灣地區現存碑碣圖誌　澎湖縣篇》，頁 112～113。

〔註 111〕周璽等，《彰化縣志》，卷 2，〈規制志．水利〉，頁 56；卷 8，〈人物志．行誼〉，頁 242。

〔註 112〕溫振華，《大茅埔開發史》，第 5 章，頁 78。

〔註 113〕臨時臺灣土地調查局，《臺灣舊慣制度調查一斑》，頁 144～147。

〔註 114〕溫振華，《大茅埔開發史》，第 5 章，頁 78。

〔註 115〕陳淑均等，《噶瑪蘭廳志》，卷 2 上，〈規制．城池〉，頁 21～22；柯培元等，《噶瑪蘭志略》，卷 13，頁 197～198。

〔註 116〕陳國瑛等，《臺灣采訪冊》，頁 6～8。

〔註 117〕王玉德，《中華堪輿術》，頁 299～304。

府城龍向的貴賤云：「山上龍神戊己坐山，水裡龍神又逢戊己到向，戊己乃五黃土也。土厚主財而不秀，五黃土其星不良，其性橫行，所喜天之一白坐於坤，坤方有水，吉地之六白坐於乾，乾方即鹿耳門之水，一六得其通氣，發富之局」。另一方面，閔光中並申論府城甲運的盛衰云：

> 郡垣之局，六白乾金，管運山上之乾，到於向上，此爲山上龍神。下了水爲兵、爲刑、爲禍，甲辰至癸亥二十年，六白剛金正旺，爲凶。甲子至癸未二十年，七赤金助爲虐，前後共四十年內不吉。故已見干戈之凶。後甲申至癸卯二十年，官星逢生，益於仕宦，發於震離。甲辰至癸亥二十年，文星科名到向，文章秀發。後上元甲子六十年，運內富貴並發。

閔光中最後更針對府城龍局的先天風水缺陷，提出幾點如何改易格局坐向的方法，期能透過後天的人爲修補，以有效地發揮風水庇蔭的功能，造福府城官民的運勢云：

> 今後一百七、八十年間，復行剛金之運，仍有凶事。所喜水上乾星到向，即是官星。甲辰、甲寅，應出仕宦，對向本有官星案山。第城垣遮蔽，照之不到，宜於案山上起寶塔高峰爲美，一白坐於中宮，四翼輪在坤上。此二處宜建樓閣，高峰之照，所謂一四照臨，而發科名之顯。一六同宗，定應官途之榮。若於坤離及中宮三處建立高峰，則文星、官星兩旺，富貴雙全之局也。〔註118〕

嚴格說來，在這段充滿著風水術語的行文之中，除了後半部涉及風水格局的修補所將應驗的福份稍微具體之外，其餘相對抽象且晦澀的論述，應該是大部分非專業人士所能「解謎」的。解鈴還須繫鈴人，直接仰賴堪輿地師來揭曉謎底，並將擇建營造的權責全然委託，無疑是方便有效的解決之道。如此一來，不啻造就了「術業有專攻」的堪輿地師，一展長材的「知識／權力」的空間。堪輿地師擁有風水知識的詮釋權，相信是他們爲清代臺灣官紳所仰賴的背景因素之一，與此同時，也達到了一種傳佈風水形勢攸關吉凶禍福等現實觀念的效果。

〔註118〕陳國瑛等，《臺灣采訪冊》，頁 7～8。引文中所謂的一白（坎水）、二黑（坤土）、三碧（震木）、四綠（巽木）、五黃（中土）、六白（乾金）、七赤（兑金）、八白（艮土）、九紫（離火），這個部分涉及宅法中八卦三元九宮九星的流年方位宜忌之說，可參見箬冠道人，《八宅明鏡》，卷上，頁 10b～11a；姚廷鑾，《陽宅集成》，卷 7，〈年月吉凶星加臨法〉，頁 460～484。

除了陰陽宅居風水寶地的扦點與地方各項公共工程的擇建之外，堪輿地師的權威性地位，也表現在他們對於山川形勢的劃定與地理現象的詮釋。清代學者汪志伊於《地學簡明》卷一〈山家五行〉中指出：「地理本形家言，謂即形察理也」。〔註 119〕尋龍、察砂、觀水、點穴本是堪輿地師的專業，這些因素的成型，皆須建立在他們實際踏勘自然環境的基礎上，再進一步賦予外在世界風水吉凶的意涵。堪輿家詮釋各區域來龍去脈及風水形勝的結果，往往也會引起傳統社會篤信風水之說的地方人士所注目。嘉慶初期，指點吳沙（1731～1798）父子進墾噶瑪蘭五圍、六圍的漳州龍溪籍堪輿師蕭竹，其對於噶瑪蘭地區整體風水格局的刻劃，成爲關係當地發展的一項遠近馳名的預言。〔註 120〕此外，如乾隆三十六年（1771）胡建偉《澎湖紀略》卷二〈島嶼〉中記載廳治西南的四角仔嶼，其後註稱「形家以爲印浮水面，宜築文塔於其上」；〔註 121〕同卷〈井泉〉中記載乾隆三十二年（1767）開鑿的文澳社書院內井，井水清澈，形家宣稱「此處地脈最正，故井水最清」。〔註 122〕光緒十七年（1891）唐贊袞《臺陽見聞錄》卷下〈山水・逆水砂〉記載：「萬水皆朝東，臺水朝西，堪輿家所稱逆水砂也」。〔註 123〕行文之中，凸顯出堪輿家對於全臺河川流向的權威論述。

清代臺灣各地的山水名勝，有時也因堪輿形家的評點而成立。如前述嘉慶初期遍歷噶瑪蘭地區的堪輿師蕭竹，曾將他親身目睹的境域形勝，標舉蘭城拱翠、石峽觀潮、平湖漁笛、曲嶺湯泉、龍潭印月、龜嶼秋高、沙堤雪浪、濁水涵清爲蘭陽八景，隨即成爲清代中期噶瑪蘭官紳所矚目的焦點。〔註 124〕乾嘉年間，活躍一時的「北林郎、南林鎮」，這兩位「大師級」的堪輿家，他們的名字屢與臺灣南北故老相傳的名勝佳地或福穴吉壤牽連在一起，迄今猶流傳於臺灣南北各地的鄉間村落。在民間流傳的風水傳說中，他們的佈法行蹤大多帶有神話般的渲染色彩。〔註 125〕筆者於 1990 年代中期在臺北縣五股鄉

〔註 119〕汪志伊刪定，《地學簡明》，卷 1，頁 13。

〔註 120〕陳淑均等，《噶瑪蘭廳志》，卷 1，頁 18；柯培元等，《噶瑪蘭志略》，卷 10，頁 91。

〔註 121〕胡建偉，《澎湖紀略》，卷 2，頁 28。

〔註 122〕胡建偉，《澎湖紀略》，卷 2，頁 46。

〔註 123〕唐贊袞，《臺陽見聞錄》，卷下，頁 121。

〔註 124〕陳淑均等，《噶瑪蘭廳志》，卷 1，頁 18；柯培元等，《噶瑪蘭志略》，卷 10，頁 91。

〔註 125〕相關的傳聞，可參見鐘義明，《增訂臺灣地理圖記》，頁 237，245～288；郭

觀音山區進行田野調查時，屢聽聞當地民眾口述「林郎仙」的神奇事跡。而觀音山自清治時期逐漸衍生出「獅象捍門」、「獅象以守」之類的堪輿形勢之說，日後成爲北臺名聞遐邇的風水寶地，也與林郎（或作林瑯）脫離不了關係。此外，當前臺灣坊間販售的《林郎仙剋擇大全》（臺北武陵出版社 1985 年出版）、《林半仙祕授地理法》（臺中如意堂書店 1998 年出版）兩部術數著作，亦分別掛上林郎、林鎮這兩位清代堪輿明師的大名。姑不論此二書是否爲後世託名僞作，它們的問世，已足以反映「二林」在清代臺灣堪輿術界所享有的崇高地位。

堪輿地師、形家之流涉及各區域來龍去脈的風水論述，如果除卻人事吉凶禍福的色彩，無非是一種針對山川分佈形勢的地理觀察。清代閩粵地方志書的輿地、封域、山川或勝蹟門類中，往往在群山脈絡或境域名勝的條目下，附帶一些「堪輿家云」、「形家者言」之類的記載。如乾隆十年（1745）蕭麟趾、梅奕紹纂修《普寧縣志》卷一〈山川〉記載縣境洪山，「形家謂縣治從此降脈，穿田渡水，過接龍橋，稍起爲厚嶼，蜿蜒分爲二山，前即學宮，後結縣治」。〔註 126〕乾隆二十七年（1762）鄧廷祚等纂修《海澄縣志》卷一〈輿地〉記縣境鴻福東側的鹿石山，「雄峭壁立，環拱邑治。其頂巉巖多石，形家目爲火星，必樹木蔽虧爲美」。〔註 127〕嘉慶二十年（1815）李書吉、蔡繼紳等纂修《澄海縣志》卷七〈山川〉中開宗明義：「舊志曾澄治後江前海，周水環繞，左澳右濠，峰巒周匝，以形家論，洵發祥之區矣」。〔註 128〕道光十年（1830）蔡世鉞、林得震纂修《漳平縣志》卷一〈輿地・山川〉記載縣境和睦里的第一峰，「聳拔端秀，爲縣龍之祖，形家謂之一頂尖」；又記載縣境和睦、感化之交的黛煙山，「形家謂爲縣龍剝換處」。〔註 129〕同治六年（1867）曾曰瑛、李紱等纂修《汀州府志》卷三〈山川〉記載府境上杭縣北

忠民編，《林半仙祕授地理法》，頁 16～36；謝貴文，〈臺灣民間故事「林半仙」初探〉，頁 145～162；謝貴文，〈報恩、報仇與報應——臺灣民間故事「林半仙」再探〉，頁 102～115。

〔註 126〕蕭麟趾、梅奕紹纂修，《普寧縣志》，卷 1，頁 1a。

〔註 127〕鄧廷祚等纂修，《海澄縣志》，卷 1，頁 5b。

〔註 128〕李書吉、蔡繼紳等纂修，《澄海縣志》，卷 7，頁 1a。

〔註 129〕蔡世鉞、林得震纂修，《漳平縣志》，卷 1，頁 6a。雍正 12 年（1734）之後，龍巖縣升爲直隸州，劃漳平、寧洋兩縣歸該州。據道光 12 年（1835）彭衍堂、陳文衡纂修《龍巖州志》卷 1〈封域志〉記載和睦、感化之交的黛煙山，「俗呼大煙山，形家謂爲縣龍剝換處」；又記載州境第一峰，「聳拔端秀，爲縣龍之祖，形家謂之一頂尖」（頁 15a，17a）。

七峰山，「為邑後鎮，七峰綿亙，翠麗可愛。形家謂上應北斗，又名七星山」。〔註 130〕光緒七年（1881）劉湝平、鄧掄斌等纂修《惠州府志》卷三〈輿地．山川〉記載永安縣西二十五里的雞冠嶂，「狀若樓臺鼓角，形家謂之捍門」。〔註 131〕光緒十九年（1893）周碩勛纂修《潮州府志》卷十六〈山川〉記載府境海陽縣一座距城西二十里的烏羊山，「形類伏虎，堪輿家稱為郡西屏翰」。〔註 132〕

清代臺灣志書也傳承此種寫作風格及其價值觀念，藉由這些堪輿專業人士的認證，來凸顯特定區域的山川形勢或地理名勝之其非比尋常的特殊性或優越性。舉要如：康熙五十九年（1720）刊陳文達等《臺灣縣志》卷九〈古蹟〉記載縣境文賢里蓮花潭，北與龍潭相對，形家謂其為「二潭夾府龍入首」。〔註 133〕乾隆二十九年（1764）刊王瑛曾等《重修鳳山縣志》卷一〈山川〉記載縣右翼文峰插漢、秀峭凌霄的打鼓峰，「形家稱勝地焉」。〔註 134〕乾隆三十六年（1771）胡建偉《澎湖紀略》卷二〈島嶼〉陳述澎湖境域的地理形勢之際，也嘗引證形家所稱「大山嶼形如蓮花，其餘四面八方諸嶼則荷葉田田者是也」。〔註 135〕道光中期周璽等《彰化縣志》卷一〈山川〉記載縣境少祖集集山上分居左右的兩座池塘（即日月潭），堪輿家名之為「𪔧龍池，為邑治聚秀之應」。〔註 136〕

到了清代末期，如光緒二十年（1894）屠繼善《恒春縣志》卷十五〈山川〉記載位於縣城南六里的龍鑾山，「堪輿為縣城青龍居左」；座落於縣城北七里的虎頭山，「堪輿為縣城白虎居右」。〔註 137〕同年盧德嘉彙纂《鳳山縣采訪冊》乙部地輿（二）〈諸山〉記載縣北二十三里由虎形山發脈、陡起十九峰的觀音山，「形家稱勝地焉」；縣西北九里由大灣山發脈、三面環水的獅頭山，「堪輿家以為獅子弄毬」；縣東南十八里鳳山上四圍隆起的小邱金面盆，「形家以為勝地」。〔註 138〕陳朝龍《新竹縣采訪冊》卷一〈山川〉記載

〔註 130〕曾日瑛、李紱等纂修，《汀州府志》，卷 3，頁 18a。

〔註 131〕劉湝平、鄧掄斌等纂修，《惠州府志》，卷 3，頁 41b。

〔註 132〕周碩勛纂修，《潮州府志》，卷 16，頁 4b。

〔註 133〕陳文達等，《臺灣縣志》，卷 9，頁 642。

〔註 134〕王瑛曾等，《重修鳳山縣志》，卷 1，頁 12。

〔註 135〕胡建偉，《澎湖紀略》，卷 2，頁 29。

〔註 136〕周璽等，《彰化縣志》，卷 1，頁 9。同卷在日月潭「眞海外別一洞天也」的敘述後附註：「堪輿家以此潭為𪔧龍池」（頁 6）。

〔註 137〕屠繼善，《恒春縣志》，卷 15，頁 251～252。

〔註 138〕盧德嘉，《鳳山縣采訪冊》，頁 21，23，30。

竹塹堡諸山，座落於縣東南百餘里一峰突起的縣治太祖山熬酒桶山，形家稱爲「沖天木」；縣南十五里條幹參差的十鬮山，形家稱爲「芍藥格」；縣西南六里形似棋枰的印斗山，形家稱爲「印斗之綬」。另外，竹北堡位於縣東二十二里的大屏山，左有獅頭山，右有大墩山，形家稱爲「旗鼓」，〔註 139〕在傳統風水學上皆爲極佳的堪輿形勢。〔註 140〕

類似的寫作風格，在清修臺灣志書中其實屢見不鮮，在本書其他相關的章節將另有舉證。通觀此種現象的存在，一方面顯示志書編纂者本人對於地理風水之說的重視，另一方面，也反映出堪輿形家的論述在社會上的口耳相傳，具有相當程度的能見度，以致爲官員士紳的著述所採擇，甚至於這些形家本身即出自於政府的官僚體系中。而修志官紳將堪輿形家之說載入志書的內容中，無疑也肯定或是強化堪輿形家論斷境域山水脈絡的某種權威性。値得注意的是，在傳統天人合一、陰陽五行的思維氣氛籠罩下，自然地理的山脈分佈往往帶有人文秩序的色彩，具備倫常關係的文化意義。風水學上的太祖山、少祖山、父母山等術語，即是這種思維下的產物。〔註 141〕對於習染風水觀念的官紳百姓而言，他們關注堪輿家言的初衷，通常不僅止於山川形勢的本身，而在於山川形勢的風水意涵所將應驗的人事關係。這個部分，在本書第五章一、二節有更進一步的說明。

風水術數的功能，主要是爲了彌補人們對於有窮生命中的種種不確定感，並滿足世人趨吉避凶、招福納財的現實須要而成立。透過堪輿地師——掌控風水原則之專業人士的親臨指導，無疑是獲得確定感的具體方式，以及因應居葬吉凶的有效途徑。在此種社會文化背景與普遍心理訴求的影響下，使得堪輿地師在民間卜居擇葬的環節上，大多佔有權威性及神聖化的地位；在官紳從事地方建設的過程中，也通常扮演指導者或決策者的角色。

地方官紳倚重堪輿專業人士的風水布局，以促進地方建設或安定社會民心，並借助他們的風水解釋來認知各種地理現象或奇異景觀。然而，由於堪輿地師所具有的權威性，以及他們假借風水之說以圖利的手段，也難免引起傳統社會的中堅份子——士紳階層的側目，招致某些堅守儒學傳統「不語怪力亂神」的地方士紳所發出的強烈批評。如淡水廳竹塹「開臺進士」鄭用錫

〔註 139〕陳朝龍，《新竹縣采訪冊》，卷 1，頁 16，24，36。

〔註 140〕關於「印盒砂」、「旗鼓砂」之類的風水效應，參見趙九峰《地理五訣》，卷 4，頁 12b，14a。

〔註 141〕王玉德，《神秘的風水》，頁 339～342；王玉德，《中華堪輿術》，頁 91～96。

（1788～1858）在〈論青烏法〉一詩中，曾語帶諷刺地抨擊堪輿師操弄陰宅風水之術以迷惑蒼生的作風云：

吾豈異人情，尊生而賤死？不分地吉凶，但論人臧否。嗟彼堪輿家，群逞謀生技。愚者墜術中，指揮任所使。區區土一坏，千金棄敝屣。福利以惑人，罪魁此爲始。在昔范公墳，萬弩石齒齒；山靈倏變幻，朝天千笏倚。郭璞著葬經，天乃斬其祀。可憑不可憑，興衰難盡恃。豈知相陰陽，岡原隨所止；處處有佳城，何必誇奇詭。枯骨可蔭人，生者胡爲耳？一卷青烏經，歸根在天理。〔註 142〕

鄭用錫秉持著天理重於地理的觀點，呼籲世人應以自然的角度看待墳地的存在，不要輕易墮入堪輿形家的誘拐伎倆中。爲了強化說服力，他舉出傳說中的晉朝堪輿宗師郭璞（276～324）自身竟落得難以善終的下場，〔註 143〕藉此反證祖骸墳地足以庇蔭後代子孫的風水福報之說，畢竟是虛緲難憑，不足爲深明事理者所信從。

清末竹塹城外東勢莊舉人鄭家珍，平生精於天文地理及星命卜筮之學，但於〈清明日上墳〉一詩中，對於堪輿時師的惑世行徑也有所微辭：「休論紅粉半骷髏，千載賢愚共一坵。癡絕時師談地記，誤人到處索眠牛」。〔註 144〕類似的意念，亦可見於近代文人連橫（1878～1936）針對風水地師的指責：

青烏之術，其事荒唐；而富人信之，以爲既富之後可以增富，子孫且能封侯拜相。嘗有親死不葬，延聘山師，竭力奉承，冀得吉壤。而爲山師者多窮骨相，滿口胡言；故里諺曰：「背脊負黃巾，亞別人看風水」。黃巾爲裹枯骨之用，謂不能葬其親而欲爲擇葬；亦以喻己事不爲，而欲爲人謀事也。其曉事者則曰：「福地福人居」，更進曰：

〔註 142〕鄭用錫，《北郭園全集．北郭園詩鈔》，卷 1，頁 6a-b。

〔註 143〕史載郭璞精通陰陽術數之學，後爲東晉大將軍王敦（266～324）所殺，時年 49 歲。唐朝房玄齡等《晉書》卷 72〈郭璞傳〉中提到：「王敦之謀逆也，溫嶠、庾亮使璞筮之，璞對不決。嶠、亮復令占己之吉凶，璞曰：『大吉』。嶠等退，相謂曰：『璞對不了，是不敢有言，或天奪敦魄。今吾等與國家共舉大事，而璞云大吉，是爲舉事必有成也』。於是勸帝討敦。初，璞每言『殺我者山宗』，至是果有姓崇者構璞於敦。敦將舉兵，又使璞筮。璞曰：『無成』。敦固疑璞之勸嶠、亮，又聞卦凶，乃問璞曰：『卿更筮吾壽幾何？』答曰：『思向卦，明公起事，必禍不久。若住武昌，壽不可測』。敦大怒曰：『卿壽幾何？』曰：『命盡今日日中』。敦怒，收璞，詣南岡斬之」（頁 1909）。

〔註 144〕鄭家珍，《雪蕉山館詩集》，頁 49。

「有天理亞有地理」；可見風水之無用矣。〔註 145〕

連橫認爲，芸芸眾生貪圖風水佳穴所帶來的利益，無非給予堪輿地師巧言詐騙的餘地。他於文中引述一段鄉土俗諺諷刺風水先生，自己背著親人枯骨，尚且無法找到葬後必發的佳穴，還妄想替他人相擇風水寶地，簡直是不自量力。〔註 146〕假使福地自召，冥冥之中自有天意，風水擇葬之說又何足爲用。惟有心存善念，重視己身的德行作爲，天理昭彰，善惡有報，才是正本清源的趨吉納福之道。

鄭用錫、鄭家珍及連橫等人攻擊堪輿地師介入民間風水擇葬事宜以遂行己利的言論，縱然持之有故，言之成理，然而，在風水文化盛行的社會環境中，在舉世屈從於現實利益的誘使下，士紳階層所秉持的「達人豈爲形家惑」〔註 147〕之類的自期，未免顯得有些曲高和寡。可以想見的是，士紳的批評既無妨於堪輿地師在傳佈風水觀念之際所發揮的作用，也未能消滅堪輿地師在風水觀念實踐過程中所佔有的地位。如從反面的角度來考察他們的抨擊，適足以襯托出堪輿地師擁有既深且廣的社會影響力。某些時候，士紳階層口誅筆伐堪輿地師或風水術數的作法，也是擴大風水文化之「能見度」的一種方式。

清代臺灣士紳雖不乏批評堪輿地師或反對風水擇葬者，但如本節前面所述，自身習究堪輿術數的地方士紳亦所在多有。在風水實踐的層面上，地方民眾依從堪輿之說從事風水居葬之際，通常是「知其然而不知其所以然」。堪輿地師指導民眾應該「作什麼」，至於理論系統上的「爲什麼」，似非他們所關心的問題。相對而言，士紳階層（特別是關注堪輿學說者）卻往往有「窮究其所以然」的意念及作法。大致說來，士紳階層對於風水術數以及堪輿地師的態度，多半是帶有一種「隨機選擇」的價值取向。如其引藉風水之說從事卜居擇葬，或是參照堪輿家言擇建地方公共設施；相形之下，對於他們心目中有違儒家禮教規範的風水葬俗，以及操弄風水學理爲民間人士進行營葬而獲取利益的堪輿地師，則發出不滿的聲音。然而，不論肯定也好，否定也罷，士紳階層與堪輿地師皆共同擔當起風水觀念的傳播者，並實際帶動了風

〔註 145〕連橫，《雅言》，頁 16。

〔註 146〕臺灣民間除了「自己背黃金，替人看風水」的俗諺之外，或云「腳脊（背部）揹金筒，替別人看風水」，其意相同。莊秋情編著，《臺灣鄉土俗語》，頁 118，227。

〔註 147〕施士洁，〈小春望日檗谷蜕叟六十壽詩六十韻〉，《後蘇龕合集》，頁 283～284。

水習俗的社會影響。

當然，在風水文化傳佈的層面上，除了前述以人作爲傳播的主體之外，我們也不能忽略堪輿專著、民曆、通書、日用類書與善書、鸞書等作品的功能，以及風水傳說和民間故事所發揮的效力。

四、文獻專著所具有的作用

堪輿專著與民曆通書、日用類書的部分內容，概涉及風水學的操作法則。其中，堪輿專著主要由堪輿地師與某些習究堪輿術數的地方人士所持有。自明清時代以來，官方編纂的《永樂大典》、《古今圖書集成》、《四庫全書》等皆收錄此類著作，民間社會除了私家傳習的堪輿「珍本」、「秘書」之外，有關風水的論著亦是大量刊行。明代中葉之後，更陸續有徐善繼、徐善述編《地理人子須知》、徐試可編《地理天機會元》、李國術編《地理大全》、黃慎編《地理人天共寶》、蔣國編《地理正宗》等集大成之類書的出現，標幟著當時風水受到重視的情況及其流傳的普遍。〔註 148〕藉由這些堪輿鉅著的刊行，同時也推廣了風水術數在傳統中國知識界的影響力。〔註 149〕

然而，對於一般大眾而言，由於堪輿專著通常具有「秘而不宣」的性質，如乾隆十三年（1748）刊姚廷鑾《陽宅集成》之〈凡例〉中所謂「地理精微，前人每多秘而不宣，矜爲獨得，或有發明，只作隱語，不輕示人」；〔註 150〕抑且其內容大多充斥著艱澀難解的術語，使得這些堪輿專著本身在廣大庶民社會的流傳度相對有限。程前川於乾隆六十年（1795）刊《地理三字經》的序言中，即指出如此的現象云：

> 地理一書，汗牛充棟，言人人殊，甚或假托僞造，以假亂眞，私相傳授，奉爲至寶，不知訛以傳訛，皆無益于用者也。而得眞傳者，又往往不輕以示人，以故眞訣秘密，世多未見，非其過爲慳吝，以此道之難言耳。〔註 151〕

中國傳統社會的情形如此，反觀清治時期臺灣移墾社會，基本上以下層

〔註 148〕艾定增，《風水鉤沉——中國建築人類學發源》，頁 73～74。

〔註 149〕本書以下各章節論及清代臺灣社會的各種風水行爲，擬隨機將中國歷代堪輿專著中的風水知識內涵與相關的社會現象互爲參照，以看出其中的對應情形，作爲我們解釋這些現象爲何產生的觀念基礎。

〔註 150〕姚廷鑾，《陽宅集成》，凡例，頁 32。

〔註 151〕程前川，《地理三字經》，序，頁 3。

農務人口爲主且長期處於文教不興的局面，〔註 152〕即使有某些堪輿專著、風水類書的流傳，或是實際從事營建造葬的匠師與風水地師的工作手冊，如《魯班經》、《造葬全書》、《造葬便覽》、《陰陽宅秘旨》之類的專書，除了少數堪輿從業者或書香門第、紳商家族之外，〔註 153〕一般民眾的持有率與掌握度，想必仍有相當程度的侷限性。

相形之下，不論是清朝統治者頒布的「授民以時」的民曆（黃曆、時憲書），或是民間術家私自刊行的「擇吉趨避」的通書，二者皆包涵日常生活中冠婚葬祭吉凶禍福的鋪註內容。這類書籍因取得容易且簡易實用，與一般民眾卜居營建與造葬活動的關係應是較爲密切。

在古代中國，頒行曆法爲國之大事，亦爲皇朝正統的權力表徵，曆法和政權之間有著密切的關係。〔註 154〕由於天人感應思維的影響，天文學被賦予測知人事吉凶禍福的功能，與星占術數之學緊密結合。在統治者的支持與控制之下，歷代均設置專職機構來負責相關事務。民曆（黃曆）的編製，即爲官方天文機構的主要職責。〔註 155〕有清一代，民曆係由欽天監官監造，再經當朝皇帝按年頒行，在內容上爲了因應民間人士「凡蓋造者必求方向」的實質需求，向有刊載年神方位圖說、太歲出遊說、五姓修宅說等時向宜忌、神煞用事的慣例。〔註 156〕清初西方傳教士湯若望（Adam Schall von Bell, 1591～1666）所著《民曆鋪註解惑》之〈五姓修宅說〉條下提到：「曆首方位，爲修營而設；今又終以修宅，是知營造爲國家所最重云」，〔註 157〕可見其要。由於曆書幾乎爲居家必備，爲廣大民眾終年生活的主要依據，〔註 158〕陰陽宅風水向法宜忌與時日吉凶之類的民俗觀念，亦得循此管道，散播到清代臺

〔註 152〕蔡淵絜，〈清代臺灣的移墾社會〉，頁 83～109。

〔註 153〕如前述苗栗頭份陳氏家族，陳春龍曾輯錄《陳氏地理全集》、《堪輿短論》、《地理歌訣集》、《新編增刪選擇地理書》、《新編辨僞存眞書》等堪輿專著傳家，其四子陳展鴻亦曾輯錄《二十四山頭造葬便覽》、《雜選地理正宗至訣要語》、《隨錄世俗拘執請家水法》等風水專書。陳運棟編著，《頭份陳家福安堂堪輿學向陽書院詩存手稿》，頁 34～81。

〔註 154〕何丙郁、何冠彪，《中國科技史概論》，頁 143～149。

〔註 155〕黃一農，〈耶穌會士對中國傳統星占術數的態度〉，頁 5～6。

〔註 156〕湯若望，《民曆鋪註解惑》，頁 11a～14b，21a～23b。另參見黃一農，〈從湯若望所編民曆試析清初中歐文化的衝突與妥協〉，頁 189～220。

〔註 157〕湯若望，《民曆鋪註解惑》，頁 21a。

〔註 158〕王爾敏先生於〈傳統中國庶民日常生活情節〉中指出：「中國民間日常生活作息，一年活動節奏，自古代以迄近代，始終依據全國一致之年曆書」。引見氏著，《明清社會文化生態》，頁 77。

灣漢人社會的各個角落，滲透至人們的日常作息之中。清季福建閩縣名士林紓（字琴南，1852～1924）於《閩中新樂府・檢曆日》中諷刺日家與曆日爲害世道人心的一段文字，恰可反映出福建漢人社會這股傳習已久的民俗風氣云：

> 檢曆日，檢曆日，婚葬待決日家筆。歐西通國無日家，國強人富操何術？我笑馬遷傳日者，史筆雖高見斯下。日家爭宗鬼谷言，咸池死耗兼喪門。又言葬地有方向，貪狼巨門兼旺相。貪狼巨門此何神？一神能管萬萬人。不管生人偏管死，向人墳墓作風水。向之則吉背則凶，無乃偪仄神心胸？西人事死道近墨，自亡迨葬廿四刻。若使人人待日家，喪堂已被巡捕逼。葬親我國勝歐西，必需擇日眞無稽。
>
> 〔註 159〕

至於通書方面，通書概爲民間術家所印售，至清代以後逐漸盛行，具有形形色色的式樣。對於平素仰賴選擇術數以求趨吉避凶的地方人士而言，人生百態，禍福無常，黃曆中涉及每日行事宜忌的鋪註內容略嫌簡要，往往有不敷使用之虞，致使包涵黃曆主要內容且更具日常實用取向（主要是術數部分）的通書，得以應運而生，並流行於民間社會。〔註 160〕學者黃一農研究明清時期印售的選擇術通書，主要分爲「年度式」（增補官頒曆書鋪註內容爲主）與「百科全書式」（綜理各種選擇術的通則）兩大類，在庶民社會具有可觀的行銷量。其中，如清代時期風行於中國南方沿海地區的泉州洪氏繼成堂擇日家洪潮和（字元池）所編《趨避通書》，在內容上包括修造動土、豎柱上樑、起基定磉、安門砛床、破土安葬等相關陰陽宅風水宜忌的鋪註項目，較官頒民曆複雜實用，更可滿足社會大眾的趨避需求。由於洪潮和門人遍及閩臺兩地，陸續開設一些連鎖經銷性質的擇日館，深具企業化經營的色彩，其間並有「專售臺灣」的洪潮和通書，強化了繼成堂通書在臺灣社會的能見度與影響力，甚至成了培養本土風水地師的速成教材。〔註 161〕如日治後期《三六九小報》於昭和十年（1935）二月三日第四版刊載一則雪軒〈冰庵閒話〉中云：

> 我臺之信風水由來久矣，然三百年間未曾出一名師，只由大陸渡來

〔註 159〕王松，《臺陽詩話》，卷上，頁 24～25。

〔註 160〕黃一農，〈通書——中國傳統天文與社會的交融〉，頁 159～164。

〔註 161〕黃一農，〈通書——中國傳統天文與社會的交融〉，頁 164～186。另參見陳進國，〈民間通書的流行與風水術的民俗化——以閩臺洪潮和通書爲例〉，頁 195～230。

之名家及自稱地師者之手而建宅立墳。若臺地之稱地師者，皆從洪潮和之曆日，或是玉尺、原眞、五訣等書學習。〔註 162〕

再者，臺籍人士亦以列名繼成堂「參校門人」的方式，參與這項知識系統的宣傳及行銷網絡。〔註 163〕時至今日，在臺南市大天后旁的古早抽籤巷，鹿港、萬華（艋舺）、新竹（竹塹）等地的傳統擇日館，或是在各街坊角落售賣民曆、通書的店家與攤販中，我們仍可看到不少標榜泉州洪潮和嫡傳或眞傳的廣告。除此之外，如嘉應州興寧《羅傳烈通書》、漳州暘谷堂《楊明智通書》、汀州張惟康《東壁垣通書》等，也曾風行於清代中後期的閩粵各地。〔註 164〕這類創生於閩粵原鄉的通書或剋擇類書，透過渡臺移民與各種經營行銷、盜印管道而傳佈於清代臺灣社會，爲部分民眾提供了簡捷易行的堪輿趨避指南及通俗易曉的風水宜忌觀念。如《專售臺灣洪潮和通書》之〈安葬全章〉中云：「蓋聞葬者，藏也，是人子送終之切事，則選擇家之緊要也。葬乘旺相之期，則丁財俱興；葬乘孤虛之期，則凶禍立至。安葬之法，務宜山龍，大利年月，洪範有氣，山運龍運，俱得旺氣」。〔註 165〕

流傳於民間社會較具日常實用性的類書，亦傳達了通俗性的風水觀念與趨避簡則。根據學者吳蕙芳的研究，明清時期，包括《萬寶全書》、《三台萬用正宗》、《五車拔錦》等民間日用類書，即於其生活化的內容中，刊載了部分陰陽宅風水的造葬法則、相擇原理與各項禁忌，反映當時社會大眾日常所依循的某些風水觀念。在文字表達方面，多屬口訣式的直斷吉凶，較少理論系統的推闡。〔註 166〕然而，不容否認的是，對於這些日用類書所載堪輿論述的解讀及其實際運用，特別是一些技術性的術語，往往也需仰賴一些粗通堪輿學理或專業人士的指點。

從宋元時期的《玉歷寶鈔》、《太上感應篇》、《文昌帝君陰騭文》緣起，到明清之際《功過格》、《關聖帝君覺世眞經》之類文本的廣爲流傳，傳統漢

〔註 162〕《三六九小報》，1935 年 2 月 3 日，第 4 版。按：文中「玉尺」即《玉尺經》或《平砂玉尺經》，「原眞」即《地理原眞》或《地理直指原眞》，「五訣」即《地理五訣》，前述各書皆爲中國歷代堪輿名著。

〔註 163〕黄一農，〈通書——中國傳統天文與社會的交融〉，頁 173～174，179～180；黄一農，〈通書與中國社會〉，收入朱勝麒編，《洪潮和長二三房嫁娶撮要》，頁 35～36，73～74；陳進國，〈民間通書的流行與風水術的民俗化——以閩臺洪潮和通書爲例〉，頁 202～205。

〔註 164〕黄一農，〈通書與中國社會〉，頁 43～58。

〔註 165〕洪堂燕、洪鑾聲選編，陳健鷹整理，《專售臺灣洪潮和通書》，頁 345。

〔註 166〕吳蕙芳，《萬寶全書：明清時期的民間生活實錄》，頁 262～289。

文化社會中各種宣揚忠孝節義、修德勵志與因果報應的善書，特別是經由民間扶鸞的宗教信仰活動所著造的鸞書，其內容主要是透過神明降旨或是一些喻世性、警世性及醒世性的傳奇故事，勸勉世人爲善去惡，向廣大的群眾宣導善惡到頭終有報的道理。善書、鸞書運用通俗化的圖文與神道設教的方式，將儒家學說或三教合一的價值意識深植民間，以達成端風正俗的教化功能，反過來也強化了文本自身的能見度與影響力。〔註 167〕

清代臺灣社會流通的善書、鸞書，最初大多從福建等地輸入。到了清代後期，逐漸出現在臺自行翻印的情況，以道光年間創立於郡城上橫街統領巷頭（今臺南市中西區永福路陳氏家廟德聚堂旁）的松雲軒爲主，在清代後期刻印自中國大陸傳來的善書約二十餘種，如《玉歷鈔傳警世》、《渡世寶筏》、《王靈官眞經》、《三世因果經》，《大悲神咒》、《灶神經》等。〔註 168〕到了光緒中期，全臺「自產」的善書逐漸問世。光緒十六年（1890），宜蘭鑑民堂成立，於同年扶鸞著造《化蘭全書》（《蘭書善錄》），又於次年著造《奇夢新編》。十七年，宜蘭未信齋輯成《喚醒文全集》。十八年（1892），澎湖媽宮鸞堂一新社樂善堂（前身爲普勸社，咸豐三年創立）完成《覺悟選新》。此後，持續至日治初期，伴隨著各地鸞堂（降筆會）的相繼設立，善書、鸞書的著造風氣益爲興盛。〔註 169〕在這些來自於臺灣島內外以神諭爲主的宣教文本中，不乏秉持儒家傳統的倫理道德觀念，以勸誡世人切勿貪迷風水之類的論述。如道光年間臺南松雲軒版《玉歷鈔傳警世》中，藉由地獄陰司之說，宣揚「禍因惡積，福緣善慶」、「報應遲速，分毫不錯」的果報之理，警告世人生前如犯講究風水、阻止殯葬、造墳掘見棺槨、不即換穴、有損骨殖、遺失宗親墳塚或是刨掘他人墳塚、塡平滅跡等過失，往生之後將墜入冥界地獄遭到十殿閻羅的嚴刑峻罰。〔註 170〕澎湖一新社《覺悟選新》卷四木部中，記載光緒十

〔註 167〕酒井忠夫，《增補中國善書の研究》，上、下冊；游子安，《勸化金箴：清代善書研究》，頁 1～36。

〔註 168〕林漢章，〈清代臺灣的善書事業〉，頁 141～150。

〔註 169〕鄭喜夫，〈清代臺灣善書初探〉，頁 7～37；宋光宇，〈清末和日據初期臺灣的鸞堂與善書〉，頁 1～20；宋光宇，〈解讀清末在臺灣撰作的善書《覺悟選新》〉，頁 673～723；李世偉，〈清末日據時期臺灣的士紳與鸞堂〉，頁 111～143。又近來學界關於臺灣鸞堂與善書的研究，可參閱宋光宇，〈眾善奉行．諸惡莫作——有關臺灣善書的研究及其展望〉，頁 25～58；王見川，〈臺灣鸞堂研究的回顧與前瞻〉，頁 3～25；王志宇，《臺灣的恩主公信仰：儒宗神教與飛鸞勸化》，第 1 章第 2 節，頁 4～17。

〔註 170〕王見川、李世偉等編，《民間私藏臺灣宗教資料彙編（第一輯）》，第 1 冊，頁

八年二月初五日亥刻蕭天君降詩云：「清明佳節雨稀微，祭掃先塋實合宜，追遠慎終遵聖教，勿將親柩久停遲」。後有神諭〈戒停柩遲葬文〉提到：

> 何以堪輿之不見用乎？彼則聽親戚之指明，謂此地合長房，不合三房；或以地理來龍隱微，二房不得大發；或以青龍山高，而犯長房；或以白虎山聳，而不利三房；或以來水小，去水微，致之兄弟猜疑，所以致久延不葬之迷也。吾爲世人嘆，實爲世人悲也。〔註 171〕

諸如此類針對風水民俗現象的鋪陳、批判及其相關的常識，藉由民間信仰的人際網絡與善書印送及其宣講活動的傳播通路，亦可成爲一種潛移默化的訊息載體。

傳統士紳階層與慈善團體用心於社會教化事業，藉由勸善懲惡的通俗簡易文詞，以刻石、印製、繕寫等方式頒布於庶民社會，或是張貼於寺廟、店肆柱壁等公眾場所以供覽閱，與善書同具有補益風教的功能。伊能嘉矩（1867～1925）曾於臺北文山堡景尾街土地公廟壁採得一〈警善文〉之記善全篇十二條，其中一條云：「立心不端風水無益（存心公道無偏，所求必獲吉地）」。〔註 172〕此種文本同樣於宣達眾善奉行、諸惡莫作的字裡行間，將風水文化中的宜忌原則與福蔭觀念散播開來。

臺灣各地寺廟傳承既久且簡明扼要的籤詩，也值得我們留意。連橫《雅言》中說明籤詩的源流及其特質云：

> 卜筮之術，見於《周易》。人智未開，乞靈神鬼；自是則有骨卜、鏡卜、金錢卜各種，而「籤詩」亦其一也。臺灣寺廟皆有籤詩，其辭鄙陋，若可解、若不可解；故臺人謂詩之劣者曰「籤詩」，以其不足語於風雅之林也。愚夫愚婦，虔誠禱告，每得一籤，就人解釋；吉凶禍福，信口而談。〔註 173〕

連氏的批評，恰從反面點出了籤詩所具有的預知性與通俗性，適可滿足人們祈福消災的心理需求，再加上其言簡意賅，求籤者易於瞭解，故能流行於臺灣社會。〔註 174〕關於這類籤詩所透露出的風水意象，如臺南祀典武廟

2，52，60。

〔註 171〕王見川、李世偉等編，《民間私藏臺灣宗教資料彙編（第一輯）》，第 3 冊，頁 359～361。

〔註 172〕伊能嘉矩，《臺灣文化志》，中卷，第 5 篇第 6 章，頁 188～190。

〔註 173〕連橫，《雅言》，頁 30。

〔註 174〕丁煌，〈臺南舊廟運籤的初步研究〉，頁 375～426。

（明鄭時期創建，主祀關聖帝君）籤詩第四十五首〈高祖遇丁公〉云：「好將心地力耕耘，彼此山頭總是墳。陰地不如心地好，修爲到底卻輸君」；第七十九首〈文王編易卦〉云：「乾亥來龍仔細看，坎居午向自當安。若移丑艮陰陽逆，門戶凋零家道難」；第八十首〈郭璞爲母卜葬〉云：「一朝無事忽遭官，也是門衰墳未安。改換陰陽移禍福，勸君莫作等閒看」。〔註 175〕彰化鹿港鳳山寺（乾隆前期創建，主祀廣澤尊王）籤詩第十八首云：「陰陽叶吉最難求，水遶山環乃塋丘。此是前生先鑄定，兒孫享福旺千秋」；第二十一首云：「尋求吉穴築高堂，此地誠爲吉利場。庇蔭帡幪成美利，子孫永保福繁昌」；第三十三首云：「殯塋從來利害多，亦須人事兩相和。方位已諧扶吉日，凶神惡煞自消磨」〔註 176〕而在解籤項目中，如臺南海安宮（乾隆後期創建，主祀天上聖母）各籤詩的墳墓項下，有「地穴大吉」、「地勢甚美」、「得其地後大吉」、「葬地不合」、「地運大進益」、「地運小吉」、「綿綿齊美」、「世代流芳」、「地運參差」、「地運不佳」、「地勢有合」、「舊墓重興」、「眞龍正穴」、「地氣漸失」、「代代簪纓」、「穴地平安」、「先平后得佳氣」、「福人必得福地」、「地犯退敗必遷」、「光前裕後」、「地氣亨通」等各種簡單明瞭的風水吉凶註解。〔註 177〕陰陽宅風水主題藉由靈籤作爲訊息載體，結合占卜之術融入民間宗教信仰的運作體系，〔註 178〕亦不失爲民眾濡染這類術數文化的方便捷徑。

除了前述各類專著文本之外，其他如清代臺灣方志、采訪冊、碑誌、筆記文集中關於人事地物的風水敘述，各姓族譜中關於祖墳風水的紀錄與各種涉及陰陽宅風水的傳聞等等，本書將於以下各篇章相關內容中加以引證。

五、傳說故事的媒介功能

風水傳說與民間故事散佈風水的通俗觀念，對於一般識字不多的庶民百姓而言，風水術數之類的專著也許難得一見，其他各類書籍如日用類書或民曆通書中的風水宜忌內容，多半也有文字掌握上的困難度，因此，某些時候，

〔註 175〕臺灣省文獻委員會編，《臺南市鄉土史料》，頁 367，374。
〔註 176〕龐緯，《中國靈籤研究（資料篇）》，頁 459～460，463。
〔註 177〕龐緯，《中國靈籤研究（資料篇）》，頁 1～32。
〔註 178〕陳進國，〈寺廟靈籤的流傳與風水信仰的擴散——以閩臺爲中心的探討〉，頁 61～73。

除了從堪輿地師、風水先生或地方士紳的口頭上獲得一些粗淺的陰陽宅風水觀念之外，民間口耳相傳的傳說故事，應是他們接觸風水觀念的重要訊息來源。由於傳說故事具有淺顯易懂的通俗性與引人入勝的趣味性，也使其成爲風水觀念傳播的簡易媒介。

大致說來，風水傳說故事的內容，主要牽涉到一些祖墳葬地、宅居地理、祠廟寺觀、歷史人物、地方望族、堪輿地師、山川形勝與厭勝物的風水聯想或附會，其背後通常隱藏著特定時空的群眾期望、集體心態與社會現實，具有不容小覷的實質影響力。從傳說故事來考察中國傳統風水文化跨海來臺的情形，舉要如前一章第三節所述「龍渡滄海」、「全臺祖脈」的地理形勝傳說，藉由風水龍脈的知識建構來聯繫海峽兩岸的政治文化關係。又如源自於泉州地區的鄭成功家族發跡傳說，後來成爲清代臺灣社會的歷史記憶，更衍生出各種「在地化」的鄭氏傳說集。前述臭羊肉、雞胗唇的風水傳說成爲民間社會的集體記憶，既傳達了風水地師、唐山師傅在民眾心目中的形象，亦可視爲風水習俗從中國大陸傳入臺灣本土的具體例證。針對堪輿地師或唐山師傅的刻劃，爲清代臺灣風水傳說之大宗，其內容將堪輿名師的事跡予以神話化，對於風水觀念在臺灣民間的傳佈，無疑具有推波助瀾的效力。

此外，清代臺澎各地出皇帝的傳說，以及皇帝（清廷）派遣官員前來敗風水地脈的傳說，可能與明鄭治臺以及清代朱一貴（1690～1722）、林爽文（1756～1788）起事稱王的歷史經驗息息相關，表露出地方群眾對於統治階層施政措施的懷疑與不信任，甚至是臺灣社會反抗滿人統治的漢族中心意識，尤其以流傳於南部地區的「蔣公子敗地理」傳說、中部地區的「楊本縣敗地理」傳說最具代表性。〔註 179〕諸如此類的傳說故事，既是風水觀念傳佈於臺灣各地的「觸媒」，也反映出風水文化在漢人社會的無遠弗屆。

自清代以來臺灣民間風水傳說的內容類型、文化意涵、集體記憶與社會功能，在張昀浚、郭庭源、王奕期等人先前的論著中，已有相當系統化的考察與分析。〔註 180〕本書接下來各章節的相關主題中，將另有實例加以闡述。

總結本節所論清代臺灣民間習染風水之說的方式及管道，可概略圖示如下。

〔註 179〕胡萬川，〈土地・命運・認同——京官來臺灣敗地理傳說之探討〉，頁 1～21。

〔註 180〕張昀浚，〈臺灣民間風水傳說研究〉、〈臺灣民間的聚落與寺廟風水傳說的類型和內容探討〉、《臺灣奇譚：民間地理風水傳說》；郭庭源，〈臺灣與金門地區民間風水傳說研究〉；王奕期，〈臺南地區風水傳說之研究〉。

圖 3-1-1　清代臺灣社會風水習俗之傳習流佈簡圖

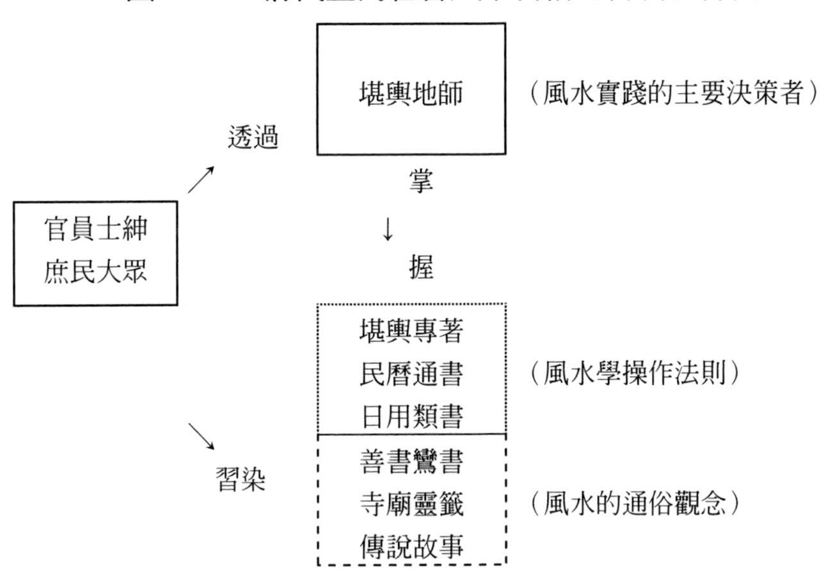

第二節　卜居擇建

在傳統漢文化社會，當人們擇建宅居處所之際，一般習慣於尋求背山面水、負陰抱陽的自然環境，除了取水方便、避免風寒與防範外力侵擾等有利於民生日用的條件之外，其間仍不乏風水因素的考量，以追求「佳穴吉壤」的生氣能有效地庇蔭宅居者的運勢。

就傳統堪輿學理而言，所謂理想化的風水格局首要講究背山面水、氣勢完備的條件。如以大地「生氣」所凝聚的穴位爲中心，則其後倚綿延而來的青翠山脈（來龍主山），左右有小山丘拱衛穴位兩側（護砂，左爲青龍，右爲白虎），穴前開闊的平原上（明堂），有河川環抱、溪流縈繞或湖泊相映（水），前方更遠處另有案山與朝山作爲屏障。〔註 181〕如乾隆時期學者汪志伊（1743～1818）於《地學簡明》中指出：「蓋地理之道，不過陰中求陽、陽中覓陰而已。凡龍、穴、砂、水四科，俱要辨」。〔註 182〕在地理形勢的勘驗之後，再以羅盤定出一符合八卦宜忌與五行生剋的適宜方位（向），〔註 183〕

〔註 181〕渡邊欣雄，《風水思想と東アジア》，頁 24～31。

〔註 182〕汪志伊，《地學簡明》，頁 465。

〔註 183〕姚廷鑾，《陽宅集成》，卷 2，〈向法〉，頁 155～158。釋徹瑩《地理原眞》卷 1〈下元・原眞滴派口訣〉中引證前人之說，標榜分金位向在風水學上的關鍵

此即堪輿學卜居擇建的基本法則。誠如嘉慶時期堪輿學者蔣國於〈天元九略・形局章〉中所云：「地理分法，一曰形局，一曰方位，二者各當精求。知形局而不知方位，無以識時之興衰；知方位而不知形局，無以辨地之美惡」。〔註 184〕

傳統風水學實踐的客體，包含陽宅（生者宅居）與陰宅（亡者墳墓）兩大範疇，除了使用對象、營造方式、建物外觀與堂局闊狹的差異之外，二者基本的相地原則，可說是大同小異。如題名唐代卜應天所著《雪心賦》中指出：

> 若言陽宅，何異陰宮？最要地勢寬平，不宜堂局逼窄。若居山谷，最怕凹風；若在平洋，先須得水。土有餘，當闢則闢；山不足，當培則培。先宅後墳，墳必興而宅必敗；先墳後宅，宅既盛而墳自衰。明堂平曠，萬象森羅，眾水歸朝，諸山聚會，草盛木繁，水深土厚。牆垣籬塹，俱要回環；水圳池塘，總宜朝揖。〔註 185〕

這段文字說明了陰陽宅風水理論的相通性，以及相擇之際必需考慮到山明水秀地鍾靈的自然條件及其間的宜忌因素。若是自然條件與地理格局有所不足，亦可以作出適當的修補或調整。明代後期，徐善繼、徐善述於《地理人子須知》卷六下〈總論陽基〉中，基本上肯定陽宅地理與陰宅風水的擇地條件差異不大，同時也點出了兩者之間相對的理想形勢云：

> 夫陽基之與陰地，大段無異；其有不同者，則龍必欲其長，而穴必欲其闊，水必欲其大合聚、大彎曲，砂必欲其大交結、遠朝拱。蓋宅基力量大於陰地，故必山水大聚會處，然後可結。聚會愈多，則局勢愈闊；局勢愈闊，則結作愈大。上者爲畿甸省城，次者爲郡，又次者爲州邑，又其次者爲市井鄉村。基址莫不各以聚之大小，以別優劣。〔註 186〕

傳統堪輿學說宣稱，若能擇定一處適宜造宅葬墳的風水佳地，將會對居葬者產生一定的庇蔭效驗。被後世奉爲陽宅風水學經典的《黃帝宅經》序言中，開宗明義即針對陽宅風水的實質作用，作出一段扼要的說明：

性云：「古人有云，百里江山，全憑一向，禍福轉移，惟向爲主，不可不拘」（頁 40）

〔註 184〕蔣國編著，《地理正宗》，卷 7，頁 215。

〔註 185〕卜應天著，孟浩注，《雪心賦正解》，頁 187～188。

〔註 186〕徐善繼、徐善述，《地理人子須知》，卷 6 下，頁 19b。

夫宅者，乃是陰陽之樞紐，人倫之軌模，非夫博物明賢，未能悟斯道也。……故宅者，人之本，人以宅爲家居，若安即家代昌吉，若不安即門族衰微，……上之軍國，次及州郡縣邑，下之村坊署柵，乃至山居，但人所處，皆其例焉。〔註 187〕

清代初期堪輿學巨擘蔣大鴻（平階，1616～1714）在〈天元歌・論陽宅〉的開場白中，也強調陽宅風水對於人生在世的重大影響云：「人生最重是陽基，卻與墳塋福力齊。宅氣不寧招禍咎，骨埋眞穴貴難期。建國定都關治亂，築城置鎮係安危。試看田舍豐盈者，半是陽基偶合宜」。〔註 188〕此種攸關於社會大眾吉凶禍福的風水論述，相信是長久以來吸引芸芸眾生奉行陽宅風水之學的主要關鍵。

從相關的歷史文獻中，我們可以看到清代臺灣社會小至宅居庭園的選址營造，大至寺院廟宇、學宮書院、官署城郭與其他公共設施的擇地闢建，或多或少都受到此種講究山環水抱、地靈人傑之風水觀念的制約。而在實際的硬體建築過程中，風水法則的應用更是不可或缺的一環。

一、宅居庭園的擇建

衣、食、住、行係人生在世的基本須求，作爲人們居住空間的屋舍宅第，直接關係到日常生活的舒適與否。長期俯仰其中，自然希望能擁有不錯的居家條件，以求安身立命。康熙四十四年（1705），蒞任臺灣同知的安徽桐城貢生孫元衡，在其〈西螺北行〉一詩中提到：「未解卜居何地好，略關形勝有干戈」。〔註 189〕孫元衡所流露出的意念，其實也反映了一般大眾擇建宜居環境的殷切期望。道光三年（1823），竹塹進士鄭用錫於清代後期假養歸鄉後，嘗求一勝地以終老。至道光三十年（1850），擇居名勝佳境的心意始得如願以償。鄭用錫於〈北郭園記〉中追記這段因緣云：

適鄰翁有負郭之田與余居相近，因購之爲卜築計。而次子如梁亦不惜厚貲，匠心獨運，搆材鳩工。前後凡三、四層，堂廡十數間；鑿池通水，積石爲山，樓亭花木，燦然畢備。不數月而成巨觀，可云

〔註 187〕不著撰人，《黃帝宅經》，序，頁 1。

〔註 188〕蔣大鴻，《相地指迷》，卷 2，頁 8b～9a。趙爾巽等《清史稿》卷 502〈蔣平階傳〉稱其「地學爲一代大宗，所造羅經，後人多用之，稱爲『蔣盤』云」（頁 13883～13884）。

〔註 189〕孫元衡，《赤嵌集》，卷 1，頁 17。

> 勝矣。……而次子復藉此區區，相其陰陽、因其形勢，欲極一時之盛。……至於盛衰之道，祗聽後人之自致，非予敢知也。爰顏之曰北郭園，蓋因其地以名之；而諸山拱峙、翠若列屏，又與李太白「青山橫北郭」句相吻合也。〔註 190〕

鄭用錫留心於庭園周遭的風景之秀，對於宅居本身所將應驗的「盛衰之道，祗聽後人之自致，非予敢知也」。由此可見，鄭用錫認爲一切事在人爲，後代子孫毋庸過慮宅居的形勢布局可否應驗於家族運勢。

相較於鄭用錫的觀點，傳統陽宅風水學講究宅居的風水格局，既是爲了滿足人們卜居佳地的心理需求，也是爲了追求地脈靈氣對於家族成員的庇佑。如李兆麟編《重修燕樓族譜》所附〈李厝宗祠〉中指出：「從來世家望族之鄉，茍非地脈之靈，何能獲福悠久而發祥無窮哉」，〔註 191〕即表露出如此的見解。除此之外，我們從臺灣民間流傳的各種關於宅居風水庇蔭家族運勢的傳說，也可以看出地方人士對於擇居於風水寶地一事的期望。

（一）擇居風水佳地的心理需求

乾隆初期，雲林西螺埔心程氏先祖自漳州詔安渡海來臺，曾迎奉一尊黑面佛公神像作爲保護神，以庇佑旅途順利。相傳當族人抵達埔心安定里之際，挑佛公的扁擔突然斷折，神像自龕中應聲跌下，竟端坐於草堆上。族人乃擲筊請示神明，始知佛公業已擇定此地爲落腳處。程氏族人隨即於這塊神明認證的佳地，營造安身立命的家園。歷經數年後拓墾有成，蔚成地方望族，乃於最初佛公跌落地點籌建宗祠，奉祀黑面佛公暨程氏歷代祖先牌位。〔註 192〕

清代後期，淡水廳大加蚋堡東勢莊中崙的李氏家族，曾先後出過舉人李文元、秀才李春波、李春澄與武秀才李春詩。相傳李家大厝所在地中崙一帶形如關刀，就堪輿學的角度屬於關刀穴的吉地。地方民眾相信，李家大厝因建造於刀身上，承受地理靈氣的庇佑，所以富甲一方，並且科第鼎盛。〔註 193〕

淡水廳大龍峒港仔墘一帶，於清代後期曾出過六位舉人與多名秀才，其中尤以道光五年（1825）舉人陳維藻（？～1837）、咸豐九年（1859）舉人

〔註 190〕鄭用錫，《北郭園全集．北郭園文鈔》，頁 6a-b；鄭鵬雲、曾逢辰，《新竹縣志初稿》，頁 246。

〔註 191〕李兆麟編，《重修燕樓族譜》，〈宗祠圖說〉。

〔註 192〕程大學編，《西螺埔心程氏族譜》，頁 4，18。

〔註 193〕林萬傳，〈松山區地名沿革〉，頁 70。

陳維英（1811～1869）二人最富名氣。相傳陳宅風水靈秀，素為地理師所稱羨，其宅後觀音山如筆架，右側低矮山形若文鎮，正中平坦之處似書桌。山川靈氣所鍾，應驗文風興盛。〔註 194〕此外，或有傳聞大龍峒陳宅擇建於蛤蟆穴上，家族發展因而卓然有成。而擺接堡林本源舊厝門廳面對左觀音、右大屯的風水格局，所以造就了林氏家族的顯赫。〔註 195〕

在各類民間風水傳說所反映的集體心態中，絕佳的宅居風水固然有助於家族的興旺，反之，家族的產業運勢若是趨於衰落，也可以歸因於居宅風水格局的敗壞。清代中後期，相傳彰化鹿港泉郊富商日茂行的舊宅位於蝦穴上，地理風水頗佳，以至於商行主人林振嵩（1731～1799）能從原先的路邊攤販躍身成為一方巨富。某年，日茂行主人將紅漆塗在商行旗竿上，附近人士認為，此舉無異在蝦鬚上塗漆，鬚轉紅則蝦亦斃。據說蝦穴風水敗壞之後，日茂行也日漸衰微。〔註 196〕

通觀清治時期臺灣各地望族的風水傳說故事，主要是針對其家運殷盛或家道中落的原因所進行的一種詮釋。在意識層面上，此類風水傳說的內涵，大致可視為宅居庇蔭觀念影響之下的產物。另一方面，透過這些傳說故事的口耳相傳，或多或少，也強化了人們在日常生活中對於風水擇建之事的重視。

閩粵移民渡海來臺之後，首要勘尋一處適宜落腳的地點，才能安心地從事下一步的拓墾工作。講究宅居卜擇原則的風水之說，往往也在這個關鍵時刻，發揮出一定的功效。如據嘉慶九年（1804）七月〈黃氏家廟重修碑記〉的記載，今臺南市白河區黃氏家族先祖自清初渡臺後，「卜居三間，由來舊矣。其鳩其族也，羅山屏繞，倚玉枕以鍾靈；而因流竟源，脈溯寶嶺，從後河而衍派」，即透露出一種擇居風水吉地的訊息。〔註 197〕而此種風水擇建的現象，也普遍存在於清代臺灣各家族的發展過程中。

原籍漳州府平和縣內洋東坑溪仔社的李胎（1686～1729），於清代前期舉家東渡，卜居彰化縣貓羅堡（今臺中市霧峰區鄰近區域），務農營生。至乾隆四十七年（1782）漳泉械鬥後，李胎長子李榮因嫌貓羅故居地瘠村僻，難有

〔註 194〕曹永和，〈大龍峒三題〉，《民俗臺灣》，2 卷 6 號，昭和 17 年 6 月，頁 45；一剛，〈港仔墘的地理〉，頁 117。

〔註 195〕林衡道，〈臺灣的民間傳說〉，頁 671。

〔註 196〕松山虔三，〈鹿港〉，《民俗臺灣》，2 卷 8 號，昭和 17 年 8 月，頁 24。蔡懋棠，〈鹿港「日茂行」是龍蝦穴的傳說〉，頁 40～42。

〔註 197〕臺灣銀行經濟研究室編，《臺灣南部碑文集成》，頁 179。

發展，於是相擇草屯莊圳寮（今南投縣草屯鎮內），以當地「山川秀絕，可爲永久寄跡之地，爰移居焉」，成爲草屯圳寮李氏家族的肇基始祖。〔註198〕

原籍泉州府同安縣安仁里的陳兆實，於乾隆五十七年（1792）攜眷渡臺，初寓淡水廳興直堡和尚洲莊，繼遷至八里坌山區（觀音山），卜居於山川鬱積、山麓雄踞的獅子頭（今新北市五股區集福里）。《西亭派陳氏家譜》中記載陳兆實以此地「綠樹清泉，山居移氣，雲卷泉和，溪壑籟聲，晴雲翠微，蘿月松風；山如屛，水如帶，朝鏡如畫」，可爲落腳長居之處。〔註199〕我們知道，獅子頭一帶前臨今淡水河及基隆河交匯處、後倚觀音山主脈，自清代中期即以「獅象扞門」的堪輿形勢著稱，迄今猶爲全臺遠近馳名的風水寶地。〔註200〕今五股陳氏先祖陳兆實擇居於此的初衷，或許也是中意獅子頭擁有奇佳的形勝格局。

陽宅風水佳地的存在，通常被附予擬物化或擬人化的穴局名稱。如清代後期，在淡水廳大料崁一帶拓墾有成的李氏家族，其宅第隴西堂相傳位在睡牛穴。原籍漳州府龍溪縣遷臺後墾殖大料崁內柵一帶的簡氏家族，其宅第永安居則座落於螃蟹穴。〔註201〕原籍潮州府海陽縣移墾淡水廳竹北二堡上大堀的卓氏家族，其宅第西河堂相傳位於毛蟹穴。原籍惠州府陸豐縣遷居竹北二堡白沙墩的歐氏家族，其宅第平陽堂相傳位於狗穴。〔註202〕彰化縣境方面，如線西堡下㽷庄（今線西鄉下犁村）的柯宅，相傳位於黑蛇穴。燕霧下堡大庄（今大村鄉大村村）的環翠堂賴宅，相傳位於「七星墜地」的風水佳地。燕霧上堡白沙坑（今花壇鄉長沙村）的李宅，相傳位於黃蜂出巢穴。大武郡東堡社頭庄崎腳（今社頭鄉協和村）的劉宅寧遠堂，相傳位於螃蟹穴。武東堡內灣庄（今田中鎮東源里）的南極星輝陳宅，相傳位於鯉魚穴。〔註203〕臺中縣境方面，如豐原田心仔林氏榮春堂的毛蟹穴（或云五鬼穴）、豐原大湳仔熊宅的船型穴、豐原南門里張宅的龜殼園穴、大甲頂店里陳宅的鯉魚穴、沙鹿王宅的螃蟹穴、外埔三崁劉定山宅的蟾蜍穴、外埔水美李天賜宅的猴穴（或

〔註198〕李宗銘編，《李氏家譜》，轉引自林美容編，《草屯鎮鄉土社會史資料》，頁172～173。
〔註199〕陳拱照編，《西亭派陳氏家譜》，頁37～40。
〔註200〕尹章義等，《五股志》，第7篇第1章，頁631～684。
〔註201〕賴志彰主持，《桃園民居調查報告書（上冊）》，頁108，111。
〔註202〕賴志彰主持，《桃園民居調查報告書（下冊）》，頁52，80。
〔註203〕許雪姬、賴志彰編撰，《彰化民居》，頁9，114，136，326，399。

云蛇穴、蜘蛛穴）、東勢下校栗埔林家大伙房的金交椅穴、石岡社寮角郭宅的母獅穴、石岡崁下林宅的梅花穴。〔註 204〕凡此皆爲遷臺漢人擇居風水寶地的具體例證。

（二）堪輿地師的角色

閩粵移民拓墾有成抑且子孫繁衍，往往在發跡村落修建較爲舒適的宅第，以維繫家族的發展。在宅第擇址營造的過程中，通常也仰賴堪輿地師的專業素養，以保證陽宅地理的庇蔭功效。

原籍漳州府詔安縣二都隆乾堡深邱里的黃端雲，於乾隆九年（1744）渡臺，擇居彰化縣梧鳳庄一帶創業。其孫黃超英於清代後期功成名就且經商有成之後，於今埔心鄉梧鳳村籌建黃宅衍慶堂。在堪輿地師的指點下，此宅排水路作成九彎十八拐的布局，以便水紋曲繞有情，爲黃家匯聚更多的財源。〔註 205〕

原籍漳州府南靖縣施洋墟的劉天極，於康熙中葉渡臺，先是擇居諸羅縣打貓一帶（今嘉義縣民雄鄉），其子劉一籌移居彰化縣大武郡東堡社頭庄創業，後代子孫繁衍，至清代後期於今社頭鄉湳雅村陸續修建劉家房宅。劉宅位處八卦臺地山腳下，前有八堡圳，呈現背山面水的形勢。相傳營建之初，劉家接受堪輿地師的指示，因房宅座落於土虱穴上，必需作月眉池加以安養，來保持穴局的生生不息，於是形成了月眉池團圓堂的雛型。〔註 206〕

原籍嘉應州程鄉縣的張春和，於清代前期渡臺，落腳於淡水廳大坪莊（今桃園縣龍潭鄉境），其後代裔孫張姑喜於清末延請附近地理師相擇佳地，建造一棟坐南向北的張宅清河堂。〔註 207〕

原籍泉州府同安縣的葉猛，於雍正年間偕妻渡臺，原居竹塹堡中港海尾口，隨後遷居淡水廳桃澗堡潭內莊。至清代後期，其裔孫葉金萬經某地理師扦點桃澗堡八塊莊內（今桃園縣八德市）一處風水佳地，乃購置此地興造一棟坐東向西的葉宅樹德居。〔註 208〕

原籍漳州府詔安縣的呂孟生，於乾隆二十六年（1761）渡臺，輾轉擇居

〔註 204〕許雪姬主持，賴志彰主編，《臺中縣建築發展（民宅篇）》，頁 38～39。

〔註 205〕許雪姬、賴志彰編撰，《彰化民居》，頁 298。

〔註 206〕許雪姬、賴志彰編撰，《彰化民居》，頁 323～324。

〔註 207〕賴志彰主持，《桃園民居調查報告書（上冊）》，頁 44。

〔註 208〕賴志彰主持，《桃園民居調查報告書（上冊）》，頁 149。

於淡水廳桃澗堡八塊莊下莊子（今桃園縣八德市）。其後代裔孫呂錦福於清末主事呂宅耕裕居的修造，曾延請數名地理師前來勘驗宅第風水。〔註 209〕

原籍潮州府大埔縣的劉啓東，於清代前期遷居彰化縣東勢角一帶拓墾。道光初年，劉氏族親延請中部地理名師「虱寶（母）仙」勘輿，於梅子樹腳（今臺中市石岡區梅子村）創建伙房，前方面對筆架山，風水形勢完好，傳聞將蔭出奇才。〔註 210〕

座落於淡水廳大料崁的林宅栗子園，約創建於清代末期。宅居背山面溪，形勢完整。營造之初，主事者林士薤曾延請堪輿師，根據宅主命盤而定出東北朝向。〔註 211〕

宅第修造落成之後，如果後來家族運勢起落不定，或是家族成員屢遭不測，後代子孫有時也會接受地理師的指點，更動原先的風水布局。如道光末葉，淡水廳蘆竹莊客家籍黃氏家族上屋、下屋兩房舍，一度同遭盜匪縱火焚燬，族人旋遷至前方岡頂搭寮暫居，隨後籌劃房舍修復事宜。斯時，曾有地理師指示其下屋坐向不利，族人於是改建下屋，並將上屋重修，至咸豐年間家園重建告成。〔註 212〕

原籍潮州府大埔縣的廖義才，於清代後期自淡水廳塔寮坑遷居龍潭一帶（今桃園縣龍潭鄉），其孫廖德雙於光緒十二年（1886）主修廖宅武威堂，坐西向東，原建大門朝東，可由正面進出。後因兩名族親壯年過逝，經風水地師判定爲宅門風水出問題，乃將入口坐向改爲南向。〔註 213〕

（三）陽宅營造的風水元素

當宅主擇定宜建陽宅的地點，緊接著在實際的營造過程中，首要確定屋舍正廳的中軸朝向，即所謂的「分金立向」，其妥適與否關係到家運的興衰。〔註 214〕有錢有力者，通常會延請地理師或擇日師參照基址周遭的山川形勢，整體坐向大致以背山面水爲理想原則，並考量左右龍、虎砂及前方朝、

〔註 209〕賴志彰主持，《桃園民居調查報告書（上冊）》，頁 147。

〔註 210〕許雪姬主持，賴志彰主編，《臺中縣建築發展（民宅篇）．田野調查總報告書》，頁 298。

〔註 211〕賴志彰主持，《桃園民居調查報告書（上冊）》，頁 111。

〔註 212〕編者不詳，《黃氏家譜》，附頁 1～2。

〔註 213〕賴志彰主持，《桃園民居調查報告書（上冊）》，頁 16。

〔註 214〕閻亞寧等，《傳統建築的民俗觀念》，頁 50～63。

案山的穴局形勢，〔註 215〕再配合宅主的生辰八字或流年運勢，最後以羅經上的「二十四山頭」方位，牽出「分金線」，作為屋宅坐向的主軸線。分金線確定之後，再由匠師循此坐向方位，並依據匠師手冊的造作成規，次第營建全宅的配置結構。〔註 216〕

值得注意的是，各建築結構的長寬尺寸或相對距離，也帶有五行生剋與風水吉凶的成分。一般說來，除了核對建物整體結構之基本度量單位的「魯班尺」之外，傳統匠師大多以「天父尺」定出屋宅垂直高度的吉利尺寸，以「地母尺」定出水平面闊或進深的吉利尺寸，採取步尺的方法丈量庭埕、天井、檐廊與門廳之間的吉利距離，並藉由其上刻有財、病、離、義、官、劫、害、本等字的「門公尺」，來衡量屋舍內部構架與門窗的吉凶宜忌尺度，蓋以吻合吉利的尺度為基本原則（如財、本、義、官）。〔註 217〕

現存清代臺灣中部岸裡社文書中保存〈論安門高低闊狹尺寸吉凶事〉、〈論門大闊式〉、〈論門光只式〉、〈論房間闊式〉、〈論前後圍墻步數〉、〈論丹墀步數〉等關於建築尺寸宜忌方面的文獻，茲以〈論安門高低闊狹尺寸吉凶事〉所記為例：

五尺一寸高：進才入宅多

五尺二寸驗：寡母病疾見離鄉

〔註 215〕例如，咸豐初期北臺富豪林國華、林國芳昆仲於枋橋市街西北創建的三落大厝，建築學者李乾朗分析該宅第坐向係採坐東南朝西北，即風水學所謂的巽山乾向，「宅後有小丘，前臨湳子溪，古時可搭舢舨船通淡水河至新莊及艋舺。遠方可見到觀音山及林口台地，這是它的朝山與案山。從風水條件來看，三落大厝是為形勢優勝之地，所謂『百尺為形，千尺為勢』，遠方的觀音山可視為其『朝山』或『水口山』。林家花園內的定靜堂有額曰『山屏海鏡』，正是風水的註解。此外宅前的湳子溪形成吉祥的『朝來水』，象徵財丁兩旺」。李乾朗，《臺灣十大傳統民居》，頁 49。梁宇元分析清代至日治時期新竹北埔地區合院建築的共通點云：「無論祠廟或家宅，集村內或散處於山林間的合院建築，大抵依『巒頭派』陽宅形法的風水原則來定其坐向，即建築物中軸線背對附近之巒頭——『樂山』，或正對較遠之頂峰——『朝山』，亦有兩項兼顧者。位向既定，日後改建亦多依循不變」。梁宇元，《清末北埔客家聚落之構成》，頁 209。

〔註 216〕張雅蕙，〈漚汪傳統民宅空間之研究〉，頁 26～34；楊秉煌，〈大溪地區傳統建築的地理研究〉，頁 62～63。

〔註 217〕徐明福，《臺灣傳統民宅及其地方性史料之研究》，頁 110～117；林會承，《臺灣傳統建築手冊（形式與作法篇）》，頁 34～35；閻亞寧等，《傳統建築的民俗觀念》，頁 35～46。

五尺六寸六分高：康泰大吉多

六尺一寸高：生離離鄉多

六尺二寸高：橫財小吉豪

七尺高：康泰大吉多

再以〈論前後圍墻步數〉所記爲例，從中亦可看出傳統建築所蘊含的風水元素：

> 規矩尺寸，用豐錢十文，便爲十寸一尺正。四尺五寸爲一步，就於簷前滴水爲始起步，以步數訣量出無差。論開門步數，宜單不宜雙，行惟一步、三步、五步、七步、十三步吉，餘凶。得單步，合財、義、官、本方吉，合財、本、門主發財、旺丁。〔註 218〕

就此層面而言，陽宅建築的完成，堪爲風水思維及其操作法則具體實踐的結果。根據近來學界相關的研究顯示，傳統陽宅營造方式所應用的風水原則中，對於屋宅結構本身分金定向及其尺寸吉凶的講究，通行於清代後期臺灣傳統閩南及客家聚落的一般型或合院式建築。〔註 219〕現存清代臺灣古文書契中，也保存了相關的歷史訊息。如一份道光二十二年（1842）十月魏式安立胎典厝地契字中，顯示立契者將其承祖父遺下貓羅保石潭螺庄（今臺中市烏日區）中厝地等出典與人，契字後批明：「銀主若要將厝改易分金字向，築造房櫥，其間費銀項不論多少，不干厝主之事」。〔註 220〕

陽宅建築物爲風水之術的完成，符咒儀式以及各種細部宜忌亦爲建築過程的一環，我們從明代成書的《魯班經》內容中可以窺知端倪。建築宜忌爲匠師所熟悉，如何能讓建築物具有趨吉避凶的功能，諸如各種尺寸、數字以及符號的吉凶等等，自然也屬於建築技術的重點部分。〔註 221〕其中，大樑有如房屋棟架的脊骨，爲建築物最重要的中脊樑，具有鎮宅的象徵，攸關屋宅

〔註 218〕臺灣省立臺中圖書館編，〈臺灣中部地方文獻資料（五）〉，頁 88～89。又其步數訣爲：「一步青龍多吉慶，二步朱雀惹官荒，三步玉堂人丁旺，四步天羅事不昌，五步金堂多財寶，六步騰蛇不可當，七步金櫃人丁旺，八步暗曜莫相傷，九步大常爲一去，十步伏兵大不祥」。同前引文，頁 90。

〔註 219〕李盛沐，〈臺灣閩南傳統建築營建設計程序之研究〉，頁 59～75，152～161；鍾明樺，〈臺灣閩客傳統民宅構造類型之研究——以旗山鎮與美濃鎮爲例〉，頁 43～50，57～72；邱永章，〈五溝水——一個六堆客家聚落實質環境之研究〉，頁 104～105。

〔註 220〕國家圖書館特藏組編，《認識臺灣古文書契》，頁 66。

〔註 221〕閻亞寧等，《傳統建築的民俗觀念》，頁 101～172，179～203。

運勢與屋主的禍福。故從開斧作樑、請樑、祭樑、呼樑到上樑的過程，概有例行的祭儀祝禱，成爲建築完工暨啓動陽宅風水功能的關鍵。〔註222〕茲以岸裡社文書所保存的呼樑讚詞爲例，當中即表露出陽宅風水得宜，定能福廕家族丁財兩旺、既富且貴的意念：「伏以天地初分，陰陽高大，一天星斗，德炤人間。皇家子孫，起造祖堂，年月方位，各定吉方。貴人臨位，祿馬到堂，添產業，進田庄，生子孫，赴科場，三元及第狀元郎。魯班仙人親祝讚，富貴榮華萬萬年」。〔註223〕

另一方面，在傳統宅居內部充斥著風水成分的空間格局中，客家籍與福佬籍正廳的風水佈置也略有差異，其中以「龍神」的崇拜較爲明顯。根據學者黃蘭翔的研究，客家籍屋舍正廳神案下所供奉的龍神，在民俗信仰的象徵意涵上，既爲「自然界的風水與人造三合院風水環境的接續點」，也大抵是傳統客家民居所特有的佈置。〔註224〕例如，座落於今桃園縣平鎮市的吳興堂，由原籍嘉應州程鄉縣的客家籍沈氏族人於清嘉慶年間創建，堂局坐東南朝西北，正廳神案下供奉龍神。〔註225〕同樣座落於今桃園縣平鎮市的千頃堂，由原籍嘉應州鎮平縣的客家籍黃氏族人於清代後期創建，堂局坐西北向東南，正廳神案下亦供祭龍神。〔註226〕在新竹地區客家聚落的傳統民宅廳堂中，亦多存在與風水觀念及地祇崇拜息息相關的「龍神」佈置。〔註227〕

清代臺灣各地合院式的選址原則與建築規模，基本上是傳統龍、穴、砂、水、向之風水觀念的縮影，以求發揮出藏風聚氣、庇護宅主的效用。〔註228〕在宅居外觀的風水布局中，位於建築物前側的半月形「風水池」，也是一種顯著的表徵。

根據傳統堪輿理論的說法，風水池的設置，相當於地理五訣中的「得水」因素，具有凝聚大地生氣的功能。如清代林枚《陽宅會心集》卷上〈開塘說〉中所謂：「塘之蓄水，足以蔭地脈，養眞氣」。〔註229〕清代臺灣傳統宅居庭園

〔註222〕鍾心怡，〈新竹縣客家傳統彩房屋卦書之基礎研究〉，第4章，頁27～32。

〔註223〕臺灣省立臺中圖書館編，〈臺灣中部地方文獻資料（五）〉，頁90。

〔註224〕黃蘭翔，〈以「風水」觀點論客家人的住家環境〉，頁153～190。

〔註225〕賴志彰主持，《桃園民居調查報告書（上冊）》，頁54。

〔註226〕賴志彰主持，《桃園民居調查報告書（上冊）》，頁48。

〔註227〕許書怡、莊英章，〈新竹客家地區的龍神崇拜〉，頁152～172。

〔註228〕關華山，〈臺灣傳統民宅所表現的空間觀念〉，頁184～192；渡邊欣雄，《風水思想と東アジア》，頁26～41。

〔註229〕何曉昕，《風水探源》，頁76。

前方，或闢有風水池，以追求風水生氣的庇蔭，同時也可提供住戶防火、給水與蓄養牲畜的憑藉。如光緒十九年（1893）竣工的擺接堡林本源庭園，其舊大厝的正前方即掘有一座半月形的風水池。〔註 230〕此形制亦可見於臺北林安泰宅、桃園大溪李騰芳宅、臺中霧峰林宅、臺中潭子摘星山莊等現存清代名宅前方。〔註 231〕此外，如清代後期淡水廳桃澗堡八塊庄呂宅耕裕居，大嵙崁李騰芳古宅，安平鎮劉宅光黎第、陳宅聚星堂、葉宅南陽堂、謝宅寶樹堂、王宅植槐堂、沈宅吳興堂，龍潭一帶江宅濟陽堂、李宅隴西堂、吳宅至德堂、廖宅武威堂、鍾宅琴書堂與李宅光裕堂，〔註 232〕竹北二堡頂社林宅德門居、上大堀卓宅西河堂、過嶺許宅大岳流芳，〔註 233〕以及彰化縣燕霧下堡三條圳庄（今員林鎮三條里）江宅慶陽堂、慶豐堂等，〔註 234〕屋前皆闢有半月形的風水池。學者賴志彰研究日治以前臺中地區的傳統聚落民宅，也大多設有風水池（半月池）。〔註 235〕

（四）祠堂家廟的風水擇建

相對於私人或家族成員同居共業的宅居庭園，宗祠家廟可視爲往生先祖另類形式的「宅居庭園」。在傳統漢文化社會，宗祠家廟係宗族成員奉祀同姓先祖的神聖空間，也是宗族意識的具體實踐。〔註 236〕宗祠家廟的功能，主要是透過祭祀活動的運作，聯繫同宗情誼，凝聚族人力量，經由愼終追遠的崇拜儀式，達成敦親睦族的目的。在清代臺灣漢人社會形成的過程中，基於血緣關係而設立的宗族組織，也佔有相當重要的地位。〔註 237〕

古來家訓本於崇尚孝道的初衷，往往強調：「祖塋乃先人遺骸之所，每年務必拜掃；家廟乃先祖寄靈之處，每年務必祭祀。苟力之所及，勿以代遠相推不至，勿以路遙經年不往。屆時族人相聚，正可聯族誼而致一本之親」。

〔註 230〕潮地悦三郎，〈池の風水〉，《民俗臺灣》，2 卷 8 號，昭和 17 年 8 月，頁 46。

〔註 231〕李乾朗，《臺灣十大傳統民居》，頁 14～15，66～67，102～103，130～131。

〔註 232〕賴志彰主持，《桃園民居調查報告書（上冊）》，頁 8～42，54～87，102，147。

〔註 233〕賴志彰主持，《桃園民居調查報告書（下冊）》，頁 5，52，148。

〔註 234〕許雪姬、賴志彰編撰，《彰化民居》，頁 147～150。

〔註 235〕賴志彰，〈一九四五年以前臺中民居空間地域特色之轉化〉，頁 294。另參閱許雪姬主持，賴志彰主編，《臺中縣建築發展（民宅篇）·田野調查總報告書》。

〔註 236〕臨時臺灣舊慣調查會，《臨時臺灣舊慣調查會第一部調查第三回報告書·臺灣私法》，第 2 卷上，頁 116～118，127～130。

〔註 237〕陳其南，《臺灣的傳統中國社會》，頁 138～150。

〔註 238〕由於宗祠家廟關係著子孫情誼的聯繫與宗族的發展，在孝道觀念的驅策與風水習俗的帶動下，爲求祖先能在這處神聖空間中起居得安，並庇佑同宗子孫世代興旺，其座落地點的風水格局是否適宜，自然必需加以留意。如清代中期臺灣縣人章甫於〈王氏宗祠落成〉一詩以「萬物本天生，人生由祖始；不有寢廟成，何以修禋祀！我讀生民詩，直溯厥初起；多君廑孝思，追遠不容已」作爲開場，說明祠堂修造一事所呼應的倫常孝道觀念。對於王氏宗族祠堂本身的風水格局，及其與子孫愼終追遠意識的內在聯繫，也有所強調：

作廟祀其先，大義肩綜理；就中卜地靈，創建於仁里。朝山面瀛東，
東方來氣紫；背海枕城垣，固與金湯比。構就觀厥成，僉曰輪奐美。
尊祖而鳩宗，昭穆洽倫紀；無忝爾所生，用進厥考妣。〔註 239〕

清代臺灣各姓家族依照風水原則擇建祠堂的情形，如明清之際自漳州府漳浦縣烏石林徙居詔安縣金溪鄉的林氏家族，其族人林生於清初攜林士旋、林滿二子渡海來臺，落腳於彰化縣大如崙山腳莊。數年之後，林士旋復遷至淡水廳擺接堡漳和莊廿八張牛角厝，務農營生，偕妻陳氏育有傳祖、續祖、仁祖三子。林氏祖孫後來修造祀祖祠堂，匾題「敦本堂」，風水方位坐甲向庚（坐東北東向西南西），分金用甲庚兼寅申庚寅庚甲。〔註 240〕

座落於淡水廳芝蘭三保滬尾北投仔的燕樓李氏宗祠，初創於乾隆五十七年（1792），道光元年（1821）重修。此後，在道光二十一年（1841）、咸豐三年（1853）的兩場分類械鬥中遭燬，分別於咸豐元年（1851）、光緒元年（1875）兩度重建。宗祠的相地營造，曾由李氏渡臺二世祖李臣春側室周勸娘之弟主其事，在風水格局的安排上，「立坐癸向丁兼丑未，收左邊帝旺巨門水上堂，右邊養生水湊合，同歸絕位而去，正合楊公墓向絕流之局」。至於宗祠周遭的山川分佈，其直龍橫結、腰落墜乳，並且兩砂護衛、後山有主，再加上案山雙重、尖峰拱翠，風水形勢可謂奇佳。通曉堪輿的人士或論李氏宗祠的風水堂局，係主「多結富貴人丁之地」。〔註 241〕

苗栗湯氏先祖於乾隆初期入墾淡水廳貓裡（今苗栗市），溯後龍溪而上拓

〔註 238〕林添福總編，《林姓元成公徙臺派下族譜》，〈家訓集粹．崇孝道〉，頁 14。
〔註 239〕章甫，《半崧集簡編》，頁 8。
〔註 240〕林欽重收藏，張炎憲主編，《漳和敦本堂林家文書》，頁 292～293。
〔註 241〕李兆麟編，《重修燕樓族譜》，〈宗祠圖說〉。或云該宗祠位居中寮地理鯉魚身處。賴志彰主持，《臺北縣傳統民居調查（第一階段）》，頁 17。

地墾耕，子孫日益繁衍。乾隆五十三年（1788），湯洪鵬等人爲感念祖蔭德澤，乃結合宗親合資置產，作爲祭祀祖嘗。至道光十四年（1834），更相地籌建湯氏宗祠。斯時，眾人引據堪輿原理以「尋龍點穴」，最終於貓裡境內擇定一塊形屬「蟹穴」的風水佳地，以該處得山川精氣，水氣旺盛，彷若毛蟹逆水而上，當可庇蔭子孫綿延相承，家運世代昌隆。宗祠興建工程於道光十六年（1836）八月竣工，光緒元年十二月重修。緣於風水學的考量，湯氏族人爲能長久發揮「蟹穴」的庇蔭功能，乃訓誡後代子孫，必需經年保持正殿地面潮濕，亦不得任意填高或使其乾涸。〔註 242〕

惠州府陸豐縣吉康都三溪鄉徐氏先祖徐立鵬，約於乾隆二十六年（1761）隨兄長渡臺，初至竹北麻園一帶，務農爲生並兼營生意，未幾遷往竹塹紅毛港新庄子（今新竹縣新豐鄉重興村）定居。乾隆四十年（1775），徐立鵬購置堂兄徐宗鵬在竹塹萃豐庄的產業，經營數年有成，成爲清代新竹地區著名的客家籍墾戶。此後裔孫蕃衍，乃於乾隆末年創建宗祠，風水坐向艮山兼寅，堂前闢有橢圓形的風水池，以凝聚生氣。〔註 243〕

子孫妥善安置祠堂的風水布局，以求祖靈庇佑後代富貴安康。隨著家族勢力在清代臺灣本土的擴張，各姓族人擇建祠堂風水的作法，既是傳統風水觀念的實質表現，同時也推廣了風水習俗的影響層面。如同宗祠家廟的風水擇建情形一般，清代臺灣漢人聚落寺觀廟宇的興修，通常也具有風水因素的考量。

二、寺觀廟宇的興修

宗教信仰的存在，主要是爲了尋求生命問題的解答、解脫現實人世的苦難而成立。在滿足人們趨吉避凶、消災解厄的心態這一點上，宗教信仰與風水術數擁有共通的功能屬性。

（一）祭祀空間的風水營造

在傳統漢文化社會，寺廟爲地方紳民供奉眾家神明、進行信仰活動的所在，其本身即具有神聖空間的性質。寺觀廟宇的擇建地點如能經由風水觀念的認證，更可強化其福地靈佑的神聖性。如明清時期《天妃顯聖錄》有一則

〔註 242〕湯金德主編，《苗栗湯氏宗祠中山堂》，頁 12～13。
〔註 243〕徐勝一、徐元強編，《新庄子東海堂徐氏族譜》，頁 3，34，57。

〈托夢建廟〉，其中記載南宋高宗紹興二十六年（1156）特封林默娘爲靈惠夫人；當時福建莆城東五里許有諸舶所集的水市「白湖」，翌年（1157）秋，「神來相宅於茲。章氏、邵氏二族人共夢神指立廟之地。丞相俊卿陳公聞之，驗其地果吉，因以奉神」。廟宇興修工程旋於次年告成。〔註244〕這則神靈托夢以指點建廟吉地的傳聞，既凸顯了靈惠夫人的神力，也呈現了廟址風水的神聖性。神靈地靈，自可相得益彰。

清代初期，泉州府同安縣玉屏書院東偏有祠，匾曰「賣詩店」，崇祀中和柳眞人。故老相傳，當時有因戰亂而與生母失離者，柳眞人指示其地，母子遂得重圓。柳眞人後來降乩，擇地建祠於此。〔註245〕同治年間，潮州府揭陽縣士紳許炳榮倡修石母庵，位處邑治來龍地脈，自是擇建於風水佳地。〔註246〕

從前舉例證中，皆可看出風水觀念介入閩粵地區祠廟擇建的情形。所謂「天下無有不靈之神，而獨有不靈之廟。非廟之不靈也，地有以使之也。故廟得地，則神著其靈，有斷然」。〔註247〕此段說辭，頗足以反映傳統社會對於寺廟貴得佳地或必得吉穴的集體心態。道光年間，澎湖通判蔣鏞題撰〈建修龍神祠記〉亦云：「顧建祠必需地靈，方足以妥神明而邀嘉貺」。〔註248〕清代臺灣各地從事寺廟興建之際，在擇址修築的環節上，自然也存在著各種講究風水原則的現象。

臺灣縣東安坊眞武廟崇祀北極佑聖眞君，始建於明鄭時期。康熙二十四年（1685），臺灣知府蔣毓英新修；四十八年（1709），里眾集資重建，後來經過歷朝官民數次的整修或擴建。在清朝官員的心目中，眞武廟的設置緣由與風水形勝息息相關，如乾隆十七年（1752）刊王必昌等《重修臺灣縣志》卷六〈祠宇志〉中，在眞武廟的條目後註稱：「邑之形勝，有安平鎭七鯤身爲天關，鹿耳門北線尾爲地軸，酷肖龜蛇。鄭氏踞臺，因多建眞武廟，以爲此邦之鎭云」。〔註249〕道光三十年（1850）刊謝金鑾等修、薛錫熊增補《續修臺灣縣志》卷五〈外編・寺觀〉亦記載東安坊眞武廟，「祀北極佑聖眞君。按元武、北方七宿也。其像龜蛇，而邑之形勝有安平鎭、七鯤身爲天關，鹿耳門、

〔註244〕不著撰人，《天妃顯聖錄》，頁28。
〔註245〕周凱等，《廈門志》，卷16，〈舊事志・叢談〉，頁681。
〔註246〕王崧、李星輝纂修，《揭陽縣續志》，卷3，〈賢能〉，頁43a。
〔註247〕臺灣銀行經濟研究室編，《臺灣南部碑文集成》，頁353。
〔註248〕蔣鏞等，《澎湖續編》，卷下，〈藝文紀〉，頁86。
〔註249〕王必昌等，《重修臺灣縣志》，卷6，頁176。

北線尾爲地軸，酷肖龜蛇。鄭氏踞臺，多建眞武廟，以爲此邦之鎮」。〔註250〕由於道家傳聞北極佑聖眞君（眞武大帝）即元武七宿，其在神話中的具體形象爲披髮跣足且足踏龜蛇，因此，每有形似龜蛇把水口的地理景點，即可建立眞武廟予以應景，構成神聖化的空間象徵。

徵考清代文獻的記載，噶瑪蘭廳亦有眞武廟擇建於龜蛇形勝的例證。噶瑪蘭通判姚瑩（1785～1853）於道光初期所撰〈臺北道里記〉的記載：「烏石港，水自叭哩沙喃出，至此入海。與龜山海中相對，山形如龜，首北而尾南。港口沙線一道如蛇，土俗以爲天生元武之象，建眞武廟祀之」。〔註251〕咸豐二年（1852）刊陳淑均等《噶瑪蘭廳志》卷五上〈風俗上・寺觀〉記載廳北三十里烏石港口眞武廟，俗名上帝廟，「祀北極佑聖眞君也。按北方元武七宿，其象龜蛇；而廳之形勢，北有龜嶼在海中爲天關，南有沙汕一道，蜿蜒海口爲地軸，故堪輿家以爲龜蛇把口之象。土人因建廟以鎮之」。〔註252〕換句話說，眞武廟的設置主要是因應主祀神祇的屬性與形象，擇建於妥適的地理環境，恰與堪輿觀念中的風水形勝互爲因果。廟靈貴於得地，地靈推助神靈，民間信仰中寺廟神祇與風水佳地的緊密聯繫，在眞武廟的設置情境上可以獲得明證。

清代臺灣各地進行寺觀廟宇的興造，主事者往往依循風水觀念或堪輿原則來擇定建地，俾尋求理想的風水寶地。如康熙後期，彰化縣斗六地區流傳有佛祖顯身救苦的神蹟。至雍正三年（1725），墾主林克明聯同柴裡社業戶大茄臘等，「擇地於湖山巖，卜吉興工」，在該處建立起主祀佛祖的廟宇，即今雲林縣斗六鎮湖山里湖山巖的前身。〔註253〕臺灣縣境普濟殿（今臺南市中西區普濟殿），曾於乾隆十一年（1746）經石文耀主事重修，至嘉慶二十二年（1817），縣邑董事、首事鑒於廟貌久經風雨侵蝕，遂集議鳩資加以修繕。斯時，眾人曾「博採堪輿之論，增郭福地之門：包絡菁華，點頭得諸移步；環襟城郭，倒丈只在差躔。匪誇棟宇之連雲，實相陰陽於揆日。啓土之基，勿壞壯麗王宮；契龜之吉，肇增清幽僧舍」。整修工程於是年冬季動工，嘉慶二十四年（1819）十二月中旬竣工。〔註254〕在普濟殿的選址整建過程

〔註250〕謝金鑾等，《續修臺灣縣志》，卷5，頁336～337。

〔註251〕姚瑩，《東槎紀略》，卷3，頁92。

〔註252〕陳淑均等，《噶瑪蘭廳志》，卷5上，頁221。

〔註253〕臺灣銀行經濟研究室編，《臺灣南部碑文集成》，頁190。

〔註254〕臺灣銀行經濟研究室編，《臺灣南部碑文集成》，頁211～212。

中，明顯受過風水觀念的影響。另外在咸豐七年（1857）六月嘉義縣邑首事郭濯海所立〈半天巖重建碑記〉中，也提到佛寺擇建於風水寶地的現象云：「嘉城東南祖山，有地名曰半天，以高聳而謂也；建廟曰半天巖，地以巖名，其名益彰歟」。〔註 255〕

前舉數例爲佛教寺觀擇建於風水寶地的情形，至於道教及其他民間通俗信仰的廟宇選址，亦有相似的堪輿考量。如清代中期，臺灣縣職員陳邦英、葉飄香暨生員陳珏、舖民李玉山、百總陳青山、高興邦等人原屬同安籍，眾人或拋家渡臺謀生，或挈眷東渡墾殖，爲感念神恩護祐其往返重洋、經營有成，於是共議協商，「就於南北羈旅同鄉紳士軍民人等，互相捐緣，樂輸磚木各料，相擇郡城內之東安下坊溝仔底處所，買地卜築」，隨後於道光二十二年（1842）正月諏吉興建銀同祖廟（今臺南市中西區銀同祖廟前身），主祀天上聖母與保生大帝。〔註 256〕道光二十五年（1845）三月，舉人陳貽蘭據李澄清轉述，題撰〈臺郡銀同祖廟記〉以誌其創建經過，並將協助該廟「易其朝向，擴其地基」的堪輿擇地曾廷玉列名於碑誌上。〔註 257〕

道光二十七年（1847），竹塹士紳林占梅（1821～1868）以竹塹城北門外舊社庄金門厝頭前溪歷年溺斃亡靈甚多，遂與友人合建寄靈庵（今新竹市北區湳雅街寄靈庵），作爲諸靈寄託之所。同年七月，林占梅撰著〈新建寄靈庵碑記〉以誌此事緣由，文中提及寄靈庵座落地點的方位形勢考量云：「其地乾山巽向，水抱山環，占之甚宜」。〔註 258〕

臺灣縣東安坊主祀馬王爺（輔順將軍）的馬公廟（今臺南市中西區馬公廟），於咸豐六年（1856）重建之際，根據同年八月縣境總董同立〈重建馬公廟捐緣啓〉的記載，當地居民「感其德者思拓其基，羨其靈者謀恢其宇。而神則降亂指畫，卜築面對東南；定式占籌，迴向基背西北；中欲壯其鰲宮，旁思繞以蟹舍」。〔註 259〕文中提到神靈降乩指點適當地點的情形，更足以襯托出廟貴得地的重要性。彰化縣鹿港街浯江館（今鹿港鎮金門館），創建於嘉慶

〔註 255〕何培夫主編，《臺灣地區現存碑碣圖誌　嘉義縣市篇》，頁 114～115。

〔註 256〕臺灣銀行經濟研究室編，《臺灣南部碑文集成》，頁 475～476；何培夫主編，《臺灣地區現存碑碣圖誌　臺南市篇》，頁 149。

〔註 257〕臺灣銀行經濟研究室編，《臺灣南部碑文集成》，頁 275～276；何培夫主編，《臺灣地區現存碑碣圖誌　臺南市篇》，頁 150～151。

〔註 258〕何培夫主編，《臺灣地區現存碑碣圖誌　新竹縣市篇》，頁 208～209；邱秀堂編，《臺灣北部碑文集成》，頁 97。

〔註 259〕臺灣銀行經濟研究室編，《臺灣南部碑文集成》，頁 315～316。

十年（1805），其前身爲泉州同安籍金門人崇祀蘇王爺的處所。相傳當初眾人供奉蘇王爺神像「由淡越府，過鹿溪，而神低徊而不能去」。眾人卜問神明，始知「此吉地也，其將住留於此」。〔註 260〕

神明降旨與廟址擇建的連帶關係，亦可見於日治初期澎湖北辰宮的新設過程。明治三十二年（1899），馬公地區黃濟時等人卜地鎮署西畔，創建北辰宮（今澎湖縣馬公市北辰宮）。翌年（歲次庚子，1900）六月，廟宇告竣之後，黃濟時等人請朱王爺降乩文筆落成碑記，其中推崇北辰宮的風水格局云：「背坎面離，龜蛇守戶，五馬朝堂，允矣；金萃收癸甲之靈，人文鵲起，信哉。斗牛納丁庚之氣，甲第蟬聯」。值得注意的是，該碑文落款年代爲干支紀年「天運庚子年」而未用「明治」年號，隱約於政權鼎革之初，藉此寄寓故國之思。而風水思想的實踐，似乎也是他們置身於異民族的統治下，保持固有文化的行爲表徵。〔註 261〕

傳統漢人社會關於寺廟建立地基的「磚契」（地頭契）內文，也傳達出廟得吉穴、福蔭地方的民俗文化思維。〔註 262〕今屏東市聖帝廟（武廟），創建於乾隆四十五年（1780），廟方保存過往重建之際於主祀神座下挖出的清代磚契（天運庚午年二月）一方，記載當初向傳說中的陰間地主「武夷王」購買地基的來龍坐向及其界址云：

> 武夷王盤古地基一所，坐落福建省臺灣府鳳山縣下淡水港西里阿緱街，眾等虔備大金壹百二十四錠，托得牙中前詣武夷王門下，請買地基所，來龍坐丙向壬，陰山陽穴，東至甲乙木，南至丙丁火，西至庚辛金，北至壬癸水，四至明白。……因陷石有砂水來路，脊桷沖傷，賴神護祐。如有來歷不明，武夷王抵當。恭對三寶慈尊，給出磚契一面，座下埋存，以爲照驗。

土地私有產權確立之後，契文中後段則揭示該廟建造於這處經神明認證許可的地理佳穴，必能庇佑地方百姓諸事亨通、無往不利云：「起蓋廟宇，喜

〔註 260〕臺灣銀行經濟研究室編，《臺灣中部碑文集成》，頁 41～42。

〔註 261〕何培夫主編，《臺灣地區現存碑碣圖誌　澎湖縣篇》，頁 60～61，204。

〔註 262〕人類學者林美容於〈由祭祀圈來看草屯鎮的地方組織〉中指出：「從民間的信仰上來看，神明的法人性格也是相當明確的。通常建廟的時候，法師會寫一份地契磚，用紅布包起來，落成入火的時候，把它放在神龕之下。契書的內容是說該廟之主神某某已向地基主某某購得該地。可見廟地屬神明所有。而廟本身就是神明的居所，自然屬神所有」。引見氏著，《鄉土史與村庄史——人類學者看地方》，頁 129。

得完美，進廟安座，蔭得合境平安，老幼康寧，生理利市，財源廣進，五谷豐丁，六畜興旺，四時無灾，八節有慶」。〔註 263〕

各地廟宇興建完竣後，日後或因年久失修，以致風水格局有所損壞，篤信風水之說的地方人士亦會根據堪輿法則加以彌補。彰化縣草屯地區慶安宮，創建於乾隆年間，崇祀福德諸神，宮址方位原爲南向。道光十八年（1838），當地紳民籌議改建，未幾因遭逢地震，結果瓦桶崩頹，難避風雨。至咸豐七年（1857）二月，總理莊文蔚、趙文鶱與董事陳金城等人集議重修工作，眾人「遂遊觀地勢，取卯乙龍、坐壬向丙，兼子午、辛亥、辛巳分金，頗合前人舊制」。在咸豐十年（1860）十月張漢章題撰〈新建慶安宮碑記〉文末，有「堪輿洪明珠」的署名，應即先前參予廟宇勘址定向的地理師。〔註 264〕

嘉義縣大武壠噍吧哖祖廟（今臺南市玉井區玉井里北極殿），創建於嘉慶九年（1804），主祀玄天上帝，從祀觀音佛祖暨列位尊神。同治元年（1862），連經三載地震，造成廟宇週圍內外傾頹不堪。由於人事經費問題，重建事宜延宕多載。直到同治十二年（1873），當地職員總理江武成邀請地理先生魏德輝出面，並通傳村莊頭人等到廟協議整修工作。一行人「稽閱龍脈，水神俱已散漫。即查廟金，座乙向辛兼卯酉用丁卯、丁酉分金，原水出辛，墓（向流）理作火局；然甲乙方氣脈既已怠緩，現氣脈即從北方癸甲貫耳而入，而癸之水欄入坤位，流歸丁竅，理易木局，方可聚一點精神」。經過勘驗之後，確立廟址的適當坐向以及如何補修龍脈虧損的法則，隨即擇諏吉日，於翌年（1874）正月二日卯時啓工，是年七月二日竣工，至十月一日神佛開光。整修工程由張清泉、黃禎祥等親造督匠，將廟壁石基抽舊從新，特別在「面前造牆，遠截山蹄之赤，近掩穢水唇角之嫌，內收隨龍元辰之水。大帝殿座回低一尺，金像重整，以配大堂，上仰天蒼，下瞻峰案：體勢週密，廟貌鞏固」，以維持良好的風水格局。〔註 265〕另據咸豐二年（1852）十月鳳山縣民吳盛觀等同立〈義山宮改建碑記〉中記載：

> 蓋聞民和而神降之福，人傑由地鍾之靈。我庄自開基伊始，擇建義

〔註 263〕〈慈鳳宮、聖帝廟簡介〉。廟方提供，2012 年 7 月 1 日，洪健榮訪得。

〔註 264〕何培夫主編，《臺灣地區現存碑碣圖誌　雲林縣．南投縣篇》，頁 227～228。根據筆者數年來從事臺灣寺廟田野調查的印象，某些廟宇會奉祀當初勘擇地理之堪輿師的神主牌位。

〔註 265〕臺灣銀行經濟研究室編，《臺灣南部碑文集成》，頁 351～353。

山宮，配祀三山國王，廟宇得所，人民獲福，何風之隆歟！後因廟宇頹壞，遂改坐向，風氣幾乎復衰，豈不誤哉！我等爰集議捐改從舊址，坐庚向甲，兼甲寅、丙申、丙寅分金。告成之後，地靈則神靈，默祐闔社之人，大爲振興，俾熾俾昌，而人文迭起，是所厚望焉。〔註266〕

由此可見，義山宮（今高雄市橋頭區新莊里義山宮）改建之際，主事者期盼能透過廟基風水坐向（分金）的修整，以達到藏風聚氣、地靈神靈且振興地方文教發展的效果。

寺廟整修的過程中，主事者基於鼎新革故的意念，有時也會另外勘擇他們心目中理想的風水佳穴，直接改易廟址地點或其風水位向。如嘉慶十七年（1812），噶瑪蘭廳通判翟淦奉建先農壇於廳治南關外，方位坐北向南，崇祀神農大帝。道光二十八、九年（1848～1849）間，連遭風雨損壞；至咸豐二年（1852），該壇全行倒塌、片瓦無遺，官民權將壇中神農聖像移供武廟內。富謙蒞任噶瑪蘭廳通判之後，基於「民以祀神，神以佑民；欲祈民福於無窮，在妥神靈之有所。況祀典之廟，粒食攸關，尤屬當務之爲急」，乃積極從事先農壇的重建事宜。爲此，富謙於咸豐八年（1858）初「嘗覽舊時遺址，謂其砂水坐向不相朝顧，甚非神所憑依處也。特於南關外親擇地基視定方位，坐東而面西，格合坐卯向酉兼乙辛、辛酉、辛卯分金；前有泮水與芳勝環抱，上有玉山與叭哩相當」。富謙履勘之後，「取其格局完美、氣象堂皇，不但大有可占，且冀文風丕振」；其妥擇壇址風水坐向的見解，獲得當時隨行探勘之堪輿地師的認可，益加肯定他改易壇祠風水的決策。此座依循富謙的堪輿認知所新建的先農壇（今宜蘭市神農里五穀廟前身），經噶瑪蘭都司黃遇春以及職監林國翰、舉人黃纘緒、職員林啓勳、職監黃玉瑤等人集資協助下，於同年六月十日完工竣成。〔註267〕

咸豐六年（1856），臺灣縣永康里首事有感於境內主祀關聖帝君、從祀鄭成功與鄭經父子的二王廟（今臺南市永康區二王廟前身），百餘年來「屢經風蟻，棟瓦傾頹；不爲之興工修葺，恐神亦有所難安。矧夫帝君之赫濯古今，加之二王之靈應，禳災植福，實重賴之。共荷帡幪，蒙神降乩：稍移其地，

〔註266〕何培夫主編，《臺灣地區現存碑碣圖誌　高雄市．高雄縣篇》，頁72～73。
〔註267〕何培夫主編，《臺灣地區現存碑碣圖誌　宜蘭縣．基隆市篇》，頁19～20；邱秀堂編，《臺灣北部碑文集成》，頁103。

改立坐向，締造更新」。經過首事們周旋廟宇的整修工費，同年冬正式起造，翌年（1857）春告成。知縣鄭朝蘭於三月題撰碑序以誌重建緣由，其間參與坐向改立、安基上樑等事宜的選擇吉課日師甘時雍並署名其後。〔註268〕

另據同治十二年（1873）十月董事陳長水等人同立〈重修竹蓮寺碑〉的記載，座落於竹塹東南主祀觀音佛祖的名剎竹蓮寺，「金山有面，冷水無心；虎巒聳峙，蜈窩俯臨；隙溪紆迴，荊橋幽深。地高三浙，胥峰與越水交輝」，風水形勢可謂絕佳。清代前期漢人拓墾竹塹之初，曾於御史崎平埔築庵供奉觀音世尊，此即竹蓮寺的前身，其所在區域後來定名為觀音埔。迨嘉慶年間，新興莊紳民莊仕德倡首捐資，移建寺庵於巡司埔，風水坐向艮坤丑未。到了道光時期，「諸董事等鑒於禪堂穿漏，力求舊物維新，於是「改立坐向而重修焉」。至同治十二年四月，董事陳長水等人目睹寺觀「經營造久，剝落荒多；杜礎雖存，輝煌非舊」，邀同地方紳民集資整修。當籌備新建事宜之際，眾人「憑籤立筶，再改舊向艮坤丑未」，整修工程於同年十月告成。〔註269〕

相形之下，如果廟中神明日久未能發揮其護佑蒼生的功能，地方人士偶亦會將神明無法應驗的原因，歸咎於廟址風水的不妥。根據光緒二年（1876）七月廣東三水人梁純夫題撰〈新遷武廟碑〉的記載，澎湖地區崇奉觀音、天后、北極、城隍等祀典諸神，大多「擇地建廟，以為民庇」。長期以來，諸廟「素著靈異，嘖嘖人口」，惟獨建於校場演武廳右側主祀關聖帝君的武廟，民眾遇有水旱疾疫，誠心入禱卻莫能應驗，以致香火逐漸闃然，廟貌日就剝落。論者或謂「廟之建也，殆未得其地」。光緒元年（1875），軍門吳奇勳鎮守茲土，見武廟頻廢傾圮，決意加以更新，於是情商攝通守事唐世永。唐世永向其指陳：「立廟以為民，宜順民志。今以斯廟之有禱焉而莫之應也，故無有建議修葺之者。與其仍舊而徒費巨資，孰若改遷而俯順民志？此間紅木埕之舊址，素稱吉壤，民以其地屬於官，故無敢覬覦卜宅者，盍以武廟遷建於斯？未始非為民祈福之一道也」。吳奇勳欣然接受唐世永的提議，並遣派堪輿家親臨相地。堪輿家回覆唐世永所推薦的紅木埕，果係一處佳穴吉壤。吳奇勳隨即發動官員暨紳耆、軍民、商賈等合力集資，於是年七月鳩工庀材，

〔註268〕臺灣銀行經濟研究室編，《臺灣南部碑文集成》，頁317～321；何培夫主編，《臺灣地區現存碑碣圖誌　臺南縣篇》，頁170～171。另參見蔡相煇，〈二王廟與鄭成功父子陵寢〉，頁33～39。

〔註269〕陳朝龍，《新竹縣采訪冊》，卷5，〈碑碣（上）〉，頁184～185。

至次年（1876）六月，擇建於風水吉壤的武廟正式竣工落成（今澎湖縣馬公市武聖廟前身）。武廟定議改遷之初，曾經發生一件神奇事蹟。原來吳奇勳本意以巨木刻爲神像，然而澎湖向來未產木材，眾人尋思如何解決之際，海中忽然湧出一株大可數圍、長可數丈的巨木，爾後廟中諸神形像悉賴此巨木而成。在當時，「聞者皆同聲稱異。意者廟已得地，故特著其靈歟？他日神靈赫濯，凡水旱疾疫而有禱皆應，大爲一方之庇者，抑又可預決矣」。〔註 270〕海中漂來巨木相助武廟新建工程得以順利告成，無疑增添了廟址佳穴、神靈庇佑的神聖色彩。〔註 271〕

在寺廟內外的空間格局中，客家聚落的廟宇往往於正殿後方建造「化胎」（通常用土石堆高地形），以接引風水龍脈及孕育生氣。至於廟內神龕下則供奉龍神，如同前述客家傳統民宅一般，以連結來龍生氣，維繫廟宇氣運。淡水廳北埔庄慈天宮（創建於道光十五年，主祀觀音佛祖）即爲顯例。〔註 272〕此種建築形制，亦常見於傳統客家聚落中較具規模的土地伯公廟宇。〔註 273〕

在早期拓墾時期，人與土地的關係極爲密切，土地公信仰即攸關清代遷臺漢人開發過程中的心靈寄託，故有「田頭田尾土地公」、「莊頭莊尾土地公」的現象。不論是在福佬聚落或客家村莊，土地公（伯公）祠廟的方位通常被

〔註 270〕何培夫主編，《臺灣地區現存碑碣圖誌　澎湖縣篇》，頁 112～113。又該廟於昭和 12 年（1937）11 月重修竣工後，郭丕源題撰〈武聖廟重修碑記〉中曾追憶上述事蹟，強調廟宇所在地的風水神聖性，以喚起地方人士對於地靈神靈的集體認同：「洎乎光緒元年，軍門吳奇勳公以武廟爲戎行所特重，不忍其頹廢傾圮，顧建廟必需地靈方足以妥神明，而邀嘉貺。查紅木埕之地，素稱吉壤，歲卜築於此間，即今之廟址。擇日庀材鳩工改建，期年而告成；抑有奇者，方定議改遷之始，吳公正患無巨木以爲神像，海中忽湧出一株大木，適成廟中諸神像，聞者莫不稱異。是時也，廟得其地，神著其靈，香火之盛想可知矣」。何培夫主編，《臺灣地區現存碑碣圖誌　澎湖縣篇》，頁 114～115。

〔註 271〕寺廟卜得地理吉穴之際海中漂來浮木助廟建成的神奇傳說，亦可見於臺南市安平區西龍殿。據該廟正殿左壁〈西龍殿沿革碑記〉（1994 年 8 月）中云：「乾隆三年，安平王城西社傍海居民寥寥二十餘户，時適池府千歲駕巡王城，發現龍穴騰光，靈脈蜿蜒，龍身盤旋，龍頭朝西，狀欲從雲昇天之勢，此龍頭鍾靈之處，宜興廟宇，鎮護蒼生，乃化身雲遊道士，指點首富善户，發動建廟之善舉。議成，大雨滂沱數日，海濱漂流上等香杉數十根，拾起，興建廟宇所需與所拾符之，此乃天意也」。

〔註 272〕龍玉芬，〈廟宇與聚落互動之研究——以北埔慈天宮爲例（上）〉，頁 135。

〔註 273〕許書怡、莊英章，〈新竹客家地區的龍神崇拜〉，頁 163～166。另參見吳聲淼，〈隘墾區伯公研究：以新竹縣北埔地區爲例〉，頁 30～31。

賦予鎮衛村落與守護財富的功能，深受地方民眾的重視。〔註274〕人類學者林美容於〈聚落的指標——土地公廟：以草屯鎮爲例〉中指出：

> 由土地公廟的方位亦可見土地公所保護及管轄的範圍，土地公廟的位置多在庄後，所謂庄前庄後係就水流所經之前後而論，水道蜿蜒流過聚落，而土地公廟就守在庄後「把水尾」，而向著水流方向，意味不使社區的財富往水流。水源對農村社會非常重要，土地公廟的座向反映出「肥水不落外人田」的心理。……土地公廟的座向必與水流的方向相逆（垂直亦可），絕不能順著水流的方向，否則稱爲「倒落水」。〔註275〕

山管人丁水主財，基於面對水流方向而能「把水尾」（守水尾）的風水考量，造成臺灣各地傳統漢人聚落的土地公廟在地理方位朝向上的共通性，與此同時，也是一種相對於其他主神廟宇所呈現出來的特殊性。

（二）風水習俗與宗教信仰的共生效應

廟宇新建或整修完成之後，主事者希冀能達到安定民心的效果，往往會強調廟址的風水形勢奇佳，而鎮座此間的神靈定可發揮其保佑地方、庇護蒼生的威力。如乾隆四十三年（1778）十月，諸羅縣邑重修三山國王廟、新建天后宮落成之際，海陽監生翁竣撰碑以誌，文中極力稱譽該廟宇擁有絕佳的風水，未來神靈護佑地方百姓，亦欣然可期：「仍枕東山而紫氣頻來，萬戶復襟西郭而金光普照；千家懽瞻棟宇重新，高啓岳靈而毓秀。從此海河永奠，平敷水德以安瀾，顧後人之有繼，欣斯廟之常新」。〔註276〕

另以今鹿港鎮主祀天上聖母的聖母宮爲例，嘉慶十九年（1814），彰化縣鹿港地區泉、廈兩郊以及船戶、舖戶捐資重修聖母宮，職員林文濬（1757～1826）、太學生施士簡掌理鳩材督工事宜。至嘉慶二十年（1815）三月，重修工程告竣。次年十二月，鄉進士鄭捧日題撰〈重修鹿溪聖母宮碑記〉，其中追溯聖母宮的創建緣由並稱頌其地理形勝云：「鹿溪，於東寧稱巨鎮焉。其街衢之北有宮，崇祀聖母；自乾隆丁未公中堂別建新宮，因群稱爲舊聖母宮焉。

〔註274〕相關的例證，可參見吳聲淼，〈隘墾區伯公研究：以新竹縣北埔地區爲例〉，頁112～116。

〔註275〕林美容，《鄉土史與村庄史——人類學者看地方》，頁108～110。

〔註276〕何培夫主編，《臺灣地區現存碑碣圖誌　嘉義縣市篇》，頁168～169。碑文後並有董事史達綱以及太學生、生員等多人列名。

厥位面西，大海繞其前、青山環其後，勝概非常，赫濯聿昭。港集舳艫、市饒金璧，皆神明呵護力也」。〔註 277〕此外，如同治五年（1866）十二月，鳳山縣境總理陳慶祥暨副理、董事、生員等同立〈重修國王廟碑記〉中宣稱：

> 我庄崇祀三山國王聖像附列神香座，廟貌巍峨、氣象宏偉，生成大地之觀，抱山環水繞之勢，具虎踞龍盤之雄。護國佑民，捍災禦患，顯跡著勳，榮膺疊誥。予等世居處此，叨惠蒙庥，匪今伊始，誠一方之保障，國朝之福神也。〔註 278〕

佛寺座落的地點如果擁有不錯的風水形勢，亦會引來地方官紳的注目和讚譽。如道光九年（1829）晉江孝廉陳淑均題撰〈補置龍山寺大士香田勒石碑記〉中稱頌臺北龍山寺，「斯地之勝也，藩衛屯山，襟帶坌水，無樹木而幽生，有軒窗而岫列」。〔註 279〕蘇鳳翔於嘉慶二十一年（1816）春遊覽嘉義縣城南自烏山落脈的名勝玉枕山（又名火山），至道光十年（1830）四月十日撰文〈火山考〉追記山中名刹碧雲寺的形勝云：「寺地面西，前開一湖，巨石倒懸，後一小西天，花木奇異，南北兩崗垂抱，作左右臂，東背玉椀屏，高出天表」。〔註 280〕前湖後山，青龍、白虎兼具，宛然一片風水寶地的景象。透過這些推崇寺院廟址之風水格局的記載，更讓我們理解到風水擇地的環節在寺廟實際的修造過程中，具有不容忽視的重要地位。

清代臺灣各地流傳不少寺院廟宇與風水佳穴的傳說故事，其中反映了民間社會對於寺廟所在區域堪輿格局的重視，同時也強化了世人援用風水法則爲地方信仰中心選址擇建的考量。

今臺南市北門區南鯤鯓代天府草創於康熙初期，主祀李、池、吳、朱、范五王爺。建廟之初，由麻豆地方人士共同發起，擇建於南鯤鯓一處山形屬「落水金獅」的福地。至嘉慶二十二年（1817）改修之際，民間相傳當時五王爺親自降旨，卜擇於糠榔山附近一處山明水秀的「虎穴」，重建廟宇。〔註 281〕今彰化縣草屯鎮下茄荖永清宮，主祀玄天上帝，廟宇前身初創於康

〔註 277〕臺灣銀行經濟研究室編，《臺灣中部碑文集成》，頁 22～23。

〔註 278〕何培夫主編，《臺灣地區現存碑碣圖誌　屏東縣．臺東縣篇》，頁 88～92。碑置於今屏東縣九如鄉九明村三山國王廟內。

〔註 279〕邱秀堂編，《臺灣北部碑文集成》，頁 81；陳培桂等，《淡水廳志》，卷 15 上，頁 416。

〔註 280〕陳國瑛等，《臺灣采訪冊》，頁 12～13。

〔註 281〕郭水潭，〈南鯤鯓廟誌〉，《民俗臺灣》，3 卷 3 號，昭和 18 年 3 月，頁 40；吳新榮，《南臺灣采風錄》，頁 22～24。

熙三十七年（1698），位於下埔仔。至乾隆十四年（1749），相傳當時玄天上帝化作平民，勘擇佳穴於下茄荖現址，重建永清宮。〔註 282〕此則傳聞，無異是宣稱下茄荖廟址係獲得主祀神明的親自認證。今新竹縣新埔鎮下寮里義民廟，創建於乾隆五十五年（1790），崇祀竹塹地區為清朝官府抵禦林爽文起事的殉難義民。選址擇建之初，曾流傳一則擇穴奇譚。據昭和十年（1935）十月劉家水題撰〈義民廟紀〉中記載：「咸欽義民死義，收集各處遺骸，滿貯牛車，載至枋寮，牛軀不行，眾悟此是吉穴，遂葬此塚」。〔註 283〕解讀這項神話式的追憶，似乎帶有依援風水傳聞以增強該廟福緣靈氣的意味。

清治時期臺灣府城內（今臺南市中西區）的寺廟，如東安坊嶺後街嶽帝廟（今民權路東嶽殿）的鳳穴、永康里法華寺（今法華街法華寺）的臥牛穴、西定坊大天后宮（今永福路大天后宮）的活蟹穴、大西門外風神廟（今民權路三段風神廟）的烏龜穴、尖山下興濟宮與大觀音亭（今成功路興濟宮與大觀音亭）前的龍船穴，皆屬此類擇建於地理吉穴的寺廟傳說。〔註 284〕府城之外的南部地區，據筆者目前所知，如臺南市新化區朝天宮、太子宮、觀音亭、清水寺、武安宮、護安宮、北極殿的七星墜地穴，新營區太子宮的鯉魚穴，西港區慶安宮的鯉魚穴，白河區火山碧雲寺的半壁吊燈火穴，以及雲林縣北港鎮朝天宮的雞母穴，概為地方人士所津津樂道的寺廟風水吉地。

大臺北地區的寺廟，如崇祀觀音佛祖的艋舺龍山寺，由泉州籍三邑（晉江、南安、惠安）人士創建於乾隆初期。營造之初，相傳主事者曾延請地理名師張察元，相擇一處美人穴的吉壤作為寺址，並於寺前曠地鑿池，擬造作「美人照鏡」的形勝，以維護龍山寺的整體風水格局。〔註 285〕崇祀觀音菩薩的士林劍潭古寺，創建於乾隆中期。故老相傳，其原寺址所在依山面水，共有三穴匯集，左為田螺穴，右為落水金獅穴，後為螃蟹穴，地理格局極佳。〔註 286〕滬尾地區主祀定光古佛的鄞山寺，其廟址區位先前流傳有水蛙穴的

〔註 282〕林美容編，《草屯鎮鄉土社會史資料》，頁 218。

〔註 283〕何培夫主編，《臺灣地區現存碑碣圖誌　新竹縣市篇》，頁 83～84。後世傳聞該地為「雄牛睏地穴」，並流傳有嘉慶年間北臺著名堪輿師林瑯的地理讖言云：「大地坐在下枋寮，睏牛形穴巧如人；貴至三公並將相，必受千人萬民朝」。羅烈師，〈客家族群與客家社會：臺灣竹塹地區客家社會的形成〉，頁 127～128。

〔註 284〕黃典權，〈三研「蔣公子」〉，頁 83～84；范勝雄，《蔣公子敗地理》，頁 65。

〔註 285〕鈴木清一郎，《臺灣舊慣冠婚葬祭と年中行事》，第 3 篇，頁 329～331；李根源，〈艋舺寺廟記〉，頁 41。

〔註 286〕林萬傳，〈中山區寺廟誌略〉，頁 49。

說法，係一極佳的風水吉地。如能建廟於此，神明必能靈驗，附近居民定能受其庇護，汀州籍人士於是集議在這處佳穴上創設鄞山寺。寺廟興工完竣之後，廟院後方置有兩口水井，從風水學的角度，井口象徵蛙眼，前池象徵蛙口，以呈現廟址位居水蛙穴的事實。〔註 287〕咸豐後期，淡水廳八芝蘭街芝山巖毀於漳泉械鬥，相傳重建之際在地基下掘出活蚯蚓，地方人士認定，這是因爲芝山巖地理絕佳的緣故。〔註 288〕咸豐九年（1859）三月，淡水廳大稻埕泉州同安人創建霞海城隍廟，相傳廟址地理屬蜂巢穴（或說是雞母穴），因此外觀規模侷促狹窄，格局越小香火越旺，以應風水形勝。〔註 289〕

另外，如臺北市松山區慈祐宮的鯉魚穴，新北市蘆洲區湧蓮寺的蓮花穴、土城區義塚大墓公的黑狗穴。至於中北部地區其他歷史悠久的名剎古廟所在的地理傳說，據筆者目前所知，如新竹縣北埔鄉慈天宮的睡虎穴，苗栗縣竹南鎮中港慈裕宮的浮水蓮花穴、苑裡鎮慈和宮的鯉魚穴，臺中市大甲區鎮瀾宮的烘爐穴，彰化縣彰化市南瑤宮的日月鐘穴、社頭鄉清水巖的絲線吊銅鐘穴，南投縣名間鄉受天宮的龜蛇穴，亦具有類似的風水傳說情節。

傳說故事係社會人心需求的一種集體投射，涉及清治時期臺灣各地寺廟建址的種種風水傳說，其實展示出一般大眾期盼所有攸關個人福祉、地方興旺的寺廟，必當擇建於風水寶地的普遍心態。古寺名剎與風水之說相互輝映，蔚爲傳統民俗信仰的基本價值觀。

三、行政官署的設置

清治時期，臺灣各級官署係地方行政的首要中心，也是統治權力的具體象徵。作爲治臺官員宵旰從公的辦事處所，爲求賞心悅目、諸事順暢，自須探勘適當的地理位置，妥善規劃合宜的建築格局，而風水因素當然也是考量的要項之一。清末屠繼善《恒春縣志》卷二十二〈雜志〉記載恒春縣署中的「大堂天燈，關繫合邑風水。其柱年久而朽，換其柱者，必有陞遷喜事：蔡令之調彰化、宋令之調臺東，其響如應」。〔註 290〕在這項傳聞中，官署風水格

〔註 287〕鈴木清一郎，《臺灣舊慣冠婚葬祭と年中行事》，第 3 篇，頁 282；曾景來，《臺灣宗教と迷信陋習》，頁 252；吳瀛濤，《臺灣民俗》，頁 81～82。

〔註 288〕曹永和，〈士林聽書〉，《民俗臺灣》，1 卷 6 號，昭和 16 年 12 月，頁 44。

〔註 289〕吳瀛濤，《臺灣民俗》，頁 85。關於霞海城隍廟格局狹窄的原因，或說是因爲資力與時地所限，無法建立壯觀的廟貌。李秀娥，〈臺北霞海城隍廟與八大軒社〉，頁 50。

〔註 290〕屠繼善，《恒春縣志》，卷 22，頁 301。

局的調整，尚且影響到主政官員的陞調情形。也因此，對於信奉風水觀念或通曉堪輿術數的官員而言，欲圖官運亨通、飛黃騰達，更當擇尋山環水抱、藏風聚氣的形勝佳地，以獲取山川靈氣的風水庇蔭，保佑其任內政通人和且能在官運上一帆風順。如同治三年（1864）八月奉命蒞臺的分巡臺澎兵備道丁曰健，曾題撰〈修造臺澎提學道署初記〉以陳述府城內臺灣道署的興修沿革，行文之中即表露出類似的心態云：

今皇上御極之三年，春王正月甲子上元，修造提學道署，崇國體，急時政，定民心也。提學道署在郡垣西定下坊；後枕內山，前環瀛海，形勝地也。群僚之蹌蹌，士庶之瞻仰，政治之因革，於是乎在。自入版圖以來，幾二百年矣。始爲臺廈道署，繼爲臺澎分巡道署，今爲按察使兼提督臺澎學政署。政教愈興，則修葺愈肅，臺民以此卜氣運之隆替焉。〔註 291〕

反之，如果官員在蒞任期間諸事不順，抑且身心受損甚至危及性命，主政者有時也會留意到衙署的風水格局是否得宜，甚至於依循堪輿營建的原則，另擇風水吉地或是改動坐向布局，以求化險爲安、趨吉避凶。

清代初期，臺灣縣衙署原設於東安坊（今臺南市中西區），本係明鄭時期舊宅。雍正八年（1730），知縣冷岐暉加以重修。乾隆五年（1740），知縣朱岳楷復予擴建（後改爲海東書院）。至乾隆十五年（1750）正月，知府方邦基、知縣魯鼎梅將縣署移建於鎮北坊赤崁樓（紅毛樓）右方，新建工程於同年四月落成。〔註 292〕值得注意的是，方、魯二人遷移署址的緣由，主要與風水宜忌有密切的關係。據乾隆十七年刊王必昌等《重修臺灣縣志》卷三〈建置志・公署〉附錄一篇由方邦基撰述的移建詳文，其中提到：

臺灣縣署開闢之初，創制規模甚爲湫隘。第從前各令尚得安然無事，迨乾隆元、二年間，縣署之右建城守營，縣治之前建鎮標右營，操演之聲逼迫不寧。宰斯邑者，非遽歿於任所，即病劇而去官。經十有餘載，實授縣令七人，無一秩滿者。群指此署爲不祥矣。雖風水之說，不可盡信；但既歷有凶徵，難免視爲畏途。且印官屢易，地方政務日以廢弛，似應擇吉而遷，俾該令安心蒞事，庶爲有益。〔註 293〕

〔註 291〕丁曰健，《治臺必告錄》，卷 8，頁 592～593；臺灣銀行經濟研究室編，《臺灣南部碑文集成》，頁 333～335。

〔註 292〕王必昌等，《重修臺灣縣志》，卷 3，頁 92。

〔註 293〕王必昌等，《重修臺灣縣志》，卷 3，頁 92～93。

由於十餘年來前後七任臺灣知縣從無任滿，而且多半不得善終，眾人或將人事的不祥歸咎於縣署的風水問題。方邦基於乾隆初期抵任知府，即有意遷建公署，然因事耽擱。直到魯鼎梅蒞任知縣，方邦基在魯鼎梅的協助下，才正式展開遷建事務的籌劃，首要工作自是相度風水適宜的設置地點。當時，他們勘察到「郡城西南隅紅毛樓右有吉壤，係屬官地，可爲署基」。擇定風水佳地之後，方、魯二人即刻向拔貢生張方升、王克褒、學弟子龔帝臣等地方士紳勸捐營建經費，遣令郡邑首事購料督工，希冀能在新建工程竣成後，「縣署去凶就吉，俾縣令之身心既安，庶能盡力辦事，官民均有裨益」。方邦基亦曾將遷建詳情暨勸捐簿冊等資料呈稟撫院，上級官員對其擇建地理吉穴以安官民人心的作法，頗爲贊許：

> 據稟，臺令公廨逼近營署，操演不寧，以致數年內外歷更七令，今擬另遷善地，該守倡捐起建。風水之說，雖不可信，第印官屢易，地方安望整頓？該守序引所云：「心安而後事治」，實屬有見。紅毛樓既有吉地，如稟改遷，仍飭魯令董率襄事紳士，妥協營辦，聽其自願捐助，毋得稍爲勉強。〔註294〕

引文中所云「心安而後事治」的效應，無非是風水信仰在人們心理上的主要功能，也正是堪輿術數得以吸引芸芸眾生的重要關鍵。方邦基雖然一度強調風水之說不可盡信，但爲能安定地方人心且保全官職性命起見，最終還是「寧可信其有，不可信其無」，遷就於傳統上標榜趨吉避凶法則的風水習俗。《重修臺灣縣志》卷九〈職官志・列傳〉中記載從俗而行的方邦基，鑑於「邑署湫隘，前令七人，或解職，或病故，無一秩滿者；建除家謂爲凶宅。因念長令數易，非百姓福，首捐百金改建之」。〔註295〕謝金鑾等《續修臺灣縣志》卷二〈政志・衙署〉中，亦有類似的記載：

> 宰斯邑者多遽歿，或以病劇去。十餘年中，經七令，無一秩滿者；眾以爲不祥。時邑宰魯鼎梅始蒞任，諏之紳矜，謀所以改易者。得貢士張方升、王克褒、學弟子龔帝臣輩皆踴躍願爲首事勸捐焉。遂度地於郡城之西南隅紅毛樓右，眾僉曰吉。郡守方邦基以其狀聞於大憲，既得允，乃鳩工庀材焉。〔註296〕

〔註294〕王必昌等，《重修臺灣縣志》，卷3，頁93。
〔註295〕王必昌等，《重修臺灣縣志》，卷9，頁347～348。
〔註296〕謝金鑾等，《續修臺灣縣志》，卷2，頁88～89。

乾隆前期臺灣縣署遷建的例證，具體呈現出主政官員對於風水習俗所抱持的選擇性態度。而這類的選擇性態度，也表現在同樣是魯鼎梅，在其出任泉州府德化縣令期間，曾向當地百姓出示勸諭十條，其中一條針對民俗惑於地師之言而致爭葬毀墳一事作出強烈的批評，警示地方人士應果斷地擺脫風水之說的迷惑。由此可見，魯鼎梅本身隨著不同的時空環境、人事對象或陰陽宅客體，而有不同的價値判斷。〔註 297〕

到了清代後期，據咸豐四年（1854）九月臺灣知縣姚鴻題刻〈開鑿水溝並修各處工程碑記〉的記載，當時縣令本人秉持「風水之說，達者弗取，而相陰陽、觀流泉、順地勢之自然以定趨向，亦古人所不廢也」的初衷，於蒞任之後，以「邑署坐乙向辛，水出西北乾口，其法本善。惟花廳尊母閣以及後園水傾西南，與東南隨龍之水，同出於左首紅毛樓前西南坤方而去。至於右首捕廳巷之水又流出北方，左右分流，皆不會歸署前出口，此如一人之身，脉絡不相貫注；一室之中，家人自分畛域，未爲當也」。〔註 298〕基於趨吉避凶、納福消災的現實考量，縣令姚鴻曾親自就教於堪輿形家的專業意見，以進行縣署周遭風水形勢的調整事宜：

> 予權是邑，公餘與二、三堪輿家討論形勢，咸謂署之山水向皆無情，宜引左首之水歸於署前，引右首之水歸於明堂，會出乾口，所謂右旋龍、左旋水，雌雄交度，方能龍水合局。質諸高明，僉云允若。爰捐廉鳩工。

理想的堪輿布局確定之後，縣署整建工程於同年閏七月興工，八月告竣，「從紅毛樓後起，至署前照墻西北角蔡家舊溝乾方止，又從巽口起至大埕會水止，均開鑿溝渠，既深且廣，繚曲往復，環拱有情」。完工之後的整體風水格局，令知縣姚鴻本人相當滿意，他欣慰地表示：「而氣象亦復雄壯，且四水

〔註 297〕「一不可爭謀風水，發冢掘棺，人人都曉得罪重。若德邑所云風水，動稱斬腦、斬足、傷足、傷墳，此皆一種。不堪地師播弄唆哄，致人家生事打架，至有拆屋平墳，深可痛恨。查律載術士妄言禍福，杖一百；平墓，杖一百。毀房，准竊盜。爾等愚民，一時誤聽唆哄，往往陷於刑辟不知。禍福無門，惟人自召，古人云：陰地不如心地好，你就謀得好風水，若自己壞了良心，必子孫滅絕。況且這幾箇地理師，他若會看風水，他自己早已謀了好的，他早已發跡了，還要來替你看風水換飯吃。爾等思之，便覺可笑」。引見陳壽祺等，《福建通志》，卷 58，〈風俗〉，頁 28a-b。

〔註 298〕何培夫主編，《臺灣地區現存碑碣圖誌　臺南市篇》，頁 383。文中坐乙向辛，即坐東南東向西北西。

朝堂，而龍虎交會，地靈人傑，必有人文蔚起，以符斯兆者」。〔註 299〕

不容諱言的，「寧信其有」的心態，多半還是清代治臺官員對待其辦公處所風水宜忌的基本立場。如清末《安平縣雜記》中提到歷任知縣屢次修葺的安平縣衙署，其整體的空間格局，前方為照墻，中間為大堂，由於「相傳縣衙係虎穴，大堂不常坐，亦不得出入」。〔註 300〕甲午戰前蒞臺的浙江餘杭人史久龍，在《憶臺雜記》中記載清代後期的基隆廳署，「背山臨海，勢頗雄峻，惟大門外，東方閉塞，西方開敞，且室既偪窄。入其中後覺陰森之氣襲人。故握廳篆者，大都不能善去，是豈陰陽生剋之說，果不可不信乎？恐然而不然也」。〔註 301〕史久龍對於此項風水之說的眞實性縱然有所保留，卻也無法否認身歷其境的當事者「不可不信」的態度。

除了地方官署的空間營造具有風水因素的考量之外，風水觀念在清代臺灣各地城垣建置過程中的具體實踐，也是值得我們關注的焦點。

四、地方城垣的擇建

在傳統中國社會，地方行政中心的鞏固及其防衛系統的成立，有賴於城垣的建置來加以強化。〔註 302〕由於城垣的所在位置及其形式結構攸關軍事防衛、政事運作與各項經濟產業的發展，〔註 303〕在選址擇建之際，主政官員與地方紳民基於趨吉避凶以求安居樂業的現實需求，自然也讓風水觀念有了發揮的空間。〔註 304〕另一方面，在風水習俗蔚為普遍風氣的漢文化社會，歷代城郭的設置規模，亦激起後世無盡的風水聯想。

（一）城垣建置的風水考量

座落於今臺南市安平區的安平古堡，前身為荷據時期的熱蘭遮城（Zeelandia），始建於 1624 年（明天啓四年），原稱奧倫治城（Orange），至 1627 年（明天啓七年）改稱熱蘭遮城，興修工程於 1634 年（明崇禎七年）全

〔註 299〕何培夫主編，《臺灣地區現存碑碣圖誌　臺南市篇》，頁 383。

〔註 300〕臺灣銀行經濟研究室編，《安平縣雜記》，頁 92～93。

〔註 301〕史久龍原著，方豪校訂，《憶臺雜記》，卷下，頁 12。

〔註 302〕相關的論述，可參見 G. William Skinner, ed. *The City in Late Imperial China* 一書。

〔註 303〕溫振華，〈清代臺灣的建城與防衛體系的演變〉，頁 253～274。

〔註 304〕通論性的研究，可參見堀込憲二，〈風水思想と都市の構造〉，收入渡邊欣雄、三浦國雄編，《風水論集》，頁 149～182。以及亢亮、亢羽所著《風水與城市》一書。

部告峻，位處臺江西面濱海的一鯤身沙洲上，為荷蘭東印度公司臺灣當局鎮守海防的堡壘與對外貿易的基地。〔註 305〕鄭成功率軍於永曆十六年（1662）二月驅逐城中荷蘭守軍，將其改名為安平鎮（又名赤崁城、紅毛樓）。明鄭至清代初期，曾經流傳一則荷蘭人相地營建該城的風水傳說，據乾隆元年（1736）刊黃叔璥《臺海使槎錄》卷一〈赤崁筆談・城堡〉中記載：「安平城一名磚城，紅毛相其地脈為龜蛇相會穴」。〔註 306〕王必昌等《重修臺灣縣志》卷十五〈雜紀・古蹟〉也提及赤嵌城「亦名臺灣城，在安平鎮一鯤身。沙磧孤浮海上，西南一道沙線遙連二鯤身至七鯤身以達府治。灣轉內抱，北與鹿耳門隔港犄角，如龜蛇相會狀。明萬曆末，荷蘭設市於此」。〔註 307〕引文中所謂「龜蛇相會狀」的說法，其實是援用堪輿學「喝形取象」的結果。此外，在康熙四十三年（1704）江日昇所撰《臺灣外紀》中，亦有一則漢人通事何斌於崇禎十四年（1641）協助荷蘭揆一王卜擇安平鎮風水的記載，其描述不僅人事時空訛誤甚多，內容亦洋溢著諸多想像的色彩：

> ……（揆一）王喜，厚待何斌，用為通事，事無大小，悉以諮之。又問斌：「此離中國多遠」？斌曰：「此處到澎湖四更、到廈門七更，共十一更」。王曰：「如此甚妙，此處既無統屬，我今就安頓在此」。朝夕與斌踏看地里，起築城池。為永遠計，擇於七鯤身首，置城一座，名安平鎮是也，又名「七星趕月」。用糯米和灰，磨磚堆砌，外附炮臺。對面赤崁，亦起小城。〔註 308〕

在習染風水觀念的清朝人士心目中，安平城（原熱蘭遮城）的地理位置呈現出清晰的風水形勢，於是推斷先前荷蘭人應是根據堪輿法則加以選址擇建，這似乎是一種「將心比心」的後設揣測。清代官紳「想當然耳」的攀緣附會，或許是為了凸顯城址周圍的風水奇佳，才將舉世獨一無二的傳統堪輿觀念強加於「非我族類」的荷蘭人身上。如從心態史的角度觀察前述龜蛇相會穴、七星趕月穴等安平城的風水傳聞，大致反映時人對於城垣應當擇址於靈地佳穴的意念。諸羅歲貢陳慧詩詠赤崁城云：「迴想當年匠石工，層層疊繞捲長風。波流遠去潮聲急，山勢飛來地脈雄」，〔註 309〕無疑也是這種心態的表

〔註 305〕村上直次郎著，石萬壽譯，〈熱蘭遮城築城始末〉，頁 112～125。

〔註 306〕黃叔璥，《臺海使槎錄》，頁 19。

〔註 307〕王必昌等，《重修臺灣縣志》，卷 15，頁 531。

〔註 308〕江日昇，《臺灣外紀》，頁 46～48。

〔註 309〕王必昌等，《重修臺灣縣志》，卷 15，頁 534。

露。

當然，風水觀念的影響，不僅止於對既有城垣形勢的堪輿解讀，清代臺灣各行政區域的城垣建置，亦多有考量風水擇地或堪輿營造的情形。清治初期，朝廷惟恐聚眾起事的臺民據城自固，官兵不易討伐，於是禁止在臺灣建築土製或磚石造的城郭，僅可因地制宜，環植莿竹以代城垣。由於康熙末年朱一貴事件與乾隆後期林爽文事件的刺激，促使清廷正視臺灣府縣廳治無城垣可守的缺陷，基於捍禦地方的考量，才逐漸有限度地開放土城或磚石城的設置。〔註310〕整體而言，不論是環竹而成的城垣也好，土石結構的城郭也罷，在地方官紳選址擇建或興造整修的過程中，風水觀念及堪輿法則皆可產生指導性或參考性的作用。

康熙二十三年（1684），清廷於臺灣設立臺灣府暨臺灣、鳳山、諸羅三縣，府治位於東安坊（今臺南市中西區）。雍正元年（1723），臺灣知府周鍾瑄於全臺行政首府始創木柵，並建造七門。雍正十一年（1733），總督郝玉麟、巡撫趙國麟奏請於擇定城基之外，自小北門東旋至南水門周植莿竹，以資捍衛。乾隆四十年（1775），知府蔣元樞（1738～1781）補植環境竹木。五十三年（1788），清廷平定林爽文事件之後，府治方改建為土城。是年仲冬起，由知府楊廷理督理城工興造，至五十五年（1790）六月修竣。新建府治土城的整體規模，外觀呈現「弧其東南北，而弦其西」，並且西向俯瞰臺江內海，當時形家宣稱其符合「半月沉江」的堪輿形勢。〔註311〕此外，傳統風水理論宣稱「大凡真龍融結處，自然諸山拱衛，獻奇列秀」，〔註312〕在某些府城官紳的心目中，府城的座落地點也具備類似的優越條件。如清末陳國瑛等《臺灣采訪冊》之〈山形〉中，曾鋪陳臺南地區以原臺灣府城為中心的風水格局，全文通論「臺邑負山面海，其中支注結郡城者」的山脈分佈，點劃出郡垣祖山大烏山、少祖山草山、郡城第一重屏障崁頂山、第二重屏障天馬峰等平列八峰、第三重屏障內大烏山等以及臺邑左肩茅草埔山、左肩外輔狗圖圈、邑左臂拱衛戶橙嶺等山、臺邑右肩柳仔林山、右臂拱衛湖仔內山、城南下砂、城北下

〔註310〕劉淑芬，〈清代臺灣的築城〉，頁 40～59；姜道章，〈十八世紀及十九世紀臺灣營建的古城〉，頁 182～200。

〔註311〕陳國瑛等，《臺灣采訪冊》，頁 23～25；臺灣銀行經濟研究室編，《臺灣南部碑文集成》，頁 148～149。「半月沉江」的堪輿之說，另見於謝金鑾等修、薛錫熊增補，《續修臺灣縣志》卷 1，〈地志・城池〉，頁 8。

〔註312〕徐善繼、徐善述，《地理人子須知》，卷 5 上，頁 1a。

砂、邑治後屏南馬仙山等，整體呈現出群山環抱府城周境的風水輪廓。〔註 313〕臺灣府城的風水背景，於此可見一斑。

由於府城所在爲全臺首善區域，其城垣的風水格局相對也受到堪輿形家的注目。道光十年（1830）六月五日，府城士紳曾敦仁採得江西籍堪輿師閔光中對於府城整體龍局的點劃，全文首先鋪陳邑治的來龍走勢及其注結堂穴云：

> 府城龍脈，自馬鞍山發下，平洋二十里，直至東門進城。由卯乙入首，分枝結府學、道、府署等處（鎮臺署由東北傍龍而結，不在此龍內）。主龍直結紅毛樓，震龍兑向，左邊武廟，左邊縣署，左右高起爲砂，兩界水繞聚明堂，其主龍之結，確證明矣。論其來龍行度，起則高而不昂，伏則續連不斷，正合龍形之行步也。紅毛樓係龍之頭首，由東至西，有直奔大海之勢。安平鎮即是龍之珠，龍頭不壓動則水必泛、而珠必滾，是以前人起高樓鎮壓者，得其法也。

在解析府城龍脈格局之後，閔光中緊接著揭櫫一項趨吉鎮辟的營造法則云：「總之，不拘何形；於龍止處，以寶塔鎮之者多，則此樓必當修之，以高爲妙。其方位在府學之乾亥，宜起高方樓閣。一則以應府學文峰，二則鎖住龍頭，使氣不走洩，靜則神完，士民受蔭。三則龍住珠靜，則安平鎮亦育氣。有此三益，毫無一損，夫復何疑」。〔註 314〕這名堪輿師對於如何修造府城風水格局的建議，爾後是否由地方官紳加以落實，由於文獻無徵，目前不得而知。值得注意的是，此段涉及府城建置的堪輿評析，雖係出自府城修造完竣的事後論斷，然而，堪輿論斷的本身載錄於史冊之中，多少也呈顯出地方官紳重視風水理論運用於城垣擇址營建的可行性。

實際上，綜觀清代臺灣各地修築的各類城垣中，在選址修造的環節上不乏風水因素的考量，其中以噶瑪蘭廳城的建置形制受到堪輿觀念的影響，最爲明顯。噶瑪蘭廳於嘉慶十五年（1810）設治，當時委辦知府楊廷理認爲廳治五圍（今宜蘭市）一帶「爲東、西勢適中之地，局面宏敞，山川形勢脈絡分明，通判、守備均於該地駐劄，必需建築城垣，以資捍衛」，〔註 315〕於是飭令各結首在五圍栽竹爲城，周遭環以九芎樹林，就此草創城垣的規模。在城基方位的規劃上，楊廷理原以五圍民居盡皆東向，築城建署擬亦坐西向東，

〔註 313〕陳國瑛等，《臺灣采訪冊》，頁 9～10。
〔註 314〕陳國瑛等，《臺灣采訪冊》，頁 6～7。
〔註 315〕柯培元等，《噶瑪蘭志略》，卷 13，〈藝文志〉，頁 131，135～136。

俾求官民一致。此案經臺灣鎮總兵武隆阿履勘轉覆在即，不料時任淡水同知的朱潮隨後送達一份由南安籍堪輿師梁章讀所撰圖說，文中議請改噶瑪蘭城基爲坐北向南，建城之事起了波瀾。

梁章讀，字鳳儀，泉州府南安縣人（一說同安籍），根據咸豐初期陳淑均等《噶瑪蘭廳志》卷二上〈規制・城池〉中附載其圖說的內容，全文前半段梁章讀依照尋龍、察砂、觀水、點穴、立向的堪輿理論，解析噶瑪蘭地區整體的風水形勢云：

> 按此地乃臺灣山後極東之區。其西南諸峰，環繞朝護；北起雞籠尖峰，從遙暗拱；東面海岸復有沙堤百里爲關攔。且海水汪洋中特起龜山，蔚然青秀，居於寅位。龍氣從乾轉辛而發，落脈平陽，突起員山，居於申方；從庚而轉，拓開平原數十里，眞大有爲之地也。其水源，支分兩派，從坤申方來：一由艮方出烏石港，一由乙方出濁水溪。

行文中鋪陳當地山行水流、來龍去脈的風水輪廓，緊接著強調廳城設置的位向宜忌云：「若坐西向東，則山頭打碎，賓主無情。坤申之水，血汗淋頭，上無分而下無合，前案低微，龍虎反背。前水過旺，寅申暗貴，二峰反爲劫地。大局水分八字出口，誠恐將來俗悍民刁，有不虞之患也」。梁章讀解釋廳城坐西向東的後患無窮之餘，全文後半段則闡述主政者如能更易風水位向爲坐北（坎）向南（離），必將爲噶瑪蘭地區的官運陞遷、文教事業與經濟發展，帶來不可限量的好處：

> 必需坐坎向離，爲四正四極之位，水倒青龍方去，兼寅申二位，暗貴得宜。倉庫在寅申之方，後主端照，前賓朝顯。雖然青龍水分，但龍搆合法，交度有情；微砂暗護，背依元武；高聳一峰，面向朱雀，隱微秀。案青龍水既旺盛，白虎子山兼寅申。星峰自坎離者，水宮旺地，是官祿帝旺，長生居申，最喜。白虎近盛高聳，而西方金旺生水，扶主身強。青龍一方，水去從金，會佳期已方劫位。乃金母是金初生之位，更得天官照臨，就此建造城郭，土鎮中央，四星四壁；水在東方旺於城，官祿顯耀，文武和衷，物阜民安，文運中興，化行俗美，仁讓之風計日可待。〔註316〕

〔註316〕陳淑均等，《噶瑪蘭廳志》，卷2上，〈規制・城池〉，頁21～22。又柯培元等《噶瑪蘭志略》卷13〈雜識志〉中亦載有梁章讀圖說，內容與《噶瑪蘭廳志》

顯而易見的，梁章讀主要引藉一般習以爲常的風水庇蔭觀念，來增強通篇論述的說服力。而當楊廷理獲知梁章讀相度地勢的堪輿說詞之後，乃親自勘驗噶瑪蘭境域的地理格局，最終接受梁章讀更動廳城坐向的提議，定基爲坐北向南，西瞰員山、東臨大海。楊廷理曾題詩一首誌此因緣際會，其中反映了廳城草創之初所具有的風水背景云：「南北移來助若神，員山、龜嶼宛相親。天然佳境開金面，蕞爾方隅荷玉綸。三月綢繆占既濟，數年議論快初伸。斜陽獨立頻搔首，綠畝青疇大有人」。〔註317〕風水觀念在清代臺灣各地設治築城過程中的具體實踐，噶瑪蘭廳城實爲其中極鮮明的例證。

值得一提的是，除了梁章讀之外，噶瑪蘭設治之前，於嘉慶初期曾遊歷蛤仔難（噶瑪蘭）地區的漳州府龍溪籍堪輿名師蕭竹，對於境域周遭的風水形勢亦曾有所點劃。陳淑均等《噶瑪蘭廳志》卷二上〈規制・城池〉附考中，即刊載蕭竹「檃栝青囊家語」作〈蘭城融結詩〉云：

> 蘭山正幹逶而迤，特結羅紋最罕奇。後聳華峰三疊翠，前纏溪澗九環漪。青龍挺秀生文筆，白虎排衙列戰旗。十里沙堤滄海案，雙邊護峽養龍池。坐乾納甲龜峰起，放水從丁轉艮移。堪羨佳城文武貴，財丁富盛萬年基！〔註318〕

全詩強調噶瑪蘭境域的風水格局完好，其來龍主山蒼翠聳立，左右護砂秀麗挺拔，前方溪流蜿蜒纏繞，足見得水、藏風、聚氣，必能庇蔭地方文風鼎盛、官運亨通且紳民丁財兩旺。廳志總纂陳淑均曾將蕭竹的風水之說與梁章讀的堪輿之論相互參照，於前引詩後註稱：「按竹友來游時，地只四圍，取乾、巽、艮、坤定其方位，便謂蘭中勝概，全在長堤一湖，與梁說之不鑿求主山，前後正相吻合」。〔註319〕陳淑均的後見之明於此顯示了，不論是蕭竹也好，梁章讀也罷，兩位堪輿師與噶瑪蘭地區的一段風水因緣，大皆體現出後人樂觀廳城擁有絕佳堪輿形勢的心理訴求。

堪輿家言與風水之說對於地方官紳從事城垣營造的影響，在清代後期淡水廳城的改建過程中，也可獲得具體的例證。淡水廳於雍正元年（1723）初設，廳治位在竹塹（今新竹市），初期暫駐彰化縣半線（今彰化市）。雍正九年（1731 年），劃大甲溪以北至雞籠區域，歸淡水同知管轄。雍正十一年

所附大同小異，在此不另贅引，可參見該書頁 197～198。

〔註317〕陳淑均等，《噶瑪蘭廳志》，卷 8，頁 392～393。

〔註318〕陳淑均等，《噶瑪蘭廳志》，卷 2 上，頁 22～23。

〔註319〕陳淑均等，《噶瑪蘭廳志》，卷 2 上，頁 23。

（1733），同知徐治民於竹塹環植莿竹為衛，設立東西南北四門樓。嘉慶十八年（1813），同知查廷華開拓基址，並增築土堡。道光六年（1826），淡北承受閩粵分類械鬥的騷擾，候選知縣進士鄭用錫（1788～1858）、候選員外郎林國華（1802～1857）與監生林紹賢（1761～1829）等人以境域地居北路要區，「雖有城之名，無城之實，即築有土堡，未免日就傾頹」，乃稟請署理淡水同知李慎彝（1777～1855）轉呈斯時蒞臺處理械鬥案件的閩浙總督孫爾準（1770～1832），允准當地官紳改建城垣以資捍禦。李慎彝隨即會同地方士紳勘查城址形制，籌措改建事宜，其間曾援依堪輿家以竹塹地勢「宛若棗形」的說法，來調整城週丈量尺度與各城門相對距離，同時也參酌風水學上方位吉凶與年月宜忌的原則，擬定是年十一月擇吉巽方（東南方）動土，於道光七年（1827）六月正式興工，至九年（1829）八月石造廳城竣工。〔註 320〕事後，總理城工的鄭用錫在其纂輯的《淡水廳志稿》卷一〈城池〉中質疑：「堪輿家以為城係棗形，此不過因其有圓銳之勢耳，固不必定為何形也；若定為棗形，於義何取乎？」〔註 321〕鄭用錫的這一段質疑說辭，適印證了當初淡水廳城的改建與堪輿學理之間的關聯。

清代前期，臺灣行政區域的調整，大多是為了因應島內的動亂；至於清代後期，則主要受到外力入侵的刺激。〔註 322〕同治十三年（1874）四月，日本藉口牡丹社事件犯臺，欽差辦理臺灣等處海防兼理各國事務大臣沈葆楨（1820～1879）奉命赴臺，調度全臺軍政要務暨籌擘善後事宜。同年十二月，沈葆楨曾與周懋琦等人履勘臺灣島南端琅嶠（今屏東縣恒春鎮）一帶形勢，妥擇適宜的建城地點以加強沿海防務，其間曾參照「素習堪輿家言」的候補道劉璈（？～1889）對於「車城南十五里之猴洞可為縣治」的見解。他們以理想的風水格局作為觀察座標，最終認定「自枋寮南至琅嶠，民居俱背山面海，外無屏障。至猴洞，忽山勢迴環。其主山由左迤趨海岸，而右中廓平埔，周可二十餘里，似為全臺收局」。在「建城無踰於此」的考量下，沈葆楨等旋奏擬築城設官俾鎮撫該地民番人等，以防制外國人士漫無止境的窺伺之

〔註 320〕鄭用錫纂輯，林文龍點校，《淡水廳志稿》，頁 31～32，177～179；臺灣銀行經濟研究室編，《淡水廳築城案卷》，頁 4～7。有關造宅葬墳的方位時日宜忌，如明代甘時望《羅經秘竅》卷 7〈按曆書敘象大概〉中謂：「凡造葬修方，必要年分、山向、方隅通利，方可興工」（頁 29a）。

〔註 321〕鄭用錫纂輯，林文龍點校，《淡水廳志稿》，頁 32。

〔註 322〕張勝彥，〈清代臺灣廳縣之建置與調整〉，頁 27～57。

心。〔註 323〕屠繼善主修《恒春縣志》卷末載錄〈光緒丁卯五年臺灣兵備道夏筱濤觀察著〉文案，其中提到沈葆楨等人擇地建城的因果云：

> 臺南闢土，蓋肇始於光緒元年。今兩江總督沈公葆楨奉命巡臺時，海防戒嚴，亟求邊備。知鳳山枋寮以南尚八十里，置之甌脫非宜，倡建一縣，名恆春。廷議報可。於是，相度陰陽，經畫久遠，實維琅嶠之猴洞山形環抱，中豁平原，堪建城池。〔註 324〕

光緒元年，清廷調整臺灣地方行政區域爲二府八縣四廳，在日軍原登陸處（今屏東枋寮以南）舊屬鳳山縣轄境南部增置恒春縣。沈葆楨等人先前依循風水觀念所擇建的城址，也隨之獲得了實現。光緒五年（1879）七月，新建完竣之縣治城垣周遭的風水形勢，據《恒春縣志》卷十五〈山川〉中記載，距縣城東北一里的三台山（舊名硬仔山）爲其來龍主山，即堪輿學上的「後玄武」；此外，「左青龍」護砂爲縣城南六里的龍鑾山，「右白虎」護砂爲縣城北七里的虎頭山（又名虎岫），「前朱雀」案山爲縣城西南五里的西屏山，並以龜山作爲屏障縣城西北西方的朝山，而縣城北七里的麻子山則爲虎頭山來龍。〔註 325〕同卷所附〈恆春山川總說〉一文中，作者屠繼善彷彿以現身說法的語氣，進一步點劃縣城所在區位群山拱衛的堪輿格局云：

> 西南行五、六里爲三台山，……即縣城之元玄也。由三台北行六、七里、曰虎頭山，崒嵂如踞，直對北門，爲縣城白虎。三台大崎，自南門斷而復起，蜿蟺平秀者，曰龍鑾山；厥象惟肖，爲縣城青龍。西南行過峽，三峰矗立，曰馬鞍山。……行二十里，龜山止，統名之曰西屏山，爲縣城朱鳥。……下一支西南行，經竹社而至保力山，長約三十里，與大尖、統埔、車城諸山，皆臨海與龜山相望，鱗次櫛比，爲縣城重虎。〔註 326〕

這段引文，當可印證恒春縣城的選址營建，曾經受到風水觀念的實質影響。換句話說，清末恒春縣城的建造，即爲風水觀念具體實踐的成果。另根據相關文獻的記載，風水觀念除了介入恒春縣城的建置過程，對於當時恒春地區軍備駐紮地點的擇定，也曾發揮過指導性的作用。

〔註 323〕洪安全等編，《清宮月摺檔臺灣史料》，頁 1906～1911。屠繼善，《恒春縣志》，卷 2，〈建置〉，頁 41～43。

〔註 324〕屠繼善，《恒春縣志》，卷末，頁 307。

〔註 325〕屠繼善，《恒春縣志》，卷 15，頁 251～256。

〔註 326〕屠繼善，《恒春縣志》，卷 15，頁 261～263。

光緒八年（1882），臺灣知府袁聞柝（1821～1884）奉檄馳往恒春縣境鵝鑾鼻佈置軍備之際，勘得鵝鑾鼻附近的結堅地方應置汛防，遂向臺灣道劉璈呈稟將原設恆春營車城守備移駐結堅的可行性。劉璈據報後，乃轉飭通商提調張映景偕同「熟悉堪輿」的生員郭秉義前往該處，與恆春營縣暨管帶鎮海前營兼辦燈樓事務的副將王福祿會加察勘。主事官員勘驗之後，將當地情勢具稟劉璈稱：「結堅地方，尙欠妥協。惟鵝鑾哺下坡之石厝口地方，枕山面海，形勢扼要：以番社爲襟帶，與燈樓相聯屬。旁有泉流，足以汲飲。周圍平曠，足以立營。有事緩急可倚，居恆防護較易。請就該處設立汛防」。乍看之下，這雖然是一種軍事地形的擇址論述，但我們不要忽略了這處地點的勘定過程，曾有郭秉義這位熟悉堪輿的生員參與其間，再加上傳統堪輿理論重視地理形勢的考察本身，其實也帶有一定程度的軍事防衛成分（詳後），因此，前引文中「枕山面海，形勢扼要」、「周圍平曠，足以立營」的說法，未嘗不可視爲一種形勢方位的堪輿點劃。而原已「素習堪輿家言」的劉璈，一經考量張映景等人深具堪輿色彩的軍防論述，頗於其心有戚戚焉；對於這些官員的移防建議，自能將心比心而心領神會。劉璈因此決議：「鵝鑾鼻石厝口地方最爲扼要。應如所請，即於此處專設汛防，以符原案，而昭愼重」，並於同年三月三日上〈詳明恆春縣車城守備應移駐鵝鑾鼻石厝口以資防護請咨兵部及總理衙門由〉一文，向上級單位說明此事的來龍去脈。〔註327〕自車城移防鵝鑾鼻石厝口一事，大致與恒春縣城的擇建一般，同樣是具有堪輿觀念的脈絡可尋。

劉璈對於堪輿學理的執著，也落實在光緒前期臺北府城的修築過程中。先是光緒五年（1879）三月，臺北知府陳星聚（1817～1885）展開府城的卜地建造事宜。七年（1881）十月，福建巡撫岑毓英（1829～1889）抵達臺北，隨即相度地勢督修城池，於翌年（1882）正月開始動土興工。五月，岑毓英離臺別任前後，時任臺灣道的劉璈接掌築城工事，便根據他所秉持的巒頭派（形法派）風水見解，運用斯時既在其位的政治實權，更動岑、陳二人原定基址及其子山午向（正南北向）的城門方位，改以大屯山系最高峰七星山作爲祖山，將臺北城的整體朝向東旋約十餘度呈癸山丁向，造成城門與街道之間的相對配置，呈現出一種非棋盤式垂直分布的格局。〔註328〕

〔註327〕劉璈，《巡臺退思錄》，頁57～58。

〔註328〕尹章義，〈臺北設府築城一百二十年祭〉，頁 34～37；尹章義，〈大清帝國的

光緒十至十一年（1884～1885）間，中法戰役起，法軍攻陷澎湖，並進佔基隆、淡水一帶。事平之後，清廷鑒於臺灣海防地位的重要性，乃積極籌擘建省事務。至光緒十三年（1887），臺灣建省之際大幅調整地方行政疆域，全臺改制爲三府十一縣三廳一直隸州的區劃規模。這段期間，各地新設縣治也逐步進行城垣的擇建工作。其中，中部臺灣府（今臺中）轄雲林縣在知縣陳世烈的倡導下，「相度形勝，卜城於沙連堡九十九崁上之雲林坪；居中路之心、扼後山之吭，萬峰環拱、雙水匯流」，陳世烈緊接著號召地方紳民捐築土垣。這座卜擇於群山拱衛、流水環繞之風水勝地的雲林縣城，於同年二月竣工告成。〔註 329〕

澎湖廳於雍正五年（1727）設治，廳治位在大山嶼文澳社，清代前期並未築設城牆。〔註 330〕中法戰爭期間，該處曾爲法軍佔領。戰事結束後，築城設鎮之議迅即浮上檯面。光緒十三年（1887）十二月，總兵吳宏洛於大山嶼擇定「港口有龜、蛇二山，南北拱峙，護衛周密，爲全澎正口」的媽宮社（今馬公市），從事城郭的興造事宜，以鞏固廳治的防衛機制。建城工程於光緒十五年（1889）十月告竣。〔註 331〕從堪輿學的角度，龜蛇兩山相當於關鎖媽宮社堂局風水生氣的「水口砂」（龜蛇把口），〔註 332〕其來龍起自北山嶼後寮社的瞭望山，且有距廳治十九里的紗帽山爲朝案山。由此可見，在主政官員的規劃下，新建澎湖廳城的所在位置擁有相當不錯的風水形勢。〔註 333〕

從前舉噶瑪蘭廳城、淡水廳城、恒春縣城到雲林縣城與澎湖廳城的選址營建，皆可以看出堪輿學理所具有的指導性作用。這些廳縣城郭的具體成型，也大多是治臺官員與地方紳民實際參照風水觀念的結果。至於恒春縣城與澎

落日餘暉——臺北設府築城史新證〉，頁 118～128。另參見廖春生，〈清代臺北城空間形式之變遷〉，頁 102～119；彭喜豪，〈臺北府城理氣佈局之星宿立向研究〉，頁 305～344。

〔註 329〕臺灣銀行經濟研究室編，《臺灣中部碑文集成》，頁 61～62。

〔註 330〕胡建偉，《澎湖紀略》，卷 2，〈城池〉，頁 29～30。

〔註 331〕林豪等，《澎湖廳志》，卷 1，〈封域・山川〉，頁 16 及卷 2，〈規制・城池〉，頁 54～55。

〔註 332〕有關風水學上「水口砂」的形制及其宜忌，如徐善繼、徐善述《地理人子須知》卷 5 上〈砂法・論水口砂〉中云：「水口砂者，水流去處兩岸之山也。切不可空缺，令水直出，必欲其山周密稠疊，交節關鎖，狹而塞、高而拱。……或峙立高峰，岩崖峭立；或水中異石，挺然中立，如印、如笏、如獸、如禽、如龜、如蛇……」（頁 13a）。

〔註 333〕林豪等，《澎湖廳志》，卷 1，〈封域・山川〉，頁 16～19。同卷〈島嶼〉中另載：「澎湖形勢，背東北，面西南。其菁華所在，在大山嶼之媽宮港」（頁 29）。

湖廳城的相地修造，則在堪輿形勢的考量之餘，另帶有幾許軍事防衛的色彩。

（二）軍事城防與風水元素的關聯

堪輿法則主要奠基於山川形勢及其方位走向的實地考察，透過尋龍、察砂、觀水、點穴、立向的相擇方法，以勘得龍眞、砂環、水抱、穴美、向吉的風水寶地。〔註 334〕而在程序步驟上，確定主山來龍的脈絡形勢，實爲風水寶地成立的首要因素。誠如徐善繼、徐善述《地理人子須知》卷首〈論龍脈穴砂名義〉中所謂：「善地理者，審山之脈，而識其吉凶美惡，此不易之論也」。〔註 335〕姚廷鑾《陽宅集成》卷一〈龍法〉中也提到：「審龍者，當審其何處發脈，何處入路，或高低起伏，或插濱關氣，……陽基之龍，喜其闊大開陽，氣勢宏敞。……至若都省府州縣邑，必有旺龍遠脈，鋪張廣布」。〔註 336〕根據這項風水學原理，邑治城垣如欲建置於叢山竣嶺之間，主事者自須對於山勢走向有所掌握，以尋獲一適宜大興土木的吉壤佳地。

道光後期，淡水同知曹士桂（1800～1848）對於臺灣中部水沙連一帶諸山形勢宜建城垣的見解，具體說明了堪輿理論經由治臺官員落實在山川脈絡的解析上，如何使得特定區域的地理分佈成爲一具有建城潛力的區位空間。道光二十七年（1847）二月，曹士桂自泉州東渡彰化鹿港赴任淡水同知；是月起，陸續巡視水沙連內山地區（今南投縣日月潭一帶），向當地已然歸化清朝政府的原住民伸張其名實相符的統治權。二十四日，一行人抵達原住民與漢移民雜居的茄冬城。二十五日晨，與埔社、眉社、水眉里等各部落通事與原住民代表會晤，午後行經眉、埔二社所在區域。這時，通曉堪輿原理的曹士桂目睹周遭層巒翠谷且山環水繞的形勢，後來在《日記》中寫下了他當時的感觸云：

> 停輿四望，則虎仔山落脈，後至此起太極圓圖，隱隱隆隆，收攝全局。四山包羅緊密，配對停勻。覾音山聳特主其後，鐵鉗岡兜收横其前，作案即塞水口，左則隨龍之水與谿口之水，右則萬霧隨龍之水，兩路流來，會於水尾。此外曲折西去，至雙溪口，會沙里興之水，出烏溪，歸彰化入海。羅城層城城，山情水意，訢合無間，某意城城必于斯也。

〔註 334〕趙九峰，《地理五訣》，卷 1，〈地理總論．五常〉，頁 24b～26a。
〔註 335〕徐善繼、徐善述，《地理人子須知》，頁 5b。
〔註 336〕姚廷鑾，《陽宅集成》，卷 1，頁 36。

曹士桂對於自己能夠洞悉此地風水格局的奧妙，頗爲自豪；反觀同行「諸公鮮有曉形勢者，似未能知其妙也」，更是令他洋洋得意。翌日，曹士桂率領部眾自北路出山，再至昨日指城之處相度指劃，特向隨行官員聲明該處應留百甲土地勿加開墾，以俟將來稟明上級視察之後，作爲築城基址之用。〔註 337〕

由於城垣的建置規模直接攸關境域防禦機制的建立，若能利用所在地點的天然形勝加以妥善規劃，自能發揮事半功倍的效益。如嘉義縣前身諸羅縣於康熙二十三年（1684）設治，縣治初設諸羅山（今嘉義市），知縣暫駐佳里興（今臺南市佳里區）。康熙四十三年（1704），知縣宋永清奉文歸治，於當地初建木柵城。雍正元年（1723），縣令孫魯改建土城。十二年（1734），知縣陸鶴於土城外環栽莿竹。〔註 338〕乾隆五十三年（1788），皇帝以先年林爽文起事諸羅縣民守城未陷，乃改名嘉義縣以資嘉獎；另於諭旨中，特命治臺官員相度適宜防衛的地理形勢以修建城郭云

> 該處城垣亦應一律或磚或石改建，務令堅固。此外，如彰化、鳳山等縣及現在應行添設官弁駐紮處所，不妨仍用刺桐、竹木等類栽插。惟聞各該處舊有城圍，多係依傍山麓，未能據扼形勢。現在雖令德成前往勘辦，但德成僅諳工程做法，相度形勢非其所能。著福康安務須詳細履勘，或移建高阜，或因舊基跨山圈築；即舊城難以移動，亦須擇附近山頂形勝之處，設立磚石卡座，添設弁兵，以資控制。總期占據要地，勿令有失形勢，使四外得以俯瞰城中，方爲妥善。〔註 339〕

地方主政者爲能善用地形、地物建立起一道天然防線，以強化其護衛行政治區的功能，有時也會引藉傳統的風水觀念來與城垣的防禦體系相互參證。實際上，堪輿之說講究主山後衛、群砂拱峙且堂局完固的形勢條件，此種空間模式的本身就多少具備了防禦性的效用。〔註 340〕在臺灣南部鳳山縣城與中部彰化縣城的興造過程中，即附帶一種與軍事防衛機制息息相關的風水

〔註 337〕曹士桂撰、雲南省文物普查辦公室編，《宦海日記校注》，頁 171～173。曹士桂通曉堪輿學理一事，可見於該《日記》中所載多項涉及閩臺各地山川形勢的點劃，某些部分即帶有明顯的堪輿色彩，茲不贅舉。

〔註 338〕陳夢林等，《諸羅縣志》，卷 2，〈規制志・城池〉，頁 25；余文儀等，《續修臺灣府志》，卷 2，〈規制・城池〉，頁 60。

〔註 339〕《大清高宗純皇帝實錄》，卷 1297，乾隆 53 年正月 25 日，頁 25～28。另參見陳國瑛等，《臺灣采訪冊》，頁 14～15。

〔註 340〕劉沛林，《風水——中國人的環境觀》，頁 209～210。

背景。

鳳山縣自康熙二十三年（1684）設治，縣治原議建於近海的軍事重鎮鳳山莊（今高雄市小港區）。康熙中期，改卜在地理形勢優越的興隆莊（今高雄市左營區）。〔註 341〕康熙六十一年（1722），知縣劉光泗在興隆莊初創土城，左倚龜山，右聯蛇山，外有半屏、打鼓兩山環抱。雍正十二年（1734），知縣錢洙環植莿竹為城。〔註 342〕乾隆五十一年（1786），鳳山舊城燬於林爽文、莊大田（1734～1788）之役。五十三年（1788），事件平定後，清軍將領福康安（1754～1796）相度情勢，以興隆舊城地勢低窪且氣象侷促，乃奏請移治於舊縣十五里外的埤頭街（今高雄市鳳山區），環植莿竹為城。嘉慶十一年（1806）初，海盜蔡牽（1761～1809）率眾擾臺，其黨徒吳淮泗攻陷埤頭鳳城。事平後，福州將軍賽沖阿（？～1828）奏請再將縣治遷回興隆舊城。十五年（1810），閩浙總督方維甸（1759～1815）抵臺巡視，擬依賽沖阿之請移駐鳳治舊址，改建石城，並圍龜山入城，以免敵人據山俯瞰。後因工程經費暨人事問題，移治情事擱置未行。道光四年（1824），福建巡撫孫爾準巡閱臺澎營伍，適逢鳳邑楊良斌、許尚起事，圍攻埤頭街，官民有感於興隆莊舊城負山面海，可控山海形勢，經向孫爾準呈准後，集議捐資重修。翌年（1825），攝理臺灣知府方傳穟詳照原奏，委由鳳山知縣杜紹祁將興隆舊城基址移向東北，捨去蛇山，將龜山圍入城中，城身採用打鼓山石砌築。是年七月十五日興工，至道光六年（1826）八月十五日告竣。然而，直到清末臺灣割讓日本之前，鳳山知縣鮮少長駐興隆縣城（原因詳後）。而位處埤頭的鳳山新城，則於咸豐四年（1854）在參將曾元福的主導下建築土牆，牆外仍環植莿竹。〔註 343〕

通觀鳳山縣新、舊城的興建沿革，乍看之下，軍事防禦的考量係城址擇建及其規模調整的主要關鍵。如嘉慶十二年福州將軍賽沖阿奏請移治興隆舊城緣由中，曾引據臺灣鎮總兵愛新泰等人詳稱：「鳳山縣舊城有龜、蛇二山左右夾輔，迤南即打鼓港口，控制水陸，實係自然險要。緣在兩山之間，似覺

〔註 341〕張守真，〈康熙領臺時期鳳山縣治設置問題探討〉，頁 191～213。

〔註 342〕劉良璧等，《重修福建臺灣府志》，卷 5，頁 76；王瑛曾等，《重修鳳山縣志》，卷 2，頁 29；姚瑩，《東槎紀略》，卷 1，〈復建鳳山縣城〉，頁 5。

〔註 343〕中央研究院歷史語言研究所編，《明清史料戊編》第二本，頁 170～171；陳國瑛等，《臺灣采訪冊》，頁 28～29；盧德嘉，《鳳山縣采訪冊》，〈丁部．城池〉，頁 135～136。

地勢較低，而依山爲城，轉覺捍衛得力」。〔註 344〕同治初年刊《臺灣府輿圖纂要》之「城池」門中提到興隆莊鳳山縣城，「南面打鼓、北負龜山。乾隆五十一年，移駐距城十五里之埤頭地。道光五年，就興隆基址移向東北，圍龜山於其內。更築以石門樓，水洞、砲臺皆具。而安土重遷，且逼近半屏、蛇山二處，不免俯瞰之虞；治民乃駐埤頭，遂以興隆爲舊城矣」。〔註 345〕又該書總說臺灣府險要時提到：「鳳治設於埤頭，寬闊爽敞，上下適中要地，可以控制全邑。舊城壓於半屏、打鼓二山，城形如釜；兵家之所忌也」。〔註 346〕清代後期《鳳山縣輿圖纂要》之〈城池〉亦解說鳳山舊城，「距縣城北二十里。城不跨山，由龜山麓左繞至右而止，且逼枕半屏山太近；故居高臨下之勢，在人而不在我。此舊城所以當棄也」。〔註 347〕此外，於道光二十七年（1847）奉閩浙總督劉韻珂（1779～1853）之命前赴鳳山縣探詢縣城遷治問題的臺灣兵備道仝卜年（1780～1847），在其〈上劉玉坡制軍論臺灣時事書〉中曾就鳳山城址問題，從地理形勢與城內排水優劣的角度，提出自己以埤頭新城爲縣治的見解云：

> 竊謂建造城池，形勝爲先；必需居中阨要，方可控制一方。興隆舊城，僻處海濱，實不足以控制全邑；即方陞府建造城池，亦有鑒於福文襄公舊議，改造舊址之南，併將龜山圍繞城內，以避俯瞰之虞，而半屏、打鼓兩山逼壓城外，俯瞰之虞仍不能免。地處沮洳，城形如釜，龜山圍在城內，每遇大雨時行，山水全注城內，無所消洩；……誠不如埤頭新城地當適中，爲南北通衢，寬闊爽敞，可以控制全邑！〔註 348〕

前舉各項論述，皆是針對鳳山縣城的防衛形勢而抒發己見。相形之下，如果我們熟知龜、蛇兩山係臺、鳳縣境重要的風水形勝，〔註 349〕而自古以來地方故老更相傳龜山爲鳳山地區的「福地靈穴」，〔註 350〕應可推論鳳山縣新、舊城址的移建緣由，或多或少，也有風水觀念的因素在裡頭。

〔註 344〕中央研究院歷史語言研究所編，《明清史料戊編》，第二本，頁 165。
〔註 345〕不著撰人，《臺灣府輿圖纂要》，頁 49。
〔註 346〕不著撰人，《臺灣府輿圖纂要》，頁 73。
〔註 347〕引見不著撰人，《臺灣府輿圖纂要》，頁 146。
〔註 348〕引見丁曰健，《治臺必告錄》，卷 3，頁 242～243。
〔註 349〕王瑛曾等，《重修鳳山縣志》，卷 1，〈輿地志・山川〉，頁 12～15。
〔註 350〕曾玉昆，〈鳳山縣城建城史之探討〉，頁 37～38。

更值得一提的是，當道光六年（1826）興隆莊鳳山縣城重修完工之後，翌年（1827），轉任淡水同知的前鳳山知縣杜紹祁病逝，相傳新任鳳山知縣徐必觀出於堪輿形勢的考量，認定興隆鳳治「城地不祥」，另察覺當地排水與飲水等日常居住條件不妥，因而遲遲不願移治，仍駐在斯時經濟產業相形繁榮的埤頭縣城。後來繼任的知縣，亦未曾正式遷駐興隆縣城署公。至道光二十七年，縣邑紳民以興隆城低溼狹小、排水不良且飲水不便，曾聯名向閩浙總督劉韻珂陳請移治埤頭縣城，經劉韻珂奏呈朝廷核覆後允准。新設興隆衙署於是漸趨頹壞，而城內居民亦日漸寥落。〔註 351〕興隆鳳治從清代初期號稱「形勢天成」的佳地，於清代中期因莊大田的起事而蒙受「不祥之地」的稱呼，到了清代後期竟被冠以「煞氣惡地」的名號。〔註 352〕在這段外在形象興衰起伏的歷史過程中，可以看出風水觀念落實於城垣選址或遷建之際，地方官民可以根據現實須要而進行隨機選擇，其中隱約夾雜著一絲「成也風水，敗也風水」的色彩。曾親歷鳳山縣實地瞭解縣城移駐癥結的臺灣兵備道仝卜年，在致書劉韻珂論臺灣時事中，說明嘉慶中期至道光初期部分官員周旋於新舊縣城遷與不遷的爭執，並檢討這段時期移駐問題遲遲未能定案了局的原因，其間知縣徐必觀執著於風水吉凶趨避的心理情結，成爲他指責的對象之一：「而周陞府暨鳳山縣徐故令又未能按形勢立論，僅以堪輿風水之說，嘵嘵置辯」。〔註 353〕仝卜年對於地方官員藉口風水之說推諉移駐之事，深感不滿；而他的批評，也讓後世見證了當初鳳山縣新、舊雙城移建爭議中的一段風水滄桑。

從鳳山縣城的例證顯示，傳統風水理論著眼於群山拱衛的形勢表象，隱約也具備運用地理分佈進行空間防禦的意涵。類似這種山脈堪輿格局與軍事防衛形勢的關聯性思考，亦可見於彰化縣的建城過程中。雍正元年（1723），清廷鑒於康熙末期朱一貴之役暴露出諸羅縣境遼闊而治理艱難的問題，於是析諸羅縣北部別置彰化縣。雍正十二年（1734），彰化縣令秦士望仿照前諸羅

〔註 351〕劉淑芬，〈清代鳳山縣城的營建與遷移〉，頁 25～30；劉淑芬，〈清代的鳳山縣城——一個縣城遷移的個案研究〉，頁 54～58；張守眞，〈左營興隆莊縣城淪爲舊城原因初探〉，頁 1～21；蕭道明，〈清代臺灣鳳山縣城的營建〉，頁 33～65；張朝隆，〈清朝鳳山縣治遷移之研究〉，頁 40～92。另參見臺灣慣習研究會原著，黃連財等編譯，《臺灣慣習記事》，第 2 卷上，頁 161。

〔註 352〕曾玉昆，〈鳳山縣城建城史之探討〉，頁 39～41。

〔註 353〕丁曰健，《治臺必告錄》，卷 3，頁 243～244。

縣令周鍾瑄的辦法，於縣治半線（今彰化市）街巷外遍植莿竹爲城，並分立東西南北四門。在此之後，因乾隆五十一年（1786）林爽文事件、六十年（1795）陳周全事件的先後肆擾，城垣莿竹幾被砍伐殆盡。嘉慶二年（1797），縣令胡應魁援依故址栽植莿竹，另增建四門城樓。然因基地土鬆且地震時多，城樓日久泰半傾圮。到了嘉慶十四年（1809），閩浙總督方維甸親抵彰化視察，地方士紳漳籍職員王松、泉籍職員林文濬、粵籍士民詹捷能等三十六人向其呈准由居民捐築土造城垣，獲得許可之後，縣令楊桂森隨即分俸倡捐，庀材興工。王松等人旋以土城易於坍塌，倡議將建材改爲石磚，以謀鞏固並垂久遠。新建彰化縣城垣自嘉慶十六年（1811）啓工，至嘉慶二十年（1815）告竣。在整體的建置規模方面，據道光中期周璽等《彰化縣志》卷二〈規制志・城池〉中記載：「依舊址而窺之，似葫蘆吸露之樣。以地勢而相之，若蜈蚣照珠之形」。〔註 354〕文中葫蘆吸露、蜈蚣照珠的說法，顯然是帶有堪輿學「喝形取象」的色彩。原來當籌建土城之初，王松等人僉呈方維甸的稟文中，即指陳興修工程須依循堪輿形勝加以規劃的原則，俾能有效地提昇城垣防禦外敵侵佔的功能云：

> 夫築城當先審度地勢：彰邑之山，露足送迎，無甚起伏，酷肖出土蜈蚣。欲建城池，似當取蜈蚣守珠之勢。獨是城池所以設險，論建築機宜，必就八卦山高處圍來。蓋高處不圍一旦有警，被奸徒佔踞，恐城中舉止，皆爲窺伺。……僉議就八卦山高處，建一砲台，可容二百人。就地廣狹圍起，直至東門兩邊，始循舊址。以城式而窺之，若葫蘆高懸以吸露；就地形而度之，似蜈蚣展鬚以照珠。其最得宜者，山頂與山麓，聲勢聯絡。〔註 355〕

由此可見，嘉慶後期磚造彰化縣城的規制輪廓，大體是地方官紳落實風水觀念的實質成果。彰化縣城建置於半線保，其地理形勢的優劣與否，後來亦曾引起某些治臺官員的關注。如同治十一年（1872）蒞任臺灣知府及臺灣道的周懋琦，在其所撰〈全臺圖說〉一文中質疑彰化縣城周遭的堪輿格局云：「按彰化縣東南有水沙連，其廣袤加倍。相度地形，今之城池建於半線保，全無堂局；城外八卦山凶剋特甚，未爲善也」。在他的心目中，「城池似宜改

〔註 354〕周璽等，《彰化縣志》，卷 2，頁 35～36。另參見是書卷 12，〈藝文志〉，頁 396～397，所載閩浙總督方維甸〈請捐築彰化縣城垣並建倉疏〉一文。

〔註 355〕周璽等，《彰化縣志》，卷 12，〈藝文志〉，頁 398～399。

築於該縣東北之棟東地方，距城十五里，周六、七十里，有一百八十餘莊；山川脈絡交會，後枕炎峰，前面堂局開闊，兩水分流，左右合抱，極有形勢」。周懋琦判斷縣城所在位置的吉凶剋擇原則，無疑是根據傳統山環水抱、背山面水的風水宜忌觀念。因此，原本「不傍山、不通水」的彰化縣城，非得「善地」，自然不是他所認爲的一處適宜官民長駐的區域。〔註 356〕如前所述，周懋琦於同治十三年十二月曾隨沈葆楨與劉璈等人，探勘琅嶠區域的山川形勢，眾人最終參照巒頭派的堪輿法則擇定理想的設城地點。周懋琦秉持風水觀念以看待彰化縣城及後來設置的恆春縣城，其基本原則可說是前後一致。

（三）設治地點的風水爭議

在周懋琦之後，斟酌彰化平原風水格局的想法，亦曾出現於光緒前期治臺官員涉及臺灣道移駐彰化一事的爭議。光緒元年（1875），清廷擬於淡水地區增設臺北府，聯同原設臺南地區的臺灣府，全臺行政區域形成二府八縣四廳的規模。在此之後，政府官員隨即察覺到臺灣道與臺灣知府同駐臺灣府治的情形，不免有南重北輕的虞慮。爲能平衡南北的區域發展且互通全島的整體聯繫，於是逐漸興起將臺灣道移治彰化地區的呼聲，類似的提議曾獲得當時道臺劉璈的關注。光緒七年（1881）八月七日，劉璈自福建渡臺；八月二十八日，接獲自彰化巡行歸來的臺灣知府袁聞柝轉陳福建巡撫岑毓英的諭令云：「臺灣孤懸海外，幅員遼闊，籌備防務，須南、北聲氣相通，方易措手查勘。彰化縣治適居南、北之中，應將臺灣道、府二缺，權其輕重難易，移一缺於彰化，俾可居中控制」。劉璈據報後，連日遍詢府城耆老的意見。斯時，贊成者與反對者各執己見。在反對者所抱持的理由中，其一爲「彰化山龍形勢，砂飛水走，不足以制全臺」，這樣的說法，大致是發自於堪輿之類的認知。〔註 357〕

劉璈最終斟酌眾人看法並反覆考量現實的海防情勢，於同年九月十五日在〈稟覆籌議移駐各情由〉一文中，提出自己的見解：「惟巡道移駐彰化，既可居中調度，又爲蓄勢地步，較之鎮、道、府偏駐臺南一郡，實爲合宜」。移治之議雖然可行，但因其「甫經到任，未敢率爾議詳。況事關更張，不厭詳

〔註 356〕引見臺灣銀行經濟研究室編，《臺灣輿地彙鈔》，頁 82。

〔註 357〕劉璈，《巡臺退思錄》，頁 5。在傳統堪輿學上，理想的風水格局講究砂環水抱的形勢，俾能藏風聚氣，庇佑地方興旺。反之，若是砂飛水走，以致生氣渙散，地方必遭禍難。

愼，擬俟冬月憲節重臨，自當趕赴彰化一帶，遵飭審度」。〔註358〕爲求審愼其事起見，劉璈迅即前赴彰化探勘大甲溪上撲子口、翁仔等地形勢，於是年（1881）十二月六日上〈稟奉查勘彰化撲子口等處地形由〉一文，向巡撫岑毓英表述其探勘的結果。行文之中，「素習堪輿家言」的劉璈再度展現他的堪輿學素養，扼要地指陳：

> 至大甲溪大肚山以內，周圍數百里，平疇沃壤，山環水繞，最爲富庶。而貓霧涑、上橋頭、下橋頭、烏日莊四處，尤爲鍾靈開陽之所。又有內山南北兩水交匯，轉出梧棲海口，其民船可通烏日莊。以上實可大作都會。查彰邑地闊事繁，本非一縣令所能爲治，況歷來亂臺草竊皆出其中；誠如憲諭，非得建立重鎮，不足以資控馭。〔註359〕

劉璈評析彰化地區適宜選址建城的地理形勢，擬移巡道至此以居中控馭全臺情勢。如比照劉璈與前述府城官紳涉及彰化地區形勢優劣的意見分歧，主要是緣於彼此根據不同的觀察角度所導致的認知差異。雙方的持之有故、言之成理，適足以顯示風水觀念落實於地理空間的解讀過程中，具有因應各自須要而隨機取樣的特性。

光緒十一年（1885）九月，清廷下詔將福建巡撫改爲臺灣巡撫；至光緒十四年（1888）正月，閩臺分治，臺灣正式建省。〔註360〕建省期間，對於省會設定的地點，也曾引發一場治臺官員與地方紳民之間的意見衝突。風水觀念之隨機取樣的特性，再度搬上權力競爭的舞臺。當時，彰化縣鹿港士紳前廣東新興縣知縣蔡德芳（1824～1899，同治十三年進士）、職員鄭茂松、吳朝陽、吳恩波、舉人黃玉書、黃炳奎、莊士勳、訓導劉鳳翔、鄭景奇、吳鴻賓、廩生吳德功（1850～1924）等共計二十二人，向彰化知縣李嘉棠僉稱省會如能設於鹿港，在軍事防務與堪輿形勢上皆能享有明顯的優勢條件云：

〔註358〕劉璈，《巡臺退思錄》，頁5～6。

〔註359〕劉璈，《巡臺退思錄》，頁6～7。劉璈於翌年（1882）7月27日的〈飭臺灣府核議改設移駐各項經費由〉一文中，再度提到：「查彰化居全臺之中，該邑地闊事繁，本非一縣令所能爲治；況歷來亂臺草竊，皆由此出。若就此移建重鎮，則居中控馭，自可裕如。上年蒙前撫憲岑面諭，就大甲溪大肚山以內周歷查勘。該處周圍數百里，平疇沃壤，山環水繞，最爲富庶。而貓霧涑、上橋頭、下橋頭、烏日莊四處，尤爲鍾靈開陽之所。又有內山南北兩水交匯，轉出梧棲海口，其民船可通烏日莊。以上實可大作都會。擬於該四處擇地建城」。《巡臺退思錄》，頁8～9。

〔註360〕許雪姬，《滿大人最後的二十年——洋務運動與建省》，頁35～36，44～47。

> 如果臺灣得蒙建省，省會必歸彰界；當謂重衛居中，藉可控制乎南北內外，誠我臺陽千百年不易之宏規也。然恐前議縣城移近於海者，今或將省城轉而設於近山。萬一地方有警，一溪扼險，萬兵莫近；似乎咫尺先不能通，何論南北內外！此尤大勢之不可不籌者也。至於來龍之歸宿、海道之引通，或擇其新地而深謀遠慮，或仍其舊城而事半功倍；欽憲明見萬里，斟酌自有權衡，無庸芳等多贅也。且事關奏聞，是非下士所能置辯。唯既生長於斯，見聞頗熟；抱此區區，又不能坐受「知而不言」之咎。爰敢瀝據歷來大局情形，附繪彰化舊城來龍宿脈圖說一紙，懇乞轉詳。〔註361〕

李嘉棠據報之後，旋稟請臺灣知府轉呈福建臺灣巡撫劉銘傳（1836～1895）。劉銘傳於光緒十三年（1887）四月二十一日依據全臺山川形勢暨風水格局的良窳與否，批駁彰化縣士紳蔡德芳等人擇建省垣於鹿港的請議。劉銘傳主張，「臺灣建立省城控制全臺，必得形勢可觀，方能建城」。基於風水優劣與否攸關境域興衰及人事禍福的觀念，劉銘傳一方面強調：「省城形勢，有關全臺氣運，必需相其陰陽、觀其流泉。如擇定處所或有凶砂惡水，來龍不眞；或山水陰陽不交，不成格局，均可由地方紳士知堪輿者一一指駁」。另一方面，劉銘傳亦根據堪輿學上坐山觀局的吉凶休咎原則，考察「鹿港瀕海、地勢低下，水口沙淺，不能泊船；該紳士蔡德芳等忽請建立省城，非爲控制全臺起見，特爲本地貿易起色耳。統論全臺局勢，豈有棄中、南、北、前、後三千里地方，獨重鹿港一鎮之理！」劉銘傳最終認爲蔡德芳等人的提案「應毋庸議」，並嚴厲地指責他們「爲私忘公」的不當念頭云：「侈然自大，隨意指陳，直視臺灣地方只有鹿港一鎮最重、臺灣紳士亦只有鹿港最大，殊屬荒謬！」〔註362〕

劉銘傳與蔡德芳等人針對省會選址的意見衝突，風水形勢的考量爲其中主要的導火線之一。我們知道，在程先甲撰述的〈劉壯肅公家傳〉中曾提到劉銘傳平素「喜讀醫藥、壬奇、占候、堪輿、五行之書」，〔註363〕對於相地術數之學頗有涉獵。在他所秉持的風水觀念中，當時臺灣最理想的省垣位置，應係彰化縣境內橋孜圖（橋子頭，今臺中市南區）一帶。劉銘傳於光緒十三

〔註361〕馮用編，《劉銘傳撫臺前後檔案》，頁103。

〔註362〕馮用編，《劉銘傳撫臺前後檔案》，頁102～105。

〔註363〕劉銘傳，《劉壯肅公奏議》，卷首，頁55。

年三月二十日奏陳〈臺灣擬修鐵路創辦商務以興地方而固海防〉一摺中，曾追述他去年九月再次察勘這個地點，發現該處「地勢平衍，氣局開展，襟山帶海，控制全臺，實堪建立省城」。〔註 364〕同年八月十七日，劉銘傳於〈臺灣郡縣添改撤裁摺〉中也提到，由於當地「山環水複，中開平原，氣象宏開，又當全臺適中之地，擬照前撫臣岑毓英原議，建立省城」。〔註 365〕照字面上來看，境域風水形勢的妥當與否，始終是他衡量省城設置地點的主要判準。也許，前引劉銘傳的風水論述可能只是一種「策略性」的運用，但我們總難以否認清末官紳涉及全臺省會的這場風水爭議，畢竟還是凸顯出風水觀念在清代臺灣邑治城垣的選址過程中，佔有不容忽視的重要地位。

總結本節的論述，清代臺灣民間宅居庭園、寺觀廟宇的營建以及官署城垣的修造，風水擇建的原則，皆曾受到治臺官員與地方紳民的重視。在這些實際例證中，應用堪輿理論的客體對象容有差別，但追求陽宅風水庇佑的心態，並不因官紳庶民的階層差異而有所不同。除此之外，學宮文廟、書院義學等文教設施因涉及地方文化事業的建立，與清代臺灣社會文化變遷息息相關，故另於本書第五章第二節加以闡述。

〔註 364〕洪安全等編，《清宮月摺檔臺灣史料》，頁 4942；中央研究院近代史研究所編，《海防檔》，戊、鐵路，頁 24；劉銘傳，《劉壯肅公奏議》，卷 5，頁 269。

〔註 365〕劉銘傳，《劉壯肅公奏議》，卷 6，頁 285；另參見馮用編，《劉銘傳撫臺前後檔案》，頁 124～125，269～270。

清代「金廣福」姜秀鑾家族，相傳曾長年供養堪輿師（圖爲新竹縣北埔金廣福公館正廳的姜秀鑾像）

山形若觀音倒臥的新北市五股觀音山，相傳清乾隆年間北臺著名堪輿師林瑯點破其風水

南投縣草屯李家三邊堂（雞胗厝傳說）

草屯李家三邊堂正廳「小船載入」的彩繪

臺南市中西區大天后宮旁抽籤巷

臺南市中西區開基武廟解說牌，其中提到抽籤巷內往昔「堪輿相士乃群集此地以解答籤詩，預言運途，熱鬧非凡」

新北市蘆洲李宅，其前身由精通堪輿的李家先祖李清水於清代後期擇地創建

蘆洲李宅展示的李家世系圖，於來臺第二代李清水旁標示「書算醫學、命卜星相、農耕堪輿」

蘆洲李宅中關於風水解說的展示

盧洲李宅前方的風水池

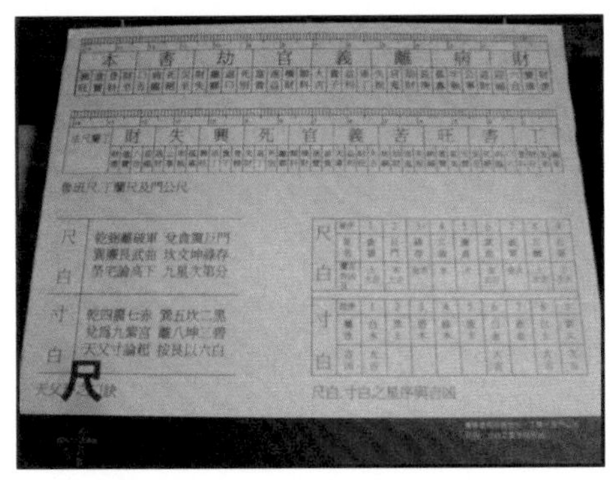

蘆洲李宅中關於傳統建築尺寸運用宜忌的展示

新北市板橋林家三落大厝前方的風水池

桃園縣大溪李騰芳古宅前方的風水池

道光二十五年臺郡銀同祖廟記（現存臺南市中西區銀同祖廟）

咸豐六年重建馬公廟捐緣啓（現存臺南市中西區馬公廟）

天運庚子年北辰宮落成碑記（現存澎湖縣馬公市北辰宮）

新竹縣北埔慈天宮後方風水化胎

臺中縣東勢泰興宮（國王廟）後方風水化胎

臺北市萬華龍山寺前方的美人照鏡池

臺北市大稻埕霞海城隍廟，相傳位於雞母穴或蜂巢穴

新北市土城義塚大墓公的黑狗穴象徵

彰邑城隍廟重修碑記，其中提到廟址爲「蜈蚣守珠」的風水形勢

臺南市中西區清代臺灣府城大南門遺蹟

清代臺灣府城小西門與小東門段城牆遺蹟（現存國立成功大學光復校區）

臺南市中西區清代臺灣府城兑悦門遺蹟

咸豐四年開鑿水溝並修各處工程碑記，記載當時臺灣縣令致力為縣署周遭營造良好的風水格局（現存臺南市中西區大南門碑林）

高雄市左營區清代鳳山縣舊城北門遺蹟

高雄市左營區清代鳳山縣舊城東門遺蹟

風水觀念實踐下的清末恒春縣城南門遺蹟

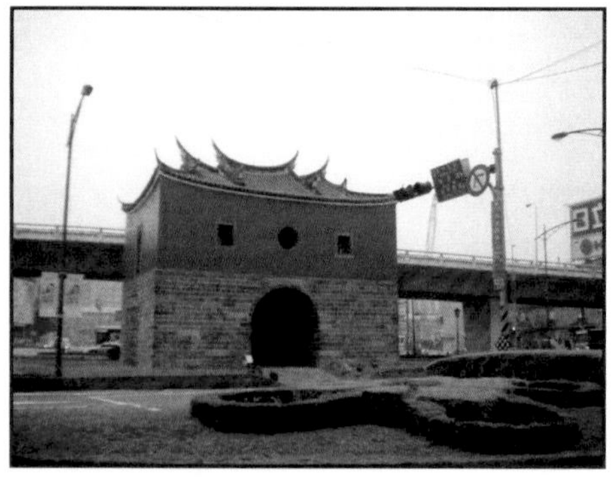

風水觀念實踐下的清末臺北城北門遺蹟

第四章　風水習俗的日常實踐（下）

傳統風水學大致包涵陽宅與陰宅兩大範疇，清代學者魏源（1794～1857）於〈地理綱目序〉中解說「形家陰陽之用，其大者建都立邑，其次立宮室，其次營兆域」。〔註 1〕營造城邑、創建宮室的環節，主要是陽宅風水學實際運用的對象。在魏源的理解中，相擇陰宅一事雖居風水應用之末，然而，在傳統漢文化社會卻是風水觀念廣受實踐的部分。

第一節　相地營葬

生樂死安是人們在有限的生命歷程中所追求的福份，對於篤信風水之說的漢人而言，生居福地，死葬吉壤，可說是他們「吾生有涯」的理想歸宿。誠如清代初期堪輿學巨擘蔣平階（大鴻，1616～1714）的《水龍經・統論》中所謂：「人物受陰陽二氣，生有宅，死有墳。若得吉地，人安則家道榮盛，鬼安則子孫吉昌。久富之家，必有祖墳注蔭」。〔註 2〕由於墓葬風水庇蔭觀念的影響，陰宅風水受到廣大群眾的重視，造成了風水擇葬行為在傳統漢人社會的盛行。自宋元時期以來，中國東南閩語及客贛方言區中，「風水」通常用來指稱墳墓，此舉顯示出墳地擇葬與風水習俗之間的密切關係，以及風水觀念在民間卜地營葬過程中所佔有的重要地位。〔註 3〕十七世紀之後，伴隨著漢文化氣息的傳佈，「風水」一辭亦成為傳統臺灣社會對於墳塚墓地的代稱。

針對清代臺灣社會的風水擇葬現象，本節首先根據族譜墓誌資料、民間

〔註 1〕魏源，《魏源集》，頁 233。

〔註 2〕蔣平階，《水龍經》，引見顧頡主編，《堪輿集成》，第 2 冊，頁 189。

〔註 3〕張燕芬、王麗娟，〈風水釋義〉，頁 91。

風水傳說並配合傳統風水學理，陳述陰宅風水庇蔭觀念的民俗信仰內涵。其次，探討閩粵移民在相地營葬的環節上涉及風水吉穴的實質考量，以呈現風水擇葬觀念對於社會大眾的制約效應。最後，再以閩粵原鄉的風水文化樣態作爲對照座標，分析清代臺灣本土風水葬俗的版圖擴張及其區域特性。

一、祖墳風水庇蔭的傳統意識

生命的特質在於其有限性，有了出生即有死亡。死亡既是人生必經的終點，生人如何應對親屬死亡的結果，也就成了人類社會自古以來的一大學問。儒家傳統主張「養生者不足以當大事，惟送死可以當大事」（《孟子・梁惠王篇》）、「卜其宅兆，而安措之」（《孝經・喪親章》），爲先人妥理喪葬事宜係後代子孫的重責大任，也是他們實踐倫常孝道觀念的具體表現。宋元明時期，由於儒學思想與風水觀念逐漸產生了涵化關係，風水學吸收理學（新儒學）主流的文化因子以充實理論內涵，藉此提昇其能見度並壯大其影響力；與此同時，風水擇葬之說也被納入儒學的價值系統中，成了爲人子者善盡孝道的方式之一。〔註4〕然而，不容忽略的是，儒家知識份子汲取堪輿學說的時候，往往有其堅守儒學本位的選擇性。

自清代以來，臺灣民間流傳的《正家禮大成》一書的喪禮部中，即傳承了宋明儒家學者的價值意識，指出後代子孫爲先人營葬必需「避村落，遠井窯」的主要考量云：

> 夫葬之爲言，藏也，子孫而藏其祖考之遺體，是必擇其地而卜筮以決之。其或擇之不精，地之不吉，則必有水泉、地風、螻蟻之屬以賊其內，使其形神不安，於心安乎？而子孫亦有死亡絕滅之患，捷如影響，其可畏也。故必當原其脈絡之所從來，審其形勢之所止聚，有水以界之，無風以散之，然後乘地中之生氣，以養逝者之遺體，俾長溫暖而不朽腐，逝者之體魄安，而子孫之受其氣者，平安榮盛，是自然之理也。〔註5〕

顯而易見的是，這套說辭將葬地吉凶禍福的觀念以及人子相擇「吉地」的行爲，歸本於儒學傳統「卜其宅兆而安措之」的孝道意涵。至於風水學有

〔註4〕劉祥光，〈宋代風水文化的擴展〉，頁1～78；何淑宜，《明代士紳與通俗文化——以喪葬禮俗爲例的考察》，頁111～130。

〔註5〕臺灣慣習研究會原著，吳文星、鄭瑞明編譯，《臺灣慣習記事》，第4卷上，頁22。

關祖墳生氣庇蔭子孫的主張，也被剝除了神秘主義的包裝，轉而從天地自然的道理來加以解釋。

相形之下，傳統風水理論強調死生有地，而葬地尤要，子孫替先人相擇佳穴以令其入土爲安，不僅止於符合「事死如生」的孝道要求，更是爲了追求先人墳骸的風水庇蔭。〔註 6〕託名晉朝郭璞（276～324）所撰的《葬書》中，對於先人骸骨如何透過風水穴地生氣的感應而庇蔭後代子孫的方式，有一段簡要地說明：

> 人受體於父母，本骸得氣，遺體受蔭。經曰：氣感而應，鬼福及人。是以銅山西崩，靈鐘東應；木華於春，栗芽於室。蓋生者，氣之聚凝，結者成骨，死而獨留。故葬者，反氣入骨，以蔭所生之法也。〔註 7〕

此外，袁守定（1705～1782）於乾隆二十年（1755）刊行的《地理啖蔗錄》卷八〈閒談〉中，針對《葬書》（《葬經》）的庇蔭之說也有所發揮：

> 盈天地間皆氣也，龍穴乃陰陽二氣之所爲也。祖父與子孫本一氣也，祖父之體得乘陰陽之生氣，即一氣相生而子孫受其蔭矣。葬經所謂：氣感而應，鬼福及人；銅山西崩，靈鐘東應；木華于春，栗芽于室，是也。……惟祖父與子孫一脈貫通，所以雖遷流至他所，亦大發福。〔註 8〕

這項說法的要義在於，凡人皆爲父母所生，彼此氣脈相通，父母遺體入土之後若能承受大地生氣的蔭護，即能將風水穴局中的禎祥吉氣感應到後代子孫身上。透過風水庇蔭的觀念，親屬死亡的結果，又獲得了另一種形式與功能的重生。

對於漢人社會奉行風水信仰的民眾而言，子孫家運的盛衰與祖墳風水的好壞有密切的關聯，好的祖墳風水可以庇蔭子孫富貴滿堂；反之，祖墳風水如果有所不妥，將會作祟子孫，爲後代帶來災禍。有鑑於此，篤信風水之說

〔註 6〕如清代袁守定在《地理啖蔗錄》的序言中提到：「夫世之營地者，其道有二：仁人孝子，知養生不足以當大事，惟送死可以當大事。凡世有其說，力有可致，皆盡心竭力而爲之，以求免吾親爲風蟻、水泉之所侵襲，必使無遺憾焉，而後止此一道也。富家巨室挾其貲貨，廣招青烏之徒，商山論水，竭登涉之勞以求之，以冀爲子孫百世之福，此又一道也」（頁 3）。另參見明代徐善繼、徐善述《地理人子須知》一書。

〔註 7〕郭璞，《葬書》，頁 13～14。

〔註 8〕袁守定，《地理啖蔗錄》，卷 8，頁 286。

的子孫在長者生前或過世之際，通常會延聘堪輿地師相度一處適當的墓葬地點，並卜擇良辰吉時，來「作風水」。他們相信，若將祖骸進葬「牛眠吉穴」，即可庇蔭後代「丁財兩旺」。社會大眾秉持陰宅庇蔭的觀念來為己身或先人妥擇風水吉地的作為，最終還是回歸到現實利益層面的考量。〔註 9〕在清代臺灣漢人社會，後代子孫將先人擇葬於風水寶地以求庇蔭的期盼，可說是一股普遍的社會風氣。

臺灣縣人王紹堂，生於康熙十五年（1676）三月，原籍泉州府同安縣金門島，於明清之際隨母兄渡海至東寧府治西定坊定居。平日樂善好施，普獲政府官員與地方紳民的推崇。乾隆六年（1741）春，王紹堂曾偕同縣邑士紳，參與巡臺御史楊二酉（1705～1780）募造府學文廟旁秀峰塔一事。是年十月辭世，子孫於翌年（1742）十一月二十九日子時，為其卜葬於鳳山縣仁武埤內，風水方位坐申向寅兼坤艮。未窀穸之前，王氏後人索文於臺灣縣貢生劉元相，且示以「牛眠福地」的形勝。劉元相在同年撰著的〈詒翼王府君墓誌銘〉中，稱頌該墳地具備鍾靈毓秀的風水格局，當可為王紹堂的後代子孫帶來富貴滿堂的現世福份云：「九苞之山，實鍾丹穴。奇峰聳秀，層巒羅列，扶輿淑氣，蜿蟺蟠結。蔚哉佳城！綿綿瓜瓞。奕世簪纓，福澤靡竭」。〔註 10〕從這段銘文中，即可清楚地看出祖墳風水庇蔭的傳統意識。

同治八年（1869）七月，淡水廳竹南三保苑裡坑莊漢人鄭珍為尋求葬親墳地，乃向苑裡社土目苑興財求給東勢山內坐東向西的一處風水地穴。在苑興財所立給山批字中，提到其將此墳地交付鄭珍前去「剪築佳城，安葬親墳，永為己業。日後蔭益，子孫昌盛，丁財兩旺，悉係鄭家洪福」。〔註 11〕又如光緒二十一年（1895）六月，陳招賢將大堀莊康永田園南畔內一穴墳地，交付陳先覺兄弟以葬其母。陳招賢所立送墳地字中強調：「日後縱該墳地遠蔭子孫，財丁兩旺，俱係陳先覺兄弟鴻福」。〔註 12〕行文之中，同樣也流露出陰宅

〔註 9〕十九世紀末入華的英國倫敦會士麥高溫（John MacGowan）在其所著 *Lights and Shadows of Chinese Life* 中，說明其對於傳統陰宅庇蔭觀的觀察：「遍布這個國家南方的丘陵和山區地帶是人們最愛埋葬他們遺骨的地點，這完全不是出於美學的考慮，而只是對風水的迷信，人們認為風水的力量十分強大，可以使死去的祖先的種種努力轉化為對活著的子孫後代的祝福」。引見朱濤、倪靜譯，《中國人生活的明與暗》，〈祖先崇拜〉，頁 93。

〔註 10〕臺灣銀行經濟研究室編，《臺灣南部碑文集成》，頁 30～32。

〔註 11〕《淡新檔案》，編號 22515～11。

〔註 12〕臺灣銀行經濟研究室編，《臺灣私法物權篇》，頁 1105～1106。

風水當可庇蔭後代發達的觀念。

在風水庇蔭觀念的籠罩下，個人生平的豐功偉業或家族運勢的顯赫發展，並不是偶然的，而是其來有自。所謂事出有因、理所固然，後代子孫的飛黃騰達，當與先祖墳穴風水的應驗有直接的關聯。光緒三年（1877）許瀚裳等編《西庚許氏家譜》所錄〈山圖誌〉中提到：「夫族所興立，在山川地脈，豈獨關氣運哉！蓋尤係人事焉。故襲蔭之家，其能繩繩然寖昌寖明」，〔註13〕傳達了民俗對於墳地風水庇蔭的信仰。清治時期，在彰化地區從事拓墾的霧峰林家，相傳曾在一螞蟻穴上營造祖先墳塋，所以促成後代子孫的發達。〔註14〕風水庇蔭觀念的影響所及，清代遷臺漢人涉及開臺始祖的擇葬傳說，往往將家族的昌盛與子孫的富貴，歸功於祖墳風水的庇蔭。值得注意的是，這類因果詮釋的本身，多少帶有一種後見之明、事後諸葛甚至是穿鑿附會的色彩。

原籍嘉應州長樂縣尖山的黃人玉，於康熙後期隨兄弟渡臺，至北部諸羅縣竹塹一帶拓墾創業，偕妻蘇氏傳下七房子嗣。乾隆年間，黃人玉辭世後，其長子黃福興（1748～1798）聘請一名賴姓地師爲其父相地營葬，最終相擇於今苗栗縣頭屋鄉二岡坪沙河一處穴屬飛鵝偏頸形的風水佳地。黃氏族譜記載當賴姓地師勘定墳穴後，曾向黃福興表示：「此穴風水好，將來子孫繁衍，富貴發展，但虧長房」。黃福興聽聞這席話後，隨即答稱：「虧長房無妨，只要兄弟有，我也有」。爾後，黃福興單傳黃鳳揚，黃鳳揚單傳黃達生，因早夭而告絕嗣。黃氏另六房子孫爲了感念先祖黃福興捨己利他的恩德，歷年春按例前往黃福興的墳地前祭掃。〔註15〕這則家族的風水傳說，反映出後世子孫以祖墳風水的應驗，來解釋各房的發展現狀，其核心觀念仍是風水庇蔭的傳統意識。

原籍惠州府陸豐縣新田鎮橫隴寮前村的葉氏開臺始祖葉春日，於雍正十三年（1735）攜弟葉春時及兩子葉特孝、葉特鳳渡海來臺，先於諸羅縣大莆林（今嘉義縣大林鄉）落腳。葉春日、葉特鳳父子後來北遷淡水廳竹北二堡觀音庄三座屋，最終於竹北二堡大牛欄（今桃園縣新屋鄉永興村）建立基業。葉特鳳與妻張氏育有大榮、大華、大富、大貴、大春五子，此五大房號稱「五美」，日後各房子孫繁衍，蔚成當地旺族。葉特鳳妻張氏於嘉慶七年

〔註13〕許瀚裳等編，《西庚許氏家譜》。

〔註14〕林衡道，〈臺灣的民間傳說〉，頁671。

〔註15〕黃錦煥編，《江夏堂黃氏族譜（廣東五華尖山開基分派）》。

（1802）辭世，至道光七年（1827）後人爲其擇葬於大牛欄庄後湖嶺溪仔墘，相傳墓地爲鯉魚穴，係一藏風納氣的風水寶地，故裔孫得其庇蔭，而能世代昌盛。〔註 16〕

竹塹彭氏開臺始祖彭開耀，原籍惠州府陸豐縣吉康都五雲洞駱布寨，於乾隆三十年代初期攜眷渡臺，最初落腳於竹北頭前溪王爺壟附近。乾隆三十六年（1771），遷居竹塹枋寮，旋因此地僻處山間，復受到原住民的威脅，乃舉家南移至樹杞林（竹東）一帶，從事農稼墾荒事業。數年間拓地百甲，家道大興。爾後，彭氏子孫秉承祖業，而能世代昌隆、人才輩出，除了自身的努力之外，更將現世的成就歸功於祖宗的護佑。彭氏後人流傳如下一則開臺始祖的風水傳說云：相傳彭開耀定居枋寮之際，偶收容一名自大陸逃難至臺人士，供應食宿，款待週到。某日，這名人士欲返歸故里，臨去時表明其地理師的身份，爲了回報彭開耀的恩惠，乃扦點出附近一塊穴屬美人獻花的風水寶地，並聲稱彭氏先人如能安葬於斯，後代子孫必能累世興旺。乾隆四十五年（1780）四月，彭開耀生母黃氏辭世，子嗣即依照那名堪輿先生的指示，將亡母葬在這塊美人獻花的佳穴上。後代子孫相信，由於祖墳風水的庇蔭，使他們得以立功建業，光宗耀祖。〔註 17〕

泉州府同安縣仁德里十一都板橋鄉後安社張氏先祖張迫，其元配陳雪娘於嘉慶年間攜六子渡臺，擇居淡水廳八里坌松子腳，先是務農爲業，至道光年間創建合春商號。經營數十年後，遂成當地望族。同治八年（1869）五月，陳雪娘辭世，張氏子孫延請堪輿地師爲其擇葬於八里坌山（觀音山）白鹽石下，風水方位坐巽向乾分金丙辰丙戌。張氏族譜中記載該名堪輿師曾宣稱：「此地葬著，後來必大富貴」。到了光緒五年（1879），張忠侯（贊忠）舉於鄉，署臺灣府學教諭；二十一年（1895），復有張孝侯（贊堯）膺選爲歲貢生。張氏子孫的經商致富且科名有成，除了歸因於祖宗積善之德所致，對於當初堪輿師的祖墳風水庇蔭之說，亦抱持著幾分信服的態度。〔註 18〕

漳州府漳浦縣人陳輝於十九世紀中期渡臺，在淡水上岸後輾轉至噶瑪蘭一帶，與當地原住民部落進行貿易。歷經多年事業有成，在叭哩沙（今宜蘭縣三星鄉）建造茅屋，並返回漳浦赤湖故居，迎養臥病老母。由於路途勞頓，

〔註 16〕葉倫書總編，《葉氏春日公派下族譜》，頁 10～12，17。
〔註 17〕彭達穎編，《來臺廿三世開耀公事記》，頁 4～5。
〔註 18〕編者不詳，《稻江張氏族譜》，頁 27～31。

母親抵達叭哩沙後旋告不治，陳輝為其卜葬於茅屋旁。後代子孫傳聞臨葬之前，陳輝「將鋤頭舉在頭頂，旋轉三圈，然後凌空拋去，在其落地處，挖為墓穴，以蓆為棺，以石頭為記」。而在陳氏子孫的歷史記憶中，這位來臺先祖妣的墓地為「鋤頭靈穴」，風水絕佳，庇蔭後人，因此不能隨意挖動。〔註19〕在這則家族傳聞的背後，無疑也透露出一種祖墳風水庇蔭的心理效應。

在篤信風水者的意識中，祖墳葬地攸關家族的發展，所以在各姓家譜、族譜中往往記載先祖墳地的風水傳說，以求能在心理上獲得祖蔭（靈）庇護的慰藉，同時也為他們的家族興旺取得神聖化的詮釋。現存一份清代後期由原籍泉州府晉江縣遷居臺灣縣的族親所錄〈清明祭掃墓祝文〉，即表露出後代子孫於清明祭掃祖塋之際期待風水庇蔭的意念：

> 日今醮祭之後，山迴水繞，地脉興隆，作千年之吉地，為萬代之佳城。二十四山，山山拱秀；三十八將，將將朝迎。文筆峰高，生賢出貴，堆錢山現，積谷豐財，更祈保佑後昆，人人清吉，個個均安。生男則聰明俊雅，文章蓋世；生女則溫良智慧，羅綺生春。……怪夢不生，時災不惹，是非口舌，日日消除。出入求謀，般般亨泰。來則祥風習習，時時降福于家庭；去則瑞氣騰騰，歲歲留恩而庇祐。請回墓府，永降吉祥。〔註20〕

另一方面，傳統風水庇蔭觀念的特質，也在於同時具有吉／凶與禍／福相互對應的一體兩面性。子孫若是一帆風順，固然應驗了祖墳風水的庇蔭有加；相對而言，子孫若是諸事不順，甚至慘遭不測，亦可歸咎於祖墳的風水不利，以至於為家族發展帶來一些負面性的影響。這種因果關聯性的建立，其實是一種「成也蕭何，敗也蕭何」的思路。

被譽為「開蘭始祖」的吳沙（1731～1798），於嘉慶初年率領漳泉及粵籍漢人自淡水廳三貂嶺一帶進入噶瑪蘭，從事大規模的墾殖活動。嘉慶三年（1788）底，吳沙病逝，後代子孫依照他生前的指示，將其葬於今新北市貢寮澳底海邊。民間相傳由於吳沙墓塋的風水穴局及其墓碑立向不妥，故其後人或庸碌平凡，或年少短壽，無法克紹箕裘，承續吳沙在噶瑪蘭漢人拓墾史上的功業，終與富貴絕緣。〔註21〕

〔註19〕陳逸松口述，林忠勝撰述，《陳逸松回憶錄》，頁1～3。

〔註20〕不著撰者，〈清明祭掃墓祝文〉，頁21。

〔註21〕李明仁、江志宏，《東北角漁村的聚落和生活》，頁97～100。

原籍潮州府豐順縣錫灘鄉黃公塘的呂氏先祖呂友河，於雍正三年（1725）渡海來臺，在淡水廳竹塹竹北大眉莊拳頭山下開疆立業。但因後代族人染上鴉片、酒、賭等不良嗜好，加上時有盜匪與原住民的滋擾，造成呂氏家族在竹塹地區的事業日趨衰敗，家族聲望也日漸下降。呂氏的家道中落也牽連出一則先祖墳地的傳說：相傳呂友河骨骸經某位堪輿師在竹北拳頭山卜擇一處坐乙兼卯的龍穴，並聲明骨骸先下葬百日後再舉辦祭拜。但後代族人不相信這種說法，在下葬十天左右，即於道光十五年（1835）十月十二日未時完成祭拜儀式，從此該地區雞不啼、狗不鳴，附近庄民印證此處確是龍穴，故遭到有心人士的破解，呂氏家族的經濟產業及其名望因而一落千丈。〔註22〕

臺灣南部流傳一則朱一貴（1690～1722）父親的擇葬傳說，當中也反映出墳地風水作祟後世子孫的情形，故事大意如下：原籍漳州府長泰縣的鳳山縣人朱一貴，其父親以養鴨爲業，並粗通地理之學。在一次趕鴨的時候，偶見一處「貴不可言」的風水佳穴。這塊墓穴原係附近某位員外延請地理先生所擇定，預作往生之後的墓葬地點。朱一貴父親貪圖穴吉，隨即收拾祖先骨骸爭先下葬。然而，朱一貴父親不僅未能享受貴不可言的福澤，反倒爲自家和鄰居招來一場災劫，眾人幾全罹染瘟疫而病故，惟有朱一貴一人倖免於難。〔註23〕福地福人居，福薄之人卻承受不起，即使強行落葬亦未能獲得庇蔭。民眾對於先人葬地不妥勢將殃及族親甚至鄰近居民的心態，由此可見一斑。不容否認的，這則風水傳說也帶有告誡的意味，警示人們不要隨意強葬他人的風水福地，否則未受其利，卻蒙其害。當然，如此的心態與風水庇蔭觀念並不相違。

另外，如南投竹山豬頭棕一帶的「虎仔墓」傳說，大意是說社頭庄蕭家二房經地理師的指點而找到這塊好地理，建造時附近林圮埔（今竹山）瀰漫著暗澹的氣氛，以至於雞不啼、狗不吠，且惡癘橫行。蕭家二房受到該墓庇蔭的結果，家運日益昌隆，短期間內成爲巨富。後來蕭家二房因虧待地理師，令其懷恨在心，於是設計在面朝墳墓方向街上的十字路口，建造一座土地公廟，並在附近築上石牆，內以石鎖鍊綁著一隻石虎，隨即作法來敗壞蕭家二房的虎仔墓風水，致使其家道逐漸沒落。〔註24〕

〔註22〕呂學諺編，《呂尚．萬春．大正．十二郎公派族譜》，頁17。

〔註23〕黃秀政，〈朱一貴的傳說與歌謠〉，頁149。

〔註24〕高山富夫，〈地方拾遺——臺中州竹山地方〉，《民俗臺灣》，4卷12號，昭和19年12月，頁28。另參見林文龍，《臺灣掌故與傳說》，頁175～178。

清末嘉義地區的「獻天獅」傳說，也傳達了類似的情結。相傳光緒年間，嘉義縣富豪黃玉成辭世後，子孫延請堪輿地師卜擇大山母南側山腰的一處風水佳穴，營造黃玉成的墳塋，以求世代繁榮昌盛。堪輿地師曾指示埋棺地穴須達一定深度，才能發揮墳地風水庇蔭的效用。然而，挖穴工人卻沒有遵照辦理。由於這座墓穴的深度不足，不但黃家後人未能富貴榮華，更一度造成鄰近村落雞犬不寧且災疫橫行。〔註 25〕

後代子孫一旦認定祖墳風水先天不佳，或是遭到後天人爲及各類自然力量的破壞，導致家族後人凶禍臨門、敗家破落，爲能重獲風水庇蔭以趨吉避凶，即可另擇風水佳地，遷葬先人的骸骨；或是重修祖墳外觀，以鞏固風水生氣，兩者皆不失爲「亡羊補牢」的因應措施。從現存的臺灣族譜或其他相關資料中，我們可以看到種種葬後不利、擇吉遷葬或整修祖墳、培補風水的實例。清代臺灣漢人社會（特別是清治後期）遷葬、修墳現象的普遍存在，此種傳承自閩粵原鄉的喪葬習俗，無非也是後代子孫冀望先人風水發揮庇蔭效果的具體寫照。這個部分，在本節以下主題將有具體的論證。

俗話說：「福地福人居，福人居福地」，表面上，這段話具有一種「命定論」的色彩，強調人生在世的卜居擇葬情事，當可一切聽天由命、順其自然，毋庸刻意強求。但是，要如何才能確定何人是福人、何處爲福地，在「蓋棺論定」的答案揭曉之前，其實是保留了一片隨機詮釋的餘地。相信此類論述的芸芸眾生，在確定答案之前，其心態上或許存有著一股期望。由於這種渴求福份的期望，以及因期望過度所衍生的不確定感，讓風水庇蔭之說有了發揮的空間，並提供了堪輿地師等喪葬從業者「順水推舟」以迎合廣大群眾趨避需求的憑藉。經由風水庇蔭的觀念，也讓世人得以對個人或家族的發展現況，尋求一套合理化的解釋，或可藉以安慰自我對於當前處境的不滿。

針對清代臺灣漢人社會普遍追求風水庇蔭的民俗慣例，通經達禮的書香子弟有時也會抱持著不以爲然的態度。「開臺進士」鄭用錫（1788～1858）的父親鄭崇和（1756～1827），淡水廳竹塹城人，生平通經達禮，持身謹嚴，並堅守儒學傳統「敬鬼神而遠之」的立場。鄭崇和病危臨終前，特遺命諸子，人生在世，禍福自取，切勿輕信風水庇蔭之說：

> 作善降祥，作禍降殃，天之理也，吾見今人受祖父生前蔭庇，歿後又妄信風水，乞靈枯骨，不亦愼乎？吾歿後，爾輩勿惑堪輿家言，

〔註 25〕《民俗臺灣》，3 卷 5 號，昭和 18 年 5 月，頁 46。

> 貪尋吉地，爲福利計。吾後龜山中田有老屋地焉，營而葬之，吾願足矣。將來爲吉爲凶，爾輩自取之，何與墳塋？〔註26〕

鄭崇和強調天理公道的存在，而非地理靈氣的應驗，才是決定善惡到頭終有報的判準。〔註27〕我們從他的這段義正詞嚴的臨終遺囑中，可以清楚地看出傳統風水庇蔭觀的本質，及其與堪輿地師的緊密聯繫；與此同時，也可以體會到鄭崇和本人「顧流俗而薄之」的決絕。

「開澎進士」蔡廷蘭（1801～1859）的父親蔡培華，澎湖廳林投澳雙頭掛社（今馬公鎮興仁里）人，生平廉正孝謹，究習儒業，「親既歿，孺慕不衰。有富人某，出數百金，欲附葬母塚，戒術者紿之曰：爾能從吾，當有以報。不然，此地於子且不利。培華盛氣曰：是謂我不丈夫也。吾豈以親墳圖富厚者？力卻之。窮益甚」。〔註28〕在這段志書記載中，凸顯出蔡培華這名狷介勤學的儒家知識份子，如何無視於現實境遇的壓力，挺身與眾人習以爲常的風水庇蔭觀念相抗拒。

鄭崇和、蔡培華的以身作則，在世俗爭趨嚮往風水庇蔭的社會氣氛中，固然是空谷足音，備顯得難能而可貴。另一方面，透過他們的批判性論述，或多或少，也讓我們一窺墳地風水庇蔭的觀念在清代後期臺灣漢人社會的普遍性。

通觀陰宅風水庇蔭之說的中心主旨，不外是環繞於生者如何藉由墳地風水的經營，以獲得現世福份與子嗣興旺的結果。這種功利意識轉化成抽象的思維模式，既是一種「風水吉壤必當有所庇蔭」的先驗信念，也是一種「禍福與否互證風水吉凶」的後設詮釋。而家族的盛衰繫於祖墳風水的心態，一旦落實在具體的行爲層面上，即呈現出一般大眾對於相地營葬與風水佳穴的講究。

二、相地營葬與風水吉穴的講究

對於篤信風水之說的社會大眾而言，擇葬於風水寶地是他們終身夢寐以求的福份。五代范越鳳於〈洞林秘訣〉一文中，曾概述風水寶地的形勢要件云：

〔註26〕鄭用錫纂輯，林文龍點校，《淡水廳志稿》，卷2，〈行誼〉，頁106～110。

〔註27〕此種見解，有如臺灣俗諺所云：「有天理，才有地理」；「無天理，就無地理」。莊秋情編著，《臺灣鄉土俗語》，頁109，244。

〔註28〕蔣鏞等，《澎湖續編》，卷上，〈人物紀・鄉行〉，頁29～30。

營地之法，當四顧山川中，有特起蓊鬱之象，一起一伏，與諸阜不同，而有美麗之對，然後寓意焉。登穴而望，主客有情，左右有輔，蜿蜿蜒蜒，前迎後擁，水口有山，四圍有障，眾美俱集，此佳城也。〔註 29〕

而所謂的風水寶地的形成，主要由專業的地理形家、堪輿地師或己身通曉風水之學的地方紳民所勘定。

（一）擇葬風水寶地的心理需求

大致說來，適宜營葬的福地吉壤與陽宅地理一般，其穴形通常被賦予吉祥動物、人身形態、人爲械具或神佛星象等稱謂，此爲堪輿家或風水師所慣用的「喝形」方法，也就是堪輿形家採取「具象化」的方式，將山川坡野的風水格局點劃出來。〔註 30〕例如，一般耳熟能詳的「牛眠穴」，通常被視爲上乘的福地佳壤。〔註 31〕這種慣例，無非是承襲自閩粵地區的風水習俗（參見本書第二章第一節）。經過「喝形」所認證過的風水寶地，普遍存在於清代臺灣漢人的生活領域。而這些在不同時期被貼上穴形標籤的地理空間，也可視爲漢族傳統的風水葬俗在臺灣社會的一種版圖擴張。

以臺灣府境爲例，自清代以來，府城地區的原野郊外逐漸累積的墓地塚穴，多被冠以各式各樣的穴形名稱。具體可徵者如：府城大南門郊外的金盤搖珠、烏鴉下田、鱟仔穴、仙人拋網、兩魚（形如二鯉）、水蛙潭、絲線吊銅鐘、石燭崙、兔仔穴、龜墓、蛇仔吐蛇、大魁斗、小魁斗、狗氳氤（地形崎嶇）、土壍堀（凹地地形）、蛇仔穴（李茂春葬處），小南門郊外的獅仔墓、三角堀（三角形凹地），小東門郊外的睏狗（形如眠犬），小北門郊外的石燭崙、睏狗、蛇仔穴、田螺狀、象鼻等。〔註 32〕北部地區，如淡水廳（新竹縣）竹壍紅毛港一帶（今新竹縣新豐鄉），相傳有三處風水絕佳的龍穴，其中，「龍母穴」上建有池府王爺廟，「龍公穴」上有徐氏祖墳，「龍子穴」上則有林氏

〔註 29〕引見黃愼編，《地理人天共寶》，卷 5，頁 44a。

〔註 30〕王玉德，《中華堪輿術》，頁 269～270。

〔註 31〕「牛眠穴」的典故，出自《晉書．周訪傳》中記載陶侃爲尋家中失牛而偶得葬父吉地一事，至後世演變而成風水佳穴的通稱。如從歷史文化的角度加以觀察，則「牛眠吉穴」在傳統中國廣受歡迎的原因，極可能與農業社會的背景有密切的關聯。

〔註 32〕石暘睢，〈臺南郊外塚地考〉，《民俗臺灣》，3 卷 4 號，昭和 18 年 4 月，頁 34～36。

祖墳。〔註 33〕

特定的風水寶地一經堪輿形家的權威認證，往往促成地方民眾長眠於此的動機。如道光末年謝金鑾等修、薛錫熊增補《續修臺灣縣志》卷二〈政志・義所〉中，記載大南門外魁斗山間塚地，「俗呼鬼子山，歷年久遠，邱墓纍塞」。〔註 34〕這種墳滿爲患的現象，可能與魁斗山係形家所謂府城下砂的風水寶地，〔註 35〕脫離不了關係。清末茅港尾近街東南有一巨塚，俗稱拔仔埔，其地「東環綠水，地占牛眠」，風水形勢頗佳，素爲地方人士埋骨處所。每逢清明時節，登塚祭掃者，盛極一時。〔註 36〕福地佳壤的吸引力，由此可見一斑。相形之下，地方官紳爲了因應民眾落葬風水寶地的心理需求，在公共墳地的擇取上，對於風水形勢的因素也多有講究，以使長眠斯土的往生者得以承受佳穴靈氣的蔭護。

原籍廣東的奇士陳資雲，精通星占術數，於清初渡臺後定居竹塹樹杞林石壁潭莊（今新竹縣芎林鄉）。乾隆後期，彰化縣大里杙林爽文（1756～1788）率眾起事，陳資雲曾與同莊劉朝珍及六張犁莊（今竹北六家地區）林先坤集結鄉民組織團練，抵抗林爽文部眾的侵擾，鄉民戰歿者達數百人。亂事平定後，陳資雲等人拾聚陣亡之士骸骨，並遍尋風水佳城，令亡者入土爲安。隨即有竹塹枋寮莊（今新竹縣新埔鎮下寮里）戴元玖捐出葬地一所，陳資雲等人於是「擇吉築墳，鑿穴如倉」，將所有骸骨聚葬此地。後世相傳「此穴極佳，推冠全臺」。〔註 37〕

清代臺灣南北各地官設或私立的義塚，主要目的是爲了提供貧疾無力或流寓客死者的安葬處所，讓廣泛的民眾享有這項喪葬救濟事業的福利。〔註 38〕如乾隆四十年代初期臺灣知府蔣元樞（1738～1781）於〈建設義塚殯舍碑記〉中指出：「自昔王政之大端，必有仁意以行之，而後治化之所被，乃足以旁流而深浹。是故生則爲之謀其衣食之源，死則爲之安其體魄之所。所謂使民養生喪死無憾者，此也」。〔註 39〕日治初期由前清附生蔡振豐完稿的《苑裏志》

〔註 33〕徐勝一、徐元強編，《新庄子東海堂徐氏族譜》，頁 274。

〔註 34〕謝金鑾等，《續修臺灣縣志》，卷 2，頁 92。

〔註 35〕謝金鑾等，《續修臺灣縣志》，卷 1，頁 17～19。

〔註 36〕黃清淵纂，《茅港尾紀略》，引見臺灣銀行經濟研究室編，《臺灣輿地彙鈔》，頁 138。

〔註 37〕林百川、林學源，《樹杞林志》，〈列傳・名宦〉，頁 89～90。

〔註 38〕盛清沂，〈清代本省之喪葬救濟事業〉，頁 28～48。

〔註 39〕謝金鑾等，《續修臺灣縣志》，卷 7，頁 512。

上卷〈建置志・義塚〉中，亦曾說明清代臺灣各地義塚設置的初衷云：「謹按臺灣義塚，或官自捐廉建置、或紳民鳩資買獻、或富戶自行稟充，聽人掩葬尸骸，免給地價；劃界勒碑，並禁牛羊踐踏之害，誠義舉也」。〔註 40〕

清代官紳設立義塚之際，有時也會顧慮到所在地點的形勢條件，或是周遭環境的風水格局，以滿足地方人士的擇葬需求。如道光八年（1828）五月淡水同知李愼彝（1777～1855）以竹塹城外壙地供不應求，於是購置由金山面幹龍入脈的南勢山一帶土地公阬埔頂山場作爲義塚，任民人隨處安葬。〔註 41〕道光十六年（1836）二月，淡水同知玉庚以竹塹堡南關外巡司埔尾大眾寺旁，「有公山一區，平原爽塏，可以卜葬」，乃就其地捐葬寄停無主骸罐三百餘具。〔註 42〕道光二十年（1842）正月，嘉義縣笨港地方人士以港西義塚日久疊葬，幾無餘地，於是另擇高園一處新設義塚。在董事職員林振賢、監生康廷珍同立〈笨新南港義塚碑記〉中指出，這處新設義塚的所在地，「後有來脈蟬延，前有淺溝環帶，誠冥居之得所者也」，明顯帶有風水因素的考量。在此義塚設立之初，眾人酌議使用規條，其中強調界內「不許盜築虛堆，以開誕貪之門。庶幾長久畫一，而葬死之而歸者焉」，以確保一般民眾的喪葬權益。〔註 43〕

除了公眾義塚擇置於風水寶地的情形之外，閩粵遷臺家族的風水擇葬行爲，亦是清代臺灣漢人社會的普遍現象。自宋代以降，傳統中國社會素以家族的倫常關係爲中心。有清一代，臺灣漢人移墾社會的發展，家族（宗族）勢力仍舊是其中主要的組成因子。〔註 44〕置身於風水庇蔭觀念瀰漫的社會環境中，子孫爲了保障家族的興盛昌達，在其爲先人相地營葬的過程中，自然不會忽略壙地本身的風水因素。

原籍漳州府海澄縣的臺灣縣人劉國瑞，於乾隆五年（1740）九月辭世後，長子武舉劉長青隨即「思卜一阡以厝」。同年十一月，爲其擇葬於縣邑永康里馬椆崙洲子內。根據劉長青所撰〈顯考璞齋劉府君墓誌〉的記載，墓穴風水方位坐辛向乙兼辛酉辛卯分金。〔註 45〕臺灣縣誥贈奉直大夫鄭廷爵妻林宜

〔註 40〕蔡振豐，《苑裏志》，頁 29～30。

〔註 41〕陳朝龍，《新竹縣采訪冊》，卷 3，頁 134～135。

〔註 42〕陳朝龍，《新竹縣采訪冊》，卷 3，〈義冢〉，頁 132；卷 5，〈義冢碑〉，頁 211～212。

〔註 43〕何培夫主編，《臺灣地區現存碑碣圖誌　嘉義縣市篇》，頁 48～49。

〔註 44〕陳其南，《家族與社會：臺灣和中國社會研究的基礎理念》，頁 81～90。

〔註 45〕臺灣銀行經濟研究室編，《臺灣南部碑文集成》，頁 26～28。

人，於乾隆三十四年（1769）正月辭世，至翌年（1770）十二月，長子欽授州司馬鄭其嘏為其擇葬於臺灣縣邑永康里洲仔內。據臺灣府儒學教授尤垂青所撰〈皇清誥封太宜人鄭母淑慎林氏墓誌銘〉的記載，此墓穴風水方位坐辛向乙兼酉卯丁酉丁卯分金。〔註 46〕鄭廷爵母郭太宜人，卒於乾隆三十五年四月（1770），同年十二月鄭氏子孫為其擇葬臺灣縣永康里洲仔內，其旁即鄭廷爵妻林宜人墓。在尤垂青所撰〈皇清誥封太宜人鄭母慈勤郭氏墓誌銘〉中亦記載其墓穴分金方位。〔註 47〕前舉墓誌銘涉及墳穴位置及其羅針方位坐向的記載，大致流露出後代子孫對於先人塋墓風水格局的重視。

在現存一份道光五年（1825）九月吳朝基立賣山關字中，具體顯示出遷臺族親之間關注於風水地穴的情形云：

> ……有自置荒山壹所，坐落土名打哪叭烏嵋下庄仔山。今因堂弟邦官乏地葬兄，托中前來求出風水壹穴，坐北向南，前至坡岸為界，後至□上為界，左至青龍山為界，右至白虎砂為界，四至分明。時直價佛銀壹大元正，其銀親收足訖，隨將風水壹雪照界，踏付堂弟前去卜葬兄骸，任從開剝成墳，或添砂補腦，聽其自便，不敢異言。

為了保障買主整修墳穴的權益以及風水的完整性，契字後段更鄭重聲明：「倘日後要修理，編左編右，任其改，不能阻擋，亦不敢許改他人斬肩破腦、騎龍截葬傷殺等，□亦不近穴開園，損壞龍脈，以及栽種樹木，蔽塞風水為礙」。〔註 48〕

民間人士篤信風水庇蔭與入土為安的觀念，也表現於為己身擇葬風水寶地的實際行為。原籍泉州府晉江縣的臺灣縣東安坊人吳國美，平生勤儉自持，尤好施與，年八十二無疾而終。吳國美生前嘗擇一廢塚為身後地，後代子孫奉遺命為其營葬，時人稱為風水吉壤。〔註 49〕嘉慶年間，彰化縣人姚佛在牛罵頭山觀音亭後貳崙山內卜擇一穴風水，坐東向西，並於其上虛築窨堆，作為自己身後壽域。〔註 50〕清代後期，曾任宜蘭仰山書院山長的頭圍舉人李望洋（1829～1901），於明治三十四年（1901）七月初七日逝世後，葬於宜蘭一結庄（今宜蘭縣礁溪鄉龍潭村）。該風水穴地係李望洋生前經堪輿名師扦點所

〔註 46〕臺灣銀行經濟研究室編，《臺灣南部碑文集成》，頁 83～85。

〔註 47〕臺灣銀行經濟研究室編，《臺灣南部碑文集成》，頁 86～88。

〔註 48〕潘英海編著，《中央研究院民族學研究所藏道卡斯古契文書．圖文冊》，頁 158～159。

〔註 49〕謝金鑾等，《續修臺灣縣志》，卷 3，〈學志．行誼〉，頁 219～220。

〔註 50〕中央圖書館臺灣分館藏，《臺灣古文書》，編號 95187。

擇定，其壽坟自記中指出此處形勢格局極爲優越云：

> 地力頗厚，係哲師張傑甫所扦；蓮花大結，前朝特秀火峰，後樂一字文星，兼有坐帳貴人；龍虎遶抱，門户關緊，左金童，右玉女，四勢和平，八水交會，且護纏重重，兜顧有情，堪稱福地，宜蘭平陽中不可多得者也。

李望洋對於這處風水深感得意，頗能滿足他身後安葬及庇蔭子孫的心理需求。爲此，他於壽坟自記中警示後人，絕不可擅自改動遷葬，以免浪費這處難得的風水寶地云：

> 余求得此穴心殊自慰，百歲後骸骨歸此，據地法論，後代子孫當必有金馬玉堂之選，第未稔將來驗乎否耶？余到九泉，地下拭目望之，切不可妄聽盲師之言，擅行啓攢改遷。切記切記！倘有不肖子孫，敢違吾訓者，定遭天譴矣！〔註 51〕

從這段引文，讓我們見識到士紳階層如何重視己身長眠之處風水形勢的完好。

地方人士信仰風水對於後代子孫的福蔭，重視陰宅的相擇，難免也衍生出各種環繞於墳地使用的糾紛。清代中期，淡水廳三角湧橫溪（今新北市三峽區溪南里）一帶的劉、蘇兩家，相傳兩姓祖厝建於同一條龍脈上，各朝東、西向，後來卻因劉姓先人搶佔蘇家的風水葬地，加上其他的利益爭執而結下怨隙。〔註 52〕清季臺南地區流傳一則家族之間訟爭風水的傳聞，也爲我們提供相關的訊息。當時在臺南府城經營布行、染坊的蔡氏家族，財勢頗爲顯赫。相傳蔡家三老爺辭世之際，族人曾延請堪輿先生爲其物色牛眠佳城，最終決定在竹溪寺對面娥眉頭一處原由林家抵押給蔡家的田地內營葬。然而這塊田地內，卻長有一株被府城士紳陳望曾（1853～1929，同治十三年進士）家族視爲「神木」的榕樹。蔡家希望砍除榕樹以安葬先人，陳家則欲保全這株庇蔭族人飛黃騰達的神木。爲此，陳家曾請洽蔡家另覓風水葬地，以緩和彼此呼之欲出的衝突。蔡家卻嚴加拒絕，並呈控安平縣令謝壽昌出面調解，致力爭取將該處田地轉作爲墳墓用地。由於兩家之間固執己見，互不讓步，致使全案一度懸置未決。直到甲午割臺前夕，陳家透過林氏後裔取得娥眉頭的地權，安平縣令於是接受陳家所提呈的權狀，判決陳家勝訴，結束了雙方延宕

〔註 51〕鄭喜夫，〈李靜齋先生年譜初稿〉，引見李望洋，《西行吟草》，附錄，頁 58。
〔註 52〕賴志彰主持，《臺北縣傳統民居調查（第一階段）》，頁 103～106。

多年的官司。爲了一株榕樹的去留問題，蔡家先人終究未能卜葬於娥眉頭的風水吉穴上。〔註 53〕

回顧前述家族糾結於陰宅用地的風水爭執，似乎也讓我們感受到，堪輿之說在清代某些臺灣世家大族與士紳階層心目中的重要地位，使得他們汲汲於先人陰宅的經營。而清代臺灣社會控爭墳地、混葬塚穴的情形時有所聞，也與這種根深柢固的風水情結脫離不了關係（參見本書第六章第一節）。

（二）家族成員的陰宅經營

關於清代臺灣各家族從事風水營葬的情形，在家譜、族譜、宗譜等資料中，大多載有其家族先祖的生卒時間與墓葬塋穴的風水坐向（有時會在發凡起例中加以明示），甚至是墳地所在位置的來龍去脈、穴形格局圖示以及當初扦點風水的堪輿師姓名，反映出後代子孫對於祖墳風水的講究。整體而言，爲先人相擇佳穴吉壤予以安葬的日常行爲，幾乎成了家族發展的主要活動之一。

淡水廳竹北二堡大溪墘九斗庄羅氏開臺始祖羅允玉，生於康熙四十七年（1708），原籍惠州府陸豐縣大安墟方角都上寮鄉。雍正十年（1732），偕弟渡海來臺，輾轉遷徙於竹北二堡各地，至乾隆十五年（1750）入墾九斗庄（今桃園縣新屋鄉九斗村）。乾隆十九年（1754）十一月，羅允玉辭世，墓葬竹北二堡楊梅壢隘口寮，穴屬獅子弄球穴，坐北壬山丙向（坐北北西朝南南東）。〔註 54〕

淡水廳竹北二堡新埔枋寮庄徐氏開臺始祖徐雲漢，生於雍正九年（1731），原籍惠州府陸豐縣三溪鄉，於乾隆年間攜眷渡臺墾殖。徐雲漢辭世後，墓葬竹北二堡後庄塚埔墘，分金癸山丁向。後代子孫認定此處山明水秀且龍眞穴的，定可福蔭裔孫。〔註 55〕

淡水廳艋舺王氏開臺始祖王光溪（義德），生於嘉慶元年（1796）三月，原籍泉州府晉江縣龍塘，於清代中期渡遷臺灣，卜居淡水廳艋舺一帶。咸豐八年（1858）五月辭世，擇葬於錫口街（今臺北市松山區）後。其子王祖沛題書墓誌銘曰：「生也如寄，黃土長封；牛眠地卜，後裔繁昌」，流露出濃厚

〔註 53〕婁子匡，〈迷信堪輿的陳望曾〉，頁 94～96。另參見盛清沂等修，《臺灣省通志．人物志》，第 3 冊，頁 292。

〔註 54〕祭祀公業羅允玉管理委員會編，《祭祀公業羅允玉派下族譜》，頁 23，26，61。

〔註 55〕東海堂編，《徐氏雲漢公傳下裔孫宗族譜》，頁 12～13。

的風水庇蔭觀念。〔註 56〕龍塘王氏族譜中圖示王光溪墓地周遭祖龍、來龍、朝峰、水流等風水形勢，其姪王輔臣撰文分析該墳穴擁有不錯的風水堂局云：

> 義德王太君府金城，龍自府治東南内山，廉貞作祖，舞樓下殿，迢迢數十里而來，頓起抽旂山，形如幢幡寶蓋狀，中幹逶迤數節，度下平陽，成乙辛之局，結府治；灰角一枝，下艋舺爲護彊，行度磊落雄奇，其中結構美地甚多。惟右角一枝，自撫山之後，飄逸飛騰，過峽乙龍入首，起貪狼木星；中垂水乳，左右兩砂，邑護有力，界水分合得宜；巽水朝堂，庚方文庫消水，合乙龍坤向，祿存流盡，佩金魚之格。

然而，王輔臣也認爲前述風水格局仍有美中不足的一點：「所嫌直龍來橫受，左腰乘氣，福力稍輕」。有鑑於此，王輔臣於全文後段中指出，墓地的龍穴砂水形勢如果能作適當的調整，將更有益於後世子孫：「若輪前案貴人，文峰聳拔，旗山列左，馬山居右，山水環繞有情，當出文武科第，富貴可期，不作泛泛觀也。發跡應在寅午之年，未識高明以爲然否」。〔註 57〕從王輔臣的論述中，我們可以體會一名通曉堪輿之說的地方人士，如何看重祖墳風水的布局對於後代子孫的影響。

彰化縣大肚西沙轆中堡鴨母寮王崇益號染坊主人王光福，於光緒五年（1879）六月病逝後，子嗣王光泉兄弟七人爲其停柩相擇吉地，予以厚葬。〔註 58〕

彰化縣沙連堡大坪頂新寮（今南投縣鹿谷鄉）黃氏渡臺第三世黃福星，卒於同治三年（1864）五月，至光緒三十年（1904）二月後代子孫將其改葬新寮外湖水尾田中，風水方位坐乙向辛兼卯酉丁卯丁酉分金，墳地係由苗栗地師徐文炳扞葬。光緒三年（1877）六月，黃福星長子黃在中率家眷遷居沙連堡林圮埔（今南投縣竹山鎮），卒於光緒十六年（1890）四月，初葬林圮坪仔頂。至光緒二十九年（1903）七月，其子黃廷幹以先父原葬墳地「龍穴未妥，山水弗宜」，乃延請地師邱高輝，另於下坪庄五里林頂公館潭仔扦點一處改葬地穴，風水方位坐壬向丙兼子午辛巳辛亥分金。黃廷幹於改葬祭文中，扼要地指出這處新扦墳地擁有極佳的風水格局云：

〔註 56〕王觀梓編，《龍塘王氏族譜》，頁 41，76。
〔註 57〕王觀梓編，《龍塘王氏族譜》，頁 77～78。
〔註 58〕王清良等編，《日江王崇益公號七大房共有族譜》。

相茲形勝，改築對塋，堂朝四水，帳坐環屏。

案喜入懷，巒贊金星，群峰獻秀，山岳鍾靈。

砂明水秀，方位經營，允堪宅兆，永奠佳城。

占卜協吉，窀穸永貞，庭墀堂奧，工力告成。〔註59〕

再者，黃在中元配林園於光緒年間改葬外湖水尾山，風水方位坐壬向丙，墳地由廣東籍地師黃伯謙扦葬。黃在中續配陳合於光緒二十一年（1895）閏五月辭世後，初葬林圮埔花夢埔二坪仔，風水方位坐未向丑兼坤艮丁未丁丑分金，墳地由地師邱高輝扦葬。〔註60〕由此可見，自清末至日治初期黃氏家族的擇葬過程中，皆仰賴堪輿地師的專業指導。

在現存的幾份清代臺灣各地的契約字據中，我們也可以看到地方人士透過堪輿地師尋找風水葬地的情形。如一份乾隆四十九年（1784）十二月劉來生立杜賣盡根荒山風水契中，提到其於乾隆二十年（1755）向番業主承給擺樓保大安寮庄內（今新北市土城區內）荒山一所，欲在界內相地營葬。爾後，劉來生延請堪輿地師勘驗該山風水形勢與亡母本命不合，乃將這處原定的墓葬地點賣與他人開墳營葬，自己另擇其他風水吉地改葬亡母：

……有于乾隆二十年親向番業主給出山批荒山一所，址在擺樓保大安寮庄，以擇墳塋，…….欲爲媽親墳塋，請地師到觀午山，與媽親先命不合，欲擇別山。此山無用，願將此山一切杜賣盡根與人。……托中引就賴霞山號出首承買，……隨即仝中將此荒山踏明四至界址，交付買主前去，永遠掌管爲己業，任從開山造墳，不敢左右別開葬礙，亦不敢來脈斬龍截葬。〔註61〕

契約中顯示，擬葬墓穴是否與亡者的本命生辰相合，須倚仗地理師的指點；下葬地點的風水是否適宜，也須經過地師的勘驗才能確定。至於何處爲安葬亡者的風水吉穴，通常也在看山先生的扦點之下始告成立。如嘉慶六年（1801）八月北投社通事琫生立給山字中，說明其原有北投庄水圳內草山平頂半坪山場（後爲芝蘭二堡頂北投庄），「今有漢人陳銳觀欠乏山地安葬祖坟，請師於此山取擇貳穴，向琫認主給批」。〔註62〕在道光二十五年（1845）十月許大建等人公立獻風水地字中，說明其「有仝承管祖父遺下水田壹處，土名

〔註59〕黃允哲編，《黃端本堂家譜與詩文選集》，頁12～13，18，42。

〔註60〕黃允哲編，《黃端本堂家譜與詩文選集》，頁14。

〔註61〕王世慶等編，《臺灣公私藏古文書》，編號FSN01-02-031。

〔註62〕劉澤民編，《臺灣總督府檔案平埔族關係文獻選輯續編》，頁121。

牛罵保湳仔庄，其中前憑地輿公擇風水地壹穴，在該田厝西畔」。〔註63〕在同治五年（1866）八月許獅光、許地光同立獻風水地字中，提到其「有承祖父遺下水田壹所，內茅厝壹座，址在湳雅庄。今因世誼蔡鰲山老令尊別世，未安窀穸，適有堪輿稱光等田內茅厝地係是吉穴，托中向光等懇求將厝拆毀，開剪風水」。〔註64〕

「開澎進士」蔡廷蘭於咸豐九年（1859）病逝江西任內後，其棺柩運返澎湖廳故里林投澳雙頭掛社（今澎湖縣馬公市興仁里），暫放於蔡氏宗祠。次子蔡尚進（鴻祥）擬延請堪輿地師為其妥擇風水葬地，以便入土為安，不料一波多折，停柩多年而未能下葬。同治五年（1866）九月，在蔡尚進同其族叔蔡武所立蔡香祖寄厝公約字中，提到他權將亡父蔡廷蘭棺柩暫寄蔡武園地內，擬待地理師扦定福地佳穴後再行落葬云：

> 緣進先父在江西任內身故，運柩回家，停住在宗祠內，候擇吉歸土。時被親堂兄弟迫勒出葬，較分餘俸。因未暇筵請地理師卜擇穴地，欲先暫行寄土。適本族武叔于東衛山腳塗園一所，頗有局勢，然而未合仙庚。欲借暫寄，特恐後來不便。爰請中人三面言約：將武園邱與進父柩寄土，候進事竣，另請地理師詳覆允妥，方算換斷。〔註65〕

契字中緊接著明訂蔡武、蔡尚進叔姪雙方的權利及義務，尤其強調「倘卜擇不利，原地換回，俱各聽從其便」。而當這份合約簽定之後，蔡尚進後來因風水不妥的關係，於同年十一月將蔡廷蘭遺骸遷葬拱北山麓，其間卻與蔡武因園地歸還問題發生糾紛，叔姪二人為此對簿公堂。根據當時官府針對蔡武呈控內容的批示中顯示，蔡尚進曾因墳穴風水不安的關係，另擇適當的地點將父骸予以遷葬。〔註66〕事件的過程，體現出蔡廷蘭後代子嗣奉行風水觀念的情形，尤其是仰賴堪輿地師卜擇葬地與遷葬親骸的作法。

（三）陰宅遷葬的風水行為

清代臺灣漢人社會的遷葬現象，係傳承自閩粵原鄉的風水葬俗，也可視為傳統風水庇蔭觀念具體實踐的結果。一般說來，遷葬的原因，主要是後人

〔註63〕中央圖書館臺灣分館藏，《臺灣古文書》，編號95244。

〔註64〕中央圖書館臺灣分館藏，《臺灣古文書》，編號95275。

〔註65〕臺灣銀行經濟研究室編，《臺灣關係文獻集零》，頁204～205。

〔註66〕臺灣銀行經濟研究室編，《臺灣關係文獻集零》，頁206。

一旦認爲祖墳風水不妥，甚至作祟子孫，造成家中禍事接踵，族裔運勢衰頹，自會延請風水先生選定佳地吉時，重新遷葬先人骸骨。〔註 67〕如嘉慶八年（1803）五月涂光蘭立墾幫資葬母遺地歸還業戶字中，即呈現出亡母葬後家事不順而遷葬他處的情形云：「緣蘭先年有母陳氏骸骨在園寶庄業戶潘兆敏田面隙地扦葬，因脈絕穴凶，自葬之後家口敗亡。今經遷起，欲往別處營葬，因乏工資，托親族光福、光揚、鄉鄰吳元龍保甲等前來岸社向業戶潘兆敏墾幫工資另葬，以安幽魂」。〔註 68〕在同治元年（1862）九月鄭朝枝立賣風水字中，也提到其祖遺鳳鼻尾山中崙一風水地穴原葬媽親陳氏，後來「因人事不祥，求師別擇，將媽親骨骸抽移別地安葬」。〔註 69〕光緒十二年（1886）十二月，咸菜甕撫墾局幫辦貢生張濟川向新竹知縣方祖蔭呈稟：「緣生故父窀穸未宜，墓延未建，計今三載，恨抱終天。迨本春，始於竹北二保溪南地方，購就陰地壹所，當擬夏間，擇吉遷葬」。有鑑於此，張濟川懇請方祖蔭准假歸葬，以了結其遷葬父墳的心願。〔註 70〕

從相關的資料顯示，除了墳穴不妥、葬後不利的因素之外，遷葬祖墳的情形，似乎也是清代臺灣喪葬習俗的常態。如「開臺進士」鄭用錫於清治後期改葬先人墳塋後，曾題詩以誌：「牛眠欲卜幾盤桓，劫火連天淚暗彈。生有寶田傳世在，死無石槨護身難。一坏骨肉仍同穴，百代衣冠擇所安。此後兒孫應稍慰，天長地久共漫漫」。〔註 71〕而鄭用錫本人往生之後，也承受過遷葬的待遇。根據前淡水廳同知代理臺灣知府朱材哲（1795～1869）所撰墓誌銘的記載，鄭用錫於咸豐八年（1858）二月七日寅時辭世，次年葬於竹塹香山麓，子孫後來將其改葬塹南關外竹仔坑鄉（今新竹市東區光鎮里客雅段），風水方位坐己向亥兼巽乾分金丁巳丁亥。〔註 72〕其墓碑年代，題爲同治己巳年（八年，1869）菊月，次男如梁立石。〔註 73〕儘管遷葬的動機在行文之中未有明示，但想必與風水因素的考量脫離不了關係。

〔註 67〕臨時臺灣舊慣調查會，《臨時臺灣舊慣調查會第一部調查第三回報告書．臺灣私法》，第 2 卷上，頁 92～94。

〔註 68〕岸裡大社文書出版編輯委員會編，《岸裡大社文書（二）》，頁 839。

〔註 69〕鄭華生口述、鄭炯輝整理，《新竹鄭利源號典藏古文書》，頁 265。

〔註 70〕淡新檔案校註出版編輯委員會編，《淡新檔案．第一編　行政（一）》，頁 102～103。

〔註 71〕鄭用錫，《北郭園全集．北郭園詩鈔》，卷 3，頁 15a。

〔註 72〕鄭用錫，《北郭園全集》，〈墓誌銘〉，頁 3a-b。

〔註 73〕何培夫主編，《臺灣地區現存碑碣圖誌　新竹縣市篇》，頁 173，248。

擇地遷葬的行爲，每可見於清代契約文書的記載。如乾隆四十六年（1781）十一月，謝奎禧將祖遺鶯歌石（今新北市鶯歌區）湖內水田一處，托中賣與胞叔謝辛應、謝旺梅二人，在所立杜賣斷根田契字後附帶批明：「此田籠仔裏，先年所葬父，有地一穴，至今未曾收金，亦未定穴。后日收金復葬，或遷上下、或左右，買人不得阻擋」。〔註 74〕引文中的「收金復葬」，即爲檢骨遷葬，也就是所謂的「二次葬」。類似的情形，如道光二十四年（1844）十二月，臺灣縣保西下里大人廟大學社陳傑、陳明、陳華等人將祖遺柳仔林洋牛屎潭內田園一所典給大西門外頂南河街石榮記，在所立典契字後附帶批明：「又牛屎潭田一所，內葬明等仙父墳塋一穴，東西南北四方計六丈；又葬仙母墳塋一穴，東西南北四方計六丈。此兩穴風水，原擬要遷」。〔註 75〕同治四年（1865）十一月林再明立憑準字中，提到其買過林良敬兄弟姪等公田一段併帶墳穴，「彼時立契之日，同中面議，切欲將此墳穴遷移別處，該墳地任憑買主開築成田，永爲己業」；「及至後日，林良敬兄弟姪等欲將墳地起遷另葬別處，該墳穴地段併憑準字自當送還買主執掌，任從開築成田」。〔註 76〕除此之外，在清代臺灣各姓族譜中，遷葬風水墳地的情形亦是屢見不鮮，本書先前所引多部族譜的相關記載可爲明證。

後代子孫於祖墳葬後多年，擇日啓棺檢骨裝罐，復改葬於風水佳穴，此種作法，帶有大陸南渡漢人的風水擇葬行爲與南方土著的洗骨遷葬習俗相互交融的色彩。自宋元以降，逐漸成爲閩粵社會喪葬習俗的一項慣例。這個部分，在本書第二章第一節已略有闡述。另據光緒年間黃逢昶於〈臺灣竹枝詞〉中的註語：

> 閩中風俗：人死埋葬後，必檢骨於甕罈。富者，用石灰窯磚封於土面；貧者，即以瓦甕置諸山中。若不如是，其心不安，無顏對親友。然仕宦秉禮之家，則不聞有此。若鄉間愚民，雖疊經地方官出示嚴禁，習俗移人，今猶如故。〔註 77〕

檢骨習俗既是民俗常態，即使官府出面干涉，移風易俗之事亦非朝夕所能。官方的禁不勝禁，只是更加凸顯出這類喪葬習俗的根深柢固。清代遷臺漢人無疑也承襲了這項傳統習俗，如光緒中期不著撰人的〈臺遊筆記〉中提

〔註 74〕盛清沂總纂，《臺北縣志．開闢志》，頁 63a-b。

〔註 75〕臺灣銀行經濟研究室編，《臺灣私法物權篇》，頁 792～793。

〔註 76〕臺灣銀行經濟研究室編，《臺灣私法物權篇》，頁 744～745。

〔註 77〕引見黃逢昶，《臺灣生熟番紀事》，頁 27。

到：「喪事，則人死不即舉哀家中，長幼共赴河邊禮拜，取水與死人洗擦，然後啼哭；棺殮之後，即埋土中。約百日再行取出，檢骨於罈，東放西藏，毫無定所；所謂骨罈所置，可卜風水之佳也」。〔註78〕明治三十六年（1903）日人佐倉孫三於《臺風雜記》的〈墓地〉條中記載：「臺人之喪，先選良材製棺槨，形如刳木舟，藏屍於其中。鑿地僅二、三尺置棺，粘土塗其上，如土饅頭。經過三、四年，而開棺洗骨，改葬於壙穴，建碑標。但貧者經數年猶不能改葬，土饅頭沒於草萊之間」。〔註79〕透過蒞臺人士對於臺地風俗民情的觀察，亦可略窺清代後期本土漢人社會所重現的原鄉風水葬俗。

一般說來，初葬的墳塋，通稱爲「凶葬」；起骸遷葬後的墓穴，則名之爲「吉葬」（俗稱爲「佳城」）。遷葬的年數並不固定，多半以三年爲限。〔註80〕如嘉慶六年（1801）十二月二十七日黃元二立借葬字中提到：「今有父身故，無處安葬，墾求岸社兆敏頭家管轄翁仔社田內埕葬父，當即議定：自辛酉年起至癸亥年止，願將父骸洗起別處，不敢復佔田內再爲築墳等情，所有墳化平成田，不敢異說」。〔註81〕嘉慶十八年（1813）十一月張應秀、張水秀兄弟等立限字中聲明：「今因父骸未有風水安葬，托中前來向于親戚阿沐、六觀姑丈分下之田，坐落土名社口庄田中，求葬風水壹穴。其風限葬三年，自嘉慶拾捌年冬起，至嘉慶貳拾壹年冬止，參年限滿之日，秀兄弟自己仟起，不敢異言生端」。〔註82〕

從入土安葬至起骸遷葬，概以三年爲限。當然，如有其他意外事故，則可另當別論。如嘉慶二十二年（1817）六月陳安立再墾暫借葬字中說明：「前因母身故，一時無處安葬，白手向得岸社兆敏潘頭家員寶庄分下田內小石磊餘埔處借葬，當時口限三年將母骸遷移別葬，奈未覓有墳，目今未遷，再墾頭家寬容數年暫葬，俟日後有墳可遷，即此石磊餘埔借葬墳地，安愿自己毀平，開墾成田供還業主」。〔註83〕借葬人因三年期限已到，尙未尋獲適宜的穴地予以遷葬，惟有請業主寬限時日，再行歸還借葬地點。

〔註78〕引見臺灣銀行經濟研究室編，《臺灣輿地彙鈔》，頁102。

〔註79〕佐倉孫三，《臺風雜記》，頁5。

〔註80〕曾景來，《臺灣宗教と迷信陋習》，頁242～243。

〔註81〕岸裡大社文書出版編輯委員會編，《岸裡大社文書（二）》，頁838。

〔註82〕岸裡大社文書出版編輯委員會編，《岸裡大社文書（二）》，頁767。

〔註83〕岸裡大社文書出版編輯委員會編，《岸裡大社文書（二）》，頁841。

（四）陰宅產權的取得

就實質層面而言，清代臺灣漢人的風水擇葬行為，也是一種土地使用的方式。如果相中的風水吉穴位於他人的產權界內，則須透過買賣或租借契約的形式，以取得該風水墳穴的使用權。清代臺灣社會存在各種陰宅墓地的交易方式，仍舊是承襲自閩粵原鄉的傳統慣例。〔註 84〕如嘉慶十二年（1807）五月，張光財向業主胡裕俊承給淡水廳興直保獅頭巖角（今新北市五股區集福里）一處山埔，作為墓場。雙方踏明墳穴四至界址後，業主胡裕俊立下給山批字，將此處交付買主「任憑剪做成墳，永為掌管」。〔註 85〕道光五年（1825）三月，歐合意因「缺欠風水」，托中向蔡交承買彰化縣牛罵頭東勢山頂（今臺中市清水區內）埔地，以開築風水，作為葬親墳穴。蔡交立下賣山園字，將該處交付歐合意掌管。〔註 86〕道光十七年（1837）十二月，曾益能向竹塹墾戶金廣福承給金山面公館前（今新竹市龍山里、金山里附近）山埔中坐南向北的窨築墳堆壹穴，雙方踏明四至界址後，墾戶金廣福立下給山批字，將此地交付曾益能前去「開築大墳埋葬，永作佳城」。〔註 87〕又如道光十八年（1838）十一月墾戶劉世城立給山批字中提到：

> 緣因劉連壁在城地場界內築有土墳一穴，土名猴洞車路面，坐東向西，橫五丈為界；直墳堂透至龍身頂一十二丈為界壁。即日備出禮物、酒席，前來向城給出山批；城即將該處土墳踏明界址，交付於劉連壁前去掌管，擇吉安葬，永作佳城。〔註 88〕

由此可見，清代臺灣民間實際的相地營葬行為，也可以從風水墳地的產權取得及其使用方式，略窺究竟。類似的例證，其實不勝枚舉。

咸豐七年（1857）三月，彰化縣牛罵頭街（今臺中市清水區）蔡思安向陳媽賜承給牛罵頭保山頂舊莊西南畔井仔湖一處產業，以開築風水墳地。雙方踏明四至界址後，陳媽賜立下給山批字，申明此風水地任從買主蔡思安「開剝剪造，安葬墳墓，永為己業」。〔註 89〕同治十三年（1874）三月，頂秀祐莊林典向下茄冬南堡番仔寮莊黃連、吳乖、吳仁等人求給番仔寮莊南大埤墘田

〔註 84〕陳進國，〈事生事死：風水與福建社會文化變遷〉，第 5 章，頁 214～240。
〔註 85〕邱水金主編，《宜蘭古文書》，第 4 輯，頁 169。
〔註 86〕中央圖書館臺灣分館藏，《臺灣古文書》，編號 95208。
〔註 87〕三田裕次藏，張炎憲主編，《臺灣古文書集》，頁 131。
〔註 88〕臺灣銀行經濟研究室編，《清代臺灣大租調查書》，頁 118。
〔註 89〕中央圖書館臺灣分館藏，《臺灣古文書》，編號 95269。

園一處，作爲祖墳葬地。黃連、吳乖、吳仁立下憑信字，將此處交付林家前去造墳安葬。〔註 90〕同年十二月，龍蛟潭堡新店莊李喜、李槌兄弟承祖父遺下新店莊南勢珊瑚樹尾埔田一坵，「因父親仙逝，無地可葬，爰託宗親代求本族芽叔鬮分應份園中，抽出穴場一所，以爲仙父窀穸之所」。李喜兄弟於是將界內水頭坵田與族叔對換風水地，並立下契字付執爲憑。〔註 91〕光緒四年（1878）十一月，蘇青山將祖遺石碇堡碇內莊粗坑口柚仔腳內水田山場埔地一所賣與張德源，在雙方同立合約字後批明，北畔崙尾交付賣主蘇青山「抽起風水一穴，剪做方圓」，另批明「粗坑口小坑內崙脊蔭堆一穴，坐南向北，付山做方圓」。〔註 92〕此爲賣主售出山埔後，另抽出界內土地作爲風水墓穴的情形。光緒九年（1883）十月，大檳榔保北港街張輝南向同街許吉順號求給大崙莊東北畔田園一段，作爲葬母墳地。雙方踏明界址之後，許吉順號立下收銀繳契字，將園地交付張輝南卜葬母墳。〔註 93〕光緒十年（1884）正月，武東保社頭街業戶蕭德隆欲在枋橋頭洋水田地內築墳，因預葬墳地毗連員林街福寧宮祀田兼界，於是與該宮董事賴萬青、賴添宗、黃朝清、江上苑等人相議，蕭德隆立下換祀田字，將東畔水田三坵與南畔埒頭一坵換取福寧宮祀田南畔水頭二坵，以供己身卜葬墳塋。〔註 94〕

此外，道光三十年（1850），張阿祿向銅鑼圈墾戶蕭鳴皋買得長林下石岐仔內土窨一穴，坐北向南。後因不能自葬，於咸豐元年（1851）四月賣與楊開瑞兄弟。雙方踏明四至界址後，張阿祿立下賣土窨字，聲明此處自此交付買主前去「擇吉開土，永作佳城」，並保證土窨周遭絕無他人墳墓爲礙。〔註 95〕咸豐三年（1853）十月，黃雁南向鍾承欽求給楊梅壢街頭內自置埔地一所，扦作「坐東向西窨墳一穴，永遠佳城」。鍾承欽以該處地瘠不能耕作，乃欣然立下遜讓窨墳字，將界內交付黃雁南前去開築墳地。〔註 96〕同治四年（1865）十月，葉庚興昆仲向業主蕭乾興承給銅鑼圈打牛崎車路下山面（今苗栗縣三灣鄉銅鏡村境）一穴坐北向南的土窨，業主蕭乾興立下給山

〔註 90〕臺灣銀行經濟研究室編，《臺灣私法物權篇》，頁 1094。
〔註 91〕臺灣銀行經濟研究室編，《臺灣私法物權篇》，頁 130～131。
〔註 92〕臺灣銀行經濟研究室編，《臺灣私法物權篇》，頁 164～165。
〔註 93〕臺灣銀行經濟研究室編，《臺灣私法物權篇》，頁 1099～1100。
〔註 94〕臺灣銀行經濟研究室編，《臺灣中部碑文集成》，頁 160。
〔註 95〕黃美英主編，《凱達格蘭族古文書彙編》，頁 194。
〔註 96〕臺灣銀行經濟研究室編，《臺灣私法物權篇》，頁 1102。

批字，將此墳界交與買主前去「擇吉興工，修築安葬」。〔註 97〕光緒十六年（1890）七月，墾首葉復成、股首戴新運等人將所鬮牛角窩風頭垠界內自築一穴坐南向北的土窨，托中賣與葉阿進兄弟，任其選擇良時吉日安葬墳墓，並立給永遠安葬山批字爲憑。〔註 98〕光緒十八年（1892），傳保生兄弟擅行在張阿佑等人位於三湖莊東片油車崎邊的自造土窨地扦葬，而遭呈控在案。後來經過公親的調處，於同年五月傳保生兄弟備銀向張阿佑等人承買這處土窨，並由賣主立下杜賣土窨山批字爲憑。〔註 99〕

前舉契字中的土窨、窨墳等用詞，係風水墳地的一種代稱。清代臺灣社會一般大眾所通稱的「風水」（墓地），或指未經埋骨的墓葬用地，或指已經安葬骸骨的墳墓。在民間各類杜賣盡根窨堆風水字、杜賣盡根風水字、甘願窨堆字等契約文書中所涉及的「風水」買賣，其對象蓋指尚未埋骨的墓葬用地，也就是墓主生前事先擇定墓壙葬地，先造假墳予以充當，即稱爲土窨、窨墳，或窨堆、蔭堆、窨穴、生窨、壽城等。除了前述因不能自葬、埔地貧瘠而出售土窨的情形之外，業主也往往基於擬葬墓穴方位宜忌不適、先祖葬後不利、另謀風水佳地或急需金錢周轉等原因，而將原穴地售出。〔註 100〕從這些有關風水墳地的典賣契約中，我們也可以看出清代臺灣民間對於相地營葬一事的重視。茲舉證如下，作爲示例：

（1）因風水方位不妥或與葬主本命不合而將原墳穴墓地售出

如同治六年（1867）八月，鄭士錦、鄭士勇等人承祖父遺下大加蚋堡新莊仔莊蜈蚣埤長田內風水地一所，穴係坐西拱東，原欲安葬祖墳，但礙於分金（風水方位）不合，於是托中賣與闕光猷兄弟。雙方踏明風水地界後，鄭士錦、鄭士勇等人同立賣風水字，聲明此處交付買主「前去抽上抽下，偏左偏右，剪做方圓，安葬成墳」。〔註 101〕同治三年（1864）十二月，陳貞記以亡妻命勢與所葬成雅寮（今新北市五股區成子寮）後山崙上風水地不合，於是扦起別葬，將原墳地托中賣與葉希純。雙方踏明界址後，陳貞記立下賣墳地字，交付買主葉希純前去開築成墳。〔註 102〕

〔註 97〕王正雄、施金柱主編，《臺灣古文書專輯》，頁 206。
〔註 98〕洪麗完編著，《臺灣社會生活文書專輯》，頁 441～443。
〔註 99〕中央圖書館臺灣分館藏，《臺灣古文書》，編號 95302。
〔註 100〕臺灣慣習研究會原著，黃連財等編譯，《臺灣慣習記事》，第 2 卷上，頁 133。
〔註 101〕臺灣銀行經濟研究室編，《臺灣私法物權篇》，頁 1103～1104。
〔註 102〕唐羽編，〈溪尾庄古契彙編（上）〉，頁 250～251。

（2）因先人葬後不利而轉賣原風水葬地

如一份咸豐十一年（1861）四月族弟壇立杜賣風水字中，提到其「有向李家明求過風水地一穴，址在蜂岫腰崎腳青園。今因此地葬後不利，欲遷改他處，無從所出，費用無資」，於是托中售與其牛屎崎莊族兄掌管。〔註 103〕光緒十年（1884）十一月，劉上達以先人所遺青潭面鹿角潭庄一處山埔窨墳，「屢葬祖坟不吉」，於是托中引就族親劉鱗發父子出首承買，立下遜讓山埔窨坟契字爲憑。〔註 104〕光緒十八年閏六月，賴嬰等人以原葬楓樹腳張家田中的祖墓，近因「風水多虞，既議啓攢，改葬別處，尙缺工資」，於是將原穴地托中售與張益昌掌管，立下杜賣盡根舊墳字爲憑。〔註 105〕

（3）因不欲安葬而將原風水窨穴售出

如道光二十七年（1847）十二月，蔡財原有座落於大肚山頭公館塹土地公樹下一穴風水，因自己不欲安葬，托中賣與宗親蔡媽居前去「開造成墳，永遠安葬，長短廣狹，聽其裁擇，不敢阻當」，立下賣風水地字爲憑。〔註 106〕光緒十四年（1888）七月，謝木生原有承父遺下貓裡坪頂茶亭庄（今苗栗縣苗栗市）山場一所，內造有窨墳一穴，因自己不欲安葬，托中引就陳才生出首承領，「請師點穴，任從扦上扦下、扦左扦右，永遠安葬」，立下遜讓土窨字爲憑。〔註 107〕

（4）因另謀風水葬地而將原有土窨舊墳轉售他人

如道光四年（1824）十二月，陳阿二因別尋風水葬地，乃將原本於大旱坑排內（今新竹縣關西鎭東平里）自扦的一穴坐西向東的曠墳，托中賣與林喜三前去興工築墳，立下斷賣曠墳字爲憑。契字中聲明此墳穴內「並無安葬骸骨，上下左右亦無侵礙他人墳墓」，以平息買主的疑慮。〔註 108〕道光二十六年（1846）八月，曾益能因「別尋吉穴」，將先前於道光十七年（1837）買過墾戶金廣福金山面莊公館隘寮對門山埔地內所築墳堆，托中賣與林繩傳前去開築墳墓，立下遜讓山埔土窨字爲憑。〔註 109〕道光二十五年（1845）十二月，

〔註 103〕臺灣銀行經濟研究室編，《臺灣私法物權篇》，頁 1113～1114。
〔註 104〕劉澤民編著，《關西坪林范家古文書集》，頁 298。
〔註 105〕王正雄、施金柱主編，《臺灣古文書專輯》，頁 412。
〔註 106〕中央圖書館臺灣分館藏，《臺灣古文書》，編號 95209。
〔註 107〕國家圖書館特藏組編，《認識臺灣古文書契》，頁 35。
〔註 108〕三田裕次藏，張炎憲主編，《臺灣古文書集》，頁 165。
〔註 109〕三田裕次藏，張炎憲主編，《臺灣古文書集》，頁 133。

鄒紅士等人將位於擺接保員山莊內祖父墳骸扦移別處，原葬坐辛向乙的壙穴，托中售與張壬英兄弟前去「整做方員，安葬祖墳」，立下杜賣斷根廢墳契爲憑。〔註110〕

（5）因殯葬乏費或為集資修整先人墳地而售出風水墳地

如道光二十六年（1846）十二月，嚴奇諒侄若仲、新美、得琳等人因修理祖墳缺乏銀費，乃將祖父遺下崩崁山頂內抽出窨坎一穴賣與林開陽，「四至界址任從開劈造葬」。〔註111〕道光三十年（1850）四月，鄭高遠因乏資修理祖父風水，遂將承祖遺下感恩社海豐莊西畔橫山內一所風水地賣與蔡守身，由其「前去掌管，選擇立向，用工開剝，剪造風水，安葬墳墓，永遠爲業」。〔註112〕同治三年（1864）八月，林春因乏銀修理自家舊墳，乃將後壟新港埤莊暗仔湖內一穴風水賣與陳臨壽，交付買主前去「開築剪做，安葬成墳」，立下給出山批字爲憑。〔註113〕

（6）因急須金錢周轉而出售原風水墳地

這類的情形，亦是所在多有。如咸豐二年（1852）十一月，貓閣社原住民李老甲同子李阿荀、李三湖等因乏銀應用，將祖遺社前西片排山場埔地內一穴坐西向東的窨墳，托中賣與賴阿傳，任其扦點安葬。〔註114〕咸豐三年（1853）二月，鄭軫因乏銀費用，將承祖父遺下新莊仔水堀處一穴坐南向北的自窨虛堆，托中賣與詹國英。鄭軫立下杜賣窨堆契字，將此窨堆交付買主「任從剪做，安葬祖墳」。〔註115〕同治九年（1870），陳交與姪陳註兄弟因乏銀費用，於是將祖父遺下麻園晉江寮莊北車路西第四坵內山園，托中賣與鰲棲林美利，陳交等人立下風水園字，將界內交付買主開墳剪穴。契約後並規範買方的營葬權限云：「其風水外餘園，原付陳交官耕種，以爲照顧風水之資，不許前後左右開墳剪穴」。〔註116〕光緒十二年（1886）七月，陳福因乏銀別創，將烏牛欄坑內（今臺中市豐原區內）獅地龍山崙內帶窨墳數穴托中賣與尤阿雅，任從其「展築成墳，開闢成園」，立下杜賣盡根山崙契字爲憑。〔註117〕

〔註110〕林欽重收藏，張炎憲主編，《漳和敦本堂林家文書》，頁25。
〔註111〕臺灣銀行經濟研究室編，《臺灣私法物權篇》，頁63～64。
〔註112〕中央圖書館臺灣分館藏，《臺灣古文書》，編號95264。
〔註113〕施淑宜編，《臺灣古書契》，頁195。
〔註114〕王正雄、施金柱主編，《臺灣古文書專輯》，頁201。
〔註115〕臺灣銀行經濟研究室編，《臺灣私法物權篇》，頁1104～1105。
〔註116〕臺灣銀行經濟研究室編，《臺灣私法物權篇》，頁638～639。
〔註117〕王正雄、施金柱主編，《臺灣古文書專輯》，頁402。

光緒十八年十二月，余集法因乏銀費用，將承父分約遺下石碇堡六堵莊內一穴坐北向南的風水地，托中賣與族叔余兩端，立下杜賣盡根風水契字為憑。〔註 118〕

賣主基於經濟的考量，將風水墳地作為商品來進行交易，以獲取實質的利潤。對於賣主而言，出售風水墳地的所得，自然是一筆收入；對於買主來說，風水墳地的取得，則提供了他們日後營造佳城、入土為安或轉手投資的憑藉。例如，道光四年（1824）十一月，林尚鵬（林喜三）向張九如買進六股莊山頂大旱坑排（今新竹縣關西鎮東平里）一穴坐西向東的土塋，定價銀十二大員；同月，另向彭顏氏、彭義仁買進六股庄山頂大旱坑排一穴坐西向東的土塋，定價銀八大員；十二月，再向陳阿二買進大旱坑排一穴坐西向東的曠坟，定價銀五大員。到了次年（1825）二月，林尚鵬（林喜三）以「不欲自葬」為名，將前述三筆窨穴地界賣與宗兄林茂堂，定價銀六十大員，任從興工築葬。〔註 119〕就契字表面內容看來，林尚鵬先前買進這三筆土塋計費銀二十五大員，前後相隔約僅三個多月，一經轉賣，差額達三十五大員，為最初買價的近兩倍半，可說是一筆利潤不錯的陰宅投資。

在這種風水地權的轉移過程中，一方面顯示出風水墳地本身具備「有利可圖」的功利色彩，另一方面，也反映出民間人士對於擇地營葬的慎重其事。

（五）墳地風水的維持

地方人士訴諸契約文書，明文規範買賣雙方的權益，除了針對風水墳地的產權轉移之外，我們從其他土地所有權交易與使用權轉移的過程中涉及風水地穴的處理方式，也可以看出民俗對於墳墓維護或經營權屬的注重。

關於產業開發的方式，賣主在土地典賣契約中，有時會申明界內任由買主擇穴安葬、開築風水，以增添土地使用的多重效益。如乾隆四十一年（1776）四月，里族社土目高力將祖遺下有新莊仔埤頂地坵一塊賣與漢人吳清，並立下給墾永耕字批明：「凡四至界內，任憑銀主開墾田園，栽植雜物，併作墳起蓋等事」。〔註 120〕乾隆四十四年（1779）正月，感恩社（原牛罵社）業戶蒲天開因菁埔莊（今臺中市清水區菁埔里）後荒埔一處日久荒廢，無力墾耕，乃托中賣與鄭應元、鄭應魁兄弟前去「開築風水，安葬祖墳，抑或墾成田園，

〔註 118〕臺灣銀行經濟研究室編，《臺灣私法物權篇》，頁 1102～1103。
〔註 119〕三田裕次藏，張炎憲主編，《臺灣古文書集》，頁 163～166。
〔註 120〕臺灣銀行經濟研究室編，《清代臺灣大租調查書》，頁 370。

聽從其便」，立下給批字付執爲憑。〔註 121〕乾隆九年（1744），遷善南社（原沙轆社，今臺中市沙鹿區一帶）業戶大宇牛罵、北社業戶瓦鳌良等人，將斗底後公山連埔園一處出給陳旦開墾成園。至乾隆三十四年（1769），陳旦將此山埔園轉售與陳喜、陳岳兄弟，因舊文契朽爛難以開規，陳喜等人乃向原業主大宇、瓦鳌等重給出墾字，批明該山埔併園交付陳喜、陳岳前去墾耕，「抑或剪栽風水墳墓」，業主等不得異言生端。〔註 122〕道光二年（1822）三月，感恩社（牛罵社）業主六觀目義將胞兄阿萬目義遺下北埔面前厝莊西畔山園一埒，托中售與楊舒獻前去開墾成園，「抑或栽種樹木，選擇風水安葬墳墓，聽從其便」，立下給佃批字爲憑。〔註 123〕道光二十四年（1844）十一月，興隆里塭岸頭莊黃座將祖父開墾灰窯仔埔茅埔一所，托中賣與吳福順掌管，「聽其擇穴安葬」，立下杜絕賣契爲憑。〔註 124〕道光二十五年（1845），尖山社土目陳國清、甲頭趙桂輝、二筵陳東海、番耆何新將祖遺千秋寮公山一所，典與千秋寮漢人蕭僯、蕭盛前去掌管，「任從葬墳起蓋」，同立典契字爲憑。〔註 125〕相形之下，乾隆三十四年八月，貓羅社（今臺中市霧峰區一帶）原住民田子眉因祖父遺下竹興坑東畔應份山埔一所無力墾種，於是托中承給竹興坑漢人廖來觀掌管耕種，但在所立給佃批契字後附帶批明：「倘若日後變賣，開築風水，業佃相商酌量，不得私相授受」，〔註 126〕則是賣主要求買主不得於界內任意開築墓地。

地權轉移之際，如果原界內葬有賣主的先祖墳地，基於護墳保脈以求風水庇蔭的須求，賣主也會在典賣契約中，聲明可將界內墳地自行整修或更改坐向的權益。如同治七年（1868）十一月，洪清源、洪得意等人將老路坑大埔庄內產業賣與王媽愿兄弟，在所立杜賣盡絕根水田山埔竹木屋契字後，附帶批明：「先葬祖風水三穴，日後聽其脩理、扦穴、改向，不敢阻擋」。〔註 127〕此外，或是將原界內祖墳抽出，仍歸賣主掌管墳地產權，以便於風水墓穴的維護。如道光十六年（1836）十一月，秦捷買過許光彩房內人等擺接堡秀朗莊的大份田業一段，在雙方同立抽出永遠掌管合約字中，特批明界內「抽出

〔註 121〕臺灣銀行經濟研究室編，《清代臺灣大租調查書》，頁 551。
〔註 122〕臺灣銀行經濟研究室編，《清代臺灣大租調查書》，頁 555～556。
〔註 123〕臺灣銀行經濟研究室編，《清代臺灣大租調查書》，頁 573。
〔註 124〕臺灣銀行經濟研究室編，《臺灣私法物權篇》，頁 1096～1097。
〔註 125〕臺灣銀行經濟研究室編，《臺灣私法物權篇》，頁 1048～1049。
〔註 126〕臺灣銀行經濟研究室編，《清代臺灣大租調查書》，頁 464～465。
〔註 127〕黃美英主編，《凱達格蘭族古文書彙編》，頁 188。

祖墳風水四穴，橫直任做方員」，仍交付賣主許光彩房內掌管爲業，永爲香祀。〔註 128〕光緒八年（1882）十二月，李烏將祖遺大肚山頂九崙內田園賣與大肚下堡趙順芳、李禎祥等人，任從栽種樹木，再築成園。李烏在所立杜賣盡根山連園契字後，附帶批明將「九崙內二處崙頭及各舊墳抽出」，歸賣主掌管。〔註 129〕

產業界內抽出墳墓之後，如果日後賣主遷葬墳骸，於情於理，自應將原墳地歸由買主掌管。如咸豐九年（1859）十一月，張有生將祖遺擺接堡大安寮莊大坵園水田一所賣與林本源，在所立杜賣盡根起耕典契字後附帶批明：「於山場內尚有舊做墳墓數穴，以後遷移之日，願將墳地應歸買主掌管，不敢異言」。〔註 130〕同治十三年（1874）十一月，陳連思將八里坌保大坪頂樹林口莊內港水碓窠坑頭垵內山埔園賣與陳論，在所立杜賣盡根山埔園契字後，批明界內原舊葬祖墳肆穴，「日後要拾起別葬他地，其埔園永付買主掌管，不敢阻擋」。〔註 131〕光緒十二年（1886）十一月，王合、王姣兄弟將海山堡生息莊頂隆息埔鬮約內遺下田園四段賣與陳天浩兄弟，在所立杜賣盡根水田埔園契後附帶批明：「下段田墘抽起祖墳一穴，照原界收理照顧下，得遷起其風水地，送歸陳天浩官掌管」。〔註 132〕光緒二十年（1894）十一月，海豐莊戴宗哲、戴宗遜將祖父遺下新莊仔莊口前部分埔園售與阿猴街張仁記號，在所立賣杜絕盡根田契字後附帶批明：「此份田內有舊墳，如有遷移別處者，即從此空穴場仍歸銀主掌管，賣主不得爭奪」。〔註 133〕

在墳地遷葬之前，賣主爲求審愼起見，對於買賣雙方維護墳地的方式，往往也有所規定。道光十年（1830）十月，邱養、邱富兄弟將邱厝莊西南勢湖底祖遺鬮分水田一段賣與賴秋，在所立杜賣盡根田厝契最後，針對界內一穴祖墳，附帶批明：「其墳前墳後兩邊四處田照舊耕作，永不得經易。又祖墳倘若另遷別處，不得變賣他人，將地交付買主掌管」。〔註 134〕光緒十二年（1886）元月，嘉義縣麻荳西堡學甲莊後社角周準市因乏銀費用，將莊內西

〔註 128〕臺灣銀行經濟研究室編，《臺灣私法物權篇》，頁 1573。
〔註 129〕臺灣銀行經濟研究室編，《臺灣私法物權篇》，頁 994。
〔註 130〕臺灣銀行經濟研究室編，《臺灣私法物權篇》，頁 378～379。
〔註 131〕謝繼昌主編，《凱達格蘭古文書》，頁 164。
〔註 132〕臺灣銀行經濟研究室編，《臺灣私法物權篇》，頁 382～383。
〔註 133〕臺灣銀行經濟研究室編，《臺灣私法物權篇》，頁 1108～1109。
〔註 134〕臺灣銀行經濟研究室編，《清代臺灣大租調查書》，頁 727～728；臺灣銀行經濟研究室編，《臺灣私法物權篇》，頁 636～637。

北勢溪底墩仔腳熟園鬮分產業賣與郭椅掌管耕作，在所立賣杜絕盡根園契字後附帶批明：「此業內有舊墳地兩穴，東、西明丈三丈九，南、北俱至界，銀主不得混淆貪界。倘後如遷移，此地係聽銀主受耕」。〔註 135〕光緒十六年（1890）二月，范雲水、陳朝綱等立踏明風水合約字中，聲明契界內山塘有范家祖墳三穴，又佛祖山後亦有范家祖墳兩穴，「各照舊安葬如坟。倘若不遂，亟欲遷開，原坟不得另賣他人，仍歸原買人掌管」。〔註 136〕在這些契字中顯示，賣主要求買主不得侵圖界內墳地，以保持風水完善。日後如有遷葬，再將墳地產權交付買主。類似的情形，如光緒十一年（1885）十一月，林善慶將祖父遺下拳山保青潭坑軟陂內稻仔園坑頭山田茶欉賣與葉紅蝦，在所立杜賣盡根山田茶欉契字後附帶批明：「內抽起墳墓四穴安葬在先，日後要修理，原地方不得偏左偏右。恐其他日，慶欲將墳骸拾起別處，原地付買主掌管」。〔註 137〕賣主表明其整修界內墳地之際，不得逾越界限，日後遷骸別處，再將原地產權歸還，以維護買方權益。

另外值得一提的是，買賣墳穴地權的情形不僅存在於生人與生人之間，傳統漢文化社會所流傳的「買地券」的習俗，即是一種向陰間神祇購置墓地權屬所建立的契約關係。

（六）買地券的風水民俗

買地券（或稱墓地券）的出現，通常是當生人替往生親屬擇定穴地安葬的時候，在形式上與陰間地主代表（如武夷王、張堅固、李定度等）立下一份購買墳陰地契字，於落葬之際由道士或地師火化後，將紙灰放入棺材內或金甕中；或是書寫於金石土磚等物品上，直接置於墓穴中，據以證明墓主亡者擁有這處風水墳地的「法定」使用權，預防陰間其他神煞的侵佔爭訟。〔註 138〕

買地券的習俗約源起於兩漢時期，唐宋之際已在中國南北各地流傳，尤其通行於閩粵社會。學者陳進國於〈福建買地券與武夷君信仰〉一文中，曾列舉現存幾份宋元明清時期泉州、福州地區的買地券，在這些融入道教鬼神信仰與符鎮思想的地券中，陳進國論證其基本上具備理氣派（福建派）風水

〔註 135〕臺灣銀行經濟研究室編，《臺灣私法物權篇》，頁 1106～1107。
〔註 136〕國家圖書館特藏組編，《認識臺灣古文書契》，頁 88。
〔註 137〕臺灣銀行經濟研究室編，《臺灣私法物權篇》，頁 1576～1577。
〔註 138〕張祖基等，《客家舊禮俗》，頁 265。

學的色彩，講究卦位宜忌之說，至明清時期則逐漸吸納了形法派（江西派）的風水觀念，兼留意墳地周遭的山水形勢。券文之中，有時也加入唐代江西派風水宗師楊救貧（楊筠松，834～900）的名號。〔註139〕

福建地區之外，如流傳於粵東惠州府的一份同治年間造墓地契文式，也爲我們提供了類似的例證。在這份券文中，署名的神祇，包括立契地主武夷王、點穴仙師楊救貧、代筆仙人白鶴仙、說合中人張堅固、李定度等。契字前半部的內容如下：

> 天蒼蒼、地蒼蒼，楊公急急催龍章；天靈靈、地靈靈，祖師速速來救貧。封山破土，安葬吉人；何神不服，何鬼敢當。今據大清國廣東道惠州府龍川縣廣信都高賢甲白石上半堡管下，地名小地□□屋吉宅居住，今有陽上墓丁某名，未蒙安葬，先有陰陽請得楊公仙師，登山尋龍點穴，在於本境□□地名吉龍山上，扦有牛眠吉地一穴，某山某向，兼某分金，安葬某老大人，誠爲千年之吉地，萬載之佳城，別神不得冒佔。如有違者，許某老大人轉奏上天玉皇大帝，令斬施行。〔註140〕

通篇文字主要確定墓主姓名、墳穴地點及其風水坐向，並引藉楊筠松的名號來對這處葬地的風水無虞加以背書，同時申明如有附近的凶神惡煞爭奪這處墳地，亡者（墳主）尚可根據這紙契字前去「告御狀」，呈交天庭首席玉皇大帝出面懲處違規的神煞。行文之中，隱約將現實人際社會的契約關係與法律秩序，投射到人們心目中似幻若眞的神明世界。在這份契字的後半段，則強調本處墓地風水之形勢天成，當可妥善地發揮其庇蔭亡者後代子嗣的效果云：

> 天地初開之時，生成吉地一穴，玄武端正，朱雀歸依，青龍扶佐，白虎朝迎，秀水拱堂。安葬某大人以後，所應招財進寶，房屋發福，家家添丁；螽斯振振，瓜瓞綿綿。今立地契一紙，付與某老大人永遠存執爲據。〔註141〕

〔註139〕陳進國，〈福建買地券與武夷君信仰〉，頁 101～117。另參見方豪，〈金門出土宋墓買地券考釋〉，頁 1～16；池田溫，〈中國歷代墓券略考〉，頁 193～278；韓森（Valerie Hansen），〈宋代的買地券〉，頁 133～149；黃秀顏，〈地券與柏人：宋元江西民俗芻探〉，頁 97～128；陳進國，〈考古材料所記錄的福建「買地券」習俗〉，頁 165～184。

〔註140〕張祖基等，《客家舊禮俗》，頁 264。

〔註141〕張祖基等，《客家舊禮俗》，頁 264。

多子多孫、富貴滿堂，普遍是傳統漢文化社會所嚮往的福份。前引契文之中經由陰間地主對於穴地風水必將造福的認證，以滿足生者追求祖墳風水庇蔭的心理需求，相信這是買地券習俗長期盛行於庶民社會的主要因素。

清代閩粵移民渡墾臺灣之後，也帶來了這項傳統的原鄉習俗。例如，在一份光緒十年（1884）春月地主武夷王立杜賣字中，即提到邱仁華爲其先母擇葬新竹縣芎蕉灣莊（今苗栗縣銅鑼鄉朝陽村）一處墳地，特向陰間武夷王承買這處墳穴的使用權，全契內容如下：

> 天皇皇，地蒼蒼，乾州府坤化縣子午鄉立杜賣地主武夷王，今有牛眠吉地一穴，坐落土名芎蕉灣莊吉龍山中，送與陽民孝主邱仁華出首承買。即日仝中言定買價佛銀陸拾大員正，面踏界址分明，上至青天爲界，下及黃泉爲界，東至甲乙木爲界，南至丙丁火爲界，西至庚辛金爲界，北至壬癸水爲界，中央戊己土爲界。其銀足訖，清白色風仝中兩交明白。保係此地孝主邱仁華孺人一位，后承爲居住佳城，房凡富貴，户口添丁，名標金榜，佐轉朝廷，安葬以后，倘有凶神惡鬼爭奪此地，儒人執契投明。
>
> 昊天金闕玉聖大帝陛下，交刀寸斬決，決不寬容。
>
> 點穴仙師楊救平　中人張堅固
> 讀契水中魚
> 在場李定度
> 代筆白鶴仙師〔註142〕

契字中涉及交易對象、葬地位置、風水形勢與墓主權益的內容鋪陳，並由點穴仙師楊救平（貧）、中人張堅固、讀契水中魚、在場李定度、代筆白鶴仙師等神祇署名其後的情形，概皆傳承自閩粵原鄉買地券的固定格式。清代臺灣民間人士對於買地券的運用，同樣象徵著閩粵原鄉風水習俗在移墾社會的一種重現。

總結本節以上的論證，風水觀念在清治時期閩粵移民相地營葬的過程中，發揮出明顯的規範效用。地方人士爲了謀求「葬後必發」的福地佳壤，往往仰賴堪輿地師的專業素養予以扦點；爲能獲取風水墳地的經營維護，通常透過契約文書的明定規範加以保障，來確保先人入土爲安的權益與後人承

〔註142〕洪麗完編著，《臺灣社會生活文書專輯》，頁 439。引文中的「乾州府坤化縣子午鄉」，應係陰間地府的代稱。

受庇蔭的根基。從經濟利益的角度，閩粵移民從事風水墳地的經營，直接拓展了土地使用的多重效益；而此種方式，似乎也是一種「企業精神」的表現。〔註 143〕

通觀清代臺灣漢人對於相地營葬的重視與風水寶地的講究，不論是讓先人的遺體獲得妥善的安葬也好，還是藉以庇蔭後代子孫也罷，最終的目的，大多還是爲了滿足生人心理上的趨避需求。透過風水葬俗的日常實踐，「一命二運三風水」、「山旺人丁水旺財」的傳統價值觀念，也逐漸散佈於十七世紀以來閩粵漢人新闢的這處海天孤島上。到了清代中後期，遷臺漢人逐漸透過「內地化」的風水葬俗，完成了「在地化」的鄉土認同。

三、風水葬俗的版圖擴張與地域特性

清治初期，臺灣本土除了臺灣縣（今臺南市區）一帶，其他廣大的地區多爲原住民活動的區域。原住民悠遊於山林平野之間，在居處擇建的環節上，自有他們不同於漢俗陽宅風水學的方法。乾隆八年（1743），親臨臺地的巡視臺灣戶科給事中六十七，相當留心當時北臺原住民的風俗沿革，在其所著《番社采風圖考》之〈築基〉條目中提到：「番不諳堪輿，然築舍亦自有法。初卜鳥音以擇日，營基高於地五尺，周圍砌以石，中塡土」。〔註 144〕

六十七的描述係清代前期的概況，反觀臺灣中部岸裡社文書中保存一份嘉慶年間的民俗文獻，其中提到該社原住民潘士興偕子春文、登文、元文、恩文、女婿阿斗暨家內男婦老幼等，於嘉慶元年（1796）七月二十六日卯時，豎符，起工動土；八月二十一日巳時，上樑大吉；十一月二十八日丑時，入宅，安神龕祖位。至十二年（1807）八月二十一日，大吉良時，處備禮物等祭祀神將，〔註 145〕明顯地展露其遵循漢人傳統陽宅祭儀的文化行爲。又如光緒四年（1878）六月六日原住民佾生廖瓊林於〈新社采田公館記〉一文中，首先追溯竹塹原住民的歸化始末，再次敘述新竹縣東北新社原住民擇建公館的經過云：

> 至乾隆年間，乃遷斯地。三山發而中立，二水分而交流；左案獅頭，右屏鳳鼻。築室於茲，因名之曰新社公館，恭祀福神；有君象之體、

〔註 143〕溫振華，〈清代臺灣漢人的企業精神〉，頁 111～139。

〔註 144〕六十七，《番社采風圖考》，頁 4。

〔註 145〕臺灣省立臺中圖書館編，〈臺灣中部地方文獻資料（五）〉，頁 87。

獨立陽明之用。故於嘉慶年間，山川呈納祿之象；至道光年間，富媪亨蕃釐之光。〔註146〕

新社公館作爲竹塹社七姓（錢、衛、廖、三、潘、黎、金）共同的祭祀處所，其所在位置具備山環水繞、案山拱峙的風水形勢，館內且供奉漢人民俗信仰的福神，清代後期當地原住民漢化的現象，於此可見一斑。另外，今臺南市玉井區玉井里北極殿前身爲大武壠等四社原住民的漢化祖廟，創建於嘉慶年間，主祀玄天上帝。同治後期，廟方曾延請地理師魏德輝依據風水原理，進行廟宇形制的重修事宜。〔註147〕

相對於卜擇宅居與居舍營造的情形，清代初期原住民在喪葬文化的層面上，各部族之間亦有其約定俗成的一套儀式，迴異於漢族講究佳穴相擇、墳骸庇蔭的風水葬俗。關於清代臺灣原住民的喪葬習俗，可見於各時期方志風俗門類中的相關記載。然而，隨著民族接觸的日益頻繁，原住民傳統的喪葬習俗，也難免於漢族文化的影響。

自明鄭時期以來，臺灣南部新港、目加溜灣、蕭壠、麻豆等四大社，爲漢化較早的平埔族原住民社群。在一份乾隆三十二年（1767）四月新港社（今臺南市新市區）原住民東煙、勞寧哦、嗄寧哦立墾契字中，提到其因乏銀應用，於是將古亭坑自置荒埔一所托中賣與池老、伸老掌管，契約中聲明此山荒埔交付買主後，任其將「風水、屋地開築完成，不敢阻擋」。〔註148〕在乾隆三十六年（1771）八月新港社原住民二延、安劉、大恭、于皆、大理觀、三元、弄獅等人同立杜賣契字中，提到其共承祖遺鳳邑佳詳里茄苳湖內山坑園地一所，「并帶風水一穴」，因乏銀應用，乃將此風水山地托中賣與漢人洪廣喜前去「開耕作墳」。〔註149〕嘉慶十三年（1808）十月，新港社原住民呂沙來將祖父自置內新豐里龍船窩莊荒埔一段，托中典與漢人郭水前去墾耕種作，「以及起蓋房屋，剪做葬墳，各聽銀主應用而自取」，並立下開墾契字爲憑。〔註150〕嘉慶十四年（1809）三月，新港社番厝姓鄭道濃、劉阿詩等人將祖父遺下龍船窩荒埔一段，托中典與林機前去開鑿耕作，界內任其「剪做葬墳」，並立下墾耕字付執爲憑。〔註151〕在這幾份契約文書中，透露出南部某些原住

〔註146〕陳朝龍，《新竹縣采訪冊》，卷5，〈碑碣（下）〉，頁234～235。

〔註147〕臺灣銀行經濟研究室編，《臺灣南部碑文集成》，頁351～353。

〔註148〕臺北帝國大學理農學部編，《新港文書》，頁19。

〔註149〕臺北帝國大學理農學部編，《新港文書》，頁23。

〔註150〕臺灣銀行經濟研究室編，《臺灣私法物權篇》，頁1018～1019。

〔註151〕臺灣銀行經濟研究室編，《臺灣私法物權篇》，頁1020～1021。

民的生活空間已然爲漢人風水葬俗所感染的訊息。

清代前期，清朝政府曾限制遷臺漢人入墾原住民地域，以維護島內治安並保障土著權益。自雍正三年（1725）起，官方開放臺境部分無人墾耕的原住民地域，以供應生齒日繁的漢族群「落地生根」的農作需求，因而加速了漢人佔有原住民部落土地的腳步。〔註 152〕清代中葉以後，閩粵移民大舉在臺灣南北各地拓展墾殖勢力，原住民傳統的部落生活方式逐漸受到外來因素的干擾，漢化的現象日趨普遍。原住民社群「漸染華風」的結果，〔註 153〕固有的風俗習慣也逐步消失在臺灣的歷史發展之中。以臺灣北部爲例，清代後期，陳培桂等《淡水廳志》卷十一〈風俗考〉中記載，「今自大甲至雞籠，諸番生齒漸衰，村墟零落。其居處、飲食、衣飾、婚嫁、喪葬、器用之類，半從漢俗」。〔註 154〕沈茂蔭等《苗栗縣志》卷七〈風俗考〉中描述當時縣境內的原住民社群，「近漢人街莊者，其營屋高廣雅致，無異漢人」；在耕種諸器與喪服儀節方面，「均如漢人」。〔註 155〕陳朝龍等《新竹縣采訪冊》卷二〈莊社〉之竹塹堡社附考中提到，「竹塹社番被化已久，散居竹塹、竹北兩堡各莊。其飲食、衣服、嫁娶、喪葬，皆與齊民無別」。〔註 156〕根據前舉北臺志書的記載，這段時期伴隨著漢化情勢的擴張，連帶也將當地原住民的喪葬習俗，納入漢族風水習俗的文化版圖之中。

前舉志書涉及原住民習俗變遷的記載，也許是基於漢文化本位主義的立場所作出的敘述；然而，清代中後期臺灣中、北部平埔族原住民趨於漢化的情形，應是一項不爭的事實。表現在喪葬習俗方面，風水之說雖爲漢族固有的傳統習俗，但是流風所及，原屬平埔族原住民的生活空間，似乎也難逃風水葬俗的「染指」。現存清代臺灣原住民與漢移民涉及風水墳地的契約文書，也許可以作爲風水葬俗在原住民地區擴張的旁證。

以中部地區的原住民爲例，如嘉慶二十年（1815）十月，遷善南社（原沙轆社，今臺中市沙鹿區一帶）番業主瓦籬斗因乏銀湊用，遂將祖父遺下鹿寮後横山仔山埔園二所賣與漢人鄭振鳳，由買主「任意創作墳塋一穴，永爲己業」。〔註 157〕咸豐八年（1858）十月，後壟南社（今苗栗縣後龍鎮）原住民

〔註 152〕洪麗完，《臺灣中部平埔族》，頁 15，61～62。

〔註 153〕朱景英，《海東札記》，卷 4，〈記社屬〉，頁 58。

〔註 154〕陳培桂等，《淡水廳志》，卷 11，頁 306。

〔註 155〕沈茂蔭等，《苗栗縣志》，卷 7，頁 120，122。

〔註 156〕陳朝龍，《新竹縣采訪冊》，卷 2，頁 99。

〔註 157〕臺灣銀行經濟研究室編，《清代臺灣大租調查書》，頁 718。

吳金山等人將祖遺淡文湖一處山埔田園賣與漢人紀、吳等人，在其所立杜賣盡根山埔田園契字最後批明：「趙家祖墳三穴葬在契內，每穴週圍各拾丈爲界，其來龍面前偏左，右不敢另給他人葬傷窒礙，永遠掛掃，修理豎碑，不敢異言」。〔註 158〕換句話說，在此之前，這處土地內已有漢人營葬風水墓塚的情形，而原住民賣主也不忘遵循漢人傳統護墳保脈的風水禁忌，在交易契約上開列申明條款，要求新買主照依辦理。光緒十一年（1885）二月，貓霧棟社（今臺中市南屯一帶）社長都舉旺、業戶愛箸、番親烏義等人所承祖遺大肚下井仔頭莊南畔禁嶺山一所，「因先祖禁下栽種，以爲風水之需。奈於今荒廢已久，眾番遷移。是以眾番親對祖上爐前議許憑出賣」，爰托中引就與趙順芳、李禎祥、養性齋林九等出首承墾。〔註 159〕行文之中，習染風水葬俗的漢化現象頗爲明顯。此外，如苑裡社（今苗栗縣苑裡鎮）原住民潘步雲、潘阿才等人承祖父遺置舊番社窩仔拔仔林山崗一所，內有風水一穴。至光緒十二年（1882）七月，竹南三保房裡街漢人陳日葵、陳琦珍兄弟向潘步雲承買這處風水地穴，作爲葬父墳地。潘步雲立下給山墳契字，將此風水地穴交付陳家前去「開築佳城，永遠安住」。〔註 160〕光緒十四年（1888）十月，感恩社（原牛罵社，今臺中市清水區一帶）番婦爲阿巴禮將祖遺許厝寮路南畔番仔埔內一穴坐東向西的風水地，托中引就與鰲保四塊厝田寮莊許永豐號前去「開築砂水明堂」，安葬墳墓，並立下給風水地字爲憑。〔註 161〕

次以北部地區的原住民爲例，如雷裡社（今新北市中和區一帶）番土目東義乃、斗生等人管下永豐莊南勢角石門面山林埔地一所，於乾隆四十八年（1783）八月抽出界內中崙坐北向南、乾巽分金的地墳一處，賣與漢人李世進、李世歡兄弟「前去開剝剪做祖墳，永爲佳城」，立下給山批風水字爲憑。〔註 162〕乾隆五十一年（1786）九月，南港北勢社業主傳祖將八里坌保黃梨窠大坪頂內一處坐巽向乾（坐東南向西北）的風水穴地，賣與漢人張士文「前去延師點穴安葬，任從剪做」，立下給山批字爲憑。〔註 163〕道光二十八年（1848）十一月，淡北小圭籠荖梅莊（今新北市金山區一帶）社番鄭金來將承父管下

〔註 158〕劉澤民編，《臺灣總督府檔案平埔族關係文獻選輯續編》，頁 478。

〔註 159〕臺灣銀行經濟研究室編，《臺灣私法物權篇》，頁 998～999。值得注意的是，此契約代筆人爲中部地區大肚社番土目，爲中人大肚社番丁、大肚社番長。

〔註 160〕《淡新檔案》，編號 22515～15。

〔註 161〕洪麗完，《臺灣中部平埔族》，頁 105。

〔註 162〕洪麗完編著，《臺灣社會生活文書專輯》，頁 430～431。

〔註 163〕邱水金主編，《宜蘭古文書》，第 4 輯，頁 161。

社寮後崙下山埔，交付漢人李宗祖延請地師擇出一穴坐南向北的墳地，任由其開築祖墳，立下賣風水地字爲憑。〔註 164〕

臺灣中北部社群部分，如嘉慶十六年（1811）七月，中港社原住民干城、什班、田九、滿生等人將座落於茄冬湖山埔（今新竹縣香山鄉茄苳村）的一處風水穴地，賣與漢人蔡俊前去開築成墳，以葬其祖父，立下給山批字爲憑。〔註 165〕嘉慶十八年（1813）三月，竹塹社通事錢榮選將南勢大崎葫蘆堵山（後爲竹北一堡雙溪庄），批給陳光耀前去擇地安葬祖墳，立下給山批字爲憑。〔註 166〕此外，又如新港社原住民加六唏郎仔、林武力明仔二人原有座落於竹南二保新港埔內的一穴蔭墳，於乾隆四十八年（1783）八月賣與同社原住民貓老尉，任其「開築墳塋，埋葬金骸，永作佳城」，立下給賣山面土墳字爲憑。〔註 167〕從這份契字可見，原住民與原住民之間，也採用了漢人明訂契約以確定風水墳地使用權的作法。

再以南部地區的原住民爲例，如嘉慶十八年（1813）三月鳳山地區下淡水社（今屏東縣萬丹鄉一帶）原住民潘維謀、潘生義、潘哀公立賣盡根契字中，提到其將祖遺下淡水社北勢頭一處墾埔園，賣與漢人張承就前去「起耕掌管，開剁爲墳」。〔註 168〕嘉慶十九年（1814）二月，卓猴社（今臺南市山上區內）番婦卓貓厘立山關字中，提到其「有承祖遺下山崙一所，坐落拔馬，土名來仔拔崎。內有風水一穴，坐東北，向西南，願送與簡壽老六房等安葬親柩」。〔註 169〕同治十年（1871）二月，力力社（今屏東縣崁頂、南州一帶）潘仙寧將祖父遺下加匏朗茄東腳後水田一所，內配有風水地兩墳，托中賣與佳左庄漢人陳滿連，立下賣田契字爲憑。〔註 170〕

原住民將風水穴地賣與漢人作爲葬地，顯示漢族傳統風水葬地的買賣行爲，已然深入原住民部落的固有領域。久而久之，原住民也逐漸感染了這類的風水葬俗。例如，在現存的一份咸豐八年（1858）八月日北社番土目陳茅生、業戶林武力立給山批窨坟字中，可以看到清代後期北臺原住民將自己原有的風水窨墳轉售給漢人的情形：

〔註 164〕洪麗完編著，《臺灣社會生活文書專輯》，頁 435。

〔註 165〕三田裕次藏，張炎憲主編，《臺灣古文書集》，頁 29。

〔註 166〕劉澤民編，《臺灣總督府檔案平埔族關係文獻選輯續編》，頁 439。

〔註 167〕胡家瑜主編，《道卡斯新港社古文書》，頁 56。

〔註 168〕王世慶等編，《臺灣公私藏古文書》，編號 FSN07-02-055。

〔註 169〕臺灣銀行經濟研究室編，《臺灣私法物權篇》，頁 1007～1008。

〔註 170〕曾振名、童元昭主編，《噶瑪蘭西拉雅古文書》，頁 148。

……先年承祖父遺下有山場荒埔壹所、窨坟壹穴，坐落土名小濫坑，窨坟申山兼坤，東至風水前小坑直透上南倒水爲界，西至龍崗倒水爲界，南至龍崗倒水爲界，北至崁唇爲界，四至界址，仝中面踏分明。界内窨坟壹穴，兹因社中缺乏公費，乏銀應用，生、力眾番等酌議，願將此界内窨坟，托中引就出賣與漢人葉吉傳觀出首承買，扦葬祖坟。……其窨坟交于買主前去，任從架造築坟掌管，永爲己業。〔註171〕

諸如此類，至於像清代中期中部原住民效法漢人石刻墓碑、立神主牌位及祭掃祖墳的喪葬習俗，〔註172〕或是如清末以來南部赤山、萬金地方的原住民在喪葬禮俗方面已然習慣於委請地理師勘擇風水吉地，〔註173〕類似的現象，相信在一些漢化較深的原住民部落裡，應該有相當程度的普及性。我們甚至可以看到，在現存《岸裡大社文書》中有一紙耐人尋味的風水文書，文中首先說明風水羅盤的操作原理，並引據中國過往風水宗師唐代楊筠松（834～900）、宋代賴文俊關於中針、縫針、正針之使用對象與實質功能的見解：

楊〔筠松〕設縫針爲消水之法，賴〔文俊〕設中針爲格龍之法。不過註疏正針，中針之子，在正針壬子之中，用以論龍，乃用中針之氣，借用正針之法，則中針之用，仍係正針之位；正針之子，在縫針壬子之中，用以納水，爲用正針之氣，借用縫針之法，則縫針之位，實屬正針之用。楊以正針辨來龍之陰陽，以縫針辨水之生旺；賴以中針辨龍之天星，以正針辨向之陰陽。可知正針耑主陰陽，中針耑主天星，縫針耑主五行。

在論辨楊、賴二人說法的適當性之後，該文緊接著提出宋儒朱熹（1130～1200）、蔡元定（1135～1198）二人所謂的三盤之說：

厥後朱〔熹〕、蔡〔元定〕二先生，闡明平分立天地人三盤，爲準規，穿山七十二龍。地盤也，以格龍，由山水以定立向吉凶，平分六十龍；人盤也，以接地脈、乘生氣，透地六十龍；天盤也，以收砂納水，由山水以定坐穴吉凶。分金用一百廿，週天三百六十五度，坐度五行，與來氣相生旺。

〔註171〕蕭富隆、林坤山，《苑裡地區古文書集》，頁438。

〔註172〕洪麗完，《臺灣中部平埔族》，頁323～324。

〔註173〕戴炎輝，《清代臺灣之鄉治》，附錄一，〈赤山地方的平埔族〉，頁750～751。

全文最後，舉出風水羅經學上如何判別來龍穴的、方位吉凶或坐向宜忌的方法準則云：

> 自生向，寅申巳亥，乾坤艮巽，上應天星，為四生之地。故巽巳為金長生，坤申為水，乾亥為木，艮寅為火。假為丑庫出水，立己酉丑正局；至向倘不開面，果龍穴眞的，就艮寅方開面處，立艮寅向為妙，不必疑艮寅，為金局死絕之處，不知絕處逢生，原四生之地。自旺向，子午卯酉，甲庚丙壬，故壬子為水帝旺，甲卯為木，丙午為火，庚酉為金帝旺。假為丑庫出水，立己酉丑局；若不開面，就壬子方開面處，立壬子旺向，不必疑為金死絕之處，此化煞生權之法。〔註 174〕

這紙風水古文書的存在，不禁讓我們聯想到漢人傳統的風水理論已然伸入原住民文化圈的可能性。從文化傳播的角度，清代臺灣西部某些原住民的漢化，往往也夾雜著「風水化」的成分在內；而風水葬俗的傳佈，也可視為原住民漢化的指標之一。

清代臺灣漢人大致區分為福佬與客家兩大族群，福佬人以閩南漳州、泉州各縣為大本營，客家人則主要來自閩西汀州與粵東潮州、惠州與嘉應州等地。自十七世紀以來，泉州人與漳州人構成渡臺移民的主體；明鄭治臺前後，傳承自閩粵地區的風水葬俗，業已隨著漳泉人士與部分閩西汀州籍與粵東潮州、惠州籍客家人的移墾，逐漸在這片海外新天地中蔓延開來（參見本書第二章第二節）。至清代初期，為數不少的客家移民也陸續加入墾殖的行列，〔註 175〕在土地拓墾與聚落形成的過程中，也將其原鄉的生活方式及風水葬俗帶進臺灣本土。康熙後期，陳夢林等《諸羅縣志》卷八〈風俗志〉中，記載縣境內客籍村莊的喪葬風俗云：「葬不過七七，間三歲則挖視之，土燥、棺完好、色鮮則掩之。或俟九年，拾其骸於瓦棺而復葬之。否則，遷於他處」。〔註 176〕乾隆中期，王瑛曾等《重修鳳山縣志》卷三〈風土志〉中，涉及縣境內原籍潮州大埔與嘉應州程鄉、鎭平等客家聚落喪葬習俗的記載，大致與《諸羅縣志》相同。〔註 177〕此種葬後數年起視骸骨、洗骸檢骨而盛於瓦棺復葬或另尋他處遷葬的習俗，與廣東潮州、惠州與嘉應州等客鄉的傳統風水

〔註 174〕岸裡大社文書出版編輯委員會編，《岸裡大社文書（二）》，頁 910。

〔註 175〕尹章義，《臺灣客家史研究》，頁 5～19。

〔註 176〕陳夢林等，《諸羅縣志》，卷 8，頁 144。

〔註 177〕王瑛曾等，《重修鳳山縣志》，卷 3，頁 54。

葬俗，大體上並無兩樣（參見本書第二章第一節）。當然，葬後檢骨裝罐的作法，也難免遭到外來的批評。如光緒中期，題名闕名所撰〈臺遊筆記〉中提到當時北臺漢人的喪葬習俗云：「喪事，則人死不即舉哀家中，長幼共赴河邊禮拜，取水與死人洗擦，然後啼哭；棺殮之後，即埋土中。約百日再行取出，檢骨於壜，東放西藏，毫無定所；所謂骨壜所置，可卜風水之佳也。習俗陋惡，於斯爲最」。〔註 178〕

另一方面，由於不同族群各具特有的歷史文化背景，反映在清代臺灣客家、福佬村落的風水葬俗，亦略顯分歧。一般說來，陰宅周遭除了后土牌位或土地公像的安置之外，客家人的墳墓正後方來龍之處或是其右側，通常會安置「龍神」，以鎮護墓地風水，庇佑子孫興旺。例如，竹塹竹北一堡六張犁（原稱東興社圓堡莊，今新竹縣竹北市東平里六家）林氏聚落，主要組成份子爲乾隆前期遷臺的潮州府饒平縣籍客家人。林氏位於金面山（今新竹市仙水里附近）一帶的若干座祖墳，龍神居於墓左，后土則稱福神，居於墓右，與臺北盆地泉州籍的墳地布局頗爲不同。〔註 179〕然而，即使客家、福佬的風水葬俗本身存在著些許的差異，但相對於中國大陸閩粵原鄉而言，不論是福佬人也好，客家人也罷，他們在臺灣這塊土地上的落地生根及入土爲安，也等於是擴張了傳統風水葬俗的文化版圖。

渡臺漢人在日常生活實踐風水葬俗的過程中，其間也因清代臺灣移墾社會所具有的特性，導致其與閩粵原鄉風水習俗所衍生的各種社會現象，產生了某些差異。停柩與否的情形，就是一項鮮明的例證。回顧本書第二章第一節所述，明清時期閩粵人士爲圖風水寶地而致停柩數年不葬的現象，蔚爲一股普遍的社會風氣。明代初期，廣東瓊州府瓊山縣進士丘濬（1421～1495）於《大學衍義補》卷五十一〈明禮樂〉中，曾強烈地抨擊中國東南各省停柩不葬的陋習云：

> 近世江、浙、閩、廣民間多有泥於風水之說，及欲備禮以徇俗尚者，親喪多有留至三五七年，甚至累數喪而不舉者。前喪未已，後喪又繼，終無已時。使死者不得歸土，生者不得樂生，積陰氣於城郭之中，留伏屍於室家之內。十年之中，其家豈無婚姻吉慶之事；親死未葬，恬然忘哀作樂，流俗之弊，莫此爲甚。〔註 180〕

〔註 178〕臺灣銀行經濟研究室編，《臺灣輿地彙鈔》，頁 102。

〔註 179〕林保萱編著，《西河林氏六屋族譜》，頁 1～2。

〔註 180〕丘濬，《大學衍義補》，卷 51，頁 4b～5a。

清雍正年間，曾任潮州府潮陽知縣的福建漳浦人藍鼎元（1680～1733）於〈潮州風俗考〉中，陳述該府各縣長久以來盛行於紳民階層的洗骨遷葬習俗云：「而程、大、平、鎮，相尚屢遷，葬後數年，必發冢洗骸，睇瞻凶吉，至數百年遠祖，猶然洗視不休。雖讀書明理者，亦恬不自覺其非，則貪痴之陷溺然也」。〔註 181〕在清代後期編刊的《福建省例》之〈刑政例上・速葬棺柩〉條中，載錄乾隆三十年（1765）正月十三日福建巡撫部院定行事項，亦指出福建民俗惑於風水而致停柩不葬的情形，並試圖從天理人心的儒學本位立場，勸說地方紳民回頭是岸，切勿過於迷信風水之說：

> 閩省陋習相沿，富家巨室則惑於風水而觀望遷延，小户編氓則絀於貲財而因循耽誤，往往一室停數世之喪，一棺經數十年之久，遲回未葬，相習成風。豈知風水一說，事屬渺茫，卜之地理，誠不如求諸人心、天理之安。徼福忘親，庸復能邀鬼神之庇？〔註 182〕

在傳統倫常觀念的前提下，子孫爲先人妥擇佳穴吉壤，以令其死後安息，侍死如生，此即孝道的具體表現。如陳夢林等《諸羅縣志》卷八〈風俗志〉中所謂「化者之體安，人子之心恔矣」。〔註 183〕竹塹士紳鄭鵬雲（1862～1915）編《浯江鄭氏家乘》的發凡起例中，也強調葬親必需及早入土爲安的孝道原則云：「子孫安葬父母，本非奇行，必謹書年月日地方，以戒停柩；墳墓久遠，按乘可考」。〔註 184〕

值得注意的是，根據歷史文獻的記載，相對於閩粵原鄉而言，自清代初期起，臺灣漢人的喪葬習俗在當時來自中國大陸的治臺官員與修志人員的眼中，臺地移墾社會停柩不葬的現象，並不明顯。

康熙中期，蔣毓英等《臺灣府志》卷五〈風俗〉中記載臺灣、鳳山、諸羅三縣居民，「務本者多，逐末者寡。無久停之親柩，無永錮之婢女，此亦遐陬之善俗耳」。〔註 185〕康熙三十五年（1696）刊高拱乾等《臺灣府志》卷七〈風土志〉、康熙五十七年（1718）刊周元文等《重修臺灣府志》卷七〈風土志〉亦記載臺地漢人風俗，「無負載之班白，無久停之親柩」。〔註 186〕康

〔註 181〕藍鼎元，《鹿洲初集》，卷 14，引自蔣炳釗、王鈿點校，《鹿洲全集》，頁 296。
〔註 182〕臺灣銀行經濟研究室編，《福建省例》，頁 873。
〔註 183〕陳夢林等，《諸羅縣志》，卷 8，頁 143。
〔註 184〕鄭鵬雲編，《浯江鄭氏家乘》，頁 8b。
〔註 185〕蔣毓英等，《臺灣府志》，卷 5，頁 98。
〔註 186〕高拱乾等，《臺灣府志》，卷 7，頁 186；周元文等，《重修臺灣府志》，卷 7，

熙五十九年（1720）刊陳文達等《臺灣縣志》卷一〈輿地志〉中，在批評臺灣縣境喪葬習俗違反儒家禮教的某些弊端之餘，對於臺郡柩無久停的「善風美俗」則頗加讚揚，反襯出臺俗相對於閩粵原鄉喪葬習尚的差異：「惟營葬一節，內郡之人見窘陰陽家，歲月遷延，十室而九。臺俗柩無久停，此風足以為法」。〔註 187〕陳文達等人另於康熙五十九年（1720）刊行的《鳳山縣志》卷七〈風土志〉中，論及閩粵原鄉社會「葬地在必擇矣」，而臺灣移墾社會「則親柩不致久淹」。〔註 188〕

康熙後期，陳夢林等《諸羅縣志》卷八〈風俗志〉中記載縣境漢人「柩無久停，婢無永錮」的習俗，〔註 189〕並比較閩粵原鄉與臺灣本土的喪葬習俗在停柩一事上的差別云：「閩俗多惑青烏、日者家言，既擇山水形勢、又擇年月日時為子孫求福利，於是有停柩在家、暴露郊野數十年不葬者。臺大約一、二年之內鮮有不葬」。〔註 190〕根據陳夢林的說法，當時臺灣移墾社會柩無久停的現象，幾可視為福建省境各府縣風水葬俗的特例。除此之外，康熙五十二至五十四年間（1713～1715）曾隨臺灣知府馮協一（1661～1737）渡海來臺的吳振臣（1664-？），在其所著〈閩遊偶記〉中亦提到臺灣風俗「無負戴斑白，無久停櫬柩，頗有上古之風」。〔註 191〕

到了清代中期，各方志筆記中也有類似的敘述。如乾隆元年（1736）刊黃叔璥《臺海使槎錄》卷二〈赤嵌筆談・習俗〉中說明當時的臺灣社會，「柩無久停，則又風俗之美者矣」。〔註 192〕臺灣縣方面，如乾隆十七年（1752）刊王必昌等《重修臺灣縣志》卷十二〈風土志・風俗〉中記載縣境喪葬習俗，「若夫居喪，朔望哭奠，柩無久停，是又俗之美者也」。〔註 193〕鳳山縣方面，如乾隆二十九年（1764）王瑛曾等《重修鳳山縣志》卷三〈風土志・風俗〉中記載縣境喪葬習俗，「凡親喪，七日內即擇地卜葬，殊少停柩」。〔註 194〕彰化縣於雍正元年（1723）正式設置之後，至道光中期周璽等《彰化縣志》卷九〈風

頁 238。

〔註 187〕陳文達等，《臺灣縣志》，卷 1，頁 216～218。

〔註 188〕陳文達等，《鳳山縣志》，卷 7，頁 79。

〔註 189〕陳夢林等，《諸羅縣志》，卷 8，頁 135。

〔註 190〕陳夢林等，《諸羅縣志》，卷 8，頁 143。

〔註 191〕引見臺灣銀行經濟研究室編，《臺灣輿地彙鈔》，頁 19～20。

〔註 192〕黃叔璥，《臺海使槎錄》，頁 40。

〔註 193〕王必昌等，《重修臺灣縣志》，卷 12，頁 401。

〔註 194〕王瑛曾等，《重修鳳山縣志》，卷 3，頁 58。

俗志・漢俗〉中，在比較福建內地與臺灣本土的喪葬儀節之後，特別強調縣境「向少停柩之風，三年內鮮有不葬者」的社會習俗。〔註 195〕周璽等人的這段說法，或許可以反映志書刊行之前臺灣中部地區的部分情形。至於澎湖群島，在乾隆三十六年（1771）胡建偉《澎湖紀略》卷七〈風俗紀・喪葬〉的記載中，島內亡者衣衿、棺槨與設靈、弔祭諸儀等喪葬習俗大多與福建境內相同，而在停柩與否的環節上，則有別於大陸傳統漢人社會的慣例：「惟隨死即葬，貧者葬於三日之內、富者亦不出百日之外，並無惑於風水停棺不葬之弊」。〔註 196〕

大致說來，如就臺灣本土與中國大陸閩粵原鄉的風水葬俗相互比較，在清代前期，停柩與否的情形係兩地社會喪葬習俗的主要差異之一。蒞臺官紳或修志人員對於這種喪葬現象給予「善風良俗」的評價，乃係相對於大陸地區的情形而言。値得注意的是，前舉志書帶有價值判斷的行文之中，也許不乏籠統而論的成分，儘管前後志書涉及柩無久停的說法深具一致性，但這也並不意味著清代中前期臺灣各地沒有民眾爲尋求風水吉地而停柩數年的情形，其中或許只在程度、頻率及地域範圍上不如閩粵原鄉社會的明顯和普遍，以至於在大陸蒞臺人士的心目中，易於察覺一種「異時空」的差別性，並將之定位成臺灣本土風水葬俗的地域特性。

縱然如此，我們仍不能全然漠視這段期間臺島某些地區，猶存在著停柩多時的事實。如乾隆二十四年（1759）臺灣縣知縣夏瑚指出縣境內閩粵移民客死無依、權厝城廂南北壇的現象云：「伏查臺灣遠隔重洋，內地商民人等謀利奔馳，往來如織。其間留滯病故者，實繁有徒；悉寄南北二壇及城廂廟宇。在臺既無眷屬管顧，而內地之親族慮及波濤之險阻、工費之浩繁，運葬甚罕。停積日久，纍纍相望」。〔註 197〕臺灣知府蔣元樞於乾隆四十二年（1777）的〈建設南壇義塚並殯舍圖說〉中，亦曾指出臺灣縣民停柩於府治南北壇而歷久不葬的情形云：「臺郡有南北二壇，俱爲寄櫬之所。南壇在郡治之南郊，北壇在北門外。臺郡習俗惑於風水，每多停棺不葬；又流寓而死者，或不能運柩還鄉、或無人爲營窀穸，皆寄柩於二壇。土著家，每有貧不能葬或圖吉壤，均致淹擱於此」。〔註 198〕蔣元樞另在〈建設義塚殯舍碑記〉一文中，分析臺灣縣

〔註 195〕周璽等，《彰化縣志》，卷 9，頁 282～283。
〔註 196〕胡建偉，《澎湖紀略》，卷 7，頁 151。
〔註 197〕余文儀等，《續修臺灣府志》，卷 2，〈規制・義塚〉，頁 115～116。
〔註 198〕蔣元樞，《重修臺郡各建築圖說》，頁 69。

境久停棺柩而不入土安葬的原因云：

> 閩俗惑於風水之說，每停棺歷久不葬以爲常，而臺灣尤甚。蓋臺灣多流寓客死者，或希反首邱、或艱營窀穸，率度　於南北壇。土著家亦有貧不克葬，或吉壤是圖，均致淹擱於此。寄櫬之舍，卑仄而破；久之，暴露不免，且有損壞之虞——其姓氏亦無從稽考。郡南北郊及魁斗山等處，皆有義塚。但閱歲既久，葬者益多；纍纍井槨，穿陷於道。〔註 199〕

蔣元樞的這段論述顯示出，臺灣縣境（今臺南市區）停柩不葬的問題，除了地方人士爲先人愼選葬地、入土爲安，或是流寓客死、貧不克葬，乃至居民惑於風水之說、圖謀佳穴等因素之外，亦與縣境內葬地飽和、義塚有限的背景，脫離不了關係。換句話說，相較於大陸福建境內民俗因篤信風水而停柩於家的普遍程度，臺灣縣民停柩於南北壇，不盡是拘泥於風水之說，其間亦有現實環境的侷限所致，這也是蔣元樞在知府任內爲何要積極修造義塚殯舍的原因。〔註 200〕至於獨自客死異鄉、無人代爲營葬或一時無法歸葬原籍以致停柩於寄櫬處所者，此種社會現象的產生，無非是清代前期移墾社會單身人口流動頻繁所衍生的結果，〔註 201〕連帶構成臺灣縣境相對於福建境內在停柩環節上的特殊性。由此可見，當時臺灣縣境表面上具有近似閩粵原鄉的停柩不葬現象，但自有其不同於中國傳統漢人社會的背景因素。

另一方面，蔣元樞陳述民眾希謀風水寶地而致停柩經年的時空背景，係清代中葉「內地化」已深的臺灣縣境，若與前舉各清代臺灣志書的記載相對照，停柩不葬似乎是這段期間臺南地區所特有的社會現象。我們知道，今臺南一帶自明鄭以來即爲臺灣漢人聚集的首要區域，漢人開發較早，人口相對眾多，產業經濟的發展造成了貧富分化的現象，累世家族的勢力也逐漸成形。前引蔣元樞的論述中將「貧不克葬」而停柩與「吉壤是圖」而停柩的情形區分開來，隱約也透露出停柩現象的背後具有社經條件的差異。貧窮人家若已

〔註 199〕謝金鑾等，《續修臺灣縣志》，卷 7，頁 512～513。

〔註 200〕類似的情形，其實也出現在中國大陸閩粵原鄉地區。如嘉慶 21 年（1816）薛凝度、吳文林纂修《雲霄廳志》卷 9〈義塚〉中記載：「雲霄多山少田，宋元以前土曠人稀，隨在可以立墳。至前明人煙日盛，商旅輻輳，而各鄉族依山立社分界，佔掌營葬地者，必由價買；擅掩埋者，必至控爭，故無力者往往停柩，而客死者處處寄棺。良司牧賢士大夫捐置義塚，以推掩骼埋胔之恩，烏容已乎」（頁 15a）。

〔註 201〕蔡淵洯，〈清代臺灣的移墾社會〉，頁 91～94。

無力營葬，又豈能延請地師、講究風水？相形之下，當地有力人士用心於陰宅風水的經營，期能庇蔭家族後代子孫的興旺，故停柩於家以待吉壤佳穴，於情於理，概在意料之中。

至於臺灣縣之外的鳳山縣（今高屏地區）、諸羅縣（今嘉義以北）的廣大區域，在清代前期大多仍是「番漢雜居」或是以原住民爲主體的社會型態。漢族移民初闢之際，人口流動頻繁，聚落稍具雛型，僅有少部分的家族勢力擔任區域開發的主導者，漢人移墾社會的整體組成份子仍是以農耕勞動人口爲主。〔註 202〕在遷移次數相對頻繁的情形下，如何空出停柩擇地的時間，即是一項難以克服的問題。再者，由於渡臺禁令的實施，迫使爲數不少的閩粵移民孤身偷渡至臺謀生，終年忙於生計問題，身後之事或許也難以過分講究；加上這段時期鳳山、諸羅縣域尚是地廣人稀，風水葬地猶易尋求，不似臺灣縣境部分區域或是如閩粵原鄉一般，墳滿爲患而致一地難求。此外，臺灣島西部平原丘陵地區，基本上屬於海洋潮濕型氣候帶，棺木與屍身在此種氣候條件下易於腐朽，一般人難予妥善保存，這或許也是臺地鮮有停柩或停柩不長的因素之一。〔註 203〕

綜而言之，由於社會經濟與自然條件的制約，「柩鮮久停」的現象，大體上仍可視爲清代前期臺灣移墾社會的常態。反觀先前開發既久、漢化已深的臺灣縣一帶，其境內有限的停柩情形，反倒成了當時臺灣本土風水葬俗的「特例」。

然而，臺灣縣境的這項特例似乎沒有維持太久，自雍正十年（1732）起，清廷陸續放寬大陸民人攜眷渡臺的禁令。〔註 204〕至乾隆年間，衍生出一波閩粵人士大舉遷臺的「移民潮」，漢人大量湧入臺灣中北部地廣人稀的區域。〔註 205〕清代中後期，在閩粵移民的辛勤墾殖下，臺灣各地陸續從移墾社會轉型成漢人定居社會，貧富差距日漸明顯；柩鮮久停的喪葬現象，也隨著時空環境的變動而略顯改觀，特別是呈現在停柩與否所具有的貧富階層差異。道光中期周璽等《彰化縣志》卷九〈風俗志・漢俗〉中根據「禮三日而殯，三月而葬」的前提，抨擊閩籍人士因篤信「青烏日者家言，既擇山水形勢，

〔註 202〕蔡淵絜，〈清代臺灣的移墾社會〉，頁 85～98。

〔註 203〕臺灣慣習研究會原著，程大學等編譯，《臺灣慣習記事》，第 1 卷上，頁 126。

〔註 204〕黄秀政，〈清代治臺政策的再檢討：以渡臺禁令爲例〉，收入氏著，《臺灣史研究》，頁 153～158。

〔註 205〕尹章義，〈臺北平原拓墾史研究（1697～1772）〉，收入氏著，《臺灣開發史研究》，頁 29～150。

又擇年月日時，爲子孫求福」，以致衍生出的停柩不葬的弊端云：「於是有停柩在家，暴露郊野，數十年不葬者，豈知先魂不獲歸土，則死者不安，不孝之罪，上通於天，雖有吉地，愆可贖乎？況無吉地，而從留親柩也」。〔註 206〕基於歷史的後見之明，周璽等人這段批評世人惑於堪輿而停柩多年的論述，表面上雖是針對福建境內而發，實際上，卻也宣告了臺灣中部彰化境域及南北其他地區的喪葬習俗，逐漸朝向於久停親柩的先聲。

根據相關文獻的記載，至清代後期，臺地停柩數年以待佳穴的習俗，在士紳富裕之家似乎有逐漸蔓延的趨勢，但在廣大的庶民階層中仍然爲數有限。如光緒二十年（1894）雲林縣訓導倪贊元等《雲林縣采訪冊》中，陳述雲林縣斗六堡暨其他各堡的喪祭風俗云：「俗少停棺，既殯即葬，曰出山」。〔註 207〕清末至日治初期的《安平縣雜記》中記載縣境的喪禮風俗云：「柩無久停，則又風俗之美者矣」。〔註 208〕前舉的敘述，大抵是針對一般大眾的喪葬現象而言，至於富裕之家則未必盡然。

前引乾隆中期胡建偉《澎湖紀略》卷七〈風俗紀・喪葬〉中記載島內不論貧富階層，概無惑於風水而停棺不葬者。到了光緒中期，林豪在《澎湖廳志稿》卷八〈風俗・喪葬〉中引述《澎湖紀略》記載「貧者三日而葬，富者亦不能百日」之後，緊接著強調：「近時頗有惑於風水，停棺不葬者，尤宜戒也」。同卷〈風俗記總論〉中亦指出清末澎湖地區：「停葬者既惑於風水之說，阻葬者亦造爲傷煞之言」。〔註 209〕此情此景，呈現出百餘年間當地民俗變化的軌跡。而在同時期，由媽宮一新社樂善堂完成的《覺悟選新》卷四木部中，透過光緒十八年二月初五日亥刻蕭天君鸞諭〈戒停柩遲葬文〉，來勸說地方人士切勿久停親柩以求風水佳地，卻罔顧先人入土爲安的倫常孝道云：

> 俯觀人世，不但愚迷之徒，不明世事，則如讀書士子，往往亦不明其理，何也？父母在日，未能孝敬，及去世之後，而棺柩每遲延不葬者，皆惑於堪輿之說。……世之愚夫，不識理者，情尚可原；至若讀書士子之輩，亦爲所迷，何也？既讀書何亦不明此理哉！諺曰：陰地不如心地；書云：地脈皆由心脈。見人家大富大貴，皆曰：其

〔註 206〕周璽等，《彰化縣志》，卷 9，頁 282～283。

〔註 207〕倪贊元，《雲林縣采訪冊》，頁 24～25。

〔註 208〕臺灣銀行經濟研究室編，《安平縣雜記》，頁 11～12。

〔註 209〕林豪著，林文龍點校，《澎湖廳志稿》，卷 8，頁 293～294，312。另參見林豪等，《澎湖廳志》，卷 9，〈風俗〉，頁 315，328。

墳必獲吉地也，是以孜孜焉，昧於昏迷之說，以親骸爲求富求貴之具，誠可嘆哉！……今余到此，遍誦列聖勸世警文，尚不警此，貽害非輕，爰是不揣譾劣，獻醜盤間，所冀世人，惑於風水之迷者，宜當謹戒焉可。〔註210〕

通篇內容針砭風水民俗的功利作風，映現出後代子孫爲了圖謀吉壤福廕而停柩經年的作法，已然成爲清代後期澎湖境內顯而易見的社會風氣，故引起某些有識之士藉由神道來加以警示。

日治初期，鄭鵬雲、曾逢辰等《新竹縣志初稿》卷五〈考一・風俗〉中說明縣境內停棺與否的現象背後，明顯存在著貧富的差異云：「貧者是日即葬；富者多停柩於堂，卜地、卜日而後葬」。〔註211〕大致說來，貧窮人家恐難以負擔因停柩所附帶的財務支出，富裕人家則可不計代價以求風水寶地。此外，成書於日治初期的《嘉義縣管內采訪冊》中記載嘉義縣打貓北堡一帶，「俗少停棺，既殯即葬」；相形之下，「若富家，則停棺擇日」。〔註212〕停棺擇地的行爲，彷彿已是富裕人家、有力人士的一項「專利」。當然，在停棺以尋吉壤的過程中，堪輿地師仍多扮演著權威性指導者的角色。本節前面所引證的幾段清末紳商之家延請地師停柩擇地的族譜資料，可爲示例。

風俗習慣的推移，往往是具有「冰凍三尺，非一日之寒」的長期累積性。到了日治前期明治三十六年（1903）九月，時值鼎革之後近十年，在臺灣慣習研究會編著的《臺灣慣習記事》第三卷第九號中，刊登一則〈關於臺灣人之陋俗〉，文中指出「臺灣向來之習慣，富家之父母及長者死亡時，常請風水師占卜埋葬之方位及時間，依其言而舉行葬儀，其指定的地點或在數里之外，或在田園山野，又時間亦達數月或十數年之久以待吉日，停柩於屋內以迄安葬日期未加以移動。尤有甚者，擁資巨萬之富豪往往有守柩十數年之久以待吉日」。〔註213〕再者，明治三十九年（1906）初，新竹人士王石鵬於報刊上發表〈臺灣習俗美醜十則〉一文，其中一則針對臺灣社會的風水葬俗加以批評：「臺俗迷信鬼神，尤惑風水之說，……而尋地葬親，遷延數載，幾欲以死者之遺骨，爲子孫造福之具，可勝慨哉」。〔註214〕從日治初期在臺人士的這些觀

〔註210〕一新社樂善堂編，《覺悟選新》，頁359～361。

〔註211〕鄭鵬雲、曾逢辰，《新竹縣志初稿》，卷5，頁185。

〔註212〕臺灣銀行經濟研究室編，《嘉義縣管內采訪冊》，頁30。

〔註213〕臺灣慣習研究會原著，臺灣省文獻委員會編譯，《臺灣慣習記事》，第3卷下，頁156。

〔註214〕臺灣慣習研究會原著，李榮南編譯，《臺灣慣習記事》，第6卷上，頁82。

察報告中，似乎可以看出，閩粵原鄉停柩數年的傳統風水葬俗，已在清末至日治初期臺灣西半部以漢人爲主體的定居社會中，陸續完成其版圖的擴張。

由於文獻資料的侷限性，針對風水葬俗在臺地的版圖擴張及其區域特性的這項課題，我們僅能概要而論。大致說來，風水葬俗係隨著清代閩粵移民拓墾臺灣的腳步，逐漸擴張其影響的族群成員與地域範圍。緣於移墾社會的特殊性，導致清治時期臺灣南北各地「柩鮮久停」的喪葬習俗，有別於閩粵原鄉動輒「停柩數年」的普遍現象，構成風水葬俗在漢人移出區與移入區之間的差異性。另一方面，如以臺灣本土同一時期的不同區域作爲考察的對象，則停柩與否的現象似乎與特定時空「內地化」的程度，具有一定的關係。清代初期「內地化」已深的臺灣縣境部分地區，即存在著久停棺柩的情形。相形之下，「內地化」較淺的諸羅縣、鳳山縣地區，停柩多年而不葬的現象並不顯著，以致博得某些治臺官員與志書纂修者的稱譽有加。到了清代後期，漢人在臺灣西半部南北各地多已開發有成，隨著社會型態的轉變與家族勢力的發展，逐漸造成貧富分化的結果，連帶也使得停柩擇地的行爲夾雜著貧富階層的差異。類似的情形，可說是漢人定居社會成型之後，表現在喪葬習俗環節上的一種常態。

第二節　禁忌表徵

風水理論傳達一系列趨吉避凶的術數法則，這些法則通常是透過各種口訣式、通俗化的禁忌內容，來發揮其實質性的規範作用，並提供一般民眾簡易可行的不二法門。學者漢寶德指出：「對於堪輿家以外的大眾來說，不論是無知鄉民，或知識份子，演作的系統是沒有意義的，風水只是一些禁忌而已。所以把風水的禁忌看成風水的本身並不爲過。禁忌是深植中國民心的風水」。〔註215〕換句話說，對於風水禁忌的遵行，係民間人士實踐傳統堪輿之說的主要方式。

風水禁忌在堪輿學的理論層面上，根據巒頭派（形法）的觀點，主要著重龍穴砂水不得毀損的原則；依照理氣派（向法）的觀點，則大致強調墳廬坐向不得沖煞的原則。不論巒頭也好，理氣也罷，兩者皆以固守風水格局、防止「生氣」渙散爲最高準則，以保障人們得以順利承受風水穴地的庇蔭，

〔註215〕漢寶德，〈風水宅法中禁忌之研究〉，頁6。

爲家族親屬帶來榮華富貴的現世福份。〔註 216〕如落實在日常生活的應用層面，除了陰宅、陽宅各別的禁忌條目之外，往往兼有相墓術與相宅術的交集；而同時適用於兩者的情形，也所在多有（參見下列圖 4-2-1）。有鑑於此，本章特於前兩節卜居擇建、相地營葬的討論之後，另立本節加以說明。

圖 4-2-1　陰陽宅風水禁忌在理論與實踐層面的交集

陰宅（相墓）	風 水	巒頭（形法）
陽宅（相宅）	禁 忌	理氣（向法）

在進入主題之前，必需預先申明的是，本節討論的重點，並不在於整體呈現風水禁忌的理論與概念，亦不著眼於涵蓋所有宜忌的形式和種類，而是根據歷史文獻的相關記載，從社會實踐的角度，陳述清代臺灣民眾遵行風水禁忌的具象表徵，並探討治臺官員、地方士紳與庶民百姓對於這些禁忌的態度。在各種跨越陰陽宅理論及其應用分際的風水禁忌之中，最受當時社會各階層人士所共同關注的對象，首當龍脈禁忌莫屬。

一、龍脈禁忌的遵行

吾人須知，「地理之道，首重龍；龍者，地之氣也」。〔註 217〕尋龍、望氣、察砂、觀水、點穴係傳統風水術的基本法則。根據巒頭派的堪輿理論，「凡欲擇地，先辨來龍」、「既已識龍，方可言穴」。〔註 218〕特定地域的整體風水格局，首要爲確定其中主幹龍脈的氣勢所在及其曲折起伏的方位走向，才有定穴的可能。〔註 219〕道光年間鄭用錫《淡水廳志稿》卷一〈山川〉、同治年間陳培桂等《淡水廳志》卷二〈封域‧山川〉中，曾旁徵風水形家的言論，點劃出廳治內北、中、南三路山來龍、過脈、拱衛、結穴的情形，可爲明證。〔註 220〕從傳統風水信仰的觀點，龍脈聚局既主宰該地人事的吉凶禍福，也攸關都郡

〔註 216〕艾定增，《風水鉤沉——中國建築人類學發源》，頁 149～197。

〔註 217〕趙九峰，《地理五訣》，卷 1，〈風水論〉，頁 16b。

〔註 218〕劉謙著，謝昌註，《地理囊金集註》，頁 1a，7a。

〔註 219〕《青囊海角經》，顧頡主編，《堪輿集成》，第 1 冊，頁 69～79。

〔註 220〕鄭用錫纂輯，林文龍點校，《淡水廳志稿》，卷 1，頁 2～7；陳培桂等，《淡水廳志》，卷 2，頁 26～33。另可參見《臺灣府輿圖纂要》對於府轄各廳縣內山川形勢的解說。

城鄉的興衰起落。因此，自古風水理論強調：風水來龍需當謹慎維護並保持完整，最忌人們妄加穿鑿或從事破壞。若是傷殘龍脈、發洩地氣，旺氣定會消鑠，災禍勢必難逃。〔註221〕

由於龍脈在特定區域的風水格局中佔有舉足輕重的地位，一旦闔境來龍因爲外力的因素而有傷損之虞，地方人士自然不會坐視不顧。如據道光二十九年（1849）二月黃承帶、黃耀宗、黃秀傑與首事何繪、陳輝、何蘭青等人同立〈芝山合約碑記〉的記載，黃承帶等人祖父於清治初期承給淡水廳內芝山員山仔一所，原本供作莊民牧養用地。由於乾隆五十一年（1786）林爽文起事的波及，當地「難民奔逃其上，悉遭屠戮；及蕩平之後，枯骸漏積」。黃承帶先人黃文欣遂倡議將員山仔給付總理吳慶三，並呈蒙官府暨文武官紳士庶捐鳩，於該山惠濟宮旁設置塚地。至道光二十七年（1847）八月，「突有黃祿藉砍東北古樹、戕廟塚；時眾等出首，獲罰併演戲，重禁該山上下樹木不許砍傷」。到了道光二十九年（1849）初，黃承帶等人緣於惠濟宮旁塚地林木暢茂，顧慮其東北隅一帶「正列在石角山下、村落之前，地靈攸關，誠恐奸徒漁利盜砍，有傷地脈」，於是呈請官府給示掌管及貼示豎碑。官府乃邀集何繪等眾首事、總董及當地業股、衿耆、士庶公同確定地界權屬，妥議合約章程，以免山野林地的採伐滋生龍脈毀損的事端。〔註222〕

敗壞風水的禁忌，具體衍生爲傳統漢文化社會各種避免龍脈遭受侵毀的措施，成了地方領導階層維護村落安寧與保障家族福祉的要事。如乾隆十五年（1750），澎湖廳通梁澳鄭學聖以地方人士在大礁頭公山私行採石，恐傷界域附近的鄭家祖墳，於是呈請海防通判何器勒石明界。何器據報後，即委託頭甲澳鄉耆繪圖查明，繼而認定採石一事不僅有傷鄭家祖墳之虞，對於里居風水地脈，亦相當不利。何器於同年四月三日准予頭甲澳鄉紳和鄭學聖勒石令禁，其中聲明：「自後只許各姓葬埋耕牧，毋得心生異端，既利一鄉之地脈，則鄭姓祖墳，亦獲護蔭，不惟兩全其美，且阻葬失墾之紛爭亦杜矣」。〔註223〕

同治六年（1867）五至七月間，淡水廳竹北一堡生員魏纘唐、墾戶金廣福（姜榮華）等人爲了杜絕地棍私行斬鑿九芎林莊的風水來龍，並防範附近

〔註221〕徐善繼、徐善述，《地理人子須知》，卷6下，〈論風水不可妄加築鑿〉，頁30b；汪志伊，《地學簡明》，卷17，〈風水勿妄穿鑿〉，頁456～457。

〔註222〕何培夫主編，《臺灣地區現存碑碣圖誌　臺北市．桃園縣篇》，頁108～109；邱秀堂編，《臺灣北部碑文集成》，頁99。

〔註223〕何培夫主編，《臺灣地區現存碑碣圖誌　澎湖縣篇》，頁219。

居民進行開闢時不愼掘毀赤柯寮龍脈，以致貽害地方，特稟請淡水同知立碑曉諭嚴禁事項。〔註 224〕同治九年（1870）十二月，大奎隆（大雞籠）總理何拱辰、董事王家齊、生員謝希謙、貢生江化霖、張維廉與街正何振春、沈欽、賴武一行人，向淡水廳呈報林養兒、陳九、劉三、陳連等人在雞籠石硬港所開四洞煤壙，附近街莊民眾以其「離街不遠，有礙地脈」，乃協力予以阻止。爲能杜絕後患，特請示官府諭准封禁，以衛地脈。〔註 225〕

光緒三年（1877）十二月八日，彰化縣東螺堡北斗街生員謝爲章、陳元炳、許從龍、業戶許德豐、謝愼德暨總董黃以仁等人「以陳玉石變名陳保興，串謀內五莊別開新圳，擬將許家該管頭埤內圳界，勢欲強斬横過，以奪水源，並傷公塚龍脈。街眾嚣嚣，鳴鑼傳單，不肯任斬。恐釀臣禍」，於是稟呈彰化知縣鍾鴻逵迅即差傳諭止。〔註 226〕光緒九年（1883）十二月，復興莊眾基於「人依神而安，神亦依人而顯，此廟宇龍脈所以貴保其不毀也」的信念，爲了防制不法之徒於莊內三官大帝廟後挖泥圖利，以至斷損廟宇龍脈，「誠恐莊中從此欠安」，於是同立〈禁止掘取窯泥絕斷龍脈碑〉，違者眾議處分，俾求保境安民。〔註 227〕

此外，在清代後期被視爲臺北府大嵙崁一帶發祥之區的龍過脈，「址在大嵙坎三層莊，土名頭寮，俗呼葫蘆坑，以其山形狀似葫蘆。龍過脈處即葫蘆頸，靈鬱所鍾，直注大嵙坎」。地方人士認定附近各街莊承蒙靈山秀氣的庇蔭，「年年祥瑞，發越遠近、物阜民康」，部分紳民因此相信該龍脈損傷與否，直接關係到聚落的休戚禍福。光緒三年（1887），曾有民眾於該處栽植茶株，導致地方人心惶惶，舉人李騰芳遂與莊紳耆老出面諭止，立碑示禁。至明治四十四年（1911）二月，林本源佃人復在龍過脈一帶開築水圳，街莊耆老觸目驚心，惟恐頓生禍患，旋經地方紳耆向林本源事務所磋商停工事宜之後，命佃填平。同年六月，大嵙坎一帶街莊紳董乃諏吉安龍，並公立〈龍過脈碑〉，一置放在福仁宮廟內，一置放在葫蘆坑，俾令後人知所來歷，相與遵守龍脈不得任意斬傷掘壞的禁忌，「庶几地靈人傑、神鎮民安」。碑文中最後強調，龍過脈一處若能妥善保護，既是地方之福，亦爲國家之幸。〔註 228〕

〔註 224〕陳朝龍，《新竹縣采訪冊》，卷 5，〈碑碣．廣福宮示禁碑〉，頁 219～220。
〔註 225〕《淡新檔案》，編號 14406。
〔註 226〕臺灣銀行經濟研究室編，《臺灣私法物權篇》，頁 591。
〔註 227〕邱秀堂編，《臺灣北部碑文集成》，頁 52。
〔註 228〕何培夫主編，《臺灣地區現存碑碣圖誌　臺北市．桃園縣篇》，頁 204～205。

地方領導階層呈官究辦傷龍毀脈情事，以求地方安寧；治臺官員則出自保境安民的考量，有時也會將護龍保脈的作為，視為任內政通人和的重要項目。如光緒十九年（1893），新竹知縣葉意深親臨縣境香山、牛埔、內外獅山一帶與巡司埔、枕頭山、蜈蜞窩、雞卵面、土地公阬以及樹杞林至中港三灣等處義塚查勘，在他的理解中：

> 金山面為縣治之祖山，自出粟湖分支東引，迤邐屈蟠，鍾毓秀靈之氣，極應培護。且其地近在郭外，捐作義山；故邑中人多叢葬於斯，荒冢纍纍難以數計，豈容牲畜踐踏！乃附近村農陟山耕作，任用小車駕牛運物，所過之處損壞甚多。至如校場埔一帶孔道，為眾車所經由，日見低陷，顯有高岸為谷之勢，尤為治內地脈攸關。

知縣葉意深查考前任知縣已曾出示嚴禁事項，無奈日久玩生，積習復蹈，為了保護塚地龍脈不再受損，乃於同年十一月十四日曉諭闔邑軍民人等：「自示之後，如有仍在義山一帶任用牛車損壞墳墓，有傷地脈，一經拏獲，定予嚴辦不貸」。〔註229〕由此可見，在龍脈禁忌的習俗環節上，地方官員往往也難以免俗。

從以上的敘述可見，龍脈不容破壞的禁忌，既是維護地方安寧的因素，也是保障家族或個人權益的條件。在護龍保脈以求諸事順利的前提上，不論治臺官員也好，地方紳民也罷，大多不會等閒視之。舉凡民間從事各項產業開發之際，事前的預防措施便成為他們留意的焦點。在清治時期地方人士進行土地產權交易的契約文書中，我們可以看到幾則相關的記載，如乾隆三十八年（1773）三月墾戶首金合興即蕭妙興、股夥朱舉等人同立公訂水路車路合約字中，特批明大坪林五莊「自青潭口陂頭起，至獅頭山腳首汴止，水末入莊，實咽喉重地。陂長當巡視其兩邊官定十丈，留樹木及寮地，前後左右界內，不許外人亂掘戕傷、敗壞地理，俱交陂長守顧，如敢有違，聞眾公誅」。〔註230〕又如前節所引咸豐七年（1857）七月吳汝昌、吳永昌、吳乾昌兄弟等立杜賣盡根水田契字中，最後批明：「此田面原有菜園未曾概付楊家之地，誠恐日後要架造房屋，只得自己界內開築門路，不得移路田界。倘日後要修整田坵，任從楊家隨意展築，須宜二比相安，不得齟齬阻滯。其地後龍脈，直十一丈五尺，橫一丈五尺，原付楊家以為菜園，日後不得開鑿田坵，所批是

〔註229〕陳朝龍，《新竹縣采訪冊》，卷3，頁140。

〔註230〕臨時臺灣土地調查局，《臺灣舊慣制度調查一斑》，頁146。

實」。〔註 231〕光緒三年（1877）十一月，業主劉垂堂承管臺北府石碇堡奎隆嶺腳港仔內柯槵腳莊李友義祀業一所，在與佃人楊語、楊前同立招贌耕約字中，最後附帶批明其山場內「不得混葬風水」，另批明山場內如「有出煤炭、土塗，聽其業主開取」。光緒八年（1882）十一月一日，業主、佃人復當場公議契約條目，其中針對界內煤炭可否開採的問題，則推翻前番說辭，申明「其所耕山場界內，各不得開挖煤炭，永固地脈」。〔註 232〕

我們知道，龍脈禁忌的要義，在於其所行經的區域不得輕舉妄動，以防傷龍敗穴，滋生禍端。〔註 233〕這項禁忌與煤礦開採必需掘挖山脈的事實，適呈強烈的「對沖」。誠如魚與熊掌不可兼得一般，若要顧全風水龍脈，勢必遏止煤礦採挖。在光緒二年（1876）十一月墾戶黃安邦立批給山場水田墾契字中，即提到其將海山堡永福莊土地公坑內山場水田交付佃人傅祖蔭掌管，任從其開田耕作、栽種茶欉與果樹等，但必需遵循下列的條款：「人傑由於地靈，界內如有煤炭，不准開掘，以傷龍脈；如敢故違，定即傳眾公誅」。〔註 234〕反過來說，如要進行煤礦採挖，難免損傷來龍地脈，這對於習染風水觀念的治臺官員與地方紳民而言，無異是一項嚴峻的價值矛盾。清治時期北臺雞籠煤務史上，就曾發生過如此的尷尬情境，本書第七章將有進一步的討論。

龍脈禁忌為民俗信仰之中極具社會影響力的風水禁忌，基於對龍脈受損將有礙地方發展與個人福祉的風水觀念，清代臺灣各地曾出現多起護龍保脈的措施，俾求未雨綢繆，防患於未然。另一方面，如果特定區域的龍脈慘遭無心的破壞或有意的毀損，難免引起地方人士的群情激憤，甚至導致各種社會衝突，迫使治臺官員採取亡羊補牢式的禁令規範，以平息流俗爭端。關於這個部分，我們將在本書第六章第一節加以討論。

二、毀墳傷塚的禁忌

根據傳統風水理論，陰宅（墳墓）、陽宅（屋舍及其他公共建築物）的建造既是堪輿地師尋龍、點穴的完成，兩者的構造本身也是風水的一環；因此，

〔註 231〕臺灣銀行經濟研究室編，《清代臺灣大租調查書》，頁 1077～1078。

〔註 232〕臺灣銀行經濟研究室編，《臺灣私法物權篇》，頁 66～68。

〔註 233〕不著撰人，《記師口訣節文》，第 63 章，頁 109b～110a。

〔註 234〕臺灣銀行經濟研究室編，《清代臺灣大租調查書》，頁 127～128；臺灣銀行經濟研究室編，《臺灣私法物權篇》，頁 68～69。

不得毀宅傷墳的考量，自然也在風水禁忌的範圍之列。以陰宅風水爲例，如道光年間陳盛韶《問俗錄》卷四〈風水〉中記載漳州府詔安縣境，「其民惑於風水，一棺落穴，前後左右俱防沖煞。數里之地，忌戕山脈，社廟香火所照，以爲大不祥」。〔註 235〕

對於篤信風水庇蔭觀念的芸芸眾生而言，陰宅風水係個人發展與家族興旺的憑藉之一，在實質利益的層面上關係緊要。有鑑於此，地方紳民除了重視護龍保脈的必要性，防範有心人士圖謀先人已葬之地或扦葬自家陰宅舊穴，另針對任何可能危害風水塚地的行爲，也多所關注。如乾隆三十九年（1774）十一月鳳山縣嵌頂街（今屏東縣崁頂鄉）莊江、柯哲瀾等立〈嚴禁掘土害塚碑記〉中提到：

> 港東之里，有街曰嵌頂，人煙輻輳，四民雲集，巍然一巨鎮也。東望傀儡，蜿蜒磅礴，趨街首而闢康衢。西北有埔，形勢陡起，寬且厚實，爲本街屏藩、各莊門户焉。上有墓，鱗疊成塚；居民掘取砂土，逼墳埕幾溝壑矣！壘壘幽城，風淒露冷，一遭崩潰，魂魄何依？仁人君子能毋怵惕！矧乃地靈人傑，坤輿鍾衍，宜培厚，不宜劇削耶。爰是邀街莊立禁約：掘者罰戲，違即呈官，以固地脈，以安泉壤。〔註 236〕

由此可見，地方人士聯合抵制一些有礙山埔墳地的不當開發，主要是爲了讓亡者遺體不受干擾，生者不致遭受親人墳地毀壞之痛，同時也可以達到維護聚落地脈與風水葬地的效果。

乾隆四十一年（1776）七月，林欽堂、曾日輝等人向竹塹社原住民租墾番仔湖田嵌上員山仔埔地，作爲民眾牧養牛隻的處所，同時約定眾人不得藉佔、混開及侵越私己。至道咸之際，該牛埔界內墳墓疊埋，但附近人士或有鋤草皮肥業利己，罔顧他人祖墳穴地的完好，地方紳耆感慨此舉「不知損傷陰功之禍害耳」，乃於咸豐二年（1852）五月眾議同立〈員山子番子湖冢牧申約並禁碑〉，規定日後不許任意鋤剷墳穴草皮，違禁者罰銀以資懲處。〔註 237〕

地方領導階層爲能有效地遏止不肖人士戕害墳塋的行爲，衡量客觀情勢，如能訴諸官府力量的介入，不失爲一妥適的途徑。如彰化縣沙轆（今臺中市沙鹿區一帶）境內上、下西勢牧埔於清治中期屢被民番佔墾築田，曾先

〔註 235〕陳盛韶，《問俗錄》，卷 4，頁 32～33。

〔註 236〕何培夫主編，《臺灣地區現存碑碣圖誌　屏東縣·臺東縣篇》，頁 167～168。

〔註 237〕陳朝龍，《新竹縣采訪冊》，卷 5，頁 218～219。

後經臺灣知府汪楠、分巡臺灣兵備道麋奇瑜等官員示諭嚴禁，立碑定界。至道光十一年（1831）十二月二十七日，彰化縣沙轆大莊、陳厝莊、南簡莊、火燒橋、八張犁、海墘厝、三甲等處業戶、總理、甲首與遷善南北社業戶、通土、差甲、社主暨眾番呈請彰化縣縣令李廷璧出示禁約，李廷璧為此曉諭當地民番人等，牧埔係各莊課田牧養之地，「內有塚墳，屢被殘損。自此示禁立界之後，毋許民番人等私墾侵佔，殘損塚墳，致害國課民生。倘敢故違，許即挐解，按法重究」。〔註 238〕

除了居民私行掘土、擅自侵墾而殃及墳地的問題之外，由於墓場通常遠離聚落，位處偏僻，並且佔地空曠、雜草叢生，成為一適宜牲畜放牧的所在。然而，牧牛放羊的過程，難免踐踏塚地，地方人士同樣不會無視這類毀損風水墓穴的行為。如咸豐二年（1852），艋舺街永和郊總理張錦回向淡水廳同知張啓煊稟稱該廳劍潭古寺：

> 前因該地奸民希圖獲利，橫將寺後龍身行節處所剖取石片，殘害龍骨，以致該廟被風蟻損蛀倒壞，諸神無處供奉因等。爰是邀同紳衿、郊鋪人等共相集議重興廟宇，旋即告成。茲因日久弊生，奸念復萌，該地奸民再行剖石戕傷廟宇計；及該寺前後墳墓亦被放畜牛羊殘踏損壞，屍骸暴露，風雨毀傷，寔堪痛恨，忍心不過，轉思莫何。

論述之中強調，寺廟為聚落的信仰重心，攸關地方的興衰禍福，其龍身不得輕易損毀，以防神靈不測；至於墳墓則為亡者的安息之地，聯繫生者的孝思感念，其外觀亦不得任意踐壞，以免人鬼共憤。同知張啓煊據報之後，除了飭差勸止外，並於同年十一月八日出示嚴禁事項，曉諭劍潭山前後左右居民及牌甲長人等：「須知虔敬奉佛，自有庇佑；且鑿傷龍身，有礙廟宇。自示之後，毋許匠工人等在劍潭剖鑿石條，毀傷蔭樹；至若牛羊原有牧養山場，亦不許在該處畜養野放，致墳墓踐壞，於心安忍？」〔註 239〕

咸豐八年（1858），噶瑪蘭廳二結莊民人李成偕生員、莊長人等以該莊公塚常有牧童牧牛於上，「以致墳堆踐踏損壞、墳牌犄觸欹斜」。為此，於同年四月二十二日向噶瑪蘭廳通判富謙稟稱塚地為安葬之所，「理宜肅清塚界，以安幽魂」；如果聽任牛隻踐損塚塋，「未免有傷人子之心，生者飲恨、死者莫安」。李成等人冀望官府能勒石永禁，「庶足以安墳塚而慰幽靈」。富謙據報之

〔註 238〕臺灣銀行經濟研究室編，《臺灣中部碑文集成》，頁 93～94。

〔註 239〕邱秀堂編，《臺灣北部碑文集成》，頁 24；何培夫主編，《臺灣地區現存碑碣圖誌 臺北市．桃園縣篇》，頁 389。

後，於五月出示嚴禁放牧害塚條例，曉諭該莊民番人等此後務須擇地畜牧，毋許踐踏塚地，以免枯骨慘遭暴露之虞。〔註240〕

同治六年（1867）春，淡水廳舉人高國瑞、董事陳福助、業主胡板麟、林啓元、林恒茂、張廣福、總理江鼎宗、陳金隆、簡德順、約首黃奕助、楊英觀、翁桃觀、黃深觀暨鋪戶、莊耆人等，爲了防止百姓放縱牲畜踐毀地方墳塚、罔顧法律發塚劫棺盜骸等情事，特呈請新莊縣丞出示勒碑，列明禁約條規，其中說明：

> 緣八里坌保坡角十八份塚地，原自開闢之初，係蒙胡、林業主施捨，以便送死埋葬之區，邇來百有餘年矣！第世殊事異，古道云遙，往往有牧牛羊者，不求牧地而飼養，偏縱塚上而踐毀，以致閤塚破棺露頦，天地生愁，草木淒怨。川等目擊心傷，僉請勒碑永遠示禁在案。茲蒙分縣主張，存案出示，合亟邀集街莊人等，同場安議捐資演戲，勒碑禁約。〔註241〕

類似的情形，如光緒七年（1881）十月，淡水縣興直堡三重埔溪尾莊職員、總理暨紳耆等鑒於全莊稠居日盛，爲求鄰里和睦、共安無事，特邀集莊眾同訂禁約，嚴立條規十二條，其中第九條聲明：「公議庄尾有塚埔，皆人家父母祖宗魂墓，不許放牛踐踏，恐其崩壞，以致棺骸暴露，違者公罰官音壹檯，拏獲者給賞錢貳佰文」。〔註242〕

扼阻放牧傷塚的情事是一類，另有砍伐義塚樹木的情事。如據同治十年二月樹杞林（今新竹縣竹東市）十四股墾戶金惠成暨嘗會友等同立碑記中顯示，當地義塚因龍身樹木茂盛，故遭地方人士砍伐，而致山形地脈受損。爲保龍身以安孤魂，遂勒石示禁，不可任意砍伐樹木，且議定每年祭神之時，要挖去塚穴周遭樹木根苗，勿令再生，從根本處加以預防。〔註243〕

治臺官員職責於維持社會秩序，在護衛墳地以保境安民的議題上，他們與地方領導階層的立場通常是一致的，特別是針對官方設置的義塚，更加不容輕忽。如光緒十三年（1887），新竹知縣方祖蔭得知縣城南門外一帶年華既久的義塚內，「近聞有一種牛車不按舊時車路，輒敢向義冢之上逕意直行。不恤陰靈，遑云追遠；不修切德，甘自喪心。輪鐵所經，坏土竟成虀粉；轆轤

〔註240〕邱秀堂編，《臺灣北部碑文集成》，頁27。

〔註241〕何培夫主編，《臺灣地區現存碑碣圖誌　臺北縣篇》，頁66～67。

〔註242〕唐羽編，〈溪尾庄古契彙編（下）〉，頁119～121。

〔註243〕何培夫主編，《臺灣地區現存碑碣圖誌　補遺篇》，頁138～139，190～191。

周轉，芳墳亦等泥沙。斜陽衰草之中，傷心慘目；白骨青燐之類，喪魄驚魂」。方祖蔭秉持敬神如在之心與澤及枯骨之例，於同年十二月六日出示嚴禁事項，曉諭南門外一帶趕運牛車人等，自此不得任意踐履該處義塚，「庶神鬼共安，人民獲福。如敢抗不遵示、居心作孽，定即拘案，照毀壞冢墓之例究辦，決不寬貸」。〔註 244〕

光緒十四年（1888）五月，英國駐臺北通商事務署領事與滬尾營水師協鎮以滬尾一帶塚山墳墓原不准牧養牲畜，以免踐踏致露骨暴骸，久經出示嚴禁。「無如法久玩生，近自中、法違和之際，葬者較前要多；……茲查有等居人所養牛羊馬豕，不責令僱牧之人在於荒埔無礙墳墓處餵養，竟任在於有墳墓塚山肆放餵食，踐踏墳墓，致使死者復遭穿棺毀槨，暴露骨骸，……若不嚴行會禁，何以慰幽魂而安羈骨？」〔註 245〕在這份中英兩國官員聯合諭禁的告示中，我們可以看到其論述中抱持強烈的批判語氣，斥責居民放牧牛羊致害塚墓的情事，適足以反映政府當局對於護墳安塚的謹慎態度。

由於風水龍脈與護墳安穴的禁忌深入人心，使得地方公共建設或各項土地開發工程進行時，往往必需遷就這項習俗，否則將可能激犯眾怒。如諸羅縣麻豆保里內港道於康熙四十年（1701）以降屢被業戶、豪強塡築塭岸，附近居民面臨溪水氾濫、沖毀廬墓的威脅，官府爲此曾數度出示嚴禁佔築埤頭港的告諭。至乾隆十九年（1754）五月，因莊民陳繼宗、陳縱、陳媽生、陳申等違禁擅築塭岸，以致港道壅塞，居民田園廬墓即遭氾濫溪水淹沒之虞，該保耆民孫天賜、郭來及社番、鄉保、管甲人等迅向諸羅縣丞沈光郁呈告詳情，但未蒙出示禁令。翌年（1755）五月，辛竟可蒞任諸羅知縣，孫天賜等人乘機向其稟請申明前禁，藉此永絕禍患。辛竟可於同年六月曉諭麻豆保附近居民人等：「嗣後不許土豪、地棍在於埤頭港佔築，防塞港道，盜墾兩邊荒埔，致水汎濫，有礙居民、番黎房屋田園墳墓。如敢影藉復圖佔築、盜墾，許該民番立即指名赴縣具稟，以憑拏究」。〔註 246〕另如嘉慶二十二年（1817）六月，竹塹監生林紹賢（1761～1829）、廩生郭成金（1780～1836）、鄭用錫、林長青以及當地生員、鋪戶、耆老等十餘人，向淡水廳同知張學溥呈告塹城東南金山面、大崎、雙溪口至鹽水港、老衢崎一帶的墳山塚地，應由官方出

〔註 244〕陳朝龍，《新竹縣采訪冊》，卷 3，頁 139～140。

〔註 245〕何培夫主編，《臺灣地區現存碑碣圖誌　臺北縣篇》，頁 405～406；邱秀堂編，《臺灣北部碑文集成》，頁 54。

〔註 246〕臺灣銀行經濟研究室編，《臺灣南部碑文集成》，頁 386～387。

面，確實維護民眾擇穴葬墳的權益，並嚴禁外人以築隘為名佔墾界內埔地，以致傷礙久葬墳塋；其餘坑澗谷地堪以開作田園的荒埔，在無礙已葬墳塋的前提下，始可聽任建隘之人拓墾為業。〔註 247〕

民間人士如此，治臺官員自身亦須避免公共建設與民間廬墓的抵觸。如乾隆四十年（1775），值臺灣知府蔣元樞整建臺郡城垣之際，除了修補舊柵殘缺之處，又將被侵舊址加以清釐，「仍恐有礙居民廬墓，因其地勢酌為變通，以期無擾」。〔註 248〕由此可見，縱使貴為知府，在不隨意擾民的前題之下，也不敢輕忽普遍性的民俗禁忌。

地方紳商、業戶從事產業營造時，在其向官府呈設的申請書上，有時也會聲明屋舍的興築並無牴觸民間的風水禁忌，以免引發糾紛，並防範己方遭受傳統習俗的阻力。官府基於維持社會治安的需要，在給予業主屋舍起造許可執照之前所進行的勘驗工作，亦會留意硬體建物的所在位置有無妨礙民居風水墳墓的情況。如光緒十八年（1892），臺南府安平縣商戶陳振豐裕號向知縣呈請在郡大東門城內祝三多街設爐鑄造，以改良犁鋤農椇售予民用。在呈請書中特別申明，「開設處所並無妨礙民田廬墓」。知縣據報後，隨即親詣該處查勘，採得陳振豐裕號店屋的「設爐處所，並無妨礙民田廬墓」，乃呈報臺南知府唐贊袞核發該鑄爐戶帖戳。唐贊袞以此事「既據該縣勘明，訊取供結，於民居均無妨礙」，乃於同年十一月二十一日准予開設。〔註 249〕

清代臺灣農墾事業的發展，與水利設施的興闢息息相關。水圳的開鑿因牽連遼闊，尤須規避風水民居，以免別生枝節，造成不必要的阻礙。反之，若不慎侵犯傳統護墳安宅的禁忌，地方人士也不會善罷干休。如乾隆十七年（1752），諸羅縣安定里西保漚汪莊民周才以詹曉亭等人在該莊文衡殿西畔公採埔處，「妄開圳道，放於莊社田租墳廬等項，恐有衝激無邊之害，因而滋鬧不休」，曾邀集莊眾公議，向官府控告詹曉亭的不當行為。此後，詹曉亭復欲於該莊草地東勢大溪邊橫開圳路，周才再度率同莊眾人等呈控詹曉亭肆行開圳，經諸羅縣令諭止，雙方爭端暫告平息。乾隆十九年（1754），詹曉亭曾向知縣徐德峻呈稱「地內原有水溝舊址，本是可挹彼注，茲而為灌溉」，冀圖官

〔註 247〕《淡新檔案》，編號 17301～42。

〔註 248〕蔣元樞，〈重修臺灣郡城圖說〉，引見《重修臺郡各建築圖說》，頁 1。

〔註 249〕臺灣銀行經濟研究室編，《臺灣私法債權編》，頁 53～55。

府能批准其進行水圳的開鑿。然因此事牽連複雜的利益糾葛，官府延宕多時未能定案。〔註 250〕至乾隆二十五年（1760）五月李倓蒞任諸羅知縣後，將該案轉呈新任臺灣知府余文儀查明情節緣由，經當時知府裁示：

> 漚汪莊地方，如就文衡殿關聖帝墾置之埔地旱園堪爲水田，於農業實有利濟，但漚汪莊一帶莊社田園墳廬列於其下，水性自上奔放，保無衝激及難以堵築之勢。查其處荒蕪，居民甫耕，詹曉亭等只顧一己之利，罔思眾姓貽害，毋怪乎周才等與爲角逐。一經諸羅令訊明詹曉亭十七年間之圳已經停工。而諸羅縣令復提詹曉亭等訓誡，詹曉亭等自限一月將圳填塞。似應俯如該縣詳請，飭限一個月內，著令詹曉亭等填塞舊圳；並准周才等勒石示禁，以垂永遠。

官府隨後鑒於此案多年纏訟不休，除了懲處爲首滋事的詹曉亭、邱碧、張英、詹勇等四人，爲了杜絕類似的情事再度重演，乃於同年十月出示嚴禁漚汪莊開鑿水圳事項，曉諭安定里西保紳民人等知悉：「嗣後漚汪莊地永不許開鑿水圳，致礙民居廬墳；如有棍徒違禁，再圖開鑿，許該莊士民人等著實指名，赴縣具稟，以憑嚴拏究治」。〔註 251〕這是因開鑿水圳有礙風水民居，而與地方有力人士發生利益糾葛的例證。在事件的過程中，官方偏袒居民護墳安宅的意向極爲明顯。職是之故，當地方紳商、業戶向官府呈請水圳開鑿之際，官員事前的勘驗，自會顧慮到圳路所經有否沖礙民間陰陽宅的情況。如咸豐六年（1856）八月，竹北一保九芎林莊墾戶武生劉維翰向淡水廳呈請在大粗坑內築埤開圳，以灌溉墾田、收租補隘。淡水同知據報後，遣派差役協同墾戶勘明附近埔地，「可否開墾鑿圳，有無妨礙他人田園廬墓」。〔註 252〕光緒十四年（1888）正月，埔里社撫民分府批准合興公等請開南烘口圳，一方面肯定此圳開成將可裨益地方發展，另一方面則留意該圳路與居民風水廬墓的相對位置，「至於墳墓，即離穿心十八步；村莊民居，由竹籬圍墻外經過」。〔註 253〕官員的勘驗聲明，無疑是針對傷塚毀宅禁忌的事前防範。

對於家族血親成員而言，護墳安塚的顧慮，除了表達愼終追遠、入土爲安的孝道觀念，亦有需求祖蔭庇護、子孫昌達的風水考量。不論最終的目的爲何，總需以保持祖墳完好爲第一無上要務。尤其一旦貴爲達官顯宦，爲求

〔註 250〕臺灣銀行經濟研究室編，《臺灣南部碑文集成》，頁 390。
〔註 251〕臺灣銀行經濟研究室編，《臺灣南部碑文集成》，頁 390～391。
〔註 252〕《淡新檔案》，編號 17308。
〔註 253〕臺灣銀行經濟研究室編，《臺灣私法物權篇》，頁 1144～1145。

官運亨通、長保福祉，對此益爲重視。福建水師提督王得祿（1770～1841）的祖塋與妻墳，即是顯著的例子。

嘉慶十八年（1813），生員王遜鳴向臺灣縣知縣高大鏞呈稱，其祖王奇生於康熙六十年（1721）領兵征剿朱一貴之亂期間陣亡，卜葬臺灣府治大東門外虎尾寮嵌頂崙，誥贈忠勇將軍並配享忠義祠。由於王遜鳴姪王得祿於嘉慶初期平定蔡牽（1761～1809）、朱濆（1749～1808）等海寇有功，陞任福建水師提督，得以光宗耀祖，連帶加封其祖王奇生爲振威將軍。職是之故，「所有墳前曠地，例有禁步」。王遜鳴「誠恐無知鄉民任意佔葬，及縱放牛羊、砍伐竹木、混開車路、影藉舊窨再行開造情弊。理合呈請丈明四址，定界勒石示禁」。知縣高大鏞據報後，乃協同弓匠手親赴該處墳塋，照例丈明前後左右四至步數，於同年七月立碑定界，曉諭軍民人等：此後不許在王得祿祖塋週圍禁步內佔葬墳墓、縱放牛羊、砍伐竹木、混開車路以及影藉舊窨再行開造，「倘敢故違，定即按律究辦，決不姑寬」。〔註254〕道光七年（1827）六月十三日，王得祿子舉人王朝綱向嘉義縣令王衍慶呈稱，其母范夫人先前於嘉慶十四年（1809）擇葬大仙巖麓（今臺南市白河區大仙寺），「近有附近農民牧牛墳際，肆意喂養，青草食盡；每遇霖雨，周圍倒陷」。王朝綱偵知之後，隨囑當地耆老與大仙巖住僧前去說理，然民眾不聽勸阻，甚至口出惡言，爲此懇請示禁，以保墓園。知縣王衍慶據報後，於同年七月二日曉諭該處居民人等示禁事宜云：「嗣後毋許再行牽牛在范夫人築墳處所牧養喂草；自示之後，倘敢再違，定即差拏究懲，決不寬貸」。〔註255〕

藉由官府訴諸會典條例的規定，將官宦世家的墳地加以間隔化，以防民間人士侵毀的作法，雖說是高官要員的特權，但保護祖墳風水安然無恙的心態，基本上並不存在明顯的階級差異。如道光二十五年（1845）六月，臺灣府境遭受颱風的侵襲，洲北鹽場被水沖坍。該場管事甲、晒人等向官府稟請將場埕移建於北門嶼海埔。後因鹽埕所在與中洲莊陳世英等人祖墳地界毗連，陳世英等惟恐其遭到侵佔，於是向臺灣知府仝卜年（1780～1847）呈請定界。仝卜年隨即批示嘉義縣王廷幹、候補縣劉公澎前往履勘結果，「南畔有陳家祖墳三穴，前□除三百弓歸陳家守墳，標記定界，不准侵越；其餘仍係

〔註254〕臺灣銀行經濟研究室編，《臺灣南部碑文集成》，頁441～442。

〔註255〕臺灣銀行經濟研究室編，《臺灣南部碑文集成》，頁463；何培夫主編，《臺灣地區現存碑碣圖誌　補遺篇》，頁68，181。

無主海埔」。仝卜年鑒於墳穴與鹽埕界限不明，必將引發民眾紛爭，乃於道光二十七年（1847）八月立碑示禁，曉諭洲北場各界晒及中洲莊陳姓人等，自此不許越界侵佔陳姓墳埔林木，並嚴禁更動界石及私自移徙埕地致滋弊端等情，違者依法究辦。〔註256〕光緒六年（1880）七月，艋舺街職員李志清以其葬在大加蚋保網尾寮莊的先祖李景西墳穴，先前由李氏二房於該處用李成發號承買林恒茂水田一段，四房以勝發號買鄭承錦水田一段，五房以盛發號買詹清水水田一段，皆毗連李景西墳穴所在處，李氏後代子孫爲求「護墳起見，始置此三段田業，誠恐各房中有一二不肖子孫將業私賣或典借異姓及同姓不宗之人，致礙祖墳，別生釁端」，於是由李志清出面，向淡水縣令請示垂禁存案，以杜絕有心人士的覬覦，長久維護祖墳的安好。〔註257〕

基於防範墳地侵毀與風水破壞的禁忌原則，民間進行土地產權交易或鬮分之際，往往在契約字據上明文規範，申明買賣雙方必需維護界內風水墓穴，以防事後衍生權益爭執。如乾隆十九年（1754）八月萃豐莊汪姓業戶立給佃批字中，提到其將崁頭厝埔地一所售與鄭志耀掌管墾耕，契約後申明該處埔園「或揀擇吉穴安葬祖墳，抑或蓋屋居住，栽種樹木，聽其任意取裁，不敢異言阻擋，亦不許給戕傷情弊」。〔註258〕乾隆二十四年（1759）十月，楊志城將奇崙社口莊內自墾田一段、承買水田一所售與羅泰瑛、羅泰埼兄弟，在所立杜賣根田契中，除了說明買賣雙方的權益之外，並註稱「穀埕同廷坑畔內有墳墓一首，毋得滅毀」。〔註259〕乾隆四十二年（1777）八月，淡水廳八里坌保大坪頂莊民賴夢弼、洪武隆、陳宜觀、陳純觀等人鬮分頭湖（今新北市林口區境內）內合墾埔地產業，各自掌管耕作，在同立鬮分字中另申明：「但存枋深坑荒埔曠地壹處崎嶇崩岃之地，難以均分，同踏抽出爲牛埔曠地，若後來股內開築風水墓堂，不許鋤犁耕種」。〔註260〕嘉慶四年（1799）四月，霄裏莊業主黃燕禮將尖山崁面土牛溝內大車路下青埔犁份一處，給付佃人陳筆前去開墾，在所立給佃批後附帶批明：「界內所有先築古墳，亦不

〔註256〕臺灣銀行經濟研究室編，《臺灣南部碑文集成》，頁480～481。

〔註257〕中央圖書館臺灣分館藏，《臺灣古文書》。

〔註258〕臺灣銀行經濟研究室編，《清代臺灣大租調查書》，頁71～72。

〔註259〕臺灣銀行經濟研究室編，《清代臺灣大租調查書》，頁708～709。

〔註260〕在這份鬮分字後亦批明：「但有同踏抽出北樹林枋深坑荒埔曠地壹處，以爲牛埔，或股內開築墓墳，抑或外人雜姓亦可懇求。日後若有許多墳墓，不許開築田園」。引見尹章義、葉志杰等，《林口鄉志》，頁183～184。

得毀傷」。〔註 261〕嘉慶六年（1801）八月，北投社通事琫生將原有北投庄水圳內草山平頂牜坪山場批給漢人陳銳造葬祖坟之際，特於契約上聲言，「日后不敢再許他人盜葬沖傷」；同時要求買主陳銳所造墳墓，「亦不得侵傷他人界址」。〔註 262〕在道光二十年（1840）四月許網發、許開基兄弟等人同立甘願約字中，提到其典出祖父遺下楓仔林山熟園之前，特將園內的白鉗觀祖墳踏明界址，再交由銀主前去經營開築，契約最終不忘申明：「至墓前界址外，不得栽插樹木；倘有樹木，聽銀主砍伐。明約其界內除銀主開築外，熟園仍付發等耕種。至界內雜木有礙於墳者，發自應砍伐；如無礙於墳者，不得擅伐，致傷和好之氣」。〔註 263〕在光緒二年（1876）三月王六合、邱義春等同立合約字中，也清楚地透露出民間人士重視護龍保墳一事的訊息：

……因先年前輩交處相好，王家有田壹份出退與邱家承頂，坐土翁仔社庄南片竹圍外塘湖面，王家有舊祖墳壹穴在田中，原有批明契內，歷年承管無異。茲緣上年邱家佃人在田取土打磚，王家恐傷龍身，有礙風水，經請公親勸處，即日邱家備出佛銀肆大員，交王家倩工依原式培補，就田取土搬成田垳，另備牲酒祭土安墳，以全其美。嗣後邱家佃人，不得在王家地側龍背搬土打磚等項；王家修墳，上穴不得加闊，下穴左右乃古君子祀田，若要修理，二比須向祀友懇求依允，彼此相安，永敦舊好。〔註 264〕

另外，在乾隆三十五年（1770）正月觀音內里道公厝莊莊我立典契字中，記載其將坐落牛潮湖樓仔後山頂園地一所典與胞弟莊桐享，契字後有一段補充文字，說明至同治十三年（1874）因前墾單失落，以致雙方後人混爭界址，後來經公館公親調處，隨即踏明界限，立石爲界，各自照界管掌，不得相侵，並且申明：「又基有祖墳一穴，在辨界內，墳內樹木恐有傷礙，聽基自行砍伐，餘者任辨砍伐，基不得以傷礙墳墓爲詞，合應批明」。〔註 265〕光緒二十年（1894）十一月，曾王成兄弟將先父遺下東勢紅水溝堡打那美莊水田一段賣與鄭新登，在同立抽出祖墳地合約字後附帶批明：「該業中央原有祖墳一穴，若不抽出，殊難爲情。是以同中三面議定，成抽出祖墳地，……日後界

〔註 261〕臺灣銀行經濟研究室編，《清代臺灣大租調查書》，頁 560～561。
〔註 262〕劉澤民編，《臺灣總督府檔案平埔族關係文獻選輯續編》，頁 121。
〔註 263〕臺灣銀行經濟研究室編，《臺灣私法物權篇》，頁 639～640。
〔註 264〕王正雄、施金柱主編，《臺灣古文書專輯》，頁 459。
〔註 265〕臺灣銀行經濟研究室編，《臺灣私法物權篇》，頁 1047～1048。

內若欲再修祖墳，不得越界爭田，以增墳地；而登亦不得異言阻擋，亦不得斬龍掘腦，以傷先塋」。〔註266〕

如果交易雙方所從事的買賣對象爲風水墓地本身，在兩相甘願、銀貨兩訖之餘，賣主有時也會在契約文書上，向買主鄭重申明己方日後不得騎龍斬穴或毀損風水的附帶條件，既安買主之心，亦避免日後別生枝節、滋生事端，引發兩造之間觸犯風水禁忌的紛擾。如乾隆五十一年（1786）十月，許力、江傑將淡水廳八里坌保黃梨窠大坪頂內一處山埔，賣與張觀勝等人前去開沙闢土，剪築葬墳。賣主在所立賣地穴字中，申明界內「來龍並無斬傷，四至不得重疊礙墳」。〔註267〕嘉慶元年（1796）三月，張九力兄弟將先祖遺下淡水廳竹南南勢坑泉水窠一處山崗，賣與鄉親劉峨雲以葬其父，契字中批明：「界外不得騎龍斬脈、栽種塞穴，界內並無他墳窨。隨意扦穴，不敢異言」。〔註268〕此外，在道光四年（1824）十月霄裏明興莊業主蕭東盛立給山批土窨字中提到：

> 緣因自墾有山林埔地，址在銅鑼圈深窩仔五段田面。茲有土窨一穴，坐北向南，給與甘清喜安葬祖墳。……即日踏明窨穴基址，橫直各八丈。自給山批之後，任從甘清喜前去點穴安葬，永爲作城，盛不敢騎龍斬穴，及生端滋事等情。〔註269〕

在這份合同書中，即清楚傳達彼此應謹愼維持墓地完好的訊息。類似的情形，如道光八年（1828）四月，劉集觀、劉集珠將淡水廳竹南二保矮山仔一穴坐西向東的土窨，賣與同保隘寮腳庄許家，雙方踏明四至界址之後，賣主特在契約中保證此墳穴風水並無他墳的沖煞云：「上無騎龍塞穴，下無墳墓塞穴，四圍遍處並無他人墳墓干礙」。〔註270〕道光二十年（1840）十一月，張二妹將合興莊燥坑水田山埔界內土窨一穴售與陳榮科，雙方踏明界址後，交付買主任從「扦穴安葬」，並立下給山批遜讓土窨字，申明賣主自給之後，「不得騎龍斬穴，栽木抵塞故害等情」。〔註271〕咸豐八年（1858）九月，鄧元和同胞侄等人將祖父自置金包里保瑪鍊粗坑仔莊（今新北市萬里區境內）

〔註266〕臺灣銀行經濟研究室編，《臺灣私法物權篇》，頁743。

〔註267〕邱水金主編，《宜蘭古文書》，第4輯，頁163。

〔註268〕《淡新檔案》，編號22507～2。

〔註269〕臺灣銀行經濟研究室編，《清代臺灣大租調查書》，頁575；臺灣銀行經濟研究室編，《臺灣私法物權篇》，頁1113。

〔註270〕《淡新檔案》，編號35207～2。

〔註271〕臺灣銀行經濟研究室編，《臺灣私法物權篇》，頁1101。

一段山業，托中賣與李稅叔侄開築祖墳，墳穴方位坐乙向辛兼戌辰。在賣主所立給出風水字中約定，「龍身界內亦不得騎龍斬穴，劫曜沖傷茲事」。〔註 272〕光緒二年（1876）六月，新竹縣後壟街杜氏涼記向趙永皓求給白沙墩坑仔內（今苗栗縣通霄鎮白東里、白西里一帶）一穴風水，以開築成墳，卜葬親骸。趙永皓在所立給山關字中申明：「皓子孫不得私自斬肩破腦，亦不得私許他人騎龍截葬」。〔註 273〕光緒十八年三月，新竹縣竹南一保頭份街童生張贊元向楊新富等人商議加給南港小港圓山仔山場，以重修埔界內張家祖墳。雙方踏明四至闊加界址後，楊新富等人在契字上批明界內任憑張贊元等修整祖墳，楊氏子孫人等俱「不得前後左右做窨堆爲礙，亦不得栽種樹木、抵塞傷墳」。〔註 274〕買賣墳穴的狀況如此，贈與葬地的情形亦然，如道光三十年（1850）林福雲立山批字中，提到其將父祖遺下箭竹窩口山崗一所送與陳進秀親房人等安葬，「送後永遠安葬，不得他人騎龍截穴」。〔註 275〕此類例證，其實不勝枚舉。而清代臺灣民間社會對於護墳安穴一事的重視，於此也表露無遺。

根據日治初期《臨時臺灣舊慣調查會第一部調查第三回報告書・臺灣私法》的記載，清代臺灣社會較爲常見的陰宅風水禁忌，包括：一、墳墓來龍不得破壞，二、在墳墓百步內建造新墓不得觸犯三煞劫曜（以干支配合年歲及方位的生剋原理），三、在墳墓正面百步或五十步內不得建造更高的墳墓。〔註 276〕諸如此類的禁忌問題，以及清代臺灣民間因觸犯這類風水禁忌而爆發的人事糾紛與司法訟案，舉凡毀人墳穴、破壞風水與墳墓沖煞而釀成的社會衝突，在本書第六章第一節中有更進一步的敘述。

整體而言，禁忌可以說是術數法則成立的必要條件。臺灣傳統社會除了前述的陰宅風水禁忌之外，陽宅沖煞的禁忌及其鎭辟的方式，也在常民生活中扮演著重要的角色。

三、陽宅沖煞的鎭辟

關於陽宅風水學的沖煞禁忌，明代午榮彙編《魯班經匠家鏡》卷三圖說

〔註 272〕洪麗完編著，《臺灣社會生活文書專輯》，頁 437。

〔註 273〕三田裕次藏，張炎憲主編，《臺灣古文書集》，頁 175。

〔註 274〕《淡新檔案》，編號 35212～2。

〔註 275〕臺灣銀行經濟研究室編，《臺灣私法物權篇》，頁 1100。

〔註 276〕臨時臺灣舊慣調查會，《臨時臺灣舊慣調查會第一部調查第三回報告書・臺灣私法》，第 1 卷下，頁 107～108。

數十種宅居內部形制與外部環境的失當問題及其負面影響，如「門高勝於廳，後代絕人丁。門高勝於壁，其法多哭泣」、「路如衣帶細參詳，歲歲灾厄及位當。自嘆資身多耗散，頻頻退失亦悽惶」等。〔註 277〕題名清代箬冠道人編著《八宅明鏡》卷上〈陽宅六煞〉中，曾條列三十五項傳統漢文化社會常見的沖煞類別，並舉出其對家庭成員的不利情形，如「前高後低，謂之過頭屋（出孤寡）」、「兩門對面，謂相罵門（主家不和）」、「住宅前有深林（主怪物入門）」、「住屋前後有寺廟（不宜）」等。〔註 278〕日治前期，《臨時臺灣舊慣調查會第一部調查第三回報告書‧臺灣私法》第一編第二章不動產權第一節業主權第四款關於業主權的限界中，就私益性的限制而言，除了營建住屋必需避免其傷礙對方龍脈之外，其他涉及陽宅風水禁忌的部分，尚包括：

一、基於傷煞的限制：此係方位沖煞的觀念，建屋或築墓不得在百步內觸犯煞方、曜方、劫方三方位，否則將導致家運衰敗，甚至殃及人命。

二、針對廳堂的限制：奉祀神佛及祖先牌位的公廳、正廳、廳堂前方土地，不得建造高樓或厝角直向，亦不得開設直線對向的道路或水溝，係因這類設施猶如正對廳堂直射利箭（形煞）。

三、相鄰關係的限制：挖建廁池、糞堀、魚池、牛屎堀、豬屎堀、炭窯、灰窯、埤圳、水井、水溝、腳碓、菁堀、紙堀、土塹堀、瓦窯堀、水涵等設施，若與他人的土地龍脈有關，即使在自己的地界內亦不得開設；再者，亦不得向他人正廳直向開挖水溝。〔註 279〕

前述這些陽宅沖煞的理論及實際，偶亦出現於清代臺灣社會的時空環境中，獲得地方民眾的重視與奉行。茲根據相關文獻資料，概述如下：

（一）建物相對高度及方位的禁忌

就相對高度而言，如官廳正面不得修造任何高於官牆的屋宅或圍障等建築物，民居亦不得高壓官廳。〔註 280〕如乾隆三十年（1765）朱仕玠《小琉球漫誌》卷二〈海東紀勝上〉中記載：「赤崁城在臺灣縣治左，相距不數百步。荷蘭始至，築此城。府舊誌以爲誆地土番，臺灣紀略以爲假地日本，二

〔註 277〕午榮彙編，《魯班經匠家鏡》，卷 3，頁 13b～16b。

〔註 278〕箬冠道人，《八宅明鏡》，卷上，31b～33a。

〔註 279〕臨時臺灣舊慣調查會，《臨時臺灣舊慣調查會第一部調查第三回報告書‧臺灣私法》，第 1 卷上，頁 532～534，540。

〔註 280〕臺灣慣習研究會原著，鄭瑞明等編譯，《臺灣慣習記事》，第 4 卷下，頁 246。

說未知孰是。城初甚高峻，以勢壓縣治，墮去數雉。今無人居住」。〔註 281〕

同樣的，寺廟前方的屋宅亦有不得過高的忌諱。如乾隆四十五年（1780）五月臺灣縣佛頭港福德祠（今臺南市中西區景福祠）刻立碑記所云，因乾隆四十三年春，「右廡之店，更築崇高；而我本街弟子，悉遇災咎。用是鳩集街眾捐銀，公置拆低」。當地商戶鑒於廟宇右前方店屋築高，勢壓廟宇本身，此舉觸犯風水禁忌，致使街民遭殃，為此公同籌款將該店屋拆低重建，並眾議相互約束，「廟前店屋不得張高，致傷廟宇，貽禍街眾；如有增高其店者，值年爐主必聞眾阻止；如不遵公議，即呈官究治」。〔註 282〕

再就相對方位而言，傳統民俗風水禁忌，廟宇的正對面不得修造屋舍或栽植竹木，以防其正沖神明。自家崇祀祖先牌位及各類神像的廳堂對面，在避免沖煞的前提下，亦禁止他人興築高厝或圍障，且不得直朝民居正廳方向開設圳溝或道路，以防範煞氣直沖。〔註 283〕清代後期，由於竹塹城東南角與文廟相近，堪輿家宣稱其不利於附近居民。地方人士或有作息不適、身染重疾者，咸歸咎於城角的風水形煞。〔註 284〕

前述的民俗禁忌問題，在十九世紀後期來臺傳教士建堂的過程中，也曾經爆發幾起風水反教的衝突，構成其傳教的難題（參見本書第六章第二節）。

（二）各類形象沖煞的禁忌

康熙中期蔣毓英等《臺灣府志》卷二〈敘山〉記載臺灣縣境小崗山西南半崩山，註稱：「或云山形如半屏，一名曰半屏山。堪輿家傳有墳屋向此山者，主凶敗」。〔註 285〕此類沖煞禁忌觀念，帶有關聯性類比思維的色彩。

淡水廳芝蘭三保滬尾北投仔的燕樓李氏宗祠，初由李氏渡臺二世祖李臣春側室周勸娘之弟規劃其風水格局。道光元年（1821），宗祠重修之後，周勸娘特立言示誡後世子孫云：「若有高中魁元以及捷中鼎甲者，祇可在宗祠掛匾，不可在宗祠樹旗」。究其緣由，係因李氏宗祠穴屬蛇臍之形，如果樹立旗竿則似打蛇之象，穴蛇一旦受迫而走離，宗祠風水即告敗壞，族親亦將遭受

〔註 281〕朱仕玠，《小琉球漫誌》，卷 2，〈海東紀勝上〉，頁 19。
〔註 282〕臺灣銀行經濟研究室編，《臺灣南部碑文集成》，頁 122；何培夫主編，《臺灣地區現存碑碣圖誌　臺南市篇》，頁 449，556。
〔註 283〕臺灣慣習研究會原著，鄭瑞明等編譯，《臺灣慣習記事》，第 4 卷下，頁 246。
〔註 284〕臺灣慣習研究會原著，黃連財等編譯，《臺灣慣習記事》，第 2 卷上，頁 238。
〔註 285〕蔣毓英等，《臺灣府志》，卷 2，頁 33。

牽累。〔註 286〕

民間社會爲了避免居宅沖犯而惹禍上身，對於這類禁忌問題的預防也頗爲慎重。如光緒十八年十二月李林氏立囑分鬮業合約字中，在配搭三子管業之後，更批明大厝「前後左右園若要再起蓋造築，開鑿栽種，須各房相商妥當，不得任意沖傷」。〔註 287〕

（三）民俗鎮辟物的運用

清代臺灣傳統民宅屋舍的方位坐向及營建形制，大多具有一定的風水格局，最忌諱有所沖犯。在風水觀念普遍盛行的漢文化社會，一般民眾往往將自家遭遇的疾病災禍，歸咎於屋宅風水的互有沖犯。宅主爲能鎮辟一些不利的風水形煞，如宅沖（正對別家宅門或厝角、牆角、屋簷等尖狀物）、柱沖（正對大樹、木柱、煙囪等柱狀物）、路沖（正對直向道路或屋宅座落於路巷盡頭）等，故延請道士或地師，擇吉安置各種厭勝物來反制沖煞，以緩解人們不安的心理。〔註 288〕《魯班經》即列有十二種民俗辟邪物，其功能在於鎮邪制煞、厭勝驅邪。根據呂理政的研究，這些屋宅厭勝物的種類，主要包括：設於屋頂中脊的風獅爺（瓦將軍）、符水缽、八卦牌等，掛於門楣的太極八卦牌、獸牌、山海鎮、白虎鏡等，置於外牆或牆角的石敢當，以及置於正廳前屋埕或牆頭上的各類照屏等等，形成了傳統民居外觀上顯著的配置之一。至於聚落的厭勝物，具有環衛守護的功能，通常以五方廟宇、五營、石敢當、塔爲主。〔註 289〕

由於清代中後期臺灣南北各地生齒日長，聚落繁興，人與人之間的接觸日益頻繁，在空間有限的情形下，各建物的相對距離也逐漸緊縮，陽宅沖煞的問題更易於浮現檯面。爲了有效地防制這類在高度、方位或形象上的風水禁忌，在傳統漢文化社會流傳已久的民俗辟邪物自可派上用場。類似的情形，在漢人開發相對較早的澎湖地區，或是人煙密集、產業興盛且宅居數相對密

〔註 286〕李兆麟編，《重修燕樓族譜》，〈宗祠圖說〉。

〔註 287〕臺灣銀行經濟研究室編，《臺灣私法物權篇》，頁 1545～1546。

〔註 288〕董芳苑，《臺灣民宅門楣八卦牌守護功用的研究》，頁 1～10，55～74；呂理政，〈聚落、廟宇與民宅厭勝物〉，頁 81～85。

〔註 289〕呂理政，〈聚落、廟宇與民宅厭勝物〉，頁 91～112。另參見謝宗榮，〈厭勝物所反映的臺灣民間信仰空間觀念〉，頁 131～160；謝宗榮，〈臺灣辟邪劍獅研究〉，頁 116～129；陳桂蘭，《臺灣民宅的辟邪物——以臺南縣家宅的門楣爲例》，頁 13～92。

集的街市，如臺灣南部安平、中部彰化鹿港與北部淡水艋舺一帶，以及清代中後期南北各地逐漸成型的漢人聚落中，較為常見。〔註 290〕

針對澎湖境內風水形煞的各類民俗鎮辟物（厭勝物），如石敢當、八卦牌、山海鎮、獸牌、照壁、石塔、五營的制煞性質及其設置，近來學界已有相當可觀的研究成績，由此也顯示出這類信仰形態在當地社會的普遍性。〔註 291〕其中，年代久遠可考且較為特別的厭勝物，如湖西鄉沙港村北極殿右側道路旁的「南火當開化」石碑，碑文下方題有「止煞」二字，年代為道光二年（1822）季月。此碑向南臨海，額刻有太陽紋飾，係運用五行生剋觀念以求消災解煞，確保村落平安。〔註 292〕立於白沙鄉後寮村威靈宮廟埕左側的「魑魅魍魎」石碑，年代為道光二十二年（1842）正月，係透過符令文字以求辟邪鎮護，剋制惡靈為禍。〔註 293〕

再以臺南地區為例，如近代文人連橫（1878～1936）於《雅言》中記載：「臺南屋脊之上，或立土偶，騎馬彎弓，狀甚威猛；是為蚩尤之像，用以壓勝者也」。〔註 294〕連橫《臺灣通史》卷二十三〈風俗志．宮室〉亦記載：「屋脊之上，或立土偶，騎馬彎弓，狀甚威猛，是為蚩尤，謂可壓勝。而隘巷之口，有石旁立，刻石敢當三字，是則古之勇士，可以殺鬼者也」。〔註 295〕其中的石敢當，為地方社會極為常見的厭勝物。連橫《雅堂文集》卷三〈筆記．臺灣漫錄〉中記載：「隘巷之口，有石旁立，刻石敢當三字，亦用以壓勝者。……臺灣與漳、泉同俗，漳、泉又近興化，故刻石見於閩南。而臺灣有書泰

〔註 290〕何培夫，《臺灣的民俗辟邪物》，頁 9～59；周榮杰，〈臺灣民間信仰中的厭勝物〉，頁 51～91；盧明德，〈安平古聚落所見獸牌及其造形之研究〉，頁 243～299；楊仁江，〈石敢當初探——臺南地區石敢當實例〉，頁 63～113；覃瑞南，〈風水鎮物在臺灣地區民宅施作的研究〉，頁 267～286；陳桂蘭，《臺灣民宅的辟邪物——以臺南縣家宅的門楣為例》，頁 94～265。

〔註 291〕相關的研究，可參見劉敏耀，《澎湖的風水》；林晉德，《神、祖靈、鬼之性質及地位對澎湖祠廟空間之影響》；黃有興，〈澎湖民間信仰初探〉，頁 72～79；黃有興，《澎湖的民間信仰》，頁 122～138；黃有興、甘村吉，《澎湖的辟邪祈福塔》；楊仁江，《澎湖的石敢當》；郭金龍，〈談澎湖傳統民宅的厭勝物——以風櫃為例〉，頁 82～92；曾光棣，《澎湖的五營——以空間角度來看》；吳永猛，〈澎湖村落五營信仰的探討〉，頁 68～79；余光弘、黃有興，《續修澎湖縣志．宗教志》，第 5 章，〈石敢當與其他厭勝物〉，頁 75～94。

〔註 292〕何培夫主編，《臺灣地區現存碑碣圖誌　澎湖縣篇》，頁 130～131，211。

〔註 293〕何培夫主編，《臺灣地區現存碑碣圖誌　澎湖縣篇》，頁 162～163，214。

〔註 294〕連橫，《雅言》，頁 74～75。

〔註 295〕連橫，《臺灣通史》，卷 23，頁 602。

山石敢當者，或以泰山爲其里居，蓋以三國志管輅有泰山治鬼之言，而附會爾」。〔註 296〕

《臺南縣志稿》主編吳新榮（1907～1967）曾於 1950 年代中期採集臺南縣境石敢當，其中，北門鄉港北之港邊的石敢當，約於清代後期設立，坐西向東，上刻石敢當三字，可能爲鎮辟東流而來的水箭形煞。六甲鄉所發現僅存的一基石敢當，約於清末設立，坐西向東，上刻石敢當三字。據附近耆老追憶，其設置的功能，係爲鎮辟自東方急流而來的水箭，以防制當時五甲庄坐西向東的民屋遭受沖煞。後壁鄉仕安村東側路旁的石敢當，設置於清代年間，坐西北向東南，上刻太極八卦獅頭各一面暨石敢當三字。其設立緣由據附近居民追憶，前清時曾有一富戶於本村東南，朝村莊方向擇葬一風水塋墓，從此聚落不得安寧，莊民於是請託高人設立石敢當予以鎮辟。白河鎮崎內埤堤防上的石敢當，坐東向西，呈方柱形，四面各刻太極八卦，上面則刻有兩儀八卦。相傳清代後期嘉義縣店仔口（今臺南市白河區）豪強吳志高（吳墻，1826～1880）於下茄苳庄開設埤圳，興造堤防，並立此石敢當祭之，以保障崎內埤的安固。〔註 297〕

民間社會藉由辟邪厭勝物的設置，作爲抵禦風水形煞的同時，往往也會造成他人的損害。前述臺南後壁鄉仕安村東側路旁的石敢當在設立之後，相傳村落居民自此安寧。相形之下，那位原先朝村莊方向修造墳墓的富戶，卻因風水敗壞，以致家道中落。〔註 298〕

由於民俗辟邪物擁有這類的特性，有心人士亦會利用厭勝物的設置來作爲陷害、報負他人的手段，或是作爲利益鬥爭的工具。如據昭和十五年（1941）十一月日人三島格於臺北市採集獸牌的相關報告顯示，獸牌通常是當屋宅風水方位不佳時，掛於門前以避退邪魔鬼怪。如果甲家柱子正好對向乙家正廳，乙家就會被甲家柱子所壓迫。爲了消除這類問題，即會將獸牌掛於門首或其他地方。然而，若是互爲對門的兩家感情不睦，其中一家想使對面家庭發生不幸，就會在自家門上掛上虎頭牌。對家爲了避開猛虎沖煞，或將會掛上八卦牌予以鎮邪。〔註 299〕

〔註 296〕連橫，《雅堂文集》，卷 3，頁 165。另見於連橫，《雅言》，頁 75。

〔註 297〕吳新榮，《南臺灣采風錄》，頁 253～258；吳新榮，《震瀛採訪冊》，頁 182～185。

〔註 298〕吳新榮，《震瀛採訪冊》，頁 183。

〔註 299〕三島格，〈獸牌について〉，《民俗臺灣》，1 卷 3 號，昭和 16 年 9 月，頁 19。

風水禁忌的認知和其相關的因應措施，包括龍脈禁忌的遵行、毀墳傷塚的防範、陽宅沖煞的鎮辟等方面，係清代臺灣常民社會實踐堪輿之學的主要方式之一，其中也反映出風水文化深入民間的影響力。對於奉行風水觀念的芸芸眾生而言，人的一生從生老病死到各項的事業發展，似乎皆可與「風水」牽扯上關係；深具功利性色彩的風水之學，可說是包辦了現實社會中養生送死的重要環節，並提供人們生樂死安的心靈憑藉，從中消解各種對於現狀或未來的惶恐與無奈。基本上，與中國大陸閩粵社會的情形一般，在清代臺灣漢人社會，「風水」不僅是一種具體可行的生活方式，也是一種判斷吉凶的價值觀念。人們仰賴其指引各項趨吉避凶的行爲法則，一旦趨避的對象牽連到公共事務或集體群眾的利害關係，即造就了風水習俗與移墾社會的互動空間。

桃園縣新屋鄉永興村葉五美家族祖堂

桃園縣新屋鄉永興村葉五美家族祖塔

吳沙墓，位於今新北市貢寮區澳底

「開臺進士」鄭用錫墓塋，位於今新竹市東區光鎮里

新竹縣新埔鎮褒忠義民廟後方總塚，安葬清乾隆晚期林爽文事件協助官府平亂的殉難者

新竹縣新埔鎮褒忠義民廟內供奉林先坤、陳資雲祿位及劉朝珍長生祿位

新竹縣竹北市原竹塹社采田福地（七姓公祠）今貌

竹塹社采田福地公祠正廳奉祀錢、衛、廖、三、潘、黎、金七姓公神位

清代竹塹社原住民的漢化墓碑（現存新竹縣新埔鎮南平路竹塹社錢姓宗親會）

臺中市沙鹿區普善寺後方遷善社同興公靈位

臺南市中西區開山路旁的清代南壇義塚碑，後人於其碑座上刻有清乾隆年間臺灣知府蔣元樞的建壇事略

道光二十九年芝山合約碑記（現存臺北市士林區惠濟宮懷古園）

咸豐二年嚴禁剖鑿石條殘害劍潭古寺龍脈碑記（現存臺北市中山區劍潭寺）

同治六年嚴禁塚埔放牧碑記（現存新北市新莊區丹鳳庵左畔）

乾隆二十五年嚴禁混佔文衡殿壂埔暨漚汪莊開鑿水圳碑記（圖上最右方，現存臺南市將軍區文衡殿）

乾隆四十五年佛頭港福德祠碑記（現存臺南市中西區景福祠）

澎湖縣馬公市的五營與泰山石敢當

澎湖縣馬公市鎖港里北石塔

雲林縣西螺鎮原立於濁水溪堤岸畔的清代泰山石敢當

雲林縣西螺鎮泰山石敢當解說牌

臺南市安平區海山館劍獅牌

臺南市安平聚落巷弄中的劍獅像

臺南市安平區劍獅解說牌

臺中縣東勢鎮慶東里的五營大將軍